ECOS DA FOLIA

MARIA CLEMENTINA PEREIRA CUNHA

Ecos da folia

Uma história social do Carnaval carioca entre 1880 e 1920

COMPANHIA DAS LETRAS

Grafia atualizada segundo o Acordo Ortográfico da Língua Portuguesa de 1990, que entrou em vigor no Brasil em 2009.

Capa
Ettore Bottini
sobre ilustração de Raul Pederneiras

Índice remissivo
Maria Claudia Carvalho Matos

Preparação
Carlos Alberto Inada

Revisão
Beatriz de Freitas Moreira
Carmen S. da Costa

Atualização ortográfica
Verba Editorial

Dados Internacionais de Catalogação na Publicação (CIP)
(Câmara Brasileira do Livro, SP, Brasil)

Cunha, Maria Clementina Pereira
Ecos da folia : uma história social do Carnaval carioca entre 1880 e 1920 / Maria Clementina Pereira Cunha. — 1ª ed. — São Paulo : Companhia das Letras, 2001.

Bibliografia.
ISBN 978-85-359-0104-7

1. Carnaval – Rio de Janeiro – Aspectos sociais 2. Carnaval – Rio de Janeiro – História I. Título. II. Título : Uma história social do Carnaval carioca entre 1880 e 1920.

01-0637 CDD-981.53

Índice para catálogo sistemático:
1. Rio de Janeiro : Cidade : Carnaval : História cultural : História social 981.53

EDITORA SCHWARCZ S.A.
Rua Bandeira Paulista, 702, cj. 32
04532-002 — São Paulo — SP
Telefone (11) 3707-3500
www.companhiadasletras.com.br
www.blogdacompanhia.com.br
facebook.com/companhiadasletras
instagram.com/companhiadasletras
twitter.com/cialetras

Para o velho Eduardo

nós vamos sair sem ele, foi a ordem que ele deu

o mano Paulo

oi zum zum zum, tá faltando um

o parceiro Alcir

... bateu asas, foi embora, desapareceu

a amiga Beth

que era a porta-estandarte, e que fazia alaúza e zunzum

Hoje o bloco sai mais triste, sem eles.

Carnaval...
Minha frieza de paulista,
Policiamentos interiores,
Temores de exceção [...]
Tremi de frio nos meus preconceitos eruditos.

Mário de Andrade, "Carnaval carioca" (1923),
in Poesias completas. *Belo Horizonte/São Paulo,*
Itatiaia/Edusp, 1987

Sumário

Agradecimentos

Criados solitária e artesanalmente por seus autores, os livros são também resultado do esforço de muita gente. Este não foge à regra: sinal da presença atenta e carinhosa dos amigos, dos companheiros de trabalho, da família. Tantas pessoas marcaram estas páginas que se torna difícil nomear uma a uma. Assim, apenas aquelas que tiveram uma participação mais direta ou constante serão mencionadas, na certeza de que os demais saberão estar presentes na minha gratidão e afeto.

Leonardo Pereira é, com certeza, o primeiro desses parceiros mais próximos: lidamos com o tema do Carnaval ao mesmo tempo, embora o seu livro tenha vindo à luz bem mais cedo, atendendo aos prazos da pós-graduação. Devo a ele tanto quanto ele diz que deve a mim — e em uma relação de orientando e orientadora isso não é pouca coisa. Cristiana Schettini Pereira também entrou neste cordão desde que se tornou, ainda na graduação, bolsista do meu projeto de pesquisa. Também ela soube assumir o papel de interlocução que torna a rotina dos pesquisadores agradável e muito mais produtiva.

Silvia Lara, como sempre, foi uma leitora atenta e incapaz de perder qualquer lance. Esteve presente com sua crítica sempre aguda e inteligente. Mais que isso, dedicou-me a atenção carinhosa da amizade firme e incondicional, sempre que isso foi necessário. Devo dizer o mesmo de Sidney Chalhoub e sua companheira Sandra, que me apresentou a Augustus Earle — cuja obra eu desconhecia. James Green leu e comentou uma primeira versão, encorajando-me a publicá-la sem mais delongas, da mesma maneira que muitos companheiros queridos que tomaram contato com o texto ou partes dele e ainda trouxeram novas fontes, sugestões bibliográficas e críticas sempre valiosas: João Reis, Martha Abreu, Michael Hall, Cláudio Batalha, Robert Slenes e outros membros não docentes da linha de pesquisa em história social da cultura da Universidade Estadual de Campinas (Unicamp). Os comentários e sugestões de Lilia Schwarcz foram decisivos na definição da forma final do livro.

Sueann Caulfield atendeu ao meu pedido e foi atrás de uma imagem de cucumbi que não pude localizar aqui no Brasil. Não foi a primeira — e estou certa que tampouco a última — das gentilezas de que muitos de nós somos devedores. Margarida Neves também enviou-me textos relacionados ao seu projeto sobre os "descobridores do Brasil", acompanhados de ondas de simpatia. Marcelo Balaban, seu orientando na Pontifícia Universidade Católica do Rio de Janeiro, fez ainda mais: compartilhou comigo descobertas de sua própria pesquisa sobre Bastos Tigre e aceitou realizar tarefas complementares na Biblioteca Nacional e Casa de Ruy Barbosa, suprindo falhas do material que eu mesma havia recolhido.

Devo, finalmente, ao Conselho Nacional de Desenvolvimento Científico e Tecnológico (CNPq), por intermédio do Programa de Apoio aos Núcleos de Excelência (Pronex), do Projeto Integrado que coordeno no Departamento de História da Unicamp e da concessão de Bolsa de Produtividade em Pesquisa, o suporte financeiro e intelectual necessário ao desenvolvimento deste livro em suas diferentes etapas. Esses projetos coletivos, inclusive, viabilizaram o funcionamento do Cecult (Centro de Pesquisas em História Social da Cultura do Instituto de Filosofia e Ciências Humanas — IFCH), onde está sediado todo um grupo de pesquisadores e pessoal de apoio — Henrique, Uliana, Luciana, Terezinha e tantos bolsistas — que fez do trabalho acadêmico nestes últimos anos uma atividade mais séria e mais divertida, se é que me faço entender.

Mariana esteve sempre por perto com seu carinho estabanado. Mãe e filha, nunca discutimos o livro que acabo de terminar. Mas rimos muito juntas esse tempo todo — e não há ajuda melhor nesta e em outras empreitadas da vida.

Introdução

Não se pode dizer que jornalistas tenham sempre muita imaginação, apesar da sua conhecida facilidade para inventar notícias. Pelo menos nas décadas que cercam a virada do século XX, muitas charges, colunas e crônicas carnavalescas traziam com significativa frequência, no título ou nos textos, a palavra *ecos* — do Carnaval, da pândega, dos salões, das ruas, da folia. Seu uso recorrente, em todo caso, sugere o fascínio que cercava a festa de Momo naqueles anos: algo capaz de manter no ar, mesmo nos dias seguintes, sua sonoridade original, digna de ser lembrada aos leitores.

Entretanto, a palavra pode ser aplicada também com propriedade a uma outra situação, para adquirir um novo sentido. Refiro-me à maneira como a descrição e a avaliação que esses cronistas lançaram sobre o Carnaval, ou a forma como registraram seus "ecos" já distantes, foi apropriada e cristalizada por diferentes intérpretes que, pelo século XX adentro, buscaram imputar à folia um sentido unívoco.

Muito cedo a ideia de uma festa intimamente associada à imagem da nação foi consolidada, conferindo a ela a capacidade de expressar a originalidade e esboçar o perfil daquilo que faz os brasileiros diferentes dos demais. É como se pudéssemos continuar acreditando naquilo que um editorial da imprensa carioca proclamava no início do século XX, reiterando uma ideia veiculada com insistência antes e depois dele: "O Carnaval formou a essência do nosso sangue".[1] O paulistano Mário de Andrade, poucos anos mais tarde, estremeceria à janela de um hotel ao descobrir no Carnaval carioca uma manifestação capaz de impor-se, por sua autenticidade popular e alcance nacional, aos preconceitos eruditos.[2]

Tal ideia, elaborada de forma sistemática a partir da década de 1920 (e não só pelos modernistas), revestida de colorações políticas próprias nas décadas seguintes, evoca um velho samba com o qual, nos anos do Estado Novo, o compositor João de Barro (Braguinha) exaltava a nação pelas ondas da Rádio Nacional:

Um dia encontrei alguém
que me perguntou assim: Iaiá,
o seu Brasil o que que tem?
O seu Brasil, onde é que está?[3]

O compositor, seguindo a voga do momento, parecia julgar que o Brasil encontrava sua síntese na natureza, na alegria, na malemolência mestiça — mistura harmônica, em uma expressão festiva do país e do seu povo. Entretanto, ao lançar a pergunta o samba induz simultaneamente a possibilidade de múltiplas respostas que nunca chegaram a ser ouvidas pela bibliografia dedicada ao tema, abafadas pela repetição monótona de velhos clichês.

Eles ainda se fazem ouvir, por certo. Há pouco, Roberto Da Matta, um dos mais importantes intérpretes da festa — com seu estilo sempre colorido —, tentou explicar em entrevista a um jornal carioca a diferença entre os que, como ele, a concebem como expressão de uma "cultura brasileira" e os que insistem em criticar essa forma de essencialização: "É que eu gosto do Brasil".[4] Proferida como se fosse dotada de um alto poder elucidativo, a frase — ao contrário do efeito pretendido — me deixa convencida de que vale a pena tentar outro caminho.

Se a folia tem sido tomada como ocasião de construir e exprimir simbolicamente a "essência do nosso sangue", ouvir seus ecos em busca de outras sonoridades pode nos ensinar muito sobre o passado e o presente e, no silêncio das bibliotecas, ainda divertir e fazer pensar. O gozo e a risada fugazes que provocou em sucessivas gerações são irrecuperáveis. Mas seus ruídos ainda podem ser percebidos à distância se conseguirmos afinar o ouvido, apurar o gosto e, enfim, entender os múltiplos significados que ela comporta sob a aparência do mesmo.

Por tudo isso e mais um pouco, produziu-se em torno dessa alegria barulhenta uma espécie de silêncio intelectual que poucos têm se esforçado em romper. Os historiadores brasileiros, por exemplo: não deixa de ser impressionante que um tema tantas vezes associado à própria identidade nacional tenha permanecido quase intocado diante da hesitação em tomá-lo como um problema histórico relevante, mesmo constituindo já há algum tempo um ponto decisivo na produção internacional na área da chamada história cultural.

É verdade que nada parece combinar menos com o prazer risonho e orgiástico do Carnaval que o silêncio e a solidão dos livros. Nenhuma roupagem, aliás, parece menos adequada que a acadêmica para servir de fantasia. Devo garantir, entretanto, que ler sobre antigos Carnavais pode ser tão divertido quanto cair na folia — com a vantagem de não provocar ressaca e outros efeitos colaterais. Apesar disso, o Carnaval parece ainda resistir e dispensar incursões históricas, como que incorporado a uma herança genética que nos define, dispensando explicações.

Continua-se por aqui a vê-lo como se tivesse nascido e crescido em simbiose com sua gêmea, a nação, em uma existência simétrica que lhe definiu idades, formas e significados: a infância colonial do entrudo, seguida pela adolescência enfatuada e esnobe dos préstitos venezianos de oligarcas afrancesados, por fim substituídos pela maturidade original e cadenciada das escolas de samba que celebram e exprimem a imagem que nos reconcilia, acima da diversidade e das profundas desigualdades entre brasileiros.

Em grande parte, as páginas que seguem tentam retomar essas questões de uma maneira diferente da habitual. Claro, não se trata de ignorar os ecos de velhos Carnavais, ainda fortes para tanta gente. Ao contrário, proponho escutá-los com mais cuidado, revisitando as sonoridades, intensidades e dissonâncias perdidas. Se é a festa principal do calendário brasileiro, se está incorporada ao "sangue" ou à "alma" nacionais, se é aquilo que nos define ou diferencia — seja como for —, é preciso, antes de mais nada, perseguir a construção dessa ideia, identificar o momento e as razões pelas quais ganhou corpo; mas também seguir atentamente o ritmo de velhos festejos a que não se atribuiu tal significado em seu próprio tempo.

Na verdade, trata-se de voltar para um momento em que essa imagem ainda precisava ser afirmada, e não fazia parte de um arsenal retórico e político consagrado na liturgia nacionalista. Para tanto deve-se reconhecer, em primeiro lugar, que as interpretações clássicas em que se ouve o eco de velhos cronistas têm razão em um ponto: esta é uma festa com um poder muito forte de expressar certas dimensões do tempo e das relações sociais. Por isso, a intenção deste livro é pensar o Carnaval nos termos de uma história social da cultura que o faça retornar ao leito dos conflitos, da mudança e do movimento próprios à história; chegar perto de tensões e diálogos entre sujeitos que nem sempre estão reconciliados sob o reinado de Momo.

Em vez de buscar na folia a expressão nacional, cabe esmiuçar as dimensões de classe, raça, gênero e todas as demais variantes que dissociavam os grupos mutáveis de indivíduos que disputavam espaço a cotoveladas nas estreitas ruas do Rio antigo. Escutar, em outras palavras, a variedade dos significados que emitiam.

Não é, por certo, o caminho mais fácil. Assim, convém transmitir aos que pretendem me acompanhar nas páginas que seguem algumas precauções para que não se sintam logrados ou frustrados no fim do percurso. Se a intenção foi revirar algumas das concepções habituais sobre o Carnaval brasileiro, não busquei muitas novidades nos procedimentos de investigação — exceto a de ter recorrido amplamente aos arquivos. A pesquisa incorporou uma gama bastante variada de documentos, passando por literatura, relatos de viajantes, legislação, manuscritos de polícia e da administração da cidade e estatutos de agremiações folionas; mas tratei, antes de mais nada, de revisitar as fontes mais conhecidas sobre o tema, em especial a imprensa carioca.

Tentei efetuar uma releitura dessa documentação, explorando sob um outro ponto de vista seus conteúdos para submetê-la a novas perguntas. Nos jornais e revistas cariocas busquei mais que a seção específica dedicada ao Carnaval, para incorporar também o registro de incidentes em pequenas notas, áridas listas de grupos carnavalescos autorizados a sair às ruas, editais e comunicados dos poderes públicos, até as crônicas assinadas pelos maiores nomes da literatura brasileira do período. Atenção muito especial foi dedicada às charges e ilustrações (bem como à iconografia recolhida também em publicações de outra natureza), incorporadas às páginas que seguem como evidências importantes para a análise e não mera reiteração visual do texto.

Lancei mão também de outras estratégias para ouvir a contrapelo os ecos da folia. A escolha do período — centrado entre 1880 e 1920, embora por vezes eu recorra a exemplos anteriores e posteriores — é cheia de intenções: preocupada com os desdobramentos de uma visão evolutiva que marca com tanta força as análises do Carnaval brasileiro, fazendo com que uma forma de brincar decorra da outra ou constitua seu aperfeiçoamento, busquei um intervalo relativamente longo de tempo em que limões de cheiro e outros folguedos do entrudo, desfiles de Grandes Sociedades, cordões, ranchos, blocos, zé-pereiras e muitas outras modalidades festivas conviviam nas ruas durante os dias da folia, disputando espaço, afirmando diferenças e construindo harmonias possíveis e transitórias, em memoráveis embates carnavalescos cujos significados procuro compreender.

Apesar disso, e mesmo enfatizando essa simultaneidade, cada capítulo deste trabalho estará centrado nessas formas, às quais a bibliografia sobre o tema conferiu o status de etapas diferenciadas e sucessivas. Tal opção revelou-se indispensável ao propósito de entender por dentro seus significados e intenções, enxergando-as além disso como linguagens avaliadas e utilizadas em sentidos diversos por diferentes atores sociais, que vêm à cena nos capítulos do livro.

Os capítulos foram escritos com grandes intervalos entre si, aproveitando sobretudo os períodos de recesso escolar. Confesso que em todas as etapas do trabalho, que se estendeu pelos últimos cinco ou seis anos, mantive intacto o prazer de recuperar velhas histórias e procurei preservá-lo ao máximo na narrativa. Quatro capítulos e um epílogo se sucedem aqui como alas contando um enredo que, embora pareça familiar, ainda pode revelar muitas surpresas.

O primeiro deles, intitulado "Você me conhece?" — pergunta que abria um tipo de brincadeira de mascarados —, dedica-se a inventariar as práticas carnavalescas do final do século XIX e início do XX. Seu objetivo central é mostrar que aquilo que julgamos identificar sob a palavra *entrudo* é muito mais que uma molhadeira generalizada, incorporando também uma série de folguedos de sentidos sociais muito definidos. O segundo capítulo, "Batalhas sem confete", remete aos padrões de elegância e distinção buscados por foliões que se espelhavam em Veneza, em pleno verão carioca, para vislumbrar a cruzada empreendida contra o entrudo pelas Grandes Sociedades carnavalescas: trata-se de interrogar mais de perto a forma considerada vitoriosa do Carnaval daqueles anos e investigar as razões de sua intensa popularidade, quando pretendiam aparecer como a única alternativa legítima, condenando os entrudeiros à simples condição de plateia silenciosa.

O terceiro capítulo — o maior deles, em tamanho e na envergadura da pesquisa — intitula-se "Mandirobas, pés espalhados e o ameno Carnaval dos resedás". Seu foco está centrado nas formas de brincar adotadas pelos trabalhadores pobres do Rio de Janeiro em pleno diálogo entre as formas das tradições carnavalescas das ruas, a pedagogia das Grandes Sociedades e a ação decisiva das autoridades. Por fim o último capítulo, "A tradução da tradição", pretende fechar a análise, funcionando como uma espécie de conclusão. Nele discuto como intelectuais, no final das décadas de 1910 e de 1920, teorizavam sobre a verdadeira babel da folia carioca para criar — muito antes que as escolas entrassem na avenida durante o Estado Novo, supostamente sob a batuta do Departamento de Imprensa e Propaganda (DIP) — a ideia do Carnaval como expressão cívica e manifestação da autenticidade nacional, depois entronizada pela bibliografia e pela mídia.

Como o Carnaval, o livro se encerra na quarta-feira. As Cinzas, no caso, concentram-se em um epílogo, voltado para as dimensões mais estritamente acadêmicas (e políticas) da questão. Um debate mais direto com a historiografia e a produção das ciências sociais sobre o Carnaval brasileiro, a inspiração em diferentes autores da história social que se dedicaram à análise de fenômenos dessa natureza em diferentes países e tempos, alguns comentários de crítica cultural estão concentrados nessas páginas finais, que, sem o sabor das anteriores, podem ser evitadas por aqueles que, preferindo a ação às palavras, duvidem que valha a pena tomar a festa como mero objeto de leitura. Para estes o livro pode, sem prejuízo, ser fechado no final do capítulo anterior. Acredito que, mesmo que o façam, já terão, divertindo-se com o texto, entendido o quanto o Carnaval pode também ser visto como uma coisa séria sem perder a graça.

E antes que me esqueça: eu também gosto do Brasil, ainda que ele esteja um pouco desfocado em relação àquele país que Iaiá celebra na exaltação do Carnaval e tenha menos a ver com os habituais lugares simbólicos em que a (nossa) tristeza se esconde.

1. Você me conhece?

Ângela da Silva esperara com ansiedade pelo Carnaval de 1889. Havia preparado com antecedência sua fantasia, sonhando em sair mascarada pelo centro da cidade a divertir-se com os passantes. Como a maior parte da população carioca, não levara muito a sério as ameaças e proibições que se repetiam Carnaval após Carnaval. Provavelmente comprara um estoque de limões de cera de algum dos moleques que os apregoavam pelas ruas, ou uma boa bisnaga de água em alguma das muitas casas comerciais que viam seus negócios estimulados pela proximidade do reinado de Momo. Deve ter se programado para ver os préstitos na rua do Ouvidor, que podiam incluir as famosas sociedades Tenentes do Diabo, Democráticos e Fenianos, mas também algum rancho da Saúde e Cidade Nova, e é possível que cruzasse a passagem de um dos últimos cucumbis da rua do Hospício. Talvez acompanhasse algum despretensioso cordão de zé-pereira e pretendesse terminar a noite em um baile de máscaras ou numa simples pândega de botequim. Eram muitas — e bem diferentes entre si — as possibilidades que se colocavam para a promissora noitada.

O certo é que por volta das dez e meia da noite, em pleno centro da cidade, Ângela caminhava feliz e brejeira atrás de sua máscara pela rua Luiz de Camões quando, ao longe, avistou um desafeto que, por azar, era também um policial do corpo dos urbanos. Deve ter se animado com a oportunidade: esta ainda era, para boa parte dos cariocas, a maior graça do Carnaval. Aproximou-se e, com voz de falsete como a das centenas de mascarados ao redor, lançou a pergunta fatídica: "Você me conhece?". Mas o policial não estava para graças — talvez por isso fosse malquisto por pessoas como Ângela — e não titubeou. Sim, conhecia Ângela, "rapariga de troça" que ousara desafiar a autoridade: "Vais daqui direitinho para o xadrez da 1ª Estação Policial". A noite de Ângela foi perdida na delegacia em companhia de algumas outras vítimas da lei e da ordem, postas atrás das grades por diferentes razões, que aprendiam na frustrante madrugada a temer aquela "instituição perigosa chamada polícia".[1]

O caso, que mereceu destaque na primeira página de um dos mais importantes jornais diários do Rio de Janeiro, foi relatado durante o último Carnaval do Império. Ao que parece, ainda naquele momento a intervenção policial diante de uma forma muito popular de troça carnavalesca parecia capaz de chamar a atenção. Nos anos seguintes, esse tipo de episódio foi se tornando corriqueiro a ponto de deixar de apresentar interesse jornalístico especial: em suas páginas internas, as folhas estariam repletas de notícias de prisões anônimas, sem nenhum sabor especial que justifique o destaque ou a curiosidade do público leitor. Tais elementos sugerem, sem dúvida, um rigor maior das autoridades republicanas diante das brincadeiras de rua. Não se trata, no entanto, de uma diferença de qualidade, mas de intensidade: as medidas de controle executadas com eficiência e força pelos governos republicanos já se faziam presentes no Segundo Reinado — e Ângela, no último Carnaval do Império, é apenas um dos pequenos exemplos que poderiam ser levantados aqui das relações sempre difíceis entre a folia e as autoridades na segunda metade do século XIX.

De qualquer forma, o episódio da "rapariga de troça" pode servir como um bom pretexto para iniciar um passeio pelas ruas do Rio de Janeiro durante os dias de Carnaval. Provavelmente nos sentiremos como astronautas desembarcados em um planeta desconhecido. Sensação semelhante deve ter experimentado Moritz Lamberg, viajante alemão recém-chegado, ao presenciar nesse mesmo período o espetáculo das ruas nos dias de Momo:

> No domingo de entrudo de tarde começam a percorrer as ruas que pouco a pouco se vão enchendo de diversas sociedades carnavalescas, munidas dos instrumentos de música os mais variados. Depois, aparecem os mascarados bem fantasiados em carros, a cavalo e a pé. O povo cada vez aumenta mais; o ruído torna-se atordoador; a confusão, medonha. [...] As sacadas que nenhuma casa aqui dispensa estão apinhadas na maior parte de senhoras [...]. Atiram limões aos centos sobre os mascarados; mas sobretudo o que mais as diverte é atirá-los sobre amigos e conhecidos, que procuram garantir-se e que por seu lado correspondem a essa amabilidade [...] De repente, como por encanto, nessa imensa confusão, há uma interrupção, faz-se silêncio e, ao longe, ouve-se o som de timbales, castanhetas e tambores [...] O clangor vai aumentando cada vez mais até transformar-se finalmente em ruído estrondoso, que agora retine pelas ruas de modo selvagem e guerreiro [...] Na frente caminham duas filas de negros corpulentos [...] tocando seus instrumentos. Marcham em passo militar, sérios e decididos como se fossem atacar um reduto. Segue um Baldachim carregado por negros, embaixo do qual uma rainha preta dança à moda africana [...] Atrás vem uma multidão selvagem, gritando e gesticulando [...][2]

Você me conhece? Ao contrário do perspicaz homem da lei abordado pela pobre Ângela, e fazendo coro com o estranhamento de Lamberg, com certeza responderíamos que não ao olhar para aquele Carnaval. A descrição começa com o elemento mais comentado no período — e provavelmente aquele que mais atraía os olhos dos passantes em diferentes cidades brasileiras: as Grandes Sociedades carnavalescas, surgidas no cenário da folia carioca nas décadas de 1850 e 1860. As mais prestigiadas no período congregavam sobretudo foliões que dispunham de dinheiro ou status. Trouxeram para o Carnaval carioca os desfiles organizados, que incluíam carros alegóricos e fantasias luxuosas ao lado de outros que transportavam a crítica política e de costumes. Pretenderam também, em renhidos combates carnavalescos, substituir todas as outras formas de brincar, consideradas indignas da civilização e do progresso.

Apesar disso, o viajante espantado podia ter cruzado também com um rancho de reis transplantado da Bahia ou ainda com outras formas de brincar que ele não viu naquele dia. Entre aquelas a que assistiu, havia muitos mascarados avulsos, a cavalo ou a pé, como a indigitada Ângela. Testemunhou o entusiasmo de senhoras que atiravam sobre eles centenas de limões de cera cheios de líquido, na animação da brincadeira do entrudo. Viu ainda, sob o súbito silêncio da turba irrequieta, o exótico desfile de uma "multidão selvagem" precedida de instrumentos de percussão e de negros que pareciam destinar-se à guerra, ao lado de uma "rainha preta" que evocava danças africanas, evidenciando que também outros sons e outras coreografias, diferentes daquelas das Grandes Sociedades, se faziam presentes.

A descrição de Lamberg não hierarquiza as formas de brincar que viu nas ruas aquele dia: trata-se do olhar de um estrangeiro recém-desembarcado que não percebia os muitos significados daquilo a que assistia. Caso se tratasse de um cronista nativo, é provável que a narrativa fosse distinta: o esforço de separar o joio do trigo ao tratar das múltiplas formas da brincadeira transformaria o relato em mais uma peça no esforço para civilizar as práticas carnavalescas, que marcavam o olhar dos intelectuais brasileiros do final do século XIX. A algumas delas seriam atribuídos padrões oriundos do supostamente "civilizado" Carnaval de Nice, Veneza ou Paris — o que as recomendaria como antídoto contra as práticas selvagens e bárbaras dos pobres locais,[3] e isso orientaria toda a construção do relato.

Curioso, no entanto, que o mesmo critério apareça na maior parte da bibliografia atual sobre os Carnavais do passado. Muitos intelectuais, um século depois, tomaram tais construções como descrições fidedignas — e disso resulta uma proverbial e antiga desatenção com os folguedos carnavalescos de uma época que designaram como o "tempo do entrudo".[4] A primeira consequência disso é que este sempre apareça como um capítulo introdutório, visto rapidamente como uma espécie de prolegômeno do Carnaval, coisa de gente muito antiga e rude; a segunda é que tenhamos perdido toda a variedade e a riqueza de significados dessas brincadeiras, para entender sob a palavra *entrudo* apenas o estranho hábito de divertir-se jogando água ou várias substâncias nas outras pessoas.

Olhadas cada uma por sua vez, algumas modalidades folionas do século XIX nos parecem hoje tão estranhas quanto absurdas. Mencionadas de passagem pela bibliografia como mera curiosidade, diversões como cucumbis, o jogo dos limões de cera, mascarados com voz de falsete ou disfarçada por apitos ou o encapelamento de cartolas permaneceram totalmente opacas. Mas vale lembrar sua longa persistência e o interesse que despertavam em milhares de pessoas que todo ano se mobilizavam para praticá-las com entusiasmo e alegria. Assim, não parece despropositado despender algum tempo em inventariar essas formas tão "bárbaras" quanto insistentes, visando desvendar alguns de seus sentidos para além da imagem há muito consolidada pela historiografia. Nossa intenção, neste capítulo, será interrogar esse lado menos conhecido do Carnaval de rua, deixando para mais tarde os préstitos (em suas variadas possibilidades), que se tornaram uma espécie de modelo do Carnaval que nos parece hoje mais familiar.

Já deve ter ficado evidente para o leitor que tal diversidade de formas carregava alguma tensão — sobretudo porque os defensores do Carnaval "civilizado" das Grandes Sociedades, e do mesmo modo as autoridades da polícia, a viam com maus olhos. Se o debate se iniciou já na década de 1850, com a fundação da primeira das Grandes Sociedades carnavalescas,[5] na década de 1880 ele se tornou agudo e inflamado. Não se tratava apenas, para cronistas, literatos e foliões empenhados em instituir o "verdadeiro" Carnaval (aquele dos préstitos à moda "veneziana" ou dos *bal masqués* elegantes), de exterminar limões de cheiro e bisnagas. Queriam levar junto para o passado as troças, os mascarados que se compraziam em atormentar os passantes e a vizinhança, os desfiles de negros que cantavam em estranhas línguas africanas — todo um rol de práticas que julgavam indignas de frequentar as ruas, mesmo em dias em que alegria e permissividade pareciam andar juntas.

Vemos que, além da molhadeira, o entrudo compreendia um conjunto de comportamentos condenáveis aos olhos daqueles foliões encastelados nas Grandes Sociedades e na imprensa do Rio de Janeiro. Mas como seriam, em seus detalhes, tais brincadeiras proscritas pelos sacerdotes de Momo? *Entrudo* significara durante muito tempo (e, para boa parte da população carioca, ainda mantinha este sentido no final do século XIX) o mesmo que *Carnaval*: um conjunto de brincadeiras e folguedos realizados quarenta dias antes da Páscoa. Apenas no final do século a palavra passou a ser utilizada por autoridades, políticos, jornalistas e literatos para nomear exclusivamente a "molhaçada", e com sentido oposto ao da palavra *Carnaval*, que designava sobretudo préstitos, bailes, batalhas de confete e outras práticas mais recentes, às quais se atribuía superioridade em face dos folguedos rudes e incultos do entrudo. Vamos, assim, com ânimo curioso a uma primeira incursão pelas ruas do Rio de Janeiro, buscar esses gestos e significados que o Carnaval esqueceu ou apagou.

Mascarados como a nossa rapariga de troça povoavam as ruas naqueles três dias, a pé ou a cavalo, como nos conta o viajante que não via nisso uma das formas de diferenciação social, reforçada também pelo luxo das fantasias e outros signos de distinção. As máscaras podiam esconder a identidade individual, mas não faziam o mesmo com o status social. Mascarados a cavalo ostentavam seu prestígio olhando de cima aqueles que, a pé, praticavam uma brincadeira generalizada sob múltiplos disfarces, que a imprensa ilustrada se encarregou de registrar com muitos traços e desenhos. Todos, no entanto, divertiam-se em indagar os passantes sobre sua identidade oculta. Por que então o policial teria se aborrecido com a aparentemente ingênua pergunta de Ângela?

É que nas ruas o "você me conhece" muitas vezes era apenas uma introdução a um verdadeiro festival de chulas, troças, insultos até — verdadeiros charivaris, muitas vezes coletivos, em que "raparigas de troça" enfim podiam vingar-se de seus perseguidores habituais, ou cidadãos pacatos podiam ir à forra de vizinhos indesejados e outros desafetos; podiam ainda ser ocasião de expor alguém, amigavelmente ou não, ao ridículo. A difamação satírica era, desde muito tempo, parte integrante das brincadeiras carnavalescas.[6] A prática manteve-se também sob outras formas — sobretudo na da ofensa direta de um mascarado ou um grupo deles contra alguém: em geral, tratava-se de gracejar ou comentar em público aspectos escandalosos da vida alheia, em um tipo de pilhéria que, mesmo enfraquecida, adentrou o século XX sem perder a popularidade entre os grupos de mascarados que cruzavam a cidade.

1. *"Despedidas do Carnaval de 1886" (detalhe),* O Mequetrefe, *1886.*
Detalhe de ilustração comum no período, que descreve fantasias e brincadeiras do Carnaval de rua: diabinhos, velhos de cabeças grandes, "chins", narizes postiços, bisnagas e porta-vozes, além das lindas mulheres "em calções" que desfilavam nas sociedades carnavalescas.

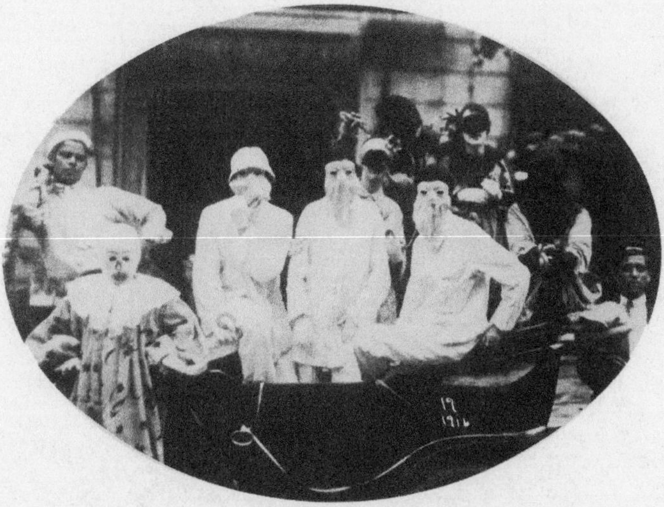

2. *Carnaval de 1916. Foto de Augusto Malta.*
No início do século XX, as elegantes brincadeiras do corso ainda traziam mascarados que se divertiam em poder ocultar suas identidades.

"Alguns máscaras de espírito", descrevia a *Gazeta de Notícias* em 1891, "[...] andaram provocando escandalozinhos à custa do próximo, com grande gáudio do próximo do próximo, sempre disposto a rir das fraquezas do vizinho."[7] O comentário não parece alarmado com o fenômeno, capturado em seu conteúdo humorístico. O mesmo jornal, no entanto, retoma a questão dias depois para revelar que o problema não era o "espírito" desses inconvenientes mascarados, mas a multiplicação de máscaras destituídos dessa qualidade essencial (como no caso da nossa "rapariga de troça") que fazia a diferença entre a pilhéria fina dos salões e o calão das ruas. Escrito apenas dois anos depois da prisão de Ângela, o texto parece funcionar como um esforço de justificação da desigualdade com que a presença de mascarados era tratada pelas autoridades — e avaliada por intelectuais e jornalistas: "Máscaras às dúzias, aos centos [...] passavam naquele mutismo de máscaras que fazem a sua obrigação [...] Outros, em menor número, já se vê, deitavam laracha grossa e pesadona, após o clássico, o velho, o macróbio 'Você me conhece?'. Outros ainda [...] riam e faziam rir, destilando pilhéria que, se nem sempre era fina, era pelo menos aceitável".[8]

A brincadeira, amplamente praticada — ou o cronista não estaria preocu-

3. *Angelo Agostini,* O Mequetrefe, *1880.*
Retratada insistentemente pela imprensa como a maior inimiga do Carnaval, a Igreja católica — aqui personificada pelo editor-chefe do jornal O Apóstolo, *Monsenhor José Ferreira — é objeto permanente de sátira.*

pado em estabelecer para a pilhéria tal hierarquia —, encontrava quase sempre nos diários uma reação entre irritada e furiosa.[9] Fazendo a crônica dos jornais da cidade, a mesma *Gazeta de Notícias* nos fornece outro exemplo saboroso retirado da pequena imprensa, em especial daquela ligada à Igreja católica, cuja ojeriza às brincadeiras do Carnaval por vezes era comentada também sob a forma irreverente da caricatura — inclusive uma em que o principal redator do mais importante desses jornais, o cônego José Gonçalves Ferreira, é transformado em bumbo de zé-pereira pelos adeptos da folia:

> *O Apóstolo* [...] dispara uma objurgatória contra o pobre Carnaval. Eis aqui um espécime: "Abdica-se a razão, olvida-se a moral, esquece-se o pudor e transforma-se a cidade no mais torpe dos palcos, onde nem a civilidade e a boa educação têm entrada; as coisas mais santas, mais sagradas, constituem objeto do ridículo, do sarcasmo! O espírito dos máscaras, das ideias, está no desprestígio das autoridades, na difamação de pessoas respeitáveis, nos escândalos, na orgia e nos ultrajes à religião [...]".[10]

A reação não vem, no entanto, apenas dessa parcela da imprensa mais conservadora. "Sensaborões", "insolentes e imbecis", "detestáveis", são adjetivos comuns nos relatos e comentários da grande imprensa sobre a tradicional brincadeira.[11] A troça, que divertia gente de diferentes classes sociais e era tão malvista pelos "homens de espírito" (sobretudo se os máscaras não operavam no registro social e intelectual deles), prestava-se até mesmo a metáforas políticas: "A Câmara Municipal está ficando cada vez mais 'você me conhece?' ", brincava o cronista Lulu Senior, pseudônimo de Ferreira de Araújo, em sua coluna "Balas de estalo", da *Gazeta de Notícias*,[12] deixando evidente o desagrado que a brincadeira provocava em segmentos importantes da intelectualidade carioca.

A presença desses máscaras, "às dúzias, aos centos", no espaço público encontra também reações de outro tipo, que a imprensa comenta com preocupação: já não se veriam muitas senhoras pelas ruas e sacadas durante os dias de Carnaval, por medo das troças e brincadeiras de mascarados inconvenientes.[13] Medo, aliás, que podia ser cultivado sobretudo entre sisudos chefes de família. Como nos lembra um cronista, "por causa dos trotes os maridos com culpas no cartório não gostam de sair com suas mulheres por esses dias do entrudo".[14] Por uma razão ou outra o Carnaval, cada vez mais, parecia tornar-se, para esses comentaristas, uma ocasião inadequada à presença de "famílias" ou de gente "decente", embora desde muito tempo as brincadeiras marcassem claramente espaços sociais diferenciados, entre o lugar da plebe nas ruas e o das famílias, protegidas pelas sacadas dos sobrados.

Nas últimas décadas do século XIX, além disso, a folia parecia ameaçar o próprio sossego das doces brincadeiras domésticas e familiares, tornando incômodas, desagradáveis ou perigosas algumas das formas tradicionais de divertimento carnavalesco, que poucas décadas antes empolgavam as mesmas pessoas que exprimiam agora seu desagrado: "Nesses três dias consagrados à troça e à pilhéria falada, buzinada pelos porta-vozes, fantasiada e mais ou menos polida, retira-se a burguesia para o interior do lar [...]",[15] deixando (com evidente desgosto) a rua para Ângela e gente como ela. A imprensa está cheia de exemplos de incidentes decorrentes de pequenos charivaris[16] carnavalescos, que terminavam muitas vezes na delegacia de polícia. Muitos outros nem sequer chegaram a ter registro policial, embora mostrem que a troça podia dar margem a atritos mais sérios — como no caso em que um grupo de mascarados resolveu brincar com operários das obras da rua do Paraíso, que trabalhavam durante o Carnaval. Irritados talvez com o fato de estarem trabalhando enquanto todos se divertiam, e vendo-se objeto de pilhéria exatamente por esse fato infeliz, os operários atacaram os mascarados com martelos, pedras e picaretas, sendo contidos a custo pelos passantes.[17]

É difícil saber em detalhes o conteúdo habitual dessas injúrias carnavalescas, assacadas contra inimigos declarados ou mesmo contra pacatos passantes. Referências esparsas, no entanto, permitem sugerir que elas não fugiam muito ao rol habitual de insultos e maledicências que circulavam à boca pequena todos os dias do ano: referiam-se à prática de adultérios, à decorrente e humilhante — sobretudo para os padrões masculinos — condição de "corno" (razão pela qual casais estabelecidos, a crer na observação do cronista, evitavam as ruas nesses dias);[18] mas diziam respeito também à honestidade nos negócios — sobretudo nas atividades do comércio — e a outras condutas, permitindo uma ampla circulação de juízos morais e de preconceitos de vários tipos.

Um episódio relatado pela imprensa, em meio a muitos outros, pode dar uma ideia do potencial explosivo da brincadeira: um certo Donato Alonso, em plena terça-feira de Carnaval de 1897, invadiu uma casa comercial na rua do Livramento, no centro da cidade, e abateu a tiros o seu proprietário, aos gritos de "Eu não sou gatuno!". Na delegacia, explicou que um grupo de mascarados — do qual presumira fazer parte um enteado do comerciante — havia perpetrado tal ofensa contra ele na véspera, em frente de sua residência.[19] Numa sociedade em que não era incomum lavar-se honras com sangue, o crime horrorizou a imprensa, que acentuou unanimemente a "perversidade" excepcional de seu autor: a reação aparecia como muito desproporcional à ofensa cometida no contexto do entrudo — indício de que, além de comum, ela teria um significado diferente daquele dos dias normais. O incidente revela também que, nos últimos anos do século XIX, tal percepção sobre as pilhérias e troças do entrudo estava mudando, para dar lugar a atitudes de reação, episódios violentos que tendiam a tornar-se cada vez mais frequentes nos noticiários.

Deve-se ter, no entanto, algum cuidado com essa afirmação. A frequência nas páginas de jornais não significa necessariamente uma incidência maior de episódios dessa natureza, em oposição ao que acontecia em décadas anteriores. Na verdade, a imprensa carioca passava nesse período por uma transformação muito intensa em direção à massificação e à busca de um público leitor mais amplo e indiferenciado. Por isso, o interesse em noticiar ocorrências capazes de atrair a curiosidade de muita gente pode ter gerado o aumento desses registros nas colunas de jornais, ampliando seu significado e alcance em busca do interesse dos leitores. Seja como for, esse numeroso conjunto de incidentes policiais registrados e comentados pelos veículos de imprensa foi fundamental para que se criasse a imagem de perigo que passou a cercar os mascarados (ou alguns deles, como veremos adiante) e a lançar suspeitas sobre a brincadeira do "Você me conhece?".

Um balanço efetuado pela coluna "Ocorrências de rua" na quarta-feira de Cinzas de 1883 permite ter uma boa ideia do crescente sentimento de ameaça que envolvia a convivência com os mascarados, dos atritos constantes em torno de suas troças e da repressão intensa que passavam a sofrer: um folião de nome José Francisco Pinheiro, um entre as dúzias de mascarados presos naquele ano, foi pilhado pelos agentes da lei quando, "armado de um grande porta-voz" (espécie de corneta de metal através da qual se pronunciavam as troças e insultos carnavalescos, ampliando o seu alcance sonoro), tratava de divertir-se lançando pilhérias contra os circunstantes. Dez anos antes, seguramente, este seria um caso capaz de atrair a atenção e animar os protestos da imprensa liberal contra a arbitrariedade policial. Naquele momento, contudo, a prisão foi noticiada com discrição em meio a dúzias de outras, relativas a ferimentos com faca, brigas de rua e outros casos de agressão física.[20]

Não se tratava, no entanto, de um acaso ou de um erro do redator misturando assuntos na mesma coluna: a ofensa moral surgia agora, nessa e em outras ocasiões, associada à agressão física em formulações capazes de cultivar o pavor e consolidar a sensação do risco iminente. Os mascarados que frequentavam as ruas desde séculos atrás, associados às ocasiões festivas, apareciam então colados à noção de crime e de violência. A questão era, dessa forma, uma questão de limites entre o hábito, a tradição e o "abuso". Quem se escondia por trás das máscaras tornava-se o ponto central das preocupações e da ação das autoridades e da imprensa. "A máscara não serve só para os foliões: muitas vezes também presta o seu auxílio ao facínora, que aproveita a época do Carnaval para exercer uma vingança."[21]

Além disso, como observou um cronista do mesmo jornal, um homem, "como afivela a máscara no rosto, entende que pode desafivelar o colete, a calça e a consciência".[22] Ele chamava a atenção para um outro registro de preocupações, que afetava uma parte mais conservadora da "boa sociedade", relativo à moralidade e às oportunidades de transgressão suscitadas pelas máscaras da festa de Momo. Com sua ampla experiência da vida boêmia carioca, Olavo Bilac enfatiza esse aspecto quando, no início do século XX, comenta o paulatino desaparecimento das máscaras no Carnaval carioca: "É que havia lugares a que não podia ir, sem grave escândalo, o burguês prudente. Teatros alegres, onde se acotovelavam as francesinhas perfumadas [...]; hotéis, cujas janelas fulguravam até a madrugada [...]; casas de tolerância, cheias de mistérios de amor [...]. Mas, chegado o Carnaval, o homem sério enfronhava a sua seriedade num dominó, amarrava sobre a austera face uma máscara — e adeus, terrores!".[23]

De qualquer forma, o mal maior não estava circunscrito às oportunidades eróticas ou à liberdade condicional do "homem sério". Ele residia na possibilidade — esta sim, potencialmente subversiva — da indefinição das fronteiras sociais sob a excitação orgiástica e alcoólica, ao lado da possibilidade de uma igual liberação da "mulher séria". Ocasião, portanto, de perigo — na concepção difundida pela imprensa no final do século XIX —, trazido por uma apregoada licenciosidade carnavalesca com a qual os grandes jornais seduziam seu público urbano e moderno.[24] "Quando passar um par fantasiado, filosofai: são dois amantes? Será o amo e a criada, será o cocheiro e a ama? Tudo pode esconder uma máscara: — a miséria, o crime ou o amor." [25]

Como vimos, no entanto, tudo era uma questão de limites. Mesmo que a intenção fosse infundir e generalizar o temor, nem sempre, nesse contexto, as máscaras eram vistas como ameaças. Era intenso no período o comércio de fantasias — venda e mesmo aluguel — e de máscaras "finas", importadas, anunciadas com insistência nos jornais.[26] Envergadas nos camarotes dos bailes mais elegantes, em verdade nunca pareceram perigosas. As referências da imprensa, revestidas de agudo senso de mundanidade, a mascarados românticos e misteriosos que compareciam aos bailes e seletos salões em seus *chicards* e outras formas de disfarce denotam uma visão extremamente positiva da elegância mascarada. Seria possível evitar a indiferenciação que o disfarce podia propiciar? Como comentou o cronista Escragnolle Dória, relembrando os Carnavais de sua juventude, um traje carnavalesco em particular — o dominó

4. *Angelo Agostini, "O Carnaval de 1883 visto através da chuva" (detalhe),* O Mequetrefe, *1883.*

(semelhante ao gabão dos frades, com um amplo capuz) —, amplamente utilizado por gente de ambos os sexos e de diferentes origens sociais nos Carnavais do século XIX, era extremamente enganoso: "Grosseiro, cobria o labrego a desengonçar-se entre o molecório, rico no baile à fantasia, afogava em seda as formas da mulher faceira cujo rosto a máscara de veludo punha em mistério".[27] Agostini os retratou, em sua versão feminina, sob a chuva na rua do Ouvidor em 1883, misturando-se a uma multidão rude e debochada. Descrevendo um baile pré-carnavalesco promovido por uma das facções do prestigiado Club dos Democráticos, um jornalista mostra bem a ideia de fascínio e sedução que, em circunstâncias determinadas, a máscara era capaz de suscitar: "Apareceram muitas fantasias, algumas das quais luxuosas. [...] Muitos dominós, sendo que entre estes havia um cor-de-rosa, que intrigou a todos, reconhecendo-se depois ser a bela baiana do baile passado".[28]

Lido positivamente e praticado pelos frequentadores dos salões mais seletos da cidade — e não apenas por sedutoras damas[29] —, o ocultamento da identidade atrás de máscaras e vozes de falsete parecia aqui bem longe da imagem ameaçadora e agressiva. Impressão muito diferente da provocada por aqueles que portavam suas "grosseiras" máscaras de papelão ou de arame, envergando também dominós confeccionados com sacos de aniagem ou panos grosseiros e fantasias estigmatizadas no período por sua "vulgaridade": o "pai-joão, cuja sujidade das palavras às vezes acompanhava a das roupas; [...] o doutor-da-mula-ruça, de cabeça asinina e farto pacote de livros sob o braço", como relembrava um cronista.[30] Tais fantasias ironizavam elementos fundantes da sociedade do período, como a escravidão e o bacharelismo, comentados nas roupagens e máscaras de doutor-burro e pai-joão — sendo esta última, também conhecida como "sujo", recurso dos indivíduos mais pobres que consistia em passar um pouco de graxa pelo rosto, virar paletós pelo avesso e portar uma velha vassoura debaixo do braço. Formas de expressão carnavalesca bastante utilizadas pelos foliões mais "plebeus" eram também as fantasias de bebê chorão (com penicos cheios de chocolate ou polpa de abacate), morcegos cujas asas eram confeccionadas com varetas de velhos guarda-chuvas e esqueletos ou "mortes" — que muitas vezes apresentavam-se nas ruas em sugestivo trio com um "padre" e um "diabinho".[31]

No século XIX, igualmente populares eram os princeses, com suas máscaras de arame, espadas de madeira, capas de belbutina enfeitadas com lantejoulas e penachos coloridos no chapéu, com os quais alguns membros destacados da plebe viviam os seus dias de nobreza. Embora comuns e bastante utilizadas em sucessivos Carnavais, não chegaram a entusiasmar cronistas na segunda metade do século XIX devido à origem social dos mascarados que envergavam tal traje: "O princês é sério *quand même*. A sua máscara de arame é incapaz de trair um sentimento que não seja o da consciência da própria dignidade. [...] Os princeses são desconfiados: dão bofetadas por dá cá aquela palha, e muitas vezes todo aquele ouropel vai esbarrar no xadrez da polícia".[32]

Se tão cedo o comentário já assumia a forma de uma condenação generalizada, é que os princeses eram uma das mais frequentes fantasias nas festas do entrudo. Reproduzia-se aí uma sintaxe de inversão, constante e repetidamente apontada pelos observadores de Carnavais e por vezes considerada por estudiosos contemporâneos uma espécie de característica universal da folia.[33] Nos Carnavais cariocas da segunda metade do século XIX, o travestimento, o uso de pó branco ou tinta preta no rosto para inverter os signos raciais — e também o hábito de envergar roupas e sinais de distinção aristocrática, como no caso dos princeses — foram elementos constantes nas ruas. Não constituíam, por certo, meras reiterações de um ritual imemorial e universal, mas falavam da sua cidade, expressavam na sátira os conflitos de seu mundo, riam para representar a diferença e questionar a dominação.

Fantasias e máscaras eram uma forma de comentar o cotidiano também de outros modos: são comuns na imprensa as referências às máscaras com rostos de políticos e autoridades civis satirizadas no alto dos carros de sociedades ou penduradas no rosto de foliões avulsos, a pé. Faziam pilhéria com os importantes da Corte por meio de reproduções caricaturais de seus rostos, fabricadas em série e vendidas pelo comércio local. Com grande frequência havia fantasias alusivas a tipos ou situações do ano anterior: o Príncipe Obá II da África, personagem conhecido e amado pela ralé das ruas no final do Império, por exemplo, foi objeto de várias fantasias comentadas pelos jornais nas vésperas da Lei Áurea.[34] Em 1889, no primeiro domingo de Carnaval após a abolição, fazia sucesso um negro fantasiado de escravo fugido, "fazendo gatimonhas de susto" e provocando a hilariedade geral pelas ruas Direita e do Ouvidor.[35] Às fantasias habituais juntavam-se as de ocasião, em um costume que se tornou permanente: quase dez anos depois, no Carnaval de 1897, os jornais assinalavam a presença nas ruas e nos salões de "diversos Antônios Conselheiros",[36] que serviram de diversão para os cariocas, evidenciando a persistência da brincadeira, a qual atravessou muitas décadas.

A despeito da inventividade, prevalecem nos relatos da imprensa as referências às fantasias tradicionais com que diferentes trabalhadores pobres gostavam de aparecer nas ruas durante os dias de brincadeira: os dominós, tão distantes das sedutoras fantasias de seda dos salões elegantes, os princeses de cetim barato, os dançarinos que, vestidos como velhos fidalgos, usavam como máscara uma imensa cabeça que a duras penas equilibravam sobre os ombros. Desse personagem central das brincadeiras restaram-nos empolgadas descrições e líricos desenhos, que enfatizam sua centralidade nas folias do entrudo, sem deixar dúvidas quanto à procedência social desses foliões. Ao contrário dos sérios princeses, eram figuras cômicas e, por isso, mais simpáticas até mesmo para os mal-humorados cronistas do período:

> Outros são os velhos de cabeça grande, primando por grandes narizes de papelão e indecentes barrigas. Junta-se a isso o "Você me conhece?" que eles dirigem com voz de apito a todos que passam e que vão encontrando pelas janelas, um passinho especial e arrastado, assim à guisa de quem quer correr e não quer ao mesmo tempo, e ter-se-á uma ideia dessas espirituosas máscaras. Eles são sempre seguidos de dois ou três moleques que gritam: "Olha o mascarado!" [...] o que faz correr a família toda para ver a engraçada criatura. Então o herói, *rempli de soi-même*, dá

cabeçadas pelas paredes com a enorme máscara de papelão, obrigando toda aquela gente a fugir às gargalhadas.[37]

Os velhos não eram apenas mais uma fantasia entre os máscaras avulsos de vários tipos que percorriam as ruas da cidade. Envergar esse tipo de caracterização significava também prestígio, havia muito tempo adquirido em festas que extrapolavam os limites do Carnaval:[38] apenas aqueles mais habilidosos no bailado, capazes de executar os difíceis passos da apreciada "dança de velhos", ostentavam tal fantasia nos dias do entrudo. Era parte da graça que o idoso personagem fosse o mais ágil bailarino das ruas, sobretudo quando era secundado em sua dança pelo princês, a quem cabia, pelas regras da coreografia foliona, provocá-lo, "puxando a fieira" no desafio das pernas em um bailado sem música, geralmente executado ao ritmo marcado pelas palmas da assistência eventual e mutável das ruas.

É um exercício diabólico, em que os pés ora resvalam, ora se entrecruzam, movimento agitado de pernas que se juntam e que se afastam, não raro caindo em desfalecimentos procurados para fazer tombar o corpo, que deve estar sempre

5. *Angelo Agostini,* D. Quixote, *1896.*

no seu prumo majestoso e senhoril. Nesse jogo de membros inferiores, o velho está fazendo, com o bico do pé, no lugar onde dança, figuras espaventosas, que a gentalha das ruas conhece e explica: linhas, letras, nomes, desenhos: Gostei do jota! — Roda de carro! Bonito! — Velho, traça a letra K![39]

Símbolo dos antigos Carnavais, o bizarro malabarista atravessou uma longa existência na folia carioca: a descrição acima, de França Júnior, remete-o aos anos de 1860 — e mesmo antes ele podia ser encontrado dominando cenas carnavalescas —, enquanto Luiz Edmundo, em suas memórias, ainda vai encontrá-lo traçando suas letras no início do século XX. Seu prestígio só parece ter sido superado por um outro personagem que, aos magotes, povoava as ruas da cidade nos dias consagrados à folia, envergado pelos frequentadores das ruas e das partes menos nobres da cidade. Com suas roupas encarnadas, chifres e longas caudas pontudas, os endemoniados "diabinhos" personificavam os horrores dos partidários do Carnaval europeizado — mas também encontravam paralelo na grande procura pelas caríssimas fantasias e máscaras de Mefisto que apareciam anunciadas pelas casas finas da rua do Ouvidor: se os dominós "desciam" dos salões para as ruas, nobres diabos percorriam o caminho inverso para consagrar nos salões, com muito mais luxo e riqueza, o conhecido disfarce dos "diabinhos". Fantasia antiga, que por muitas décadas ocupou lugar de destaque nas escolhas da população mais pobre da cidade,[40] mas que causava um crescente temor, explicitado pela imprensa diária com base em uma identificação efetuada de forma generalizada: "Os diabos, isto é, os capoeiras por essa forma fantasiados, continuaram anteontem a praticar diabruras".[41]

As "diabruras" vêm descritas na mesma notícia, como em muitas outras publicadas ao longo das décadas finais do século XIX: roubo de charutos e outras miudezas, pernadas, facadas e golpes desferidos com outro tipo de arma — o porta-voz, que ampliava o insulto carnavalesco. Esta e outras matérias publicadas contribuem para identificar os autores das façanhas — e as pessoas que costumavam adotar a máscara infernal em sua versão popular: crioulos-diabos, escravos, forros e "cidadãos matriculados" eram citados nominalmente, para enfatizar o perigo representado por sua condição temporária de anonimato diabólico,[42] ao lado de conhecidos capoeiras, como um certo Manduca Calafete, também preso no Carnaval, envergando cauda e chifres.[43]

Nem sempre, no entanto, o noticiário da imprensa é capaz de confirmar que, sob tais disfarces, se escondessem sempre negros capoeiras. Lidos com atenção, os próprios jornais muitas vezes desmentem o estereótipo que ajudaram a engendrar: "Anteontem à noite o guarda urbano João Antônio Pereira de Siqueira, querendo prender dois diabos que promoviam distúrbios e que se haviam refugiado no açougue nº 2 do largo da Sé, foi ali agredido [...] Como autores da agressão foram presos Francisco Soares Calçada e sua mulher, Luiza Francisca Soares Calçada, ambos de nacionalidade portuguesa".[44]

Fatos comuns como este não serviam, no entanto, para que a imprensa relativizasse a associação exclusiva entre mascarados e capoeiras negros, temidos sobretudo após o retorno das tropas da Guerra do Paraguai, que trouxe à cidade amplos contingentes de homens habilidosos nessa arte.[45] Em meio à forte tensão social e política da década de 1880, os diabinhos suspeitos de capoeiragem foram sendo apontados, cada vez mais, como uma séria ameaça à ordem. Assim, o mesmo noticiário que informa das proezas desses diabos — negros ou não, capoeiras armados ou casais portugueses entupidos de vinho, pouco importava — manifestava com clareza o seu alívio com as prisões efetuadas pela polícia durante todos os dias de Carnaval, às dúzias e às vezes às centenas em uma só noite. Aplaudiam enfaticamente a proibição, informal e ilegal, mas nem por isso menos efetiva — revelada ao jornalista por uma das vítimas da arbitrariedade —, de que os maiores de quinze anos envergassem tal fantasia, o que, aliás, sugere que a popularidade dos diabinhos era extensiva às crianças.[46]

Seja como for, a associação dos diabinhos aos negros capoeiras é uma constante em crônicas e mesmo em ilustrações de jornal — como aquela em que os cabelos de um homem negro assumem a forma dos chifres do perigoso personagem para representar a chegada do Carnaval e, ao mesmo tempo, de seus perigos. A repressão contínua e persistente contra os endemoniados mascarados adeptos da pilhéria e do entrudo parece ter encontrado seu ponto culminante em uma estranha prática exorcista adotada pela polícia da Corte em 1883: "Na Freguesia de Sant'Anna, todos os diabos que eram encontrados, eram revistados, e como sinal cortavam-lhes as caudas".[47]

Presos, privados de suas longas caudas pontudas, revistados, atacados pela imprensa, objetos de temor e desconfiança, os diabos persistem em sua presença nas ruas durante um longo período. Mesmo quando a imprensa parece

6. *Angelo Agostini,* O Mequetrefe, *1886.*
Mesmo com outras fantasias, os negros são associados à tradição carnavalesca dos diabos: os cabelos com a forma de chifres caracterizam a persistência do brinquedo no personagem que irrompe entre as alegorias do velho e do novo Carnaval.

animar-se com seu gradual desaparecimento,[48] sobreviviam a todas as tentativas de extermínio. Acabou frustrada até a radical proibição empreendida pela polícia republicana na década de 1890, da presença nas ruas de grupos ou máscaras avulsos, só permitidos em bailes ou préstitos de sociedades carnavalescas.[49] Seu desaparecimento como um fenômeno generalizado — já que podem ser vistos ainda hoje, eventualmente, nos subúrbios cariocas — só aparece com evidente alívio da imprensa no final da segunda década do século XX.[50]

Esse alívio declarado, e a insistência com que os diabinhos e outros mascarados voltavam às ruas, enfrentando a polícia, pode ter raízes históricas (e nexos culturais) no longo e conflituoso processo da dominação senhorial em que se assentava a sociedade escravista. Recompondo práticas de controle social para o Rio de Janeiro dos séculos XVIII e XIX, historiadores da escravidão encontraram elementos (que se agravam nos anos mais próximos da abolição) de suspeição e temor despertados por homens que andavam pelas ruas, em dias normais, com chapéus desabados capazes de esconder o rosto, ou capas que ocultavam suas características físicas da mesma forma que os populares dominós. Era no corpo do escravo que se gravava sua condição — e a cor da pele funcionava como um claro critério de diferenciação social —, razão pela qual as formas de controle social passavam pelo reconhecimento pessoal e pela exibição das características raciais.[51] A suspeição parece confirmar-se pelo fato de que, nos dias de mascaradas e procissões dos séculos XVIII e XIX, as fugas e revoltas de escravos eram bem mais frequentes que em dias comuns.[52]

Dias de exceção, o Carnaval fazia com que o ocultamento da identidade — lido como quebra da hierarquia e da diferenciação — aparecesse como um elemento assustador, em particular nas condições do Rio de Janeiro, cuja imensa população negra era cada vez mais indiferenciada em sua condição civil de forros ou cativos, vivendo "sobre si" e aglomerados em habitações coletivas.[53] Em plena crise da sociedade escravista nas últimas décadas do século XIX, o medo e a sensação de insegurança gerados na cidade do Rio de Janeiro estavam presentes até no próprio interior do abolicionismo. No reinado de Pedro II ou de Momo, o temor e a suspeição parecem ter sido os mesmos, e os diabinhos passavam a ser, simbolicamente, a própria encarnação do mal.

Cabe também perguntar — sem que se possam formular respostas definitivas — por que a longa persistência da máscara no interior dos eventos ao mesmo tempo conflituosos e risonhos do Carnaval. Deve-se levar em conta, afinal, a observação do sempre minucioso Mello Moraes Filho: um terço dos cariocas mascarava-se nos Carnavais do século passado[54] e divertia-se de modo avulso e anárquico em provocar amigos, vizinhos e transeuntes desprevenidos. Tal questão transcende em muito os limites de uma pesquisa histórica — e, portanto, datada e preocupada com os contextos: a máscara constitui uma presença quase universal, desde a Antiguidade e nas mais diferentes culturas — argumento, de resto, monotonamente repetido por folcloristas mas também por historiadores empenhados em buscar identidades e ancestralidades comuns a todos os Carnavais. Contudo, é interessante lembrar o significado específico que elas poderiam ter para determinadas culturas africanas transplantadas para o Brasil durante os séculos do tráfico de escravos: pertencentes ao domínio do terrífico, serviriam como identificação para os "embaixadores" das divindades, conferindo o poder de punir crimes e revelar culpas.[55] É possível que o Carnaval, com sua aparente permissividade, funcionasse nas décadas que antecedem à abolição como momento único em que estes e outros novos significados pudessem vir à tona, gerando medo em alguns e a possibilidade prazerosa de uma desforra para a maior parte da população, cuja aparência física era associada à condição social. O uso coletivo do disfarce, no entanto, parecia anular seus eventuais efeitos mágicos, transferindo naqueles três dias a suspeição e o poder de punir, denunciar, ocultar e revelar para os encarnados chifrudos, princeses, morcegos, caveiras, velhos, dominós, sujos e mulas ruças que se riam dos outros e de si mesmos na embriaguez do Carnaval de rua.

GENTE SEM COSTUMES

A presença negra no Carnaval carioca era, na maior parte das vezes, indissociável das diferentes brincadeiras do entrudo. Negros eram muitos dos mascarados, os participantes dos zé-pereiras, os praticantes da guerra de água. Uma das formas do Carnaval popular, no entanto, aparecia nas ruas com caráter negro ou "africano". Refiro-me aos grupos de cucumbis, presença antiga em festas públicas no país, que se tornam na segunda metade do século XIX[56] uma forma especificamente carnavalesca de dança dramática que, todo ano, grupos de negros realizavam pelas ruas do Rio de Janeiro. Tratava-se de um desfile associado a tradições africanas nas últimas décadas do século XIX — um dos quais, como vimos, Lamberg descreveu em meio ao Carnaval de rua.[57]

Em suas apresentações, os cucumbis desenrolavam um enredo que os folcloristas consideraram em tudo semelhante a outras formas consagradas em diversas partes do país — como as congadas, caboclinhos, caxambu, caiapós, maracatu ou quilombo.[58] Depois das saudações, cantadas em português, o grupo desenvolvia seu enredo em língua africana, entoando canções transcritas (mas não traduzidas) por Mello Moraes Filho:

Mala quilombé, ó quilombá...
Oh Mameto uê! [...]
Ê Mamaô, ê Mamaô
Ganga rumbá sinderê iacô.[59]

A história contada pelos cucumbis representa um cortejo de príncipes,

7. *"Slaves at Carnival, Quitanda Street, Rio de Janeiro, Brazil, 1868", foto de Christiano Jr.*

princesas, feiticeiros, embaixadores de outras nações africanas e o povo, levando para o rei do Congo seu filho recém-circuncidado. A morte do príncipe, atacado por tribo inimiga que se veste de penas, como os índios do Brasil, dá origem a uma série de peripécias, encerradas pela ressurreição do jovem por intermédio da mágica do feiticeiro. Além das saudações em português, o enredo fecha-se com louvações a são Benedito e à Virgem Maria, novamente cantadas no idioma dos brancos ao ritmo de ganzás, agogôs, xerequês, tamborins, chocalhos, marimbas e adufes — ao passo que todo o resto permanecia na língua africana. As fantasias envergadas pelos participantes do cucumbi eram também bastante características: para os índios, círculos de penas nos joelhos, cintura, braços e pulsos; cocares e plumas com palas vermelhas, colares de miçangas, corais e dentes. Vestimentas mais ricas e caracteristicamente africanas diferenciam o rei, a rainha, o embaixador e a Corte. Cobras, jabutis ou lagartos, às vezes vivos, outras empalhados, adornavam o feiticeiro e evidenciavam seu poder de controlar a natureza.[60] Fotografia de 1868 atribuída a um certo Christianoff mostra algumas figuras da corte africana dos cucumbis. No verso da imagem, que pertence a um colecionador particular, está a indicação de tratar-se de um dia de Carnaval. Imagem quase idêntica pode ser encontrada na coleção do Serviço do Patrimônio Histórico e Artístico Nacional, na série assinada pelo fotógrafo Christiano Jr. (não Christianoff, confusão por certo originada da própria assinatura do autor), cujo ateliê se localizava nesse ano justamente na rua da Quitanda (ver outras fotografias da mesma série de Christiano Jr. no caderno de ilustrações, figs. 1 e 2). Ao que tudo indica, o fotógrafo aproveitou o Carnaval para obter essas imagens para sua conhecida série de *cartes de visite*,[61] que buscavam perpetuar o exotismo da população escrava e negra do Rio de Janeiro e eram bastante procuradas por visitantes estrangeiros — caminho mais provável para sua "descoberta" no hemisfério norte.

Óbvia tradição "africana" — como assinala Mello Moraes Filho, fazendo eco ao consenso de seus contemporâneos —, mesmo que "corrompida pelas gerações crioulas, mas não a ponto de desconhecer-se o que há de primitivo".[62] Em pleno contexto da luta pela abolição, a presença dos cucumbis provocava reações curiosas: de um lado a complacência expressa, entre outros, pelo mesmo autor, em 1888, e reiterada pelo silêncio respeitoso mantido pela imprensa tão intolerante diante das formas populares de expressão carnavalesca. "[...] os pobres cativos [...] tiveram necessidade de dar expansão à sua dor, relembrando os costumes dos seus maiores. E a dança dos cucumbis ressoou estrepitosa [...], ao tinir das correntes dos cepos e dos gemidos nas senzalas, ao som do açoite nas surras da escada e do soluço da mãe escrava, a quem tiravam para sempre dos braços o filhinho nu e misérrimo."[63]

Leitura benevolente, cheia de culpa pelo destino dos cativos, da parte daqueles que ouviam gemidos e açoites no som grave dos atabaques. Exibindo características africanas no momento em que a luta pela abolição do trabalho escravo estava bem viva, os negros dos cucumbis encontravam certo grau de tolerância no interior da festa: apareciam como primitivos, infantis, pitorescos — e não como uma ameaça da mesma natureza daquela representada, por exemplo, pelos "diabinhos", cuja identidade era difícil de ser recortada e incorporada pelas elites intelectuais e políticas. Ademais, vinham reconhecidos por uma antiga vinculação às irmandades católicas negras no Rio de Janeiro do início do século XX e abençoados pela Igreja, o que os tornava um pouco mais aceitáveis para seus antigos senhores e também para um folclorista fervorosamente católico como Mello Moraes Filho.[64]

"Conheciam o seu lugar", diria um racista daquele (ou deste) tempo, e tratavam de teatralizar nas ruas sua condição de tal forma que, a despeito de suas possíveis intenções, podiam ter uma avaliação mais branda dos brancos "progressistas". "Vestidos como nos países africanos, pararam em frente a esta redação, saudaram a imprensa e o imperador do Brasil, entoando nesta ocasião cânticos originais, ao som de instrumentos não menos originais, parando de vez em quando para fazer prolongadas reverências, dando o mote da cantiga 'A África sempre foi livre'. "[65]

Nem por isso, entretanto, foram poupados do racismo e do preconceito expressos com pouca sutileza por um cronista da imprensa diária que comentava o Carnaval de 1887, fazendo eco a um sentimento com certeza mais que pessoal. Como outros grupos carnavalescos, um cucumbi havia se dirigido a uma redação de jornal no esforço de fazer notar sua presença. Registra o diário, comentando a passagem do grupo: "Gente bem vestida e que dançava bem, como provou, dançando em frente a cada uma das redações dos jornais. Acompanhava o grupo uma porção de pretas, carregando criancinhas de peito. O que prova que os cucumbis, além das festas do Carnaval, têm outras coisas em que se ocupam".[66]

A insinuação de uma sexualidade desenfreada das "pretas" e dos participantes da dança revela a animalização latente que o olhar racista impunha aos negros da cidade, mesmo quando organizados sob a proteção dos senhores e sob as bênçãos da Igreja. Outras vezes o comentário era mais explícito em sua irritação diante da presença pública dos negros nas ruas da cidade, em pleno contexto da campanha abolicionista, apoiada com fervor pelos intelectuais encastelados nas redações dos jornais cariocas, e dos esforços concomitantes pela civilização do Carnaval: "Entre duas sociedades dançavam, à moda de África, negros e negras de canitar e cinto de penas, saltando sobre um e outro pé, entoando uma cantilena gemida e soluçante [...] Em vez de lutar pela reconquista de sua liberdade e brios, o negro vinha expor-se, ataviado a palhaço, às chufas do povo que vive à sua custa. Imenso ridículo! [...]".[67]

A insistência em dançar precisamente "entre duas sociedades", empanando o brilho de uma festa que pensava poder dispensar tais barbarismos, substituindo-os mesmo no "gosto popular", aumenta a intensidade da irritação de jornalistas liberais, muitas vezes dispostos a sacrifícios pessoais pela causa da abolição. Além de intolerâncias de fundo político, o estranhamento podia se manifestar também de outras maneiras. São abundantes os comentários da imprensa que revelam um completo desconhecimento do significado do espetáculo oferecido nas ruas pelos cucumbis — o que talvez fosse mesmo intencional quando se leva em conta que seus integrantes cantavam em africano a maior parte dos versos de sua história. "À tarde passaram os cucumbis pela rua do Ouvidor, parando em frente às redações de jornais, onde executavam umas danças muito cheias de circunstâncias e comprimentos [sic] a uma dama que vinha vestida de rainha, e a um homem com umas barbas muito grandes e muito pretas, que devia ser o rei."[68]

Pouco depois, logo após a abolição, os cucumbis serão equiparados de forma plena a mascarados, diabinhos e todas as formas de Carnaval que desagradavam aos partidários do "bom-tom". Embora carregassem atrás de si "uma grande cauda de público",[69] suas canções passaram a ser rotuladas como "melopeias selvagens", seus instrumentos como "adufes bárbaros", suas danças como "meneios rudes". O Carnaval "autêntico" postulado pela imprensa e pelas Grandes Sociedades já não tinha espaço para eles,[70] aparentemente incapaz de absorver em situação de igualdade as diferenças sociais e culturais que se manifestavam nas ruas nos animados dias do entrudo. "Apareceram diversos grupos — o crônico cucumbi trouxe o seu cocar, o seu atabaque barulhento, o seu adufe monótono e a sua dança meneada, lembrando os passos dos negros da África junto dos coros tristes, quando há festa na tribo [...]. E dizer-se que há gente neste mundo que se diverte com esse desfile enfadonho."[71]

Em pouco tempo, apesar de sua índole pacífica e de suas relações com as velhas lideranças do catolicismo popular, tais desfiles passaram a ser pintados como bandos de negros desordeiros, fantasiados de índios, que se exibiam nos cordões carnavalescos ou nos últimos cucumbis do Carnaval carioca. Ao que parece, arrefecidos o ímpeto abolicionista e o entusiasmo da causa, os adufes e meneios africanos deveriam ter sido relegados ao esquecimento. Já não eram capazes de comover, e muito menos de divertir — razão pela qual, na fala dos jornalistas do período, os cucumbis foram praticamente expulsos dos festejos de Momo, perdendo seu reconhecimento como uma das formas legítimas do próprio Carnaval. "À tarde passou o característico, muito característico grupo dos Cucumbis Africanos, tangendo os seus instrumentos selvagens. Nas ruas e praças apinhava-se o bom povo, que, paciente e pachorrento, esperava o Carnaval, que não aparecia."[72]

Selvagens ou não, fantasias e máscaras estavam presentes em diferentes situações e práticas carnavalescas, e nem só de "africanismos" se fazia o problema da presença do povo "rude" nas festas de Momo. Ao contrário, muitas vezes ela assumia uma forma remetida a origens étnicas bem diferentes. Casacas esfarrapadas viradas pelo avesso, com botões de pães de rala, dragonas de alho, calça preta com remendos de papel branco ou cartas de baralho, barrigas e traseiros proeminentes, letreiros presos nos chapéus — eis o vestuário tradicional dos participantes de outro desfile constante e popular do Carnaval carioca do período, os zé-pereiras. França Júnior, que ainda no Carnaval de 1868 lamentava as "inovações" introduzidas na troça, que substituíam aos poucos suas formas originais, publica em um sábado de Carnaval uma descrição bastante sugestiva daquela que vai se tornar uma das mais importantes brincadeiras do Carnaval de rua:

> [...] Na frente do zé-pereira vem a bandeira, que consiste quase sempre em três ou quatro esteiras velhas pregadas a um bambu [...] Empunha o estandarte valente carroceiro, que se serve neste dia como a prata da casa, isto é, veste-se de capim. Atrás da bandeira desfilam os bumbos. Atrás dos bumbos vêm os tambores de latas de biscoitos rufando à toda força. Os costumes dos tambores são de sujeitos sem costumes. As barrigas indecentes, os enchimentos posteriores ainda mais indecentes e os letreiros que trazem nos chapéus são dignos de ver-se.[73]

Mesmo autorretratado como um assumido saudosista nessa crônica repleta de queixas sobre a descaracterização e a perda da autenticidade dos zé-pereiras, o autor evidencia seu incontornável mal-estar com a presença da plebe desclassificada nas ruas, a zabumbar e zombar com alegria. Tratava-se nesse caso, como nos cucumbis, de uma presença coletiva — e não "avulsa", como a maior parte das manifestações carnavalescas no século XIX — de grupos que atraíam muita gente atrás de si. O impacto do zé-pereira sobre o Carnaval dos "máscaras", que sozinhos e de forma anárquica percorriam as ruas da cidade, não pode ser negligenciado: ele forneceu ritmo à dança de velhos e princeses, atraiu para a dança os diabinhos e demais personagens que, isolados, já pareciam assustadores.[74]

A identificação, nesse caso, não é com a condição étnica de seus protagonistas, mas com um lugar social capaz de inspirar mais temor que compaixão, no qual negros e brancos pobres, trabalhadores braçais e prostitutas, vadios e lavadeiras compartilhavam um mesmo e apertado espaço de convivência considerada promíscua e moralmente contagiosa. França Júnior é claro em associar aqueles bandos de foliões das ruas com as superlotadas, desmoralizadas e insalubres habitações coletivas que abrigavam a maior parte da população pobre do Rio de Janeiro:[75] "Os zé-pereiras tramam-se nos cortiços; em cortiços são discutidos e saem dos cortiços. Eis por que eles reúnem em si a nata do quarteirão".

A afirmação do cronista, reiterada em muitos outros textos sobre o assunto, está crivada de preconceitos mas não deixa dúvida sobre a origem ou a natureza popular desse folguedo, retratado em plena função em um Carnaval da rua do Ouvidor, em meio a um amplo conjunto de brincadeiras que se desenrolavam a um só tempo no apertado leito da "artéria da civilização". "O zé-pe-

8. *Angelo Agostini,* Revista Illustrada, *1884.*
Na elegante rua do Ouvidor, enfeitada para as Grandes Sociedades, o desenhista registrou estandartes e bumbos de zé-pereiras, limões de cheiro, cabelos besuntados de farinha e outras brincadeiras do entrudo.

reira era a sinfonia do Carnaval. Punha formigueiros às pernas trêfegas dos cariocas, remexia-lhes o corpo em desengonço e bamboleios [...]. Meses antes, tu já o ouvias, a maior parte das vezes pelos morros, em passeatas de ensaios."[76]

Escrito em um forte tom nostálgico, o texto — do início do século XX — acompanha a tendência já sensível nas últimas décadas do XIX. Lamentando a ausência, ou a "descaracterização" do brinquedo no último Carnaval do Império, um jornalista arrolava mais uma razão para que essa "perda" fosse sentida: "O zé-pereira, em nossos Carnavais, tinha foros de uma instituição genuinamente nacional".[77] Mas a questão das origens, ao que parece, permanecia incomodando jornalistas preocupados com os significados da folia. "Quem terá inventado o zé-pereira e quem lhe terá posto este nome tão pacato? [...] Zé-pereira é um nome essencialmente e fundamentalmente burguês. Evocador de imagens tranquilas e patriarcais. Zé-pereira é nome de capitalista, de pai de família, de diretor de secretaria, de tudo — menos de folião carnavalesco, e é tão extravagante dar este nome a uma tão barulhenta e estouvada entidade."[78]

No início do século XX, quando a crônica foi escrita, a memória da troça já parecia perdida. Tradicionalistas e folcloristas da cidade, no entanto, registram que a brincadeira dos bumbos foi introduzida no Rio de Janeiro em 1852 por um sapateiro português, estabelecido à rua de São José, de nome José Nogueira de Azevedo Paredes, saudoso das tradições de sua terra natal, associadas ao período do entrudo carnavalesco. Junto com alguns patrícios, com fantasias improvisadas e tambores alugados, teria inaugurado no Carnaval carioca essa forma de brincadeira que, de tão difundida, logo adquiriu os tais "foros genuinamente nacionais" postulados pela imprensa.[79] Como em Portugal, o zé-pereira constituía uma das faces do entrudo — e nele estão presentes vários dos elementos que integram as práticas carnavalescas do período: o ritmo (que revitalizava as danças tradicionais, como as de velhos), a ridicularização carnavalizada das classes superiores (no vestuário alusivo aos signos da hierarquia social ou no volume "senhorial" das barrigas), a pilhéria direta e a alusão pessoal presentes nos dizeres pregados aos chapéus — que sempre eram "dignos de ver-se", como observa o cronista.

Também estão presentes outros antigos elementos do entrudo lusitano, como os enfeites de pães e alhos, que rememoravam sua tradicional característica glutona. Mas também aparecem associados a figuras como diabinhos ou a práticas como o encapelamento de cartolas, típicas do Carnaval carioca do período, em sua face mais "brutal" — segundo os defensores do Carnaval europeizado.[80] Como os cucumbis, os zé-pereiras arrastavam atrás de si uma "grande cauda de público", unindo os máscaras avulsos na folia das ruas, em torno do ritmo e da dança. Poucas décadas depois do seu aparecimento, serviriam como designativo para cordões carnavalescos e toda e qualquer forma de brincadeira coletiva acompanhada de percussão. Talvez por isso, na avaliação quase unânime da crônica carioca, "foi um grande sucesso a novidade, logo que apareceu. Depois, delírio. Acabou desespero. Aflição".[81]

De acordo com Luiz Edmundo, a partir de 1904 "os ruídos bárbaros são convidados a desaparecer de uma cidade que começa a cultuar a civilização". O cronista não deixa de observar que, ainda nos primeiros anos do século XX, seus tambores estavam presentes em toda e qualquer manifestação carnavalesca: nas pequenas associações do subúrbio ou da Cidade Nova, à frente dos préstitos das Grandes Sociedades, nos bailes de todos os tipos de salão, nos palcos do teatro ligeiro — onde surgiu em 1869 a adaptação da cançoneta "Les pompiers de Nanterre", alusiva às "formidolosas baterias" que alegravam a cidade nos Carnavais: "Viva o zé-pereira que a ninguém faz mal, e viva a bebedeira nos dias de Carnaval!".[82] O velho zé-pereira, presença constante ao longo de quase um século de folia, mudava de sentido e adquiria muitos rostos ao longo dos anos e dos contextos em que apareceu.

Já na década de 1880, as referências da imprensa carioca estabeleciam de forma clara a diferença entre categorias de zé-pereiras — assim como fizeram para as máscaras e fantasias. "Infernal barulho de uma música impossível", eles pareciam apenas percorrer as ruas "zabumbando os ouvidos do próximo".[83] "Alguns zé-pereiras ainda saíram ontem, mas andaram como que envergonhados pelo brilhantismo dos outros préstitos. Pois não havia de quê: cada um enterra seu pai, ou o Carnaval, como pode." [84]

Costumes de gente sem costumes. A atitude de condenação já cristalizada no final do século XIX pode ser sintetizada em um episódio relatado por Mello Moraes Filho. Parado no largo do Rocio, à porta da "Petalógica",[85] o poeta Laurindo Rabelo viu aproximar-se um mascarado vestido de capim — fantasia tradicional dos portadores do estandarte dos zé-pereiras. "O poeta fê-lo parar e diz-lhe, torcendo o bigodinho: 'Meu amigo, o senhor, depois de divertir-se, come a roupa, não é assim?'."[86]

Nunca saberemos como reagiu o indigitado porta-estandarte. No entanto, a despeito da malcriada intervenção do literato, os zé-pereiras foram logo incorporados às formas mais elegantes da folia: não só faziam parte das Grandes Sociedades e animavam os bailes em salões fechados de todos os tipos como, às vezes, eram organizados apenas para gente "seleta".[87] Assim, os que eram designados como "avulsos", de extração e aparência popular, eram vistos com desconfiança crescente e com acentuado desdém. Serão objeto de comentários muito negativos, décadas mais tarde, quando se apresentavam com as características do zé-pereira Arrelia, frequentado por Adolfo Mulatinho e alguns conhecidos capoeiras, que havia entrado em choque com outro grupo semelhante "por motivos de rivalidade".[88] Podia parecer simpático quando organizado, pedagogicamente, pelo "proprietário de uma fábrica de massas alimentícias, que honra a indústria desta capital", para que "seus" operários desfilassem ordeiramente no domingo de Carnaval.[89] Podia também ser pintado com cores vibrantes para designar os "embaixadores de Momo" no baile do Teatro Lírico ou como um "monumental" zé-pereira dos célebres Fenianos, por exemplo.[90] A imagem mais comum na virada do século, entretanto, era aquela consagrada na imprensa ou nos palcos: manifestação perigosa de "cabras de arrelia" — como expressaram Bastos Tigre e Baptista Coelho, autores do sucesso teatral *O maxixe*.[91]

Assim, o Carnaval — quando não merecia adjetivos entusiásticos como aqueles dirigidos aos Fenianos — parecia contaminado por essas práticas populares destituídas de brilho e espírito que tanto incomodavam os cronistas, incansáveis quando se tratava de denunciar os exemplos de maus modos:

> O Carnaval de rua foi o que costuma ser todos os anos [...] Grupos de zé-pereiras a zabumbarem por aí além; dominós em quantidade e mudos como frades de pedra; homens vestidos de mulher; mulheres vestidas de homens; sujos a dar com o pau [...]. Repetiu-se este ano a brincadeira de mau gosto que hoje quase faz parte integrante do Carnaval do Rio — a guerra às cartolas, da qual são muitas vezes vítimas os cidadãos que pacatamente passeiam com suas famílias [...].[92]

O comentário, nitidamente mal-humorado, dá conta do constrangimento em relação a um Carnaval plebeu, visto como rotineiro e sem maior interesse pela imprensa. Mas introduz para nós, neste rápido passeio pelas ruas,

9. *Angelo Agostini,* Revista Illustrada, *1884.*
O resultado da "guerra às cartolas" na figura de uma de suas vítimas.

uma outra forma de brincar o Carnaval, amplamente praticada nas ruas da cidade, e que aparece em referências constantes ao longo das décadas finais do século XIX: a "guerra às cartolas". A brincadeira consistia na organização de grupos de rapazes cuja missão era postar-se pelas esquinas — particularmente naquelas da "artéria da civilização", como era conhecida a rua do Ouvidor — para, por meio de uma ação de guerrilha simbólica, impedir a passagem de homens que ousassem ir ver o Carnaval portando na cabeça seus próprios símbolos de distinção social. Estes símbolos — as vistosas e aristocráticas cartolas — saíam na maior parte das vezes totalmente arruinados, dando lugar a seguidos incidentes e à intervenção da polícia. No ano de 1887, por exemplo, era o próprio chefe de polícia e seus delegados que se tornavam objeto de ironia da imprensa: depois de anunciar que sairia no primeiro dia de entrudo com seu "chapéu alto", para atestar a eficácia de suas medidas para coibir o brinquedo, as autoridades estariam, no final dos três dias de Momo, com seus chapéus muito baixos...[93] A insistência da brincadeira, considerada irritante pela imprensa (e pelos portadores de cartolas, é claro), deu margem a seguidas diatribes nos jornais que tratavam de denunciar os autores da "graçola": "Pelas ruas, muita afluência de povo que se atropelava, brigava e ralhava; [...] por toda a parte garotos e gente de gravata lavada fuzilando as cartolas que apareciam, com prejuízo dos donos e para a glória dos chapeleiros".[94]

O sentido da brincadeira parece opaco para o cronista, que se espanta com a amplitude social dos participantes do jogo. Tal "fúria tão insana quanto estúpida"[95] era obra de gente da ralé que se associava a jovens de "gravata lavada", em uma condenável mistura social dedicada a uma verdadeira guerra contra aqueles símbolos da formalidade e da hierarquia — dupla possibilidade de significados atribuíveis aos ricos chapéus. Nenhum discurso de classe poderia ser mais explícito, entre assuadas e gargalhadas, se pensarmos nos sentidos do gesto para o molecório que se deliciava em destruir cartolas que ornamentavam durante todo o ano as cabeças dos brancos, patrões ou autoridades. Decerto os significados do brinquedo não eram os mesmos, por exemplo, para recatadas senhoritas que primavam por fazer dos chapéus altos um alvo preferencial para seus limões de cera — e muito menos para jovens acadêmicos, bem-nascidos e de gravatas reluzentes, que também participavam com entusiasmo dessas escaramuças.

Nesse caso — deixando para mais tarde tais preferências femininas —, é provável que o bombardeio fosse dirigido sobretudo contra a pompa e a formalidade dos portadores das cartolas, entendidas como símbolos incompatíveis com o espírito boêmio e folgazão do deus Momo, que cultuavam naqueles dias. Uma brincadeira compartilhada nas ruas por diferentes sujeitos sociais podia manter significados diferentes para cada um de seus participantes, criando a impressão de uma folia generalizada e igualitária, feita de práticas e sentidos comuns — que tanto espantou o cronista desatento. Se a mistura social tornava-a insuportável, não resta dúvida de que dentro de certos limites esse brinquedo poderia ser tolerado, desde que praticado entre pares e respeitados certos códigos e etiquetas, como veremos adiante.

Curioso é que havia quem insistisse em correr o risco, não abrindo mão do uso dos chapéus altos. Mas é evidente que os muitos casos de brigas e incidentes se deviam a esta dupla teimosia: a dos proprietários das cartolas, que não desistiam de ostentar a marca de distinção, e a dos seus inimigos, que não permitiam tal presença no interior da festa. Seja como for, as escaramuças em torno de solenes cartolas chegaram a atingir grandes proporções. A "guerra de extermínio aos chapéus altos", como escreve um cronista, "[...] continuou na rua do Ouvidor, mais encarniçada e mais terrível que na véspera [...]. Quer nos parecer que para o ano estarão abolidos os chapéus altos por ocasião do Carnaval, tal é a guerra que estão sofrendo atualmente".[96]

Desanimado, o cronista parecia obrigado a reconhecer naquele ano um vencedor nessa eterna guerrilha. Às vezes, esses episódios de "luta de classes" carnavalescas vinham associados na prática das ruas a outras formas de brincadeira — como zé-pereiras ou o arremesso de limões de cera.[97] A imprensa, em uníssono, não deixa dúvidas quanto à sua posição. Conclama a polícia a agir com energia, denuncia o caráter "bárbaro" e "grosseiro" da pilhéria — e deixa entrever, ao mesmo tempo, a popularidade e a intensidade da "guerra", que atingia, por vezes, contendores de alta estirpe e difíceis de combater. Às vésperas da República, a imprensa irritava-se sobretudo com o gosto do imperador pelas brincadeiras tradicionais, que não deixavam de incluir atentados à cartola de Sua Alteza: "Na bela cidade de Petrópolis, Sua Majestade vê-se apertado com as moças que lhe arremessam laranjinhas e limões, atiram-lhe a cartola ao chão e encapelam-na sob as mimosas plantas [...] Acabou-se a galhofa; quem governa agora o mundo é o pífio, o pulha, o absoluto, anacrônico e estúpido entrudo".[98]

Comentário arrematado, alguns anos depois, pela *Gazeta de Notícias*, associando mais uma vez a condenável brincadeira à figura imperial: "A realeza de Momo, como quase todas as realezas, tem andado nestes últimos tempos muito por baixo".[99]

LIMÕES E GAMELAS

A mesma atitude, a mesma adjetivação, a mesma indignação "civilizada" marcam a postura da imprensa e dos partidários do "verdadeiro" Carnaval diante das troças de mascarados, dos zé-pereiras e dos cucumbis, dos atentados aos chapéus e da tradicional prática de molhar e sujar o próximo que caracterizava o Carnaval carioca (e também de todo o país) durante o século XIX. Nas suas últimas décadas, brincadeiras como a guerra às cartolas e o entrudo apareciam assim frequentemente vinculados à própria imagem da monarquia, para além daquela da gentalha das ruas. A crônica pinta o retrato de Pedro II como um autêntico folião do entrudo, praticado no paço imperial ou em

Petrópolis pela família real e pela Corte: um imperador capaz de assemelhar-se, nos dias de Carnaval, a um verdadeiro "pinto molhado".[100]

O gosto do monarca pela brincadeira condenável parecia, aos olhos dos partidários do rei Momo reinventado, contribuir para que o entrudo, monarca destronado, persistisse comandando o Carnaval nas ruas. Afinal, se resistira a séculos de repressão ou tentativas de controle no Rio de Janeiro e em Lisboa,[101] por que cederia diante dos esforços de um chefe de polícia comandado por um folião de tal ordem, envolvido nas delícias da tradição? "Em Petrópolis, o Carnaval foi sempre o entrudo; quando a civilização o expeliu da Corte [...] o entrudo, como o indígena que o conquistador repele, foi refugiar-se nas montanhas da cidade imperial; justamente no seio da fina flor dessa sociedade que o considerava bárbaro e brutal."[102]

De certa forma, o esforço de identificar, em sugestiva metáfora política, o entrudo e o imperador sugere que também o seu reinado chegava ao fim — breve seriam dois os "monarcas destronados". Ou, pelo menos, indica que a monarquia já era vista, em pleno contexto do abolicionismo e da propaganda republicana, como algo tão arcaico quanto o velho entrudo, que se combatia em nome da civilização e do progresso.

Como seria, afinal, o tão temido inimigo que acabou por enfeixar sob seu nome todo um rol de práticas tão antigas quanto populares? São muitas as descrições do jogo no Rio de Janeiro, em outras províncias do Império ou mesmo em Portugal. As narrativas, em geral, atêm-se à sua parte mais visível, que era o costume de molhar-se e sujar-se uns aos outros com limões ou laranjinhas de cera recheadas com água perfumada, com recurso a seringas, gamelas, bisnagas e até banheiras — todo e qualquer recipiente que pudesse comportar água a ser arremessada. Incluía também, em determinadas situações, o uso de polvilho, "vermelhão", tintas, farinhas, ovos e mesmo lama, piche e líquidos fétidos, entre os quais urina ou "águas-servidas". Joaquim Manuel de Macedo deixou-nos uma rica imagem da brincadeira:

> O entrudo era durante os três dias que se chamam do Carnaval o jogo delirante de todas as idades, desde o menino até o velho, de ambos os sexos, e de todas as classes da sociedade, de todas porque os escravos também jogavam entre si. O jogo consistia essencialmente em molharem-se uns aos outros; o exaltamento e o frenesi dos jogadores, uma vez travado o combate, não se limitavam à água e com

outros meios enxovalhavam, como podiam; naturalmente havia no jogo práticas delicadas, práticas rudes e práticas selvagens.[103]

O texto, escrito em 1871, descreve Carnavais do século anterior com base em memórias recolhidas junto aos "antigos" e estabelece a clara existência de diferenciações na brincadeira, sob a aparência de uma prática generalizada e indiscriminada. *Delicadas*, *rudes* ou *selvagens* são adjetivos que sugerem uma clivagem social imediata. Tal jogo sutil de diferenças, no entanto, passava ao largo para os críticos da brincadeira, como para muitas de suas vítimas: "[...] aconteceu de lhe atirarem no rosto [...] um projétil duro que estoura, enquanto um jato de água com cheiro de patchuli escorre pelo seu pescoço abaixo? Não? Fiz essa descoberta na rua do Ourives".[104] Uma furiosa alemã descreve assim, em carta a uma amiga, o ataque sofrido onze dias antes do Carnaval em pleno centro da cidade, no ano de 1882. Tratava-se, como sugere o agradável aroma de patchuli, de uma das tais "práticas delicadas" mencionadas por Macedo. Ina von Binzer, a autora do relato, não conseguiu, no entanto, percebê-lo: depois de ter sido atingida por quatro ou mais desses projéteis, ela encostou-se à parede de uma casa, tentando evitar novos ataques — e eis que alguém lhe atirou, da janela, toda a água de uma vasilha. De outra janela próxima, uma jovem (de quem ela julgou que poderia esperar alguma solidariedade) debruçava-se sorridente. Mal aproximou-se, "um frascozinho brilhou — 'buist', 'buist' e *incontinenti* os [seus] dois olhos foram postos fora de combate".

> Alucinada de tanta raiva, estanquei, [...] e comecei a olhar em volta. Cercavam-me rostos onde se refletia o atrevido contentamento de quem vê diante de si a manifestação de uma fúria impotente: senhores elegantes, mulatinhos sujos, caixeiros, vadios e até senhoras nas sacadas pareciam transformados em demônios, rindo-se todos juntos como se tivessem conspirado contra aquela pobre infeliz, [...] alvejando-a com os tais objetos resistentes e encharcantes.[105]

Mas certamente as formas de praticar o entrudo não se confundiam — apesar de todos terem achado muito engraçada a fúria daquela mulher estrangeira.[106] A calorosa brincadeira no interior dos lares burgueses, restrita à família, seus amigos e vizinhos mais próximos, era coisa bem diferente das assuadas e descomposturas com que os "mulatinhos sujos", "vadios" e indesejáveis de todos os tipos acompanhavam suas molhaçadas pelos chafarizes, ou espalhavam entre si farinha, alvaiade ou vermelhão,[107] e múltiplos significados.

Como nos lembra Peter Fry,[108] os dias do entrudo eram também uma ocasião em que se pregavam peças aos conhecidos e passantes. O viajante norte-americano Thomas Ewbank, em 1846, espantava-se com o estranho e escandaloso hábito de pregar mentiras em pleno domingo. Algumas senhoras amigas explicaram-lhe tratar-se de um domingo especial: "Oh, responderam-me: as mentiras do entrudo não são pecado, não é possível acreditar em coisa alguma enquanto dura o entrudo".[109]

Dias de molhadeiras, mas também dias da mentira e da pilhéria que podiam, por vezes, dar margem a incidentes desagradáveis se realizadas fora do seu contexto específico. No Carnaval de 1894, por exemplo, o prestigiado Olavo Bilac residia no Hotel Martinelli, na cidade mineira de Ouro Preto, afastado da capital por sua indisposição política com os jacobinos no poder. Colocando em prática seus velhos hábitos de folião carioca e animado pelos demais hóspedes, decidiu furtar a recheada carteira de um rico fazendeiro local para que todos rissem de seu embaraço ao perceber-se roubado. A reação da vítima, no entanto, fugiu totalmente dos hábitos carnavalescos do poeta: irado, acusou-o de "ladrão" — mesmo depois de ouvir as explicações dos foliões e ter devolvida a carteira —, dando origem a um episódio de confronto físico com desdobramentos como o desafio para um duelo e ameaças de linchamento contra o poeta, por fim "convidado" a deixar a cidade.[110]

Além de peças como esta e do recurso à mentira direta, os foliões desenvolviam nesses dias outros estranhos hábitos. Em meados do século, sinhazinhas prendadas gastavam parte do seu tempo confeccionando empadas ocas ou recheadas com insetos para servir aos incautos, ou biscoitos e pão de ló temperados com boas doses de vermífugos ou purgativos.[111] Nessa mesma direção, as relações do entrudo com as tradicionais brincadeiras de mascarados, as troças e os charivaris praticados nas ruas devem ser estabelecidas: molhar as pessoas ou sujá-las era apenas mais uma forma de praticar esse jogo de ridicularização que constituía uma das formas mais praticadas nesses Carnavais e em outros mais distantes.[112] Tal leitura pode ser avalizada por perspicazes observadores do tempo, como Machado de Assis, que sugere o quanto a própria molhaçada podia ser praticada, por vezes, como desforra individual ou coletiva.[113]

A despeito da percepção indiferenciada de Ina von Binzer — e de outros viajantes que estiveram no Rio de Janeiro no mesmo período —, as hierarquias sociais eram mantidas no interior da folia, seguindo os moldes praticados durante a primeira metade do século, embora suas regras se tornassem cada vez mais frouxas. Nas suas primeiras décadas, as famílias "de respeito" apenas entrudavam-se mutuamente no interior dos sobrados ou em batalhas de janela para janela; os negros participavam dessas ocasiões como coadjuvantes, carregando bandejas de limões de cera ou preparando a ceia que fazia parte da festa (ver figs. 6 e 7 no caderno de ilustrações) — situação que, com certeza, envolvia alguma diversão, mesmo mantido o papel servil que ocupavam no interior dos lares. Em compensação, na ausência dos senhores entrudavam-se animadas pelas ruas, em torno dos chafarizes, em entusiásticas batalhas entre iguais, como aquela retratada por Debret no início do século XIX (ver fig. 3 no caderno central) em uma gravura bastante conhecida, na qual se pode ver, além dos limões de cera, o uso do pó branco para pintar o rosto.

Apesar dessa referência satírica à cor dos senhores, no início do século não havia a possibilidade de que um negro transformasse um deles em vítima de um ataque desse tipo durante os dias de Carnaval: tal ousadia seria considerada um ato de desrespeito imperdoável, embora houvesse senhores que se divertissem em molhar negros indefesos. Mas é provável que os senhores olhassem com alguma benevolência para o desenrolar da brincadeira entre negros e negras que se enfarinhavam, molhavam, melavam e pintavam pelas ruas, em espaços físicos e temporais diferenciados daquele das famílias. São muitas as descrições da participação ativa dos negros nos jogos do entrudo em períodos mais avançados, como esta, de um viajante francês que os achava detestáveis, abrindo no entanto uma única exceção: ele

> [...] diverte os pretos e adoça momentaneamente seu destino deplorável. Os três dias do Carnaval são, para os escravos, os melhores do ano. E como eles o aproveitam! Que alegria e risos quando esfarinham a cara ou inundam os trapos de um companheiro pego de surpresa, de repente! [...] A brincadeira é muito grosseira, mas esses pobres-diabos negros experimentam aí um prazer tão puro e vivo que se lhes perdoa...[114]

Tal prazer não é difícil de compreender: além da folga e do divertimento, os negros faziam do entrudo ocasião para inverter sinais, e rir dos brancos.

São inúmeras as referências ao fato de que eles pintavam a "carapinha" e as próprias peles com farinha ou alvaiade, realçando as bochechas com vermelhão. Caracterizando-se de "brancos", criavam um simulacro do outro para ridicularizá-lo. Tal brincadeira, no contexto de uma sociedade escravista, não pode ser compreendida apenas como consentimento senhorial para permitir uma "válvula de escape" por meio da qual a dominação possa ser realimentada. Ao contrário, ela serve para explicitar e ampliar o mal-estar entranhado nas relações raciais e sociais: trata-se sem dúvida de uma expressão teatralmente cômica dos conflitos e tensões do dia a dia, elaborando um discurso sobre a desigualdade e a injustiça ao explicitar a percepção que os negros tinham dos senhores.

Não é, por certo, um significado muito diferente da linguagem presente nas fantasias dos zé-pereiras, dos princeses mascarados e mudos, dos dominós que escondiam o sexo e a identidade, dos mulas-ruças que falavam de bacharéis, dos velhos dançarinos, do poder diabólico dos pobres, dos reinados africanos sobre índios vencidos em combate ou da agressão risonha às cartolas. São, todas elas, práticas que introduzem o tema da diferença e da desigualdade sob a aparência de uma festa ampla e geral. Assim, no final do século XIX, em uma cidade em que era difícil estabelecer à primeira vista a condição dos negros como escravos e libertos, em que o anonimato já podia esconder rostos e histórias de vida e em que o olhar senhorial já era incapaz de, por si, manter o controle e a disciplina, a questão parecia residir na impossibilidade de garantir que as regras e hierarquias fossem mantidas no interior da brincadeira.

Diferentes cronistas registram essa preocupação, preferindo atribuir o problema aos foliões, mais que à própria forma da folia: "O mau do entrudo é o exagero, o abuso, são as intenções brutais de sujeitos grosseiros e ainda a promiscuidade dos que não querem ver a hierarquia das conveniências e que se permitem licenças apenas razoáveis entre os indivíduos da mesma classe".[115]

Assim, havia diferenças também de forma, além das de sentido, entre as famílias senhoriais e as famílias pobres da Corte nos modos de praticar o tradicional jogo de água. Menos apetrechos, menos etiqueta, e um entusiasmo bastante mais desregrado. Maior flexibilidade nas fronteiras entre o lar e o espaço público, em um entrudo que envolvia banhos completos — em tinas e banheiras —, além do hábito, compartilhado com os escravos, de banhar-se também, "por dentro e por fora", com aguardente, para evitar os "resfriamentos" provocados pela água.[116]

> A prática delicada adotava o limão de cera cheio de águas perfumadas, e tolerava a seringa esguichando águas da mesma natureza; a prática rude ostentava-se no banho de corpo inteiro dado à força em grandes gamelões ou banheiras de pau, e na aplicação de polvilho ao rosto; a prática selvagem apelava para todas as tintas, e até nos jantares para o arrojo de caldos gordurosos e com especialidade de arroz de leite ao rosto e ao corpo dos jogadores.[117]

Momento de subverter as regras do cotidiano, a própria escolha dos banhos de água como a mais popular das brincadeiras pode ser relacionada a outros aspectos. No início do século XIX, mesmo as parcelas mais fidalgas da sociedade estavam longe de demonstrar, nos dias normais do ano, tal intimidade com esse elemento: "Uma dama nobre que acabava de tomar uma criada de quarto francesa, quase a pôs para fora de casa só porque esta lhe oferecia um vaso cheio d'água, para lavar as mãos. Em cólera, disse-lhe a mesma dama que uma pessoa de sua qualidade não tinha nunca necessidade de lavar as mãos, atendendo a que nada de sujo tocava; e que isso de lavar era bom para os criados e povo".[118]

Nos dias de entrudo, pelo contrário, abria-se a exceção satírica: tornava-se "delicado" molhar com águas perfumadas, atiradas com todas as praxes e regras da etiqueta. A brincadeira tinha sua versão "grosseira" na molhaçada desregrada; *selvagem* por sua vez era adjetivo aplicável às assuadas dos pobres, que se divertiam em sujar-se, besuntar-se ou lavar compulsoriamente os semelhantes em tinas ou banheiras postas no meio da rua. Realizados em espaços separados, esses brinquedos estão decerto trespassados de significados sociais cuja compreensão exigirá o uso de múltiplas chaves. Uma delas está na diversidade das formas associadas ao espaço em que eram praticadas.

> As laranjinhas ou limões de cera jogavam-se de perto e de longe: de perto nas ruas, entre os que se encontravam, e no interior das habitações, onde se reuniam famílias para brincar [...]; de longe das ruas para as janelas dos sobrados, casa térrea contra casa térrea, como fortalezas a bombardear-se. [...] Nas ruas e praças, a multidão estrepitosa tresloucava sem medida; os gritos e as gargalhadas, às vezes

injúrias e violências [...] tumultuavam sem perigo a cidade; homens e mulheres de educação desmazelada, ou de costumes livres, com os vestidos alagados grudando-se ao corpo, e desenhando perfeitamente as formas, com as caras pintadas de vermelho e negro, com as roupas rotas, os pés nus, [...] molhando-se, enxovalhando, pintando e besuntando conhecidos e desconhecidos, e de hora em hora procurando as tavernas [...][119]

Há, no trecho, um novo elemento a ser enfatizado: se negros enfarinhavam seus rostos para ridicularizar senhores, brancos de "costumes livres" também podiam pintar-se de preto. Anulava-se aí o signo básico de diferenciação racial, elemento fundante em uma sociedade moldada com base nas relações escravistas de dominação. Por isso — e por causa dos desregramentos descritos —, com o fim do entrudo "a sociedade moralizada ficou menos exposta",[120] avalia Macedo (como fazia a quase totalidade dos intelectuais de seu tempo, muito antes que a brincadeira estivesse de fato abandonada). Sua própria descrição deixa entrever um dos sentidos da festa como momento de permissividade e afrouxamento das regras morais do cotidiano: formas expostas por roupas grudadas à pele, pés nus, contato físico nos agarramentos dos banhos forçados e muita aguardente compõem o quadro da presença desmoralizada da plebe nas ruas e no interior das habitações populares — onde pululavam os zé-pereiras e seus personagens habituais. Significados desse tipo, no entanto, estão presentes mesmo nos entrudos familiares — mas segundo outras regras e outros códigos.

Uma das unanimidades entre os autores que descrevem esses velhos Carnavais ensopados — e que ajuda a explicar sua longevidade — diz respeito à especial preferência das mulheres por essa forma de brincadeira, em uma relação que tem muito a ver com esse curioso jogo que caracterizava as brincadeiras dos "dias gordos". "[...] não era de admirar vir a saber-se que este ou aquele pedido de casamento tivera como motivo um limão de cheiro, comprimido a furto sobre um colo de neve ou um braço bem-feito e macio."[121]

Esse tipo de constatação é reiterado, às vezes com referências quase idênticas a "colos macios" em diferentes autores. Mello Moraes Filho, por exemplo, sempre mais minucioso, não deixa de perceber que as investidas masculinas tinham, nesse jogo, sua contrapartida na participação ativa das mulheres, que se esmeravam também na líquida sedução do entrudo: "Os rapazes atiravam para o seio das moças bonitas que lhes deslumbravam os sentidos; as moças procuravam o peito engomado das camisas daqueles que as impressionavam".[122] A descrição de Joaquim Manuel de Macedo é ainda mais condimentada:

> É positivo que nesse jogo desordenado, nessa reunião de tantos homens e senhoras que se apertavam em lutas, o pudor destas nem sempre escapava a atrevimentos que se perdoavam ou não. O menor desses abusos era ainda um abuso pela intenção; o anelo ardente de um namorado, anelo que com frequência se realizava, sendo compreendido e tolerado à custa do rubor do pejo que assomava às faces da mulher amada, era quebrar com a mão um limão de cheiro suavíssimo sobre a parte superior e não velada do peito querido, de modo que a água odorífera lhe fosse banhar os cândidos seios.[123]

Com suas oportunidades de participação ativa nos jogos sociais, e em especial nos amorosos, bastante reduzidas pelas regras morais e pelos costumes, não é de estranhar o apego ardente demonstrado pelas mulheres "de família" a esse jogo — no qual, seguindo a lógica invertida do Carnaval, geralmente lhes cabia a iniciativa.[124] Tal apego pode ser verificado, entre muitos outros indícios, em crônica publicada em uma coluna de moda de um jornal feminino, cuja autora empreende uma apaixonada defesa do brinquedo.

O texto rebate o argumento daqueles defensores das Grandes Sociedades, que "querem a Europa como exemplo", relatando aos "srs. Bigodes e Barbas" as "barbaridades" cometidas nos Carnavais do velho continente, que incluiriam "procissões profanas" que "celebravam Baco depois do jantar", guerras de "confeitos de graúdo calibre", "comenzanas e indigestões", arremesso de "laranjas verdes ou qualquer fruta pesada", socos, facadas e cabeças quebradas. "Não nos tragam a Europa, por ser velha, para servir-nos de exemplo, porque ela nesses dias brinca e delira mais que o Brasil, sendo criança", conclui a redatora inflamada, que deseja brincar "segundo a roca e o fuso do nosso país". Assim, sem o menor constrangimento, ela declara seu apreço pelos limões de cheiro:

> Sou uma douda pelo brinquedo dos limões de cheiro bem cheirosos; ora, quando eu jogo um limão sobre as costas de algum sujeito conhecido que vai passando pela rua, desconfiado a olhar para trás, e o limão faz "póque" bem em cheio!... dou gargalhadas a não poder mais. E se lhe acerta no chapéu e o sujeito trata logo de

tirá-lo da cabeça para ver onde acertou e nesse intervalo posso jogar-lhe outro, mesmo na calva!... Jesus, quase morro de riso. [...] Quereis saber? São os dias em que eu saldo as minhas contas, e pagam-me a vista.[125]

Nessas circunstâncias, entretanto, as regras eram bastante rígidas: permitidos os estouvamentos entre os sexos, com a iniciativa partindo das mulheres que entrudavam os parceiros desejados ou "sujeitos conhecidos", no caso da nossa colunista de moda. Mulheres podiam molhar-se mutuamente, mas homens zelosos das etiquetas e dos códigos sociais evitavam — nessas circunstâncias de proximidade e contato físico — executar a brincadeira entre si, sob pena de dar margem a constrangedores equívocos: preferiam apenas responder com entusiasmo à iniciativa feminina, aproveitando o momento de intimidade deflagrado por elas.[126] Intimidade, aliás, praticada nos lares mas cantada nas ruas pelas vendedoras de limões de cera com o tradicional refrão com que as mucamas apregoavam pelas ruas o seu produto desde muitos dias antes do Carnaval:

Quem entruda o seu amô
dá siná de intimidade.
Sinhá, entrude o Sinhô
para ter dele amizade.[127]

Assim as mulheres, independentemente de sua categoria social, no final do século formavam também entre as hostes dos "bárbaros" praticantes do entrudo, constituindo um dos segmentos mais fiéis diante da guerra que a imprensa e as autoridades dirigiam em escala crescente contra a brincadeira. Era a elas que os jornais e as Grandes Sociedades lançavam apelos emocionados pedindo que o jogo fosse suspenso, ao menos no momento dos préstitos na rua do Ouvidor.[128] A maior parte das referências ao entrudo, ainda no final do século XIX e início do XX, revela o envolvimento feminino — mesmo daquelas mulheres aliadas dos médicos e dos padres na imposição e defesa de rígidas normas familiares, mas renitentes praticantes do jogo condenável, a despeito de toda a campanha movida contra o entrudo. "Nas sacadas dos sobrados viam-se as mais sedutoras fluminenses rindo desenvoltas e descuidadas dos pobres-diabos a quem elas molhavam com seus limões de cheiro."[129]

Anos mais tarde, quando a década de 1880 estava em seu final, o comportamento dessas mulheres não dava nenhum sinal de mudança: "Na rua do Ouvidor, desde o largo de São Francisco até a rua Direita, não havia cavalheiro andante ou parado às portas que não bisnagasse o belo sexo [...]".[130]

Já entrando pelo século XX, quando o entrudo era pintado pela imprensa como um inimigo já morto e enterrado pelo progresso carnavalesco dos préstitos fulgurantes, ainda vamos encontrá-las insistentes em seu apego ao brinquedo: "Do princípio ao fim a rua [do Ouvidor] esteve repleta de alegres rapazes e contentes senhoritas que, incessantemente, se entregaram ao jogo do entrudo [...]".[131]

Em uma cidade que se empenhava em reformas sanitárias e em regeneração urbana, os episódios se sucediam. Na seleta Confeitaria Pascoal, no centro da cidade, o entrudo continuava a fazer parte da alegria da festa — e sob formas nem tão "delicadas" quanto pretendia Macedo: "Senhoras elegantíssimas já não se contentavam com os esguichos das seringas de todos os tamanhos [...] e atiravam copos de água gelada e de refrescos sobre os cavalheiros que riam e gostavam", relatava um cronista, entre espantado e contagiado pela comicidade da cena.[132] Apesar da condenação praticamente unânime dos letrados e jornalistas, eles são os primeiros a reconhecer que o entrudo ardente das mulheres garantia ao jogo uma sobrevida animada e promissora. O próprio Bilac faz-se porta-voz dessa ambiguidade masculina em relação aos brinquedos do entrudo:

> Todos os que se rebelam contra as brutalidades do entrudo [...] são os primeiros a perder a cabeça, quando caem no âmago de uma destas batalhas carnavalescas [...] Ponham aí no meio da rua do Ouvidor o mais sisudo de todos os homens sisudos, cerquem-no de uma dúzia de moças alegres [...] — e, se, daí a uma hora, o sisudo não tiver perdido a compostura e os óculos, e não estiver [...] empenhado com amor e delírio nas mais violentas refregas — então duvidem do poder do Carnaval e creiam na fortaleza de ânimo de um conselheiro Acácio.[133]

Se o poeta, no início do século XX, atribuía à alegria das moças o contágio irresistível do entrudo, jornalistas contemporâneos confirmam sua observação sobre as incoerências masculinas e as tentações do brinquedo entre as camadas sociais mais elevadas da capital federal. Se a intensa luta verbal — e às vezes, física — contra o inimigo cria polarização entre o "antigo" e o "moderno" ou o "bárbaro" e o civilizado para combater o entrudo, isso não era coisa que se podia fazer sem contradições ou vacilações estimuladas pelo próprio gosto da brincadeira: "Bem sabemos que o entrudo pode ser o resfriamento, a bronquite, o pleuris, a pneumonia, a tuberculose [...]: mas quando as queixas contra a abolição do inimigo partem de lábios rubros como bagos de romã, vibram através de dentes pequeninos na sua brancura, não há remédio senão registrá-las em público", comentava maliciosamente um cronista carioca já no momento em que a derrota do "inimigo" anunciava-se fora de qualquer dúvida.[134]

Com todo o entusiasmo, cabia também às mulheres, tradicionalmente, a maior parte das tarefas envolvidas nos longos preparativos da brincadeira. As descrições disponíveis para meados do século XIX indicam uma atividade doméstica febril, que se iniciava cerca de dois meses antes da folia, no fabrico dos limões de cheiro.

> Desde logo os donos de casa começavam a comprar pães de cera virgem, a frequentar as sacristias, agradando o mais possível aos zeladores e sacristãos, unicamente com o fim de obter deles bicos de velas, que carregavam em embrulhos [...] As escravas e as sinhás-moças entregavam-se todo o tempo ao fabrico dos limões de cheiro que eram expostos à venda nas bandejas, cestinhas, pratos etc. que as famílias colocavam sobre as janelas das casas [...] ou em tabuleiros à porta dos sobrados.[135]

A curiosa associação entre o entrudo e as sacristias, a instalação de uma verdadeira indústria doméstica dos artefatos da brincadeira, um comércio informal que se estabelecia nos primeiros meses do ano, espalhando-se pelas ruas da cidade (e que envolvia, além dos limões de cera, também a venda de saborosos "sonhos"[136] fabricados pelas mãos de sinhás e sinhazinhas e apregoados nas ruas pelas escravas entre trovas alusivas à ocasião). O hábito de fabricar limões de cera para vender decerto estava restrito às mulheres de extração social não muito elevada,[137] funcionando também como uma forma de obter renda extra. A procura por tais mercadorias, no entanto, tornava-as também objeto de interesse dos profissionais do comércio — e os jornais, pelo menos da década de 1880 em diante, estarão repletos de anúncios de

10. O Mequetrefe, *1883.*

casas comerciais que incluem, entre as mercadorias à venda destinadas ao Carnaval, desde "água florida" para encher limões de cheiro, bisnagas e seringas, formas para limões de cheiro, borrachas para fazer limões (com o adendo: "ensina-se"), "limões com flores" e todo um conjunto de artefatos destinados ao jogo. Alguns sofisticam a mercadoria: "bisnagas francesas", "limões de cheiro enfeitados com papel dourado"... cuja aquisição certamente servia para estabelecer novas hierarquias no interior do entrudo.[138] Mas a forma mais barata — e a mais tradicional — seguia predominando entre as brincadeiras da maioria dos cariocas ainda quando o século XIX se aproximava de seu final, e o entrudo passava a ser caracterizado como uma diversão de pobres de moeda ou de espírito.

UNHAS E DENTES

O comércio, responsável pelo financiamento de parte significativa do Carnaval das Grandes Sociedades, assumia assim sua parcela nos lucros gerados com a preferência popular pelo Carnaval dos limões de cheiro. A ele, segundo alguns, caberia mesmo a culpa pelo recrudescimento da brincadeira no final do século XIX.[139] O comércio regular chegou a ser vítima da ação policial, que invadia estabelecimentos para apreender ou destruir limões, bisnagas, seringas e outros apetrechos, tendo ameaçadas suas próprias licenças de funcionamento.[140] Verdadeiro ou falso, o diagnóstico que lhe atribuiu iradamente uma parcela de responsabilidade pela sobrevivência do entrudo pode dar uma ideia dos termos em que a questão estava posta no período: quem não estava com o "Carnaval" estava contra ele, figurando nas hostes dos inimigos da elegância e da civilização.

Inimigo renitente: a morte do entrudo foi comemorada muitas vezes, desde a década de 50 do século XIX. Sua ressurreição, a cada ano, era também objeto dos mais irados comentários escritos ou gráficos. Não deixa de ser curioso observar o vaivém dos textos jornalísticos que, em crônicas e editoriais, saúdam o Carnaval moderno dos préstitos das Grandes Sociedades e anunciam aliviados o fim do entrudo enquanto, nas páginas de noticiários, revelam irritação diante da intensidade com que os limões, as bisnagas e as seringas continuavam sendo utilizados pela população carioca. "A batalha das flores, de Nice, tem no Rio de Janeiro uma paródia completa. Em vez de flores, atiram-se limões cheios d'água e até de lama. Um requinte de delicadeza e bom

11. Comédia Popular, *1878*.

gosto", ironizava a *Gazeta de Notícias*,[141] para justificar a afirmação de que "só houve Carnaval nos salões das sociedades". Se abrirmos o mesmo jornal três anos depois, por exemplo, encontraremos frases como esta: "De entrudo, em boa hora seja dito, não há nem sinal. Está morto e bem morto, o coitado".[142] Podemos agora tentar olhar um outro diário, descrevendo o Carnaval de rua quinze anos depois — em 1903 —, quando o entrudo já incorporara novas "tecnologias", como as seringas médicas e outros apetrechos industrializados, após décadas de aguda repressão, e a própria feição do Carnaval de rua havia se modificado radicalmente: "O entusiasmo cresceu, cresceu, a ponto de transformar em verdadeira loucura o jogo do entrudo".[143] O comentário pode ser confirmado pelas observações de outro órgão de imprensa que, no mesmo diapasão, descrevia o Carnaval de 1903: "O diabo foi o entrudo. Por que a polícia não impediu essa brutalidade de enormes esguichos e até de baldes d'água com que meio mundo andou por aí a atacar senhoras? Com as proporções que tomou o estúpido brinquedo d'água este ano, é de presumir que para o ano próximo ninguém possa vir à cidade sem se meter em capa de borracha".[144]

Trecho curioso (inclusive pela defesa das "senhoras", que, como vimos, eram das mais entusiastas arremessadoras de limões), se confrontado com a afirmativa peremptória de José de Alencar, um dos pioneiros na inauguração dos grandes préstitos na primeira das chamadas Grandes Sociedades (o Congresso das Sumidades Carnavalescas), em crônica publicada no *Correio Mercantil* ainda em 1855: "O entrudo está completamente extinto; e o gosto pelos passeios e máscaras tomou este ano um grande desenvolvimento".[145] Era inevitável constatar, como um cronista da *Gazeta de Notícias* em 1902, que "o entrudo acabou para recomeçar".[146]

No final do século XIX, segundo a óptica majoritária na imprensa e nas principais sociedades carnavalescas do Rio de Janeiro, estava em jogo a própria possibilidade de sobrevivência do Carnaval, de sua vitória final sobre o velho inimigo. Jornalistas e ilustradores das principais folhas cariocas assumiam um tom de epitáfio para declarar que o Carnaval estava morto na década de 1880 — e sua frequente representação como uma inocente criança vitimada pelo bárbaro brinquedo é reveladora das próprias inquietações não declaradas: em algumas ilustrações da imprensa, o Carnaval é representado como um louro adolescente, com indisfarçável ar europeu, prostrado pelo ataque dos adeptos da aguaceira.

12. O Mequetrefe, *1880.*

Esse conflito foi retratado muitas vezes, pela crônica, com diferentes registros. Com um tom bem menos trágico Artur de Azevedo desenvolveu o tema em duas revistas de ano — forma muito popular do teatro no período, cujo eixo era o comentário dos seus episódios mais marcantes —,[147] produzidas para 1885 e 1888. Na primeira delas, *O bilontra*, o Carnaval entra em cena envergando uma elegante fantasia de dominó:

CARNAVAL (*ao público, em voz de falsete*):
Os senhores me conhecem?
Sou eu mesmo... o Carnaval!...
(*voz natural*) mas se licença me dessem,
falava em voz natural.
Em poucos versos contar-lhes
a minha história aqui vou;
o meu passado lembrar-lhes,
que tão depressa mudou.
Eu fui isto que estão vendo:

como dominó reinei...
mas fui descendo... descendo...
e em princês me transformei (*transforma-se*).
Não satisfeito o meu fado
destes caprichos fatais,
fez-me um diabinho encarnado... (*transforma-se*)
eis o que sou, nada mais!
[...] Decididamente acabo
de um modo muito vulgar,
se os Tenentes do Diabo
não me quiserem salvar!
Se os Fenianos, da cova
não me chamam para si [...]
(*passa ao fundo um zé-pereira*) Vai passando um zé-pereira!
Momo, se me vês de lá,
repara que desgraceira!
Se não cessa a quebradeira,
o meu futuro ali está.[148]

Para desagrado geral (se não do público, seguramente da maioria dos autores dos textos literários e jornalísticos), os dias do Carnaval continuavam a ser também os dias do entrudo, nos quais a presença de variadas formas de brincar fazia cruzar nas ruas diferentes significados e intenções. A heterogeneidade era a marca definidora do reinado de Momo, ao contrário do que pretendiam os defensores de uma festa moldada aqui em meados do século passado à (alegada) semelhança de Nice e Veneza, que encontrava na década de 1880 o seu ponto culminante. As descrições e comentários da imprensa não deixam nenhuma dúvida: a forma tão sonhada do Carnaval dos préstitos espirituosos das Grandes Sociedades, pela qual se conclamava o apreço popular e se reivindicava a primazia foliona, estava longe de tornar-se a forma exclusiva ou mesmo a principal dos dias de Momo. Convivia nas ruas com o entrudo, em suas manifestações "modernas" mas sobretudo em seu viés vulgar, com a guerra às cartolas, os "insípidos" zé-pereiras e as danças de negros, que se intercalavam sem cerimônias entre os préstitos das sociedades mais refinadas; estas cruzavam nas ruas com mascarados avulsos e desclassificados, como diabinhos e domi-

13. Revista Illustrada, *1881.*

nós, velhos e princeses, que ainda circulavam, alheios aos apelos da civilização carnavalesca, a perguntar em voz de falsete: "Você me conhece?". Para os adeptos do "espírito", uma verdadeira cruzada parecia necessária a fim de derrotar os infiéis de Momo.

A aparência de uma batalha assume aí contornos inequívocos. Três anos depois, o mesmo Artur de Azevedo voltaria ao tema em outra revista de ano, encenada no início de 1889. O conflito era então pintado com cores mais fortes (mas também mais sutis), evidenciando os termos de um debate que estava ainda longe de esgotar-se:

O CARNAVAL:
Desanimado estou! Não tenho ideias!
Mas não! Mas não! Desanimar não quero.
Hei de vencer, espero! [...]

O ENTRUDO:
Pois ouve-me, orgulhoso;
uma bisnaga, delicadamente

espremida por mão de sinhazinha [...]
muito mais graça tem, por vida minha!
que um boneco malfeito
representando um célebre sujeito.

O CARNAVAL:
Vai-te catar!

O ENTRUDO:
Quem, pândego, não acha
um bom limão de cheiro de borracha,
como uma bala o espaço atravessando
e uma velha cartola derrubando,
que um tipo traga na cabeça?

O CARNAVAL:
Ó tolo, não me esquentes o miolo!
Deste modo, não posso ter espírito [...][149]

Vários elementos podem ser retirados dessas duas passagens do teatro de revista. Em primeiro lugar, é inevitável perceber a sugestão de Artur de Azevedo sobre o caráter quase missionário que os partidários do "Carnaval" se autoatribuíram no período — denunciado em seu próprio desânimo diante da persistência das brincadeiras do entrudo. Este último, aliás, está totalmente ausente quando o Carnaval, em *O bilontra*, decide contar o seu "passado" — evidenciando a concepção da origem atribuída ao préstito "veneziano" como uma ruptura radical em relação às velhas brincadeiras. Note-se que a forte oposição que aparece nos textos é sempre dirigida do Carnaval para o entrudo, e não o contrário. Este último considera a si próprio mais divertido e engraçado, e sua divergência com o Carnaval reside sobretudo em considerá-lo um "orgulhoso".

Afinal, pergunta-se, que graça poderia haver em assistir a "mascarados dizendo asneiras no alto da carroça", como aparece em outro trecho de *Fritzmac*? Muito melhor que assistir, por certo, era tomar parte ativa nos festejos em suas múltiplas formas. Mas o Carnaval, pedante e mal-humorado, julga-se acima de todas as formas de brincadeira, a ponto de não suportar a convivência com elas: com miolos esquentados por impertinências plebeias, não se podia elevar o espírito! Por mais sedutoras que parecessem as bisnagas espremidas por sinhazinhas, ou cômicos os encartolados cidadãos alvejados por limões de cera — segundo a defesa que o autor coloca na boca do próprio entrudo —, a imagem de um perigo aparece claramente sugerida, fazendo com que o Carnaval, de nascimento nobre na forma de um refinado dominó, tema por seu próprio futuro sob uma fantasia de diabinho que saracoteie ao som de um desmoralizado zé-pereira.

Apesar da condenação quase unânime da polícia e da imprensa — descontadas uma ou outra voz nostálgica que eventual e timidamente se manifestava —, o entrudo permanecia com seus fiéis seguidores. A imprensa, em 1907, publicava, como em todos os anos, os avisos e as circulares da polícia

14. *Angelo Agostini,* Revista Illustrada, *1883.*
As vãs tentativas de controlar o entrudo estavam entre os temas favoritos do desenho de humor. Note-se que o "edital" do chefe de polícia é representado por uma arruinada cartola: certo de sua força, ele havia garantido que naquele ano iria às ruas envergando um chapéu alto. Toda a imprensa riu de seu fracasso.

que estabeleciam, mais uma vez, a inútil proibição,[150] ironizada sem cessar pela imprensa (que a apoiava, mas não deixava de rir de seus fracassos) desde pelo menos a década de 1880. O texto não difere muito daqueles publicados desde o Império — como o de 1875, que apenas vai acrescentando ao rol de interdições as novas práticas introduzidas na brincadeira: "A disposição do parágrafo 2º, tít. 8º, sec. 2ª do Código de Posturas, que proíbe o jogo de entrudo, fica extensiva aos que lançarem sobre os transeuntes, ou pessoas que se acharem às janelas de suas casas, água ou qualquer outro líquido, ainda mesmo aromático, por meio de seringas ou tubos; aos que servirem-se para estes divertimentos de quaisquer pós; finalmente, aos que atirarem para a rua ou desta para as casas, estalos fulminantes".[151]

Por vezes, tais editais ou circulares estabelecem penalidades, especificando-as para o caso de escravos e comerciantes, fixam multas e até gorjetas para cada "pretinho" vendedor de limões de cera que fosse levado à polícia "pelo cós das calças" por qualquer cidadão.[152] Tais circulares e editais muitas vezes assumiam a mesma postura da imprensa ao afirmar a morte do entrudo: "A reprovação geral que nos últimos anos tem tido da população da Corte o pernicioso jogo do entrudo, indica a crer que ele se ache quase prescrito. Não obstante, e porque possa acontecer que pessoas menos cordatas pretendam pô-lo em prática...". E o texto prossegue enumerando as proibições de praxe, que voltarão a ser reiteradas por pelo menos mais vinte anos.[153] A década de 1890 é particularmente pródiga em proibições policiais relativas ao entrudo, e que se estendem a outras brincadeiras, como o uso de máscaras ou dísticos e letreiros alusivos a autoridades ou personalidades públicas, pilhérias dirigidas a "famílias", atos que danifiquem vestimentas e chapéus, correrias e ajuntamentos populares,[154] para atingir de forma genérica o conjunto de brincadeiras que faziam as delícias do entrudo nos dias que eram cada vez mais do Carnaval.

Apesar da repressão que se intensificou consideravelmente sob o regime republicano (o que talvez ajude a explicar o fôlego alcançado pela brincadeira proibida até pelo menos a primeira década do século XX), o entrudo prosseguia insistentemente em suas trincheiras. A imprensa tratava de chamar a polícia às falas, exigindo-lhe o cumprimento rigoroso da lei. Mas uma curiosa sucessão de matérias publicadas na *Gazeta de Notícias* na década de 1880 pode dar uma noção do quanto era complicado fazer cumprir com rigor a lei e a vontade das autoridades e da imprensa: "Se os avisos que têm sido dados à população sobre os perniciosos efeitos de tais brincadeiras são inúteis, invocamos a intervenção da autoridade para que proceda com toda energia contra os infratores da postura que terminantemente proíbe este jogo",[155] clamava o jornal. Poucos dias depois, o mesmo jornal noticiava — e criticava com ironia — o fato de que o corpo de urbanos estaria todo recolhido aos quartéis, "a fim de não ser vítima de bisnagas e limões de cheiro" — e portanto, da desmoralização pública, segundo medidas aconselhadas sob reserva ao chefe de polícia pelo próprio ministro da Justiça.[156] Alguns anos mais tarde, o jornal noticia com satisfação a ação policial, em especial aquela contra os vendedores de limões de cera. O noticiário revela também em suas entrelinhas as dificuldades da autoridade policial, evidenciando que elas começavam em casa — nos hábitos e nas preferências dos próprios membros da corporação: os agentes da lei trataram de destruir grande quantidade de tabuleiros de limões "na cabeça dos próprios vendedores" ou alvejando com eles estabelecimentos comerciais que infringiam a lei.[157]

Em outras palavras, como no caso das caudas dos diabinhos, no próprio ato de reprimir os agentes da lei parecem não ter resistido à graça da brincadeira, aproveitando para entrudar — embora sem possibilidade de reação dos adversários — os vendedores do artefato proibido, em um episódio no qual a inépcia policial acabou sendo atribuída a outros "culpados": os comerciantes vendedores de artefatos carnavalescos e os trabalhadores rudes e indisciplinados da cidade. Por vezes, nem mesmo o chefe de polícia escapava à fama de folião inveterado com a qual uma parte da imprensa atacava com ironia algumas autoridades — e acusá-lo de folião à moda antiga constituía uma ofensa séria no momento em que o "Carnaval" obtinha as simpatias exclusivas das elites: "Dizia-se ontem [...] que S. Exª anda com nostalgia da pândega, e ontem estava sozinho no seu gabinete, de nariz postiço, a gritar 'lá, lá, lá, lá, hi, hu' [...] S. Exª irá aos bailes de sábado, fantasiado, quando mais não seja, de diabinho encarnado [...]; que S. Exª, apanhando-se fantasiado, deita logo espírito, e pergunta a todos os foliões que encontrar: — Você me conhece?".[158]

Com posturas, editais, avisos e polícia nas ruas, a própria imprensa evidencia que o entrudo persiste com força extraordinária em diferentes segmentos sociais. São centenas as notícias, entre as décadas de 1880 e 1900, de episódios e incidentes relativos a essa prática, em todas as freguesias da cidade e envolvendo todo tipo de gente — observação que Julião Machado, conhecido

15. Jornal do Brasil, *8 de fevereiro de 1901.*

caricaturista do período, retratou com humor ao ironizar a sanha policial contra a popular brincadeira como uma invasão dos próprios lares e da intimidade das famílias, apenas três anos antes dos episódios da Revolta da Vacina. Note-se que, por intermédio da imprensa, só é possível saber das ocasiões em que a polícia interferiu com prisões, multas, notificações, ou em que alguém se queixou ao jornal — e não das ocasiões em que o jogo fora praticado em meio à alegria geral, sem incidentes notáveis. Ainda assim, os episódios multiplicam-se da Cidade Nova a Botafogo, dos subúrbios ao Catete, por toda a extensão da cidade. A rua do Ouvidor, principal centro carnavalesco do Rio de Janeiro, naturalmente não era imune a tais incidentes:

> Ontem à noite, no Café Brasil, à rua do Ouvidor, justamente no ponto em que se aglomerava o maior número de curiosos (para assistir aos préstitos das Grandes Sociedades), houve uma desordem, que obrigou o dono do estabelecimento a fechá-lo depois de sofrer bastante prejuízo. Parece que o rolo começou por não ter o proprietário do café consentido que dentro de seu estabelecimento se jogasse o entrudo. Os foliões replicaram, não só com palavras, mas também com bengalas e cacetes que reduziram a cacos uma parte da baixela de serviço.[159]

16. Revista Illustrada, *1884.*
Angelo Agostini fornece o aspecto geral da rua do Ouvidor.

Nada a estranhar, se observarmos o aspecto da elegante rua naquele Carnaval, retratado com muitos detalhes por Angelo Agostini. Eventos como este, que provocavam a indignação dos jornais, dão novos elementos para avaliar a popularidade e generalização do jogo do entrudo — e as dificuldades para fazê-lo cessar. Em 1886, por exemplo, a imprensa noticiou — entre vários incidentes envolvendo gente miúda dos subúrbios, escravos etc. — que um filho do próprio ministro da Justiça fora pego em flagrante atirando limões de cera das janelas de sua casa. Multado pelo subdelegado da freguesia de Santo Antônio, que passava pelo local, o ministro — segundo informa o jornalista — apenas riu-se muito com o ocorrido e mandou pagar a multa...[160] Os exemplos evidenciam assim que os novos costumes da civilização carnavalesca tinham dificuldade de penetrar também entre as parcelas mais abonadas da sociedade carioca, que, ao que tudo indica, se indignavam mais com a "promiscuidade" social e a quebra dos códigos e das hierarquias que com os limõezinhos e as molhaçadas.

Não seria por demais ousado supor que a proibição era, como sugeri antes, responsável por grande parte da graça da brincadeira no interior de uma festa que satirizava e questionava as práticas e os sentidos cotidianos — e que podia muito bem transformar contendores habituais em aliados contra as autoridades, ocasião em que tudo parecia tornar-se mais engraçado ainda pela própria força superior do inimigo derrotado a cada Carnaval. Assim, as investidas policiais não traziam nenhum resultado, como expressam inúmeros testemunhos de época — entre os quais o daquela indignada educadora alemã surpreendida pelo entrudo, a qual já demonstrava estar aprendendo suas regras básicas:

> Os brasileiros ficam radiantes e completamente fora de si durante estes dias. Alguns, moços e ricos, passeiam nas ruas com o único fito desse *amusement* aquático, fazendo-se acompanhar com negrinhos que trazem um completo sortimento de laranjinhas e bisnagas, dentro de grandes cestas [...] Apesar de haver proibição, repete-se a mesma coisa todos os anos e nas esquinas até as pretas oferecem à venda enormes bandejas cheias de laranjinhas. [...] É preciso não demonstrar contrariedade, pois, se percebem que estamos zangados, então estamos perdidos [...].[161]

Poucos anos depois, o próprio Machado de Assis — o mais importante dos escritores no período — intervinha no debate com a coluna "Balas de estalo", que entre 1883 e 1886 assinava sob pseudônimo na *Gazeta de Notícias* — ela própria a maior trincheira na defesa da ação coibitiva da polícia. Manejando a ironia, ele inicia sua crônica com uma observação surpreendente: "Não acabo de entender por que motivo as folhas de hoje, unanimemente, noticiam que o entrudo deste ano foi menor do que nos anteriores, quando a verdade é que não houve entrudo nenhum [...]. Não se chamará entrudo ao único limão que se atirou na cidade e foi obra de um homem que chegara na véspera e não tinha lido as ordens proibitivas da polícia e da Câmara municipal". Em sua justificativa diante da autoridade, após pagar a multa, o cidadão zeloso de suas obrigações ouviu do subdelegado a cavalheiresca explicação:

> Compreende que a autoridade não se exporia a fazer correr editais para não serem cumpridos; era como se pusesse um rabo de papel em si mesma. [...] Compreende também que seria perigoso acostumar a multidão ao desrespeito da lei e da autoridade. A multidão tem a mesma lógica das crianças, e diria que, se pode deixar de cumprir uma prescrição policial, nas próprias barbas da polícia, também se pode fazer a mesma cousa às outras leis.[162]

A ironia de Machado, como sempre, é certeira. A despeito dos esforços, a repressão policial mostrava-se incapaz de controlar a folia. Outros meios suasórios foram empregados, ao mesmo tempo, para tentar extinguir a velha brincadeira. Em 1850, Grandjean de Montigny, que viera com a Missão Francesa tratar da modernização urbana do Rio de Janeiro, morreu logo depois de um Carnaval excepcionalmente animado — acometido por uma fatal "pleuris".[163] Vítima simbólica do entrudo: era como um aviso de que o velho "monarca destronado" era capaz de suprimir a "modernidade" representada pelo arquiteto francês. A imagem do perigo físico do jogo do entrudo veio somar-se, desde então, à do perigo metafórico da desordem social e do barbarismo dos costumes atribuídos a uma população heterogênea e "colonial". Tal associação torna-se logo bastante comum, ampliando o leque de doenças transmitidas pelo inocente entrudo: a pleuris, as febres, as constipações, a tísica e a febre amarela passam a ser atribuídas nas décadas seguintes à brincadeira, perniciosa não apenas à moral e à ordem, mas também à saúde pública.[164] A própria Inspetoria de Higiene toma parte na propaganda antientrudo:

> A Inspetoria Geral de Higiene aconselha aos habitantes desta capital que se abstenham do jogo do entrudo, divertimento bárbaro, impróprio de uma nação civilizada [...]. Se a condenação de tão nocivo entretenimento é um dever das autoridades sanitárias e da classe médica, em tempos normais, na estação que atravessamos deve ela ser imposta pelos homens de ciência [...]. As supressões bruscas da transpiração, os resfriamentos, consequência imediata do entrudo, são as causas mais poderosas da tísica pulmonar, de todas as moléstias graves, especialmente da febre amarela.[165]

Tal campanha, que atravessa décadas de folia, tem a mesma duração das intermináveis portarias, circulares e editais da chefatura da polícia que visavam proibir o entrudo; seus resultados foram quase tão insignificantes quanto aqueles alcançados na missão de convencer a população carioca das vantagens da vacinação. Em 1904, o novo herói da civilização, o prefeito Pereira Passos, ainda estará empenhado em persuadir os cariocas do perigo representado pela brincadeira — e dirige um apelo pessoal aos diretores de estabelecimentos de ensino da então capital federal:

> Deve constituir decidido empenho de toda agremiação culta concorrer com o auxílio de sua influência e esforço coletivo para a inteira desaparição de usos e diversões públicas prejudiciais e bárbaros como o jogo de entrudo, que, além de

> incompatível com os nossos costumes de povo civilizado, é expressamente proibido pelas leis municipais. Desnecessário é demonstrar os graves inconvenientes que [...] tal divertimento pode trazer à população, já pelo prejuízo que acarreta à saúde particular, já pelos conflitos e desordens que em regra provoca, já por impedir que muitas famílias se entreguem aos folguedos lícitos do Carnaval.[166]

Tentam-se ainda outras estratégias. O argumento médico levou, por mais de uma vez, à tentativa de transferir para o frio mês de junho os festejos de Carnaval, desestimulando a brincadeira com água. A providência foi efetivada em 1892 — e dessa vez nem mesmo a imprensa pôde concordar: para o *Jornal do Brasil*, por exemplo, tratava-se de "um golpe ditatorial contra o qual o povo não protestou".[167] Já no ano seguinte, tomado pelo bom senso e pela constatação da inutilidade da providência, o prefeito Barata Ribeiro voltou atrás na decisão. A imprensa comemorou — mas ainda com um pé atrás e alguma ironia, que fez de mote a impopularidade da ação republicana na capital da jovem República, com a destruição de cortiços e outras iniciativas de "melhoramento" urbano: "O Prefeito pode hoje cortar a cabeça de todos os porcos, acabar com todos os estábulos sujos desta cidade, botar abaixo quanto casebre há por aí torto e aleijado enfeando a cidade, pode mesmo arrasar esta completamente para fazer dela uma capital elegante, que terá o aplauso dos povos, porque os povos lhe são gratos por causa da postura carnavalesca".[168]

Mantido o Carnaval em sua data própria, como recomendava o bom senso, a "capital elegante" de Barata Ribeiro e Pereira Passos tentou ainda outras estratégias para contornar as deselegâncias da folia. Em 1887, no auge da ofensiva antientrudo, a imprensa diária registrava o aparecimento de um brinquedo "inofensivo" — umas "bolas de pano com borracha, para serem jogadas como peteca às costas do próximo". De modo um tanto triunfal, advertia-se que elas vinham para "substituir a bisnaga e o limão de cera".[169] No mesmo ano, aparecia no *Jornal do Commercio* uma crônica sugestiva, na qual tais projéteis ocupavam lugar de destaque: "Muito mais habilidade mostrou o herói à noite no manejo das bolas à porta do diário. Em cada mão tinha o moço de letras empalmada uma bola presa ao punho por um cordão elástico. Passava alguém, ele atirava-lhe as bolas que logo recolhia, recolhendo também mais de uma descompostura".[170]

Tratava-se, é claro, de uma provocação dirigida a Artur de Azevedo, que mantinha, em outro órgão da imprensa carioca, a coluna "De palanque", assinada sob o conhecido pseudônimo de Elói, o Herói. O literato apressou-se a responder ao que considerou, mais que uma simples pilhéria, um verdadeiro ataque injurioso de seu adversário:

> [...] efetivamente, anteontem à noite, à porta do *Diário*, eu tinha na mão, não duas, mas uma bola, que examinava por mera curiosidade. Passou alguém do meu conhecimento, e eu atirei-lhe a bola. Nem ninguém me descompôs, nem eu repeti o gracejo [...]. Quanto à brincadeira de que tão formalmente me acusa o decano da nossa imprensa diária, não me parecia, confesso, merecedora de reparo, porque há dias eu vi que três redatores do *Jornal do Commercio*, debruçados à sacada do respectivo edifício, atiravam nos transeuntes umas bolas idênticas.[171]

O episódio, além do que pode revelar sobre as constantes polêmicas e rivalidades literárias do período, nos fornece boas indicações sobre os rumos da folia carnavalesca no final do século XIX. Em primeiro lugar, atesta a multiplicação e difusão de tais apetrechos introduzidos no reinado de Momo para substituir os limões de cheiro e mudar os significados do brinquedo: utilizadas por Artur de Azevedo e por jornalistas que brincavam na sacada das redações, as tais bolas — como os confetes — parecem ter encontrado uma boa aceitação até mesmo por parte daqueles intransigentes propagandistas antientrudo (que não era o caso, registre-se, do consagrado autor teatral, mas da maior parte de seus colegas no jornalismo carioca). Por outro lado, o constrangimento que obriga o famoso literato a explicar-se — atribuindo sua própria brincadeira à "mera curiosidade" e acusando redatores do diário rival de terem-nas utilizado com verdadeiro prazer folião — sugere a percepção de que, no fundo, as novas armas mantinham mais semelhanças com o "velho" entrudo do que seria desejável. Ao que tudo indica a morte do entrudo, tão apregoada e celebrada, consistia apenas no crescente abandono, por parte de uma parcela da população, dos projéteis tradicionais, substituídos por outros disponíveis no comércio e considerados mais adequados à louvada civilidade "moderna".

Assim, a vitória final sobre o entrudo, alternadamente comemorada e desmentida pelos defensores do "verdadeiro" Carnaval, vinha associada por eles a um pretendido refinamento nas formas da brincadeira. Sociedades carnavalescas, seguindo sugestão de um sofisticado cronista da coluna "Binóculo", da *Gazeta de Notícias*,[172] promoviam em suas sedes elegantes "batalhas de flores", nas quais os velhos limões e grandes seringas de lata eram trocados por flores naturais arremessadas com galanteria entre foliões de ambos os sexos.[173] O corso aparecia também nas ruas da cidade no final do século XIX, para ganhar um espaço definitivo no início do XX com a abertura das grandes avenidas, ao mesmo tempo que os confetes começavam a chegar em volumosas quantidades nos vapores, importados da Europa pelas casas comerciais. A imprensa está repleta de referências às "aguerridas batalhadoras de *confetti* perfumado"[174] durante os dias da folia ou mesmo naqueles que antecedem o Carnaval. Nessas referências, de alguma maneira, intuía-se que a modernidade carnavalesca não era, afinal, tão diferente das velhas formas de brincar, condenadas em nome da civilização e do progresso. "A bela troça, o espírito e o humor carnavalesco, estavam definitivamente suplantados pelo novo entrudo não raro tão brutal como o antigo. [...] foi nos subúrbios e arrabaldes que o jogo dos *confetti* tomou as proporções do ano passado. Uma coisa colossal!

17. *Angelo Agostini,* D. Quixote, *1896.*

Com esta imagem do dia seguinte, o desenhista ironiza a propalada superioridade dos confetes e serpentinas sobre as práticas usuais do entrudo.

Os rapazes chegavam a assaltar os bondes para atirar aos punhados as rodelinhas multicores nas moças e senhoras do seu conhecimento."[175]

A "brutalidade" estava não apenas na evidente semelhança da brincadeira com o "velho" entrudo, mas também nas novas possibilidades postas ao alcance dos foliões suburbanos pelo florescente comércio de artigos carnavalescos: além das terríveis bolas com elástico e dos confetes, havia coisas como os "confetes de fogo" — artefato elaborado com pólvora para arremessar as "rodelinhas multicores" a grandes alturas, causando um belo efeito visual e seguidos acidentes.[176] Esguichos, bisnagas e limões de borracha, "estalos fulminantes" e outras brincadeiras, incorporadas na década de 1880, já haviam tomado o lugar, para algumas parcelas da população, das formas e apetrechos mais tradicionais — inclusive os limões de cera, que as famosas bolas com elástico e os confetes e serpentinas pretendiam substituir.

Assim, de certa forma, as novas armas de combate ao entrudo reproduziam sob outros formatos os velhos sentidos do Carnaval, percepção que não escapou à pena dos cartunistas do período. No entanto, elas reforçavam aí uma diferença importante que já podia ser percebida — mas não com tanta clareza — nas velhas práticas: nas últimas décadas do século XIX, considerava-se aceitável, apesar das restrições, a pilhéria carnavalesca desenvolvida com artefatos encontráveis a bom preço em um cada vez mais sofisticado comércio de produtos destinados à folia. Se eles não foram capazes de alterar de todo os sentidos do entrudo, de alguma forma tornaram suas novas possibilidades bastante seletivas e inacessíveis a uma grande parcela da população. Com isso, enfatizava-se no interior das práticas carnavalescas a diferença de classes — pois naturalmente os mais pobres continuavam a valer-se do limão de cera, das soluções domésticas como farinhas e águas-servidas, das bacias e gamelas cotidianas convertidas em instrumentos da folia, como denunciavam sem cessar os indignados órgãos de imprensa. O combate, para o qual as Grandes Sociedades carnavalescas empunhavam suas armas, assumiu o caráter cada vez mais explícito de uma luta sem tréguas de elites "cultas" e "civilizadas" contra a plebe desmoralizada, rude — e persistente em suas práticas condenáveis. Um combate pela ocupação do espaço público, das ruas onde se instalavam as trincheiras das hostes adversárias.

Diferentes estratégias de enfrentamento, assim, revelaram-se muitas vezes frágeis diante do entusiasmo de seus praticantes. Assumindo o papel de porta-

-voz, a imprensa manteve décadas seguidas sua posição cerrada de ataque e, aos poucos, foi conquistando adeptos e militantes para a causa do "verdadeiro" Carnaval. Desde a década de 1880, suas páginas passaram também a contar com a publicação de cartas, em geral anônimas, de leitores que faziam coro às queixas contra o "jogo brutal" — alegadamente oriundas das partes menos "nobres" da região central:

> Ao exmo. sr. dr. chefe de polícia:
>
> O povo, tendo apreciado a sua energia, pede também para S. Ex. providenciar sobre os abusos do entrudo, pois que já começaram [...] a jogar limões sem ser de cheiro, bisnagas e esguichos de bombas etc. etc., resultando sérios conflitos nas seguintes ruas: Nova do Livramento e suas imediações, Gamboa, praia do Saco, rua d'América e praia Formosa. (a) O povo.[177]

O anonimato, é claro, buscava resguardar os autores de tais cartas — ou "o povo", como prefere(m) intitular-se — da fúria da própria vizinhança, capaz de transformá-los em alvos preferenciais dos bombardeios e das troças. Mas, em algumas circunstâncias, o clima parece tornar-se mais tenso — o que pode ser ilustrado por uma carta publicada nos jornais em 1882, assinada por "Um dissidente", que tratava de denunciar e pedir providências à polícia com relação a "uma sociedade de rapazes" que se organizava "com o fim de acabar com o entrudo", arremessando, em represália aos limões de cheiro, outros tantos recheados com água forte. Tendo em vista que "os sócios sejam já bastante numerosos", o dissidente, preocupado com o possível número de vítimas, decide denunciar a operação pelo jornal.[178]

A tensão revelada pelo episódio decerto não era gratuita ou decorrente apenas da falta de espírito folião ou esportivo dos inimigos do entrudo e das velhas brincadeiras carnavalescas abominadas pelas "sociedades de rapazes", quase sempre filiados às três grandes do Carnaval do período. Algo estava acontecendo no final do século XIX, capaz de transformar o riso habitual em uma catástrofe iminente, de mudar o gosto divertido do entrudo no sabor ácido recusado pelos paladares exigentes daqueles que sonhavam com Nice ou Veneza. A folia transformou-se em uma verdadeira guerra porque revelava e multiplicava a tensão de todos os dias: sendo ocasião de desnudar e brincar com o cotidiano, expunha suas feridas abertas sem nenhum disfarce possível atrás das máscaras costumeiras. Você me conhece? Como o policial que levara à prisão a pobre "rapariga de troça" do início destas páginas, homens e mulheres pareciam de fato perceber o que estava se passando — ou intuir com um misto de temor e incerteza.

O combate aos mascarados das ruas, aos zé-pereiras e cucumbis e a todos esses personagens carnavalescos do período, empreendido pelos inimigos do entrudo, não se dirigia abertamente contra práticas exclusivas de pobres, negros ou corticeiros. Afinal, o jogo de água era praticado nas diferentes camadas sociais — e defendido com galhardia pelas mulheres nas sacadas e confeitarias; o hábito de mascarar-se e sair pelas ruas a exibir "espírito" e pilhéria também era generalizado, apesar de manter sentidos diferentes para sujeitos sociais distintos. As fantasias perigosas, como o dominó ou o diabinho, tinham seu espelho nos mefistos e dominós que povoavam os salões entre sedas e sedução; os zé-pereiras, que "tramavam-se nos cortiços", difundiram-se para bairros elegantes e para os finos bailes frequentados pelos amantes do Carnaval das Grandes Sociedades.

Entrudar em confeitarias elegantes não parecia tão decrépito ou ameaçador, nem cometer inconveniências entre pares nos limites da civilidade das parcelas mais "cultivadas". A maior parte dos combatentes antientrudo, quando tem ocasião, manifesta até uma saudade nostálgica das brincadeiras praticadas na infância e na juventude, no recesso das famílias e segundo regras e hierarquias bem estabelecidas.[179] As referências aos cucumbis, em face de outras formas de presença negra nas ruas durante o Carnaval, é um bom exemplo para ilustrar as mudanças de significado e a crescente hostilidade contra as brincadeiras tradicionais do Carnaval: pitorescos, aceitáveis até nas décadas que antecedem à abolição, caracterizavam uma forma de visibilidade e de segregação dos negros no interior de uma festa generalizada. Uma presença própria, folclorizada e separada de negros que "conhecem seu lugar". Conviverem com eles mascarados, diabos irreconhecíveis, bêbados de Paraty ou de liberdade, indiferenciados na turba, é que parecia inaceitável e perigoso. Seguem-se a condenação dos diabinhos à morte e a benevolência senhorial para os cucumbis, enquanto a causa abolicionista teve um apelo maior que o temor, apesar de algum enfado com seu jeito nada cosmopolita de mostrar-se em público.

Se num passado ainda recente fora aceitável destruir cartolas dos esnobes anticarnavalescos — e o próprio imperador vira a sua ser arruinada por adoráveis pezinhos femininos nos entrudos de Petrópolis —, era insuportável que isso fosse feito nas ruas, por jovens de "gravata lavada" que se confundiam nas ruas com o molecório negro e malcriado que não conhecia os limites da civilidade. Fora normal e engraçado dizer asneiras e insinuações maliciosas entre iguais ocultados atrás de máscaras "de apito" ou disfarçando a voz em falsetes, mas parecia um tormento assistir à "laracha grossa e pesadona" de indivíduos cujo anonimato era garantido por dominós de pano de saco e máscaras grosseiras de arame ou papelão — ou pior: ter de ouvir, no recinto dos lares, inconveniências populares ampliadas por porta-vozes. Fora romântico e excitante esmagar no colo alvo de alguma donzela limões de cera cheios de significados e segundas intenções, mas aparecia como um insulto insuportável que molhadeiras, beliscões ou apalpadelas fossem ministradas por "gente sem costumes" a senhoras decentes e acompanhadas que se aventurassem pelas ruas a passeio.

Janelas e sacadas já não asseguravam como antes a diferenciação de práticas e espaços — e sobretudo aquela gente suspeita das ruas já não parecia tão passiva diante das regras e dos costumes que permitiam aos velhos Carnavais aquela aparência de uma tranquila festa de todos, embora virtualmente diferente em seus gestos e significados. As regras do domínio senhorial se rompiam no Rio de Janeiro do período. Cidade trespassada por conflitos, rodeada de perigos reais e imaginários, onde as normas se dissolviam e as hierarquias, que antes pareciam sólidas, tendiam a desmanchar-se no ar. Perdidas as referências, elites temerosas ansiavam por novas regras — para o país, como para o Carnaval: não queriam "perder-se no mar dos incógnitos" a que se vira relegado um personagem de Machado de Assis, sem dinheiro para alugar um carro que o "distinguisse da turbamalta das ruas" durante o Carnaval de 1889.[180]

Ante à velha heterogeneidade do entrudo, postulava-se a homogeneidade de uma festa cuja reinvenção recorria às fontes mais sagradas de uma suposta tradição europeia, que não admitia convivência com o passado "bárbaro" e colonial. Da mesma forma, ante à sociedade rígida e hierarquizada dos velhos tempos, que parecia prestes a explodir como um limão de cera, sonhava-se com uma nação moderna, um povo homogêneo e integrado que, sob as bênçãos de Momo, fosse capaz de desfilar sob um mesmo enredo — ou de apenas assistir, deslumbrado e passivo, às evoluções da ala dos cartolas... Na guerra contra o entrudo e as velhas brincadeiras do Carnaval, as armas se sucederam: a polícia, a higiene, a saúde, a imprensa e seus aliados — todos foram incapazes de dar fim ao inimigo.

Foi o próprio Carnaval que conseguiu extingui-lo, por um caminho entrevisto por um diário ainda em 1888. Nesse ano, *O Jornal* lançava uma proposta esperta que, embora não posta em prática, revelava uma percepção clara sobre um elemento decisivo dessa história: o fascínio que os préstitos do Carnaval conseguiam exercer sobre os praticantes do entrudo. A ideia era distribuir a passagem das seis maiores sociedades carnavalescas pelos três dias da folia, para distrair o povo e fazê-lo esquecer as velhas brincadeiras.[181] Apostava-se no prestígio já consolidado dessas cidadelas de Momo, que se pretendiam herdeiras de outras tradições que não aquelas disseminadas pelas ruas e pelos becos, pelos cortiços e arrabaldes da cidade, em um empenho pedagógico de civilizar e educar a plebe rude. Esta, por sua vez, de diferentes maneiras e atenta ao movimento das sociedades, celebrava ao mesmo tempo o entrudo e o Carnaval nas ruas, aprendendo a organizar-se em formas coletivas de brincar como os cordões e ranchos carnavalescos, que surgiam nas últimas décadas do século XIX e conviveram lado a lado com a anarquia das velhas brincadeiras avulsas, invadindo sem cerimônia o espaço nobre da festa.

Provavelmente por isso, já entrando pelo século XX, quando as trombetas da vitória de Momo pareciam soar triunfantes, um cronista ainda insistia em constatar que "o Carnaval é mais renitente à civilização do que os pretos da África"...[182]

2. Batalhas sem confete

> Arredai, histriões do Carnaval! Abri alas, produtos amesquinhados de gestações difíceis! Curvai-vos, maninelos, que durante anos vivestes fazendo guerra ao verdadeiro Carnaval, alimentando as grosserias do entrudo, do qual sois ainda hoje legítimos representantes! Rojai por terra vossas frontes, porque aqueles que não se associaram a vós, para a morte do Carnaval, vão passar! Arredai, truões, porque o século XIX vos repele e a média idade vos reclama![1]

O tom nada jocoso assumido pelos Democráticos mostra como as Grandes Sociedades carnavalescas — verdadeiros baluartes da guerra contra os limões de cera, e vítimas habituais de seus aficionados por ocasião dos desfiles pelas apertadas ruas do centro da cidade — colocam-se explicitamente como a alternativa mais adequada para os jogos de Momo. A força do inimigo, no entanto, pode ser medida pela beligerância explícita que assumem no final da década de 1880, momento em que viviam sua época mais forte e prestigiada.

Essa oposição constitui um tema importante para intelectuais, literatos, jornalistas, políticos, autoridades e foliões encastelados em sociedades como os Democráticos, os Fenianos, os Tenentes do Diabo e outras que lhes seguiram os passos: já naquele momento, temia-se a falência de um projeto pedagógico e civilizatório como o do "Carnaval europeu", que teriam transplantado para o Rio de Janeiro, invadido e deturpado pelas práticas populares que se recusavam a lhes ceder o terreno. Tal perspectiva, claro, não era apenas carnavalesca: *pedagógico* é um termo adequado para exprimir a visão de uma parcela intelectualizada da sociedade, próxima ou dependente das elites tradicionais mas empenhada em projetos de transformação e atualização do país sob uma óptica liberal e progressista. Tal atitude era uma das formas de enfrentar evidentes temores relativos aos destinos do Brasil. De alguma forma, os receios se estendiam do Carnaval para a nação, cujo futuro também parecia, na década de 1880, incerto e perigoso.

Entre as grandes "causas nacionais" que abraçaram, figurava também a de Momo, pela qual se lançaram em renhidos combates que fizeram história no Carnaval carioca. Na verdade, tais sociedades constituíam mesmo uma das principais trincheiras daqueles que acreditavam nas promessas de um novo tempo. A intenção era inequívoca, e fora marcada inúmeras vezes em *puffs* e outros textos da imprensa carnavalesca:

> *Nós queremos marcar na tela — nossa história,*
> *com as tintas e pincéis do nosso brilhantismo.*
> *Mais um fasto de luz, mais um padrão de glória*
> *Nas pugnas de Momo, o deus-pai do humorismo.*[2]

Quando seus préstitos modernos, politizados e críticos em relação ao que consideravam os "maus costumes" da política da aristocracia e do comportamento da plebe adentravam a rua do Ouvidor, dir-se-ia que seriam capazes de alcançar a vitória. O povo era tanto que o trânsito se tornava difícil. "Feliz de quem tem a sua janela", comentava a *Gazeta de Notícias* na primeira página da edição de um domingo de Carnaval igual a todos os demais daquela década,[3] pois aquela "artéria da civilização" estava "a regurgitar de povo que se aperta, que grita, que sua, que esbraveja, tudo porque cada um quer tratar de arranjar um lugarzinho" para ver passar seus préstitos de luxo e "espírito".

Se eram seguramente os senhores da folia naqueles anos e passavam em triunfo rente às sacadas alugadas a peso de ouro pelas famílias mais abonadas, abrindo caminho entre a multidão, sua vitória lhes parecia frágil diante do que presenciavam: a cada ano, a multidão que se comprimia para aplaudi-las permanecia fiel aos limões de cera, trazia fantasias de condenável tradição, destruíam cartolas senhoriais enquanto riam dos carros de crítica. O estreito espaço da rua era ainda disputado por avulsos zé-pereiras, frequentado por índios de cucumbi, servia de palco para as coreografias de velhos e princeses. Ainda que todos parassem para vê-las e aplaudi-las com inegável simpatia, era inevitável perceber (e recear) a presença constante de um inimigo que mostrava ter sete vidas.

UMA DECLARAÇÃO DE GUERRA

Não era à toa, portanto, que faziam da própria luta contra o entrudo um motivo permanente de sua comunicação com o público. Foi para isso, afinal, que elas surgiram no Carnaval carioca — embora seus sentidos e a intensidade desse combate tenham mudado ao longo do tempo. Nas décadas de 1850 e 1860 os textos publicados por sociedades como o Congresso das Sumidades Carnavalescas evidenciam um sentimento de continuidade, evolução ou refinamento, mais que um desejo de exterminar o (ainda) simpático inimigo.

Na década de 1870 o tema aparece diluído, como pode evidenciar o texto publicado por uma sociedade intitulada Novo Club X, vinte anos depois do primeiro anúncio de um préstito carnavalesco pelos jornais, no qual a diferenciação entre Carnaval e entrudo era praticamente inexistente e a proibição policial da brincadeira, ironizada pelos foliões da elegante sociedade.[4] Ou ainda um *puff* dos Tenentes do Diabo, no qual a diretoria advertia seus camaradas quanto ao procedimento a ser adotado nos bailes em sua sede: "Nada de estalos nem bisnagas, rapazes!",[5] indicando que, em seu próprio meio, o inimigo ainda tinha adeptos. Naquele momento, ao menos para a maior parte dos foliões organizados nas sociedades mais importantes, uma vitória do Carnaval sobre o entrudo ainda podia aparecer como uma decorrência quase natural da civilização, um de seus frutos inevitáveis: "O Carnaval é o entrudo do progresso", afirmavam os Tenentes do Diabo, propagandeando pela imprensa o seu desfile de 1877.[6]

A década de 1880, no entanto, assinalou uma rápida mudança de postura, evidenciando a cristalização de uma atitude que dissociava de modo radical o entrudo do "verdadeiro" Carnaval,[7] mesmo que a percepção sugerida no traço de alguns dos maiores caricaturistas do período e na crônica jornalística evidencie, como vimos, que se tratava mais de intenção que de realidade. Já em 1881 as três maiores e mais importantes sociedades (Tenentes do Diabo, Democráticos e Fenianos), a despeito de sua intensa e proverbial rivalidade, fizeram publicar na imprensa diária, às vésperas do Carnaval, um comunicado conjunto — e solene, distante mais uma vez do habitual tom jocoso de seus *puffs* e anúncios —, condenando o entrudo e apresentando-se como única alternativa legítima para os folguedos de Momo. O "progresso" carnavalesco já não aparecia como uma evolução natural, mas como algo a ser conquistado em um campo de batalha. Para elas, o crescimento do entrudo, verificado nos últimos anos, seria

> o aniquilamento completo do Carnaval, isto é, o atraso em vez do progresso, a treva em lugar da luz, a morte substituindo a vida [...]. Convictas, pois, de que seus folguedos são, não só uma distração inocente para a população desta cidade, como e principalmente uma manifestação incontestável de seu adiantamento moral e civilizador [...] as sociedades [...] apelam para a sensatez, para a inteligência e sobretudo para a proverbial cortesia do público fluminense, pedindo-lhe a abstenção do entrudo, ao menos durante a passagem dos préstitos carnavalescos.[8]

Os Democráticos foram além — como as demais agremiações em outras oportunidades — e fizeram desfilar em destaque um de seus "carros de ideias", no qual apareciam "várias figuras ocupadas em enforcar outra, suja, imunda, esquálida — o entrudo",[9] cuja aparência evocava, afinal, a pobreza cotidiana da maior parte dos cariocas. Em um desses apelos, que o Club dos Democráticos dirige "ao belo sexo fluminense", onde estavam as mais renhidas adeptas do inimigo, o tom é mesmo de desafio, dirigido aos habitantes dos bairros mais populares: "Sempre quero ver se, com tão esbeltas patrocinadoras do Carnaval, o entrudo reles e maltrapilho se atreve a sair... da Cidade Nova".[10]

Marca-se aí uma tentativa de diferenciação social, mais que espacial, que pode ser percebida também em outros aspectos relacionados às práticas carnavalescas. Vimos, páginas atrás, como os elegantes confetes recém-introduzidos no Carnaval pareciam grosseiros em seus usos nos bondes suburbanos. O modo como a imprensa trata os bailes, que nasceram como elegantes *bal masqués* e se generalizaram no Carnaval carioca a partir da segunda metade do século XIX,[11] pode também ilustrar esse esforço diferenciador e indicar quanto parecia complicada, em especial a partir da década de 1880, a convivência social no interior da folia. Ocupando recintos públicos como teatros, com ingressos pagos, ou realizados nas sedes das sociedades e de clubes fechados, eles pareciam naquele momento circunscrever dois mundos bem distintos.

São inúmeras as referências aos salões das Grandes Sociedades nesse período, antes e durante os Carnavais: "O esplendor, a magnificência e o brilhantismo começavam desde a porta", nos conta um entusiasmado cronista ao descrever um baile dos Democráticos, que contou até com um brinde puxado pelo chefe de polícia em pessoa,[12] animado pelas belas mulheres endeusadas em seus carros alegóricos e pela entrada, à meia-noite, dos grupos de sócios no salão, entre "charivaris e alusões". A devassidão e a pândega pareciam nesse contexto justificáveis, alegres e sem consequências mais graves que as de uma boa ressaca, ao contrário do que sugeria a imagem do "velho" que dormia exausto pela calçada ao lado de uma mulata e um bumbo de zé-pereira, com

18. Illustração do Brazil, *31 de maio de 1877.*

o qual Agostini retratava mais uma quarta-feira de Cinzas, como vimos no capitulo anterior.

O tom dos cronistas é sempre de entusiasmo sugestivo, como no caso desta sucinta descrição de um baile dos Fenianos: "[...] que mulheres, que danças, que vertigens, que tentações de pecado, que decotes, que vinhos!".[13] Apesar da presença de prazeres inconfessáveis fora do contexto carnavalesco, os anúncios que as próprias sociedades fazem publicar para divulgar seus bailes denotam um claro esforço de diferenciação em relação aos festejos da Cidade Nova ou outras partes semelhantes da cidade. Em 1889, por exemplo, anunciaram um "forrobodó beleza", descrevendo jocosamente seus atributos: "Com flores, sem batalhas, sem navalhas, com amores".[14] Iam aí expressos os itens que faziam de um baile feniano um momento de manifestação distinta e positiva, associado à licenciosa presença feminina e aos eflúvios da devassidão boemia e, sobretudo, chique — desconfundido do entrudo, dos "rolos" e da violência atribuída aos pobres, moradores de estalagens, negros, "capadócios" e outras personagens da ralé urbana.[15]

Nada disso, é claro, aparece nas descrições dos bailes populares — que, no período, se concentravam sobretudo nos teatros — aonde, segundo um cronista, comparecia "gente da pior espécie, barulhenta, cheirando mal, sem

19. *Angelo Agostini,* O Malho, *18 de fevereiro de 1907.*

gravata nem espírito, sem sabão e sem vergonha".[16] Não havia sido bem essa, em todo caso, a impressão de um viajante no Carnaval de 1885: observando um baile público ele nota sobretudo a mistura social, e não a separação radical das classes sociais.

> Durante a noite, passei por meia dúzia de bailes públicos e encontrei [...] o maior entusiasmo e alegria. [...] Havia tantos espectadores quanto dançarinos, em camarotes e balcões sempre amontoados [...] Em quase todos os teatros dançava-se uma espécie de fandango ou cachucha [sic], uma dança nacional muito rápida. Consistia em torcer-se e tomar posturas sugestivas, mais do que em dançar, e suas evoluções eram extremamente vulgares, para não dizer indecentes; mas o hábito é tão forte, que os dos camarotes, onde evidentemente havia senhoras, olhavam imperturbáveis e muito interessados os que se achavam no salão, que certamente não eram tão finos.[17]

Tanto como a presença da densa multidão desclassificada e suas formas de brincar, com as quais as sociedades eram obrigadas a conviver nas ruas, a mistura social constatada nos bailes públicos provocava imenso desconforto e incômodo nos idealizadores do Carnaval "veneziano" no Rio de Janeiro — que, desde o final da década anterior, haviam abandonado os teatros para divertir-se apenas nos bailes fechados de suas próprias sedes. Com o tempo, o tom foi se tornando mais e mais irado, assumindo fortes cores moralistas que jamais apareciam nas referências às noites orgiásticas — mas finíssimas — dos salões das Grandes Sociedades (apelidados de "poleiro", "caverna" e "castelo", respectivamente para Fenianos, Tenentes e Democráticos), exclusivos de seus sócios e convidados. "Não há nada mais pulha nem mais triste do que os bailes de mascaradas nos teatros, especialmente dos que dão entrada por 1$000 [...] Que pulhice, que miséria, que indecência!"[18]

As décadas de 1890 e a primeira do século XX já vão encontrar uma imagem consolidada, tanto na diferenciação dos salões como na dos grupos nas ruas. Bailes populares — aqueles em que se vendiam ingressos para qualquer pessoa — eram objeto apenas de notícias policiais — ou de piadas e charges alusivas a sua indissociável violência.[19] Já não contavam com a presença complacente, ou concupiscente, dos senhores. A autoimagem carnavalesca dos membros das três Grandes Sociedades, e os projetos civilizatórios compartilhados com literatos, jornalistas e homens públicos (que, muitas vezes, eram também baetas, gatos ou carapicus — designações aplicadas aos sócios de Tenentes, Democráticos e Fenianos), exigia uma resposta à invasão das práticas populares nos diferentes espaços da folia.

Se a festa não podia ser de todos, indiferenciada em seu perfil social — e já vimos como a presença da multidão e sobretudo dos trabalhadores pobres no Carnaval acabou por constituir um problema —, era necessário estabelecer uma clara fronteira entre a parte "boa" e a parte "má" da brincadeira. Podemos usar alguns outros exemplos para discutir até que ponto tal esforço podia resultar problemático e, em boa medida, artificial. Se retomarmos a descrição de Frank Vincent sobre os bailes públicos dos teatros na década de 1880 veremos que, apesar da ira dos foliões organizados e jornalistas, a presença de gente "fina" nos camarotes, que se deliciava em olhar os negros e mulatos que maxixavam no salão, era uma marca ainda forte dessas ocasiões que, de certa forma, invertiam o próprio sentido que as sociedades queriam imprimir ao Carnaval: os brancos, com suas senhoras em *toilettes*, é que desempenhavam ali o papel de "espectadores" — curiosos, a julgar pelos comentários de Vincent. A divisão do espaço público, no entanto, punha novos problemas e multiplicava as possibilidades de tensão: por isso, a convivência das sociedades com as enormes multidões que elas próprias atraíam foi sempre difícil.

Desde o final da década de 1870 as constantes reclamações quanto ao comportamento do público que se reunia na zona central para assistir à passagem dos préstitos (e, é claro, para compartilhar das outras formas do Carnaval) marcavam essa clivagem social, ao atribuir à população dos arrabaldes a desmoralização de Momo na própria rua do Ouvidor. O *Jornal do Commercio*, por exemplo, preocupado com a ameaça das Grandes Sociedades de cancelarem seus préstitos por causa do entrudo e dos "rolos", diagnosticava sem vacilar: "A culpa não é dos moradores [...] mas do muito povo que se reúne aqui como ponto central".[20]

O temor da multidão carnavalesca nas ruas, da reunião excitante e excitada da gente que descia dos subúrbios e arrabaldes em bondes apinhados para o centro da cidade durante os dias de folia, foi explicitado nas décadas de 1880 e 1890 em sucessivas matérias da imprensa diária, para atingir muitos decibéis nos primeiros anos da República:

> Desnecessário é acrescentar que todas as ruas da cidade regurgitavam de curiosos, que se acotovelavam num desespero ansioso [...]. Ruas cheias de povo e cheias de bandeiras, gritando vitoriosamente pelos clarins de vermelho. Massa de gente compacta e preta, agitada como feita de azougue, [...] acotovelando-se, achatando--se, crescendo [...]. E pelo meio do preto da massa popular [...] ecoava o riso guizalhante das cores claras [...]. E essas cores claras, saltando do meio da escuridão do povo junto, eram como umas lanternas venezianas furando em gritos de luz a noite preta de um céu sem estrelas.[21]

A metáfora racista assume aí tons impressionantes. Significativamente, a "massa popular" é descrita com base em sua cor: é "preta" como "azougue", compacta e ameaçadora; gente escura como um céu sem estrelas. Apenas as "cores claras", associadas às lanternas — não por acaso venezianas —, conseguiam iluminar a noite e romper o negrume daquele povo que aclamava, em meio ao desespero, os "clarins de vermelho" que lhe mostravam o caminho a seguir, o "riso guizalhante", gritos de luz em meio àquela gente designada não mais como foliona mas como "curiosa". Ao Carnaval veneziano, associado à superioridade presumida das cores claras, cabia a tarefa de iluminar as ruas e "as massas", guindando-as a um outro patamar de civilização, "branqueando-as" por certo e configurando um outro povo e uma nova nação.

Por essa razão, a persistência das práticas populares do entrudo deixava perplexos carnavalescos e intelectuais. Na busca dos "culpados", as opiniões se dividiam. A maioria atribuía a decadência ou o fracasso do Carnaval veneziano à ingratidão e ao barbarismo do povo, às pretas massas incultas, incapazes de entender o sentido elevado dos préstitos das Grandes Sociedades e também, decerto, os seus ilustres protagonistas. Outros, mais perspicazes talvez, buscavam explicações diferentes para o fenômeno:

> As famílias, que procuravam as ruas indicadas nos itinerários (e as procuravam à uma ou duas horas da tarde, para poderem obter um cantinho em qualquer janela ou vão de porta), ficavam ali imóveis até cinco ou seis da tarde, aguardando a passagem dos três anunciados préstitos. O mesmo acontecia à pinha de povo que se aglomerava nas ruas. Daí para a impaciência era bem pequena a distância [...] para matar o tempo, lembrou-se alguém de dar uma bisnagadazinha na ore-

lha de uma pessoa muito sua conhecida [...] Porém esse esguichozinho foi [...] a faísca que ateou o enorme incêndio que hoje lavra nesses dias.[22]

Desse ponto de vista, muito do problema podia residir no "mau exemplo" de quem praticava nas ruas (mesmo que por justificada impaciência) aquilo que só seria decente no âmbito privado — como bisnagar uma orelha conhecida. Famílias e "pinha de povo" juntas nas ruas, à espera das sociedades, só poderiam resultar naquela espécie indesejável de entrudo que rompia as formas habituais de convivência e as hierarquias sociais. A fragilidade das novas regras de civilidade propugnadas por intelectuais e profissionais liberais encastelados nas Grandes Sociedades e na imprensa fica evidenciada na interpretação: a impaciência das "famílias" pela demora das sociedades degenerava em perda de compostura, igualando-as à "pinha de povo", com seus maus modos. A ideia de que o problema podia ser o "mau exemplo" carrega a suposição de que, pelo lado oposto, bons exemplos e pedagogia podiam constituir estratégias para o sucesso da empreitada. Assim, em alguma medida, a missão a que se lançavam nossos heróis carnavalescos se dirigia ainda, com certa ênfase, a essas parcelas da sociedade carioca — gentis senhoritas, senhores e senhoras de respeito que, ao menor sinal de cansaço com a longa espera, se rendiam aos antigos comportamentos bárbaros ou coloniais.

Na verdade, aquele entrudo promíscuo em que diferentes camadas sociais se mesclavam nas ruas aparecia, acima de tudo, como uma ameaça real. A antiga aparência de uma festa tranquila e familiar regida pela lógica do domínio senhorial, que atribuía a todos os que brincavam um lugar determinado e inconfundível, queimava-se definitivamente, como vimos, nas chamas desse "enorme incêndio" de indisciplina e indiferenciação. Não faltaram vozes para identificar nas próprias sociedades as responsáveis pela nova e incômoda feição do Carnaval carioca na época:

> [...] E sabes quem matou indiretamente o Carnaval no Rio de Janeiro [...]? Foram as sociedades carnavalescas, fica certo disso. [...] No bom tempo, o Carnaval era o que devia ser. Andavam os máscaras avulsos pela cidade, a seu talante [...] Cuidava-se então mais da originalidade da ideia do que da riqueza do vestuário e daí provinham duas vantagens: ser a festa mais alegre e estar ao alcance de todos. [...] Depois começaram a aparecer as sociedades com seu espírito regulado por um

> programa e suas roupas tão custosas; e os máscaras avulsos, único e genial encanto de tais folguedos, foram desaparecendo pouco a pouco, uns porque não podendo competir com elas em luxo metiam-se na encolha, outros porque entravam para estas mesmas sociedades. [...] Todos quantos tiveram desejos de mascarar-se dividiram-se em duas zonas bem distintas: a pobretona e a dinheirosa. Na primeira alistavam-se os zé-pereiras, na segunda as sociedades.[23]

A mal disfarçada nostalgia do cronista constrói a ideia de que os antigos Carnavais, pacíficos e até igualitários, ignoravam as regras e hierarquias que sempre comandaram a festa. A tônica está dada na observação de uma mudança geral de sentidos: o que de fato incomodava era o abandono das formas individuais e anárquicas da brincadeira (para as quais a forma personalizada do controle senhorial parecia perfeitamente adequada) em nome da folia coletiva. Assim, o texto evidencia a introdução de um novo elemento de tensão nos festejos carnavalescos, que se tratava de explicar e controlar. Rompida a "pax" de Momo, os diferentes foliões defrontavam-se e disputavam espaço nas ruas.

De um lado, a mascarada luxuosa e organizada das sociedades, tentando impor para a folia um padrão que relegava à condição de plateia a "pinha de povo" — que se aglomerava para vê-los passar, congregando gente diferente e deseducada. De outro a "massa preta" (e pobre) que se aglutinava em torno dos zé-pereiras e outras formas de batuque, apegada às tradições da folia e incapaz de conformar-se ao papel passivo que lhe estava destinado. Nesse momento, alguns intelectuais entregam-se a um movimento de valorização de um tempo perdido de harmonia — mesmo cheirando a velho e pouco civilizado —, em que o entrudo podia ser brincado sem maiores perigos, os mascarados destilavam "espírito" e cada qual conhecia o seu lugar e aceitava seus limites. Irritado, o conservador Carlos de Laet chega a afirmar que, àquele Carnaval tenso e perigoso da década de 1880, gestado pela presença das sociedades e pelo sentido francamente coletivo que imprimiam ao brinquedo, seria preferível o entrudo "franco e brutal" de 1850. Desenvolvendo o tema, ele pergunta:

> [...] Que nos ficou agora na classe dos máscaras avulsos? Ficaram os diabinhos mais ou menos graúdos, isto é, a molecada e a capoeiragem. [...] Não se estranhe,

> portanto, que o poviléu, enfronhando-se na clássica roupa de diabo, oculte na cinta afiada navalha e vá disfarçadamente cortar os intestinos do próximo. [...] Os poderes públicos proclamam a abolição do esguicho. Organizam-se préstitos luxuosos e incita-se a população ao trânsito pelo bairro central. Ah, miséria das misérias! — É o esguicho que as recebe, multiplicando-se por todos os cantos [...]; nuvens de esferoides recheados de líquidos problemáticos cruzam-se no espaço e abatem-se sobre as cartolas assaz ingênuas para acreditarem na eficiência das posturas e proibições policiais [...].[24]

Temos aqui de volta a batalha entre Carnaval e entrudo, exposta em seus múltiplos significados. No fundo, tratava-se a um só tempo de uma decepção e de um profundo dilema. Na década de 1880, as sociedades, com o apoio entusiástico da imprensa, de literatos, intelectuais e homens públicos da Corte, queriam impor ao Carnaval um "programa" — como observara o cronista —, e um programa de caráter eminentemente "civilizador", para a "gente preta" das ruas e para as famílias pouco educadas que, por um dá cá essa palha, retomavam os hábitos do passado. Pretendiam não apenas superar o entrudo, fazê-lo cair no esquecimento em nome do progresso e da elegância de uma cultura europeizada e autorrepresentada como superior às tradições locais, mas dissolver o Carnaval individual dos máscaras avulsos na manifestação coletiva das "ideias" que, segundo a aguda observação de Machado de Assis, ganhavam naqueles três dias o privilégio de andar de carro.[25]

O programa das sociedades era assim substituir a forma individualista e anárquica do Carnaval carioca por uma brincadeira organizada, intelectualizada e comandada do alto dos carros ou dos salões das grandes sociedades e expurgada das impurezas populares, às vezes flagradas no interior de seus próprios préstitos: aos protagonistas das "ideias" caberia apenas dirigir a folia, definir como, onde e quando brincar. Não era outra, como vimos, a razão do mal-estar generalizado nas últimas décadas do século XIX contra o entrudo e as demais pilhérias carnavalescas que o acompanhavam. Agradável nas lembranças de juventude de muitos daqueles que o condenavam na maturidade, o bom e velho entrudo familiar era impensável naquela situação de "mistura" de classes e raças, da promiscuidade social indissociável das multidões heterogêneas que se aglomeravam nas ruas para ver passar os préstitos no centro da cidade. Assim, a alternativa de um Carnaval dirigido do alto dos carros não deixava de trazer novos problemas.

Por outro lado, a própria circunstância histórica marcada pela dissolução do domínio senhorial e pelo sentimento da mudança iminente estimulava os carnavalescos ilustrados das Grandes Sociedades a negar as regras de compartimentação social embutidas no velho entrudo (cuja perda muitos lamentavam em suas incursões nostálgicas pelos Carnavais do passado). "Fora os preconceitos sociais. Para longe as casacas de gala e as batinas jesuíticas; venham os polichinelos, arlequins e os vestidinhos curtos das bacantes",[26] exortavam os carnavalescos antes mesmo que a década de 1880 revelasse seu potencial de tensões sociais e políticas. Tentava-se aí impor a imagem de uma festa que pudesse de fato ser de todos — mesmo que para isso fosse necessário negar à "massa preta" seu direito de aparecer autonomamente no interior da folia. Diferenças de enfoque, de perspectiva e sobretudo de práticas — em especial em relação àquelas dos que se recusavam a assumir o papel de simples e comportada plateia no espetáculo oferecido pelas sociedades — dando origem às batalhas sem confete que marcam a história do Carnaval carioca do período.

A PEDAGOGIA DO CONQUISTADOR

Se se tratava de uma guerra, é necessário identificar os campos opostos, mesmo que suas fronteiras nem sempre pudessem ser delimitadas com nitidez e que cada um deles comportasse diferenças internas que não devem ser negligenciadas. De qualquer forma, um dos lados conservava, nessas batalhas, a simpatia e o apoio quase unânime das autoridades, das elites intelectuais e sociais e da imprensa. As sociedades carnavalescas aparecem na segunda metade do século XIX com uma imagem legitimada por sua origem social e pelo conteúdo letrado de seus préstitos, anunciando que a civilização atingira os domínios de Momo. Seu aparecimento tornou-se um marco universalmente reconhecido na periodização da festa, aceito por toda a imprensa e intelectualidade do período.[27] Identificadas pela parte da sociedade que podia alugar sacadas de sobrados apenas para vê-las passar, como algo capaz de guindar a folia a um patamar enfim civilizado, essas sociedades carnavalescas conseguiram tornar-se amadas também pelo populacho dos bailes públicos, dos cordões e dos cucumbis, pelos mascarados e pelos grupos de sujos das ruas. Marcaram época, embora não tenham "reinaugurado" o Carnaval, e constituem com certeza o mais importante capítulo dessa história de relações perigosas entre os poderes constituídos, as chamadas "classes populares" e as elites intelectuais e políticas em torno daquilo que era normalmente designado como os dias de folia.

As referências são unânimes em relação aos introdutores dessa nova forma, quando o Carnaval ainda não era a principal das festas cariocas.[28] A glória parece mesmo caber a dois grupos que se organizaram em meados da década de 1850: o Congresso das Sumidades Carnavalescas e a Sociedade União Veneziana. Existiram ainda outros conjuntos importantes nas décadas de 1860 e 1870 — como a Bohêmia, os Estudantes de Heidelberg ou os Inimitáveis Carnavalescos,[29] afeitos tanto às ruas como aos salões de bailes públicos, onde costumavam encerrar suas apresentações carnavalescas. Os próprios títulos adotados por essas primeiras agremiações são capazes de revelar o seu "programa": recorrem ostensivamente a símbolos do Carnaval europeu ou a seu caráter socialmente seletivo para configurar uma diferença em relação às brincadeiras habituais dos dias do entrudo. Em sua primeira aparição em 1855, a pioneira entre as sociedades distribuiu ao público um "decreto carnavalesco" cujo primeiro item não deixava dúvida sobre seus propósitos: "Abolição total dos usos carranças do 'defunto entrudo', pela confiscação das formas de limões e seringas anacrônicas que ainda restarem no fundo de algum armário carrunchoso".[30]

Não se buscava aí mais que diferenciação social e ares cosmopolitas diante do entrudo, que ainda constituía a principal referência daqueles dias. Os versos distribuídos pelas Sumidades durante o préstito, reproduzidos pelos jornais, deixavam explícita essa relação:

Limpa a fronte das tintas nojentas,
reina a pompa, Protheo no vestido,
moço alegre, brincão mas polido,
surge o nosso gentil Carnaval.[31]

Era, assim, a própria fronte que se pretendia limpar, difundindo o luxo e a polidez carnavalesca no interior das camadas sociais aptas a frequentar as atividades do grupo. Na verdade, o sentido mais geral presente nessas primeiras sociedades carnavalescas parece mesmo ter residido na intenção de ostentar a condição social elevada de seus participantes, diferenciando-os da plebe que se divertia nas ruas e residências com brincadeiras "grosseiras". Afirmar sua própria distinção social e superioridade cultural era mais importante que o objetivo de substituir o entrudo, extingui-lo e apresentar-se como alternativa exclusiva para a folia. Naquele momento, ao contrário, o esforço diferenciador exigia a presença do outro — o inferior e desigual — como condição de sua autoafirmação. Além disso, o entrudo e suas brincadeiras habituais estavam solidamente incorporados também aos hábitos da folia das classes mais elevadas, não podendo ser abandonados em razão de um simples "decreto". Dessa forma, se a declaração de princípios das Sumidades se iniciava pelo ponto contrário às tradições do entrudo, o "bando" distribuído por ocasião do préstito continha vários momentos em que entrudo e Carnaval pareciam confundir-se, recaindo a condenação sobre as formas "grosseiras" da brincadeira:

Dessa luta selvagem d'entrudo
acabou-se o domínio grosseiro,
o entrudo hoje vem cavalheiro
preencher o seu fim social.[32]

Há aí a ideia de uma continuidade evidente: o Carnaval é o entrudo "cavalheiro" e polido, aquele que prefere a pompa às tintas com que se faziam as práticas rudes da plebe. A morte do entrudo e sua substituição pelo Carnaval só seriam claramente explicitadas nessa primeira aparição dos préstitos carnavalescos em um poema — uma "nênia" — redigido por um de seus participantes, o poeta Laurindo Rabelo.[33] Quanto ao bando das Sumidades, longe do tom belicoso que será assumido algumas décadas mais tarde por suas sucessoras, a guerra era convocada para fins bem mais agradáveis e adequados às mais remotas tradições portuguesas:

[...] *Aguerridos soldados valentes,*
de outra guerra serão generais.
[...] *Levaremos a ferro e fogo*
tudo quanto se possa comer.

Inda mais vendedores de vinho,
licoreiros, ouvi, atentai! [...]
As adegas guardai, que na santa
do entrudo moral, pia e forte,
ser garrafa é um crime de morte,
a quem nunca se outorga perdão.

Frescos fiambres, salsichas, salames,
entrecortes, linguiças e paios,
preparai-vos, que em vós, como raios
cair vamos: não fica nenhum.
Só nos ventres de nós Sumidades
dar-vos-emos seguro descanso,
junto ao pato, a galinha e o ganso,
o leitão, a vitela e o perum.[34]

Quanto às demais agremiações desse período, os dados são mais escassos. As informações de que dispomos indicam que a União Veneziana primava pela forma suntuosa de seus desfiles, que assumiam proporções de verdadeiros acontecimentos mundanos. Como no caso das Sumidades, tinha uma marca "estritamente familiar", que atraía um público menos predisposto às liberdades carnavalescas, estimulando-o a tomar parte nos préstitos — ou pelo menos a mobilizar-se para assistir à sua passagem e aplaudi-la com entusiasmo.[35] Seus estatutos, datados de 1856, estabelecem severas condições para a aceitação de sócios — incluindo a idade, a "reconhecida moralidade" e o emprego lícito. Exigia-se além disso que o associado possuísse família, sem a qual lhe seria vedado o acesso ao salão de bailes. No caso de indivíduos cujas famílias não residissem na Corte — exceção necessária em virtude do grande número de estudantes universitários que participavam desse tipo de folguedo carnavalesco —, era exigido que o sócio se fizesse acompanhar por famílias amigas, como forma de garantir um comportamento "adequado" aos padrões da agremiação.

Estipulava-se ainda a mensalidade de treze mil-réis mensais — o suficiente, na época, para adquirir dois camarotes no prado fluminense para assistir à corrida de touros e mais que suficiente para (já que o objetivo era a pompa ou o luxo) custear o mais caro dos enterros executados pelo serviço funerário da cidade.[36] A Estudantes de Heidelberg, por sua vez, era constituída por muitos acadêmicos, sobretudo de medicina, funcionários públicos e alguns ("poucos, mas de boa colocação", adverte um cronista) empregados no comércio carioca.[37]

A presença deste tipo de gente — estudantes, artistas, boêmios, jornalistas, literatos — configura um padrão consolidado nas décadas seguintes entre as chamadas "Grandes Sociedades" e foi, com certeza, uma constante entre as primeiras agremiações carnavalescas, em especial na pioneira: o Congresso das Sumidades Carnavalescas. Seu primeiro desfile, em 1855, foi iniciativa de "notáveis homens de letras e jovens escritores", como José de Alencar, Manuel Antônio de Almeida, Pinheiro Guimarães, Augusto de Castro, Henrique César Muzzio e Ramón de Azevedo,[38] além de Laurindo Rabelo. Não é estranho, portanto, que, logo após louvar os vinhos e a comilança, o bando das Sumidades se dedique a saudar e alardear "o progresso das luzes, que produz uma festa tão bela".[39]

Alguns deles foram até o imperador para convidá-lo a assistir ao préstito inaugural, conferindo um tom inédito de solenidade à folia, que ganhava cerimonial, roteiro, percurso estabelecido e organização. Tiveram uma origem e uma composição acentuadamente "seleta" e marcada pela presença dos letrados da Corte. Em seus estatutos, a agremiação se autodefine como "a reunião de pessoas de ocupação honesta para fim de festejar o Carnaval pela maneira mais brilhante e luzida que for compatível com os rendimentos da associação" — além de estipular mensalidade e condições para aceitação de associados,[40] e implantar uma forma de organização que adquiria um caráter permanente, atravessando todo o ano.

Suas intenções são explicitadas pela pena de José de Alencar — então, aos 26 anos, um escritor que começava a tornar-se conhecido com as crônicas publicadas em 1855 no *Correio Mercantil*:

> Muitas coisas se preparam este ano para os três dias de Carnaval. Uma sociedade criada o ano passado, e que conta já perto de oitenta sócios, todos pessoas de boa companhia, deve fazer no domingo a sua "grande *promenade*" pelas ruas da cidade. A riqueza e o luxo dos trajes, uma banda de música, as flores [...] hão de tornar interessante esse passeio dos máscaras, o primeiro que se realizará nesta corte com

> toda a ordem e regularidade [...] na tarde de segunda-feira, em vez do passeio pelas ruas da cidade, os máscaras se reunirão no Passeio Público, e aí passarão a tarde, como se passa uma tarde de Carnaval na Itália. [...] Todos os membros da Sociedade são pessoas delicadas e do mais fino trato [...][41]

O surgimento dessas primeiras sociedades, particularmente a Sumidades e a União Veneziana, muitas vezes citadas por suas sucessoras das décadas seguintes,[42] indica o rumo a ser trilhado por outras que lhes seguiram o exemplo. Foi o caso de um grupo famoso na década de 1860 — o Club X, fundado para "festejar o Carnaval". Composto sobretudo de "moços do comércio" — mas não os dos balcões de mercearia —, contava com o número limitado de sessenta sócios,[43] e indicava já um movimento de generalização ou difusão da nova modalidade carnavalesca por outros segmentos sociais, em busca de status ou legitimação. Desse grupo teria se originado a Bohêmia — famosa sociedade que, segundo depoimento de contemporâneos, fora fundada na casa da prostituta Blanche Periquito, evidenciando que o padrão familiar das Sumidades e da União Veneziana havia se modificado para logo incorporar valores da juventude notívaga e intelectualizada.[44]

A minuciosa descrição do primeiro préstito das Sumidades Carnavalescas — encerrado com uma "esplêndida ceia" (podemos imaginá-la com base nos versos glutonamente entrudescos do bando, distribuídos no desfile) ao final do baile do Teatro São Pedro[45] — traz elementos importantes para nossa discussão:

> Os clarins escoceses do regimento dos *highlanders* formavam-lhe a retaguarda, antecedendo o carro do D. Quixote, o cavaleiro da Mancha, que fazia tremular com a galhardia de um herói de Cervantes o pendão admiravelmente trabalhado das Sumidades [...] No meio de bravos e flores, o primeiro grupo de cavaleiros foi um sucesso maravilhoso. Era um grupo histórico reproduzido com tanta propriedade e luxo no trajar, que não há quem o tivesse visto que dele não se recorde deslumbrado. Impossível fora descrever o entusiasmo das multidões![46]

Confirmando a descrição de Alencar — ele mesmo um orgulhoso participante do préstito —, o "decreto" do Congresso das Sumidades estabelecia como um de seus princípios a regeneração total da festa "pelos confeitos, pelas flores, pelos carros triunfais, pelo concurso dos trajes cosmopolitas e heterogêneos de todas as hierarquias e de todas as épocas", o que explica que, soldados na mesma guerra, o regimento dos *highlanders* cavalgasse no Passeio Público carioca lado a lado com o cavaleiro da triste figura.[47] As alegorias e fantasias históricas e literárias que as Sumidades exibiam com orgulho à população carioca não pretendiam ser entendidas pelo público iletrado e alegre das ruas — mas apenas admiradas por sua riqueza, na dimensão do próprio espetáculo.

O núcleo inicial de oitenta a cem associados apresentava-se nas acanhadas ruas do Rio de Janeiro de meados do século XIX como um rico teatro de carros alegóricos, cavaleiros, fantasias luxuosas, imaginação e banda de música. Não traziam carros de crítica (ou "de ideias"), embora dirigissem algo de seu humor para acontecimentos cotidianos,[48] mas ocupavam com os alegóricos muitos metros de rua. Exigiam portanto espaços relativamente amplos para sua apresentação — e capazes de comportar também o público curioso de milhares de pessoas que vinham assistir à novidade. Impunham uma forma processional e estruturada aos festejos de Momo, que exigia um grau elevado de organização para seu desenvolvimento. Organização das próprias agremiações, em primeiro lugar, que — como vimos — trataram de constituir-se como entidades de direito civil, eleger diretorias e definir atribuições, cuidar permanentemente de suas finanças ao longo de todo o ano e divulgar pela imprensa os roteiros e temas de seus préstitos, deliberados em assembleias gerais.[49]

Mas exigiam também uma nova organização da própria cidade para receber tais manifestações de alegria carnavalesca em ruas e logradouros habituados apenas às rotinas cotidianas.[50] Capazes de comportar os máscaras avulsos e favorecer os bombardeios entre janelas com limões de cera, as apertadas ruas do Rio de Janeiro colocavam desde o início dificuldades para os préstitos — com o inconveniente adicional de estes não terem um itinerário prefixado, o que aumentava ainda mais a confusão dos curiosos.[51] Por isso, em sua primeira crônica sobre as Sumidades Carnavalescas, José de Alencar ressalvava com ansiedade que a possível inauguração de uma nova rua moderna e ampla, no ano vindouro, talvez lhes possibilitasse "imitar [...] as belas tardes do corso em Roma".[52] Enquanto isso não se tornava possível — situação que perdurou ainda por muitos anos —, esse tipo de observação se repetirá, dado o aumento constante no volume das sociedades e seus préstitos e do público que, atraído por eles, se dirigia ao centro da cidade.

Luxuosos e pouco voltados para temas populares — desprovidos ainda dos carros de crítica que vão se tornar comuns após a Guerra do Paraguai —, os préstitos carnavalescos funcionavam, no interior da folia, como uma espécie de intervalo nas brincadeiras tradicionais do entrudo. Princeses e diabinhos, velhos e dominós paravam por um instante suas troças, zé-pereiras calavam seus bumbos, cucumbis interrompiam por um instante sua dança para vê-las passar, contemplando o luxo das fantasias e carros alegóricos que enchiam os olhos de admiração. Tais elementos reforçavam simbolicamente o distanciamento e o sentido de hierarquia nos festejos carnavalescos, colocando uns no alto, sobre carros e cavalos, e outros no chão, a quem caberia, em sua pobreza, admirar a ostentação do luxo e da riqueza que desfilava diante de seus olhos encantados. Por esse caminho, as sociedades carnavalescas conseguiram obter muito cedo uma intensa aprovação e interesse entre foliões que pareciam reconhecê-las como mais uma forma de brincar — e não necessariamente como a melhor.

Seja como for, sua popularidade não cessa de crescer à medida que o século XIX se aproxima de seu final, justificando a afirmação entusiasmada de um cronista que, quase quarenta anos depois do primeiro préstito das Sumidades Carnavalescas, afirmava que por suas mãos o Carnaval entrara na cidade "como um conquistador".[53] As décadas seguintes assistiram ao aparecimento de diversas agremiações dessa natureza, e entre elas três — Tenentes do Diabo, Democráticos e Fenianos — vão se destacar como verdadeiros baluartes do Carnaval carioca nos anos de 1870 até o início do século XX.

A mais antiga delas era a famosa Tenentes do Diabo. Nasceu em 1855, no mesmo movimento que deu origem aos fundadores do Carnaval veneziano no Rio de Janeiro, com o nome de Sociedade Euterpe Comercial, também conhecida como os Zuavos Carnavalescos. Aparentemente nascera muito mais com propósitos musicais e pretensões culturais de comerciantes do Rio de Janeiro, antes de tornar-se um grupo folião. Tratava-se de uma agremiação formada apenas por gente abastada do comércio,[54] que vetava o ingresso de novos associados que não dispusessem de muitos contos de réis. Mantinham, como o próprio nome indica, uma banda de música — famosa e de excelência reconhecida em toda a cidade —, livrando-se assim da obrigação de alugar bandas militares, como suas congêneres.[55]

Entre os episódios famosos relacionados a essa sociedade carnavalesca está aquele que deu origem a seu nome definitivo e firmou uma imagem do grupo para a população carioca. Desfilavam os Zuavos pelas ruas centrais da cidade, em 1861, quando irrompeu um forte incêndio em uma farmácia da rua Direita. Fantasiados, os foliões abandonaram os carros alegóricos e os instrumentos musicais, tratando de dar combate ao fogo em auxílio ao corpo de bombeiros. Seu prestígio popular aumentou bastante após tal "demonstração de bravura" — e novos sócios de boa origem procuraram com entusiasmo a sociedade, rebatizada pelo público e depois oficialmente como Sociedade Euterpe Comercial Tenentes do Diabo.[56] Talvez por isso fosse apontada, na década de 1870, como a mais importante e numerosa das sociedades carnavalescas da cidade.[57]

Nesse ponto, convém chamar a atenção para a absoluta predominância de imigrantes no comércio carioca, intimamente associado à origem e à história dos Tenentes e das principais entidades carnavalescas da cidade do Rio de Janeiro: basta consultar os cronistas para constatar uma unanimidade nessa afirmação, muitas vezes avaliada com olhos abertamente preconceituosos. Cabe então a curiosidade sobre a participação carnavalesca desses imigrantes, que parece ter sido intensa a julgar por evidências disponíveis também para as demais sociedades. Que espécie de fascínio o Carnaval — que nos acostumamos a entender como um verdadeiro símbolo nacional brasileiro — poderia exercer sobre ricos negociantes, boa parte dos quais ainda saudosos da terra de origem e com poucas relações com os costumes locais (exceto, talvez, as de vítima, como no caso dos cartolas ou do entrudo), para aqueles que não fossem lusos de nascimento? A origem mercantil e imigrante de elementos centrais das Grandes Sociedades pode ser atestada também por pequenos textos de seus próprios jornais carnavalescos: "[...] Pertencemos à classe comercial, aquela mesma que ainda há pouco tempo o seu colega Chico Ferula apelidava dos 'guarda-livros boçais' em vida ainda da extinta *Folha Nova*. O tempo que dispomos, é pouco para que cultivemos melhor a nossa inteligência embrutecida entre o três vezes nove e a partida dobrada".[58]

Esta era a resposta do jornal carnavalesco a um cronista de *A Semana* que criticara a forma literária e o conteúdo grosseiro e obsceno de textos publicados pelos Democráticos em jornais internos, como o *Ypsilon*. Outras matérias dos muitos jornais carnavalescos nos permitem entrever essa forte presença dos imigrantes do comércio nas Grandes Sociedades. Era hábito dessa imprensa foliona, por exemplo, a publicação de "perfis" dos associados, que, entre brincadeiras, revela muito de suas características pessoais e biografias. Entre eles, são frequentes observações como a que caracteriza um certo "Grog", entre os "Perfis da Caverna" do Club dos Democráticos. Segundo a descrição, "como individualidade moral, Grog representa a soma de suas entidades distintas: do comerciante e do poeta".[59] Para retornar ao campo dos nossos Tenentes do Diabo, podemos citar mais um exemplo tirado de um de seus jornais, no qual um certo Sataniel publica a "biografia do 29 ou Zé Mathias": "[...] É prosador. É poeta. É biógrafo. É velocipedista. É negociante. É artista. É pândego. É elegante. É valente. É belo. É estrangeiro. É bom rapaz. Só nunca conseguiu ser guarda nacional, pela simples razão de se haver esquecido de nascer em Terras de Santa Cruz".[60]

Assim, a significativa presença de comerciantes "que nada têm a ver com as coisas cá da terra", como expressara um irritado chefe de polícia, referindo-se à "diretoria de estrangeiros" dos Tenentes,[61] aparece como um dado importante. Indiretamente, sugere a força e a popularidade alcançadas pelas sociedades carnavalescas. Tal adesão nos permite imaginar que o próprio prestígio alcançado por elas pudesse funcionar como um meio de reconhecimento e legitimação social para imigrantes e comerciantes endinheirados — mas vistos com desdém pelas elites locais, como sugerem comentários como este, publicado em um importante semanário humorístico da corte:

> Um cidadão não votante tomou-se da mania "titular". Depois de um vira e revira alcançou o oficialato do Rosa, por bom preço, 5000$000. Hoje é presidente de uma sociedade carnavalesca, e por isso, e mais pela comenda, exige todos os requisitos inerentes ao primeiro e ao segundo título. Quando um sócio por acaso o trata somente de sr. Presidente o nosso homem esbespinha-se [sic] todo e do alto de seus tacões nacionais, brada: comendador, ouviu? Comendador, se me faz favor.[62]

A busca de destaque social, legitimação e prestígio foi tomada como explicação para a presença desses comerciantes por diversos observadores da época. Olavo Bilac, por exemplo, dedicou toda uma crônica a lembrar-se dos carnavalescos do Rio de Janeiro desse período. Nela, a figura do "negociante rico cuja opinião pesava na praça e cuja firma valia ouro nos bancos" avulta como personagem central nessas agremiações devotadas a Momo:

> Haviam-no feito presidente de uma sociedade de carnavalescos — e era ele quem pagava a baderna, quem sustentava a glória do pavilhão do clube [...] Mas era de vê-lo na terça-feira de Carnaval, no alto do grande carro do estandarte, sob uma montanha de papelão dourado, empunhando o pavilhão do clube, entre quatro meretrizes que lhe formavam a guarda de honra — numa apoteose, ao clamor triunfal das fanfarras, sob a abóbada chamejante dos arcos de luz, ao clarão vermelho dos fogos de bengala! A sua face, nédia e escanhoada, de honrado comerciante — resplandecia ali como a de um Deus![63]

Negociantes e comendadores estavam presentes também na segunda dessas Grandes Sociedades, em ordem cronológica de aparecimento: o Club dos Democráticos. As semelhanças logo começam a vir à tona — pois ela teve origem em um bilhete de loteria premiado com 15 mil contos de réis, no dia 16 de agosto de 1866. Compraram o bilhete em conjunto os membros do grupo dos XX Amantes, grupo de boêmios recrutado integralmente entre comerciantes do Rio de Janeiro. Por decisão coletiva, o dinheiro do prêmio seria despendido na organização de uma sociedade carnavalesca que foi por fim estabelecida na seletíssima esquina das ruas do Carmo e Ouvidor.

O sócio principal, que contribuíra com a maior soma para a aquisição do bilhete, fora o comerciante português José Alves da Silva — emocionadamente homenageado pelos Democráticos em 1917, quando a sociedade completava cinquenta anos de existência: em sua memória, e dos demais fundadores e beneméritos do grupo, a Sociedade desenvolveu seu desfile ao som de fados lusitanos, deixando de lado os maxixes, polcas e corta-jacas de todos os anos.[64] Um outro português, de nome Duarte Félix, foi escolhido pelos Democráticos como presidente perpétuo. Há pequenas referências na bibliografia — infelizmente pouco apoiadas em documentação — de que o nome original do grupo seria "Democráticos Conservadores", talvez uma alusão cheia de ironia à política imperial.[65] O fato é que logo passam a chamar-se apenas Democráticos, nome aparentemente bem pouco adequado aos seus objetivos foliões. De qualquer forma, o fato é que esta parece ter sido a mais "democrática" das sociedades, no que diz respeito a sua composição, já que incorporava pequenos empregados do comércio ou boêmios de origem social menos "recomendável".[66] Ou talvez a referência política do título não seja assim tão inadequada a propósitos carnavalescos, se o compararmos com o de outra das Grandes Sociedades.

Os Fenianos eram portadores de um nome ainda mais inusitado para uma agremiação desse tipo. As indicações disponíveis dizem que a escolha do nome por parte de seus fundadores, em 1869, tomou por referência a rebelião dos irlandeses contra a Coroa inglesa (e, com efeito, o trevo Shamrock chegou a figurar em seu estandarte vermelho e verde). O nome da sociedade carnavalesca faria uma associação direta com essa rebelião de 1865 — e talvez não seja excessivo lembrar a constituição, nos Estados Unidos, de irmandades fenianas formadas por imigrantes irlandeses para apoio direto à luta contra a Inglaterra,[67] pois esta era uma causa tão espalhada por outros lugares do planeta quanto os próprios filhos da Irlanda. De qualquer forma, tal lembrança parece bem estranha, mesmo levando em conta o fato de que a Sociedade era formada sobretudo por letrados, estudantes e jornalistas cariocas do período, gente informada sobre o que se passava no mundo pelos telegramas publicados na imprensa.

Talvez o estranhamento possa ser atenuado pela informação de que a sociedade carnavalesca foi fundada em 1869 em uma reunião na rua da Assembleia, 39 — residência de um certo Mr. Chuck. Tratava-se, ao que parece, de um desgostoso súdito britânico de nacionalidade irlandesa, que importava e comercializava bijuterias, com estabelecimento no Rio de Janeiro[68] — talvez um dos muitos que chegaram ao Rio de Janeiro nas primeiras décadas do século XIX, como relata Joaquim Manuel de Macedo.[69] A presença desse fundador feniano pode explicar a adoção de uma simbologia bem pouco familiar para esse país ao sul do Equador mas que, lida à distância, parece aproximar a luta nacionalista dos irlandeses à "rebeldia" contra todos os impérios e imperadores com a qual jovens acadêmicos cariocas podiam facilmente se identificar.

A presença de Mr. Chuck dá margem a outras perguntas. Trata-se aqui da mesma característica identificada nas duas outras Grandes Sociedades, marcadas pela presença de comerciantes e imigrantes desde a primeira hora de sua organização? É provável que sim. Além de Mr. Chuck, os Fenianos contavam até mais que os Democráticos e Tenentes do Diabo com esse tipo de apoio e participação. Quem assina a convocação publicada na imprensa para a primeira eleição de diretoria dos Fenianos é um certo Luís Berutti.[70] Os comerciantes espanhóis Miguel Cavanelas e sobretudo seu irmão Manoel Barrero Cavanelas, grão-benemérito da Sociedade Espanhola de Beneficência, eram conhecidos financiadores do grupo, que, como suas coirmãs, pôde por muito tempo sustentar de forma independente os préstitos suntuosos que todos os anos levavam às ruas.[71]

Pode-se dizer que essas Grandes Sociedades, que marcaram profundamente a história do Carnaval carioca, consolidaram o movimento de ampliação social em relação àquelas que inauguraram os "préstitos venezianos" na década de 1850: já incorporavam comerciantes endinheirados e mesmo alguns "moços do comércio" em suas atividades, deixando de ser um espaço exclusivo de sumidades bem-nascidas ou bem-falantes. Também por isso, tornaram-se ainda mais populares que suas antecessoras, e a forma logo transformou-se em padrão a ser seguido e imitado. Uma série de sociedades formam-se ao longo das décadas de 1870 e 1880 — em sua maioria para uma existência efêmera, embora divertida. A imprensa tratava de dar destaque à formação de novas agremiações, sobretudo quando estas tinham o perfil que desejavam ver nas ruas: "Acaba de constituir-se uma sociedade que promete pintar a manta durante os três dias da grande folia carnavalesca. Fazem parte dela distintos advogados, médicos, deputados, jornalistas e mesmo dois senadores bem conhecidos, mas cujo incógnito prometemos respeitar".[72]

O Carnaval, de certa forma, invadia a rotina de clubes masculinos — comuns entre as elites cariocas do período[73] — criados para fins não especificamente foliões. É o caso, por exemplo, do Club dos Políticos, fundado em 1877 como um espaço de convivência, com salas de leitura, jogos, danças e palestras, e que em pouco tempo passou a frequentar o noticiário carnavalesco com seus bailes e préstitos.[74] Percorriam assim um caminho inverso ao do Club X, que, nascido carnavalesco, logo abandonou os desfiles e brincadeiras com os quais "comendadores" pagavam seu ingresso no *grand monde*, para tornar-se um clube sério. Os estatutos das Grandes Sociedades carnavalescas não diferem muito do padrão dessas agremiações, exceto pelo fato de declararem expressamente em seus artigos e parágrafos a devoção pelo deus Momo.

O Club dos Democráticos, por exemplo, teve estatutos rediscutidos e aprovados em 1880.[75] Como objetivo da agremiação o texto estabelece apenas a intenção de "proporcionar [...] um recreio honesto e agradável" a seus associados, de número ilimitado mas restrito aos que pudessem dispor de dez mil-réis para o pagamento das joias e mais três mil-réis mensais.[76] Os estatutos estabeleciam que entre os associados não haveria "distinção de nacionalidade" (não fossem seus patronos portugueses!), mas exigia-se de qualquer pretendente "ocupação honesta" e "conduta averiguada" pela diretoria. A despeito da específica destinação carnavalesca da agremiação, no entanto, a sociedade também oferecia a seus membros atividades permanentes: "reuniões diárias para leitura de jornais, palestras e mais divertimentos lícitos", além dos "bailes e passeios nos dias que forem previamente designados pela diretoria", visando "solenizar o Carnaval como deliberar a assembleia geral" — uma das três anuais, realizada sempre dois meses antes da festa.

A atividade permanente, semelhante à dos clubes e salões que proliferavam no Rio de Janeiro da *belle époque*, era também característica de Fenianos e Tenentes do Diabo — cujos anúncios na imprensa incluem por vezes dados, por exemplo, sobre o movimento de sua biblioteca. Através deles podemos saber que, no mês de janeiro de 1881, 111 volumes foram retirados para leitura, 78 foram devolvidos e 117 foram doados — o que revela um movimento bastante intenso para uma agremiação carnavalesca, fornecendo novos indícios quanto ao perfil de seu quadro social.[77] Para garantir essa estrutura, os clubes mantinham empregados fixos, sedes organizadas e abertas durante todo o ano para atender os seus sócios efetivos ou honorários — entre os quais se destacavam literatos, homens de imprensa ou mesmo gente da alta política.

Sua organização comportava a existência de grupos internos — "Cometas", "Ventarolas", "Girondinos" e muitos outros[78] — e o envolvimento em campanhas de natureza política ou de caridade.[79] A associação dessas duas facetas constitui uma das chaves importantes para compreender a própria popularidade dessas agremiações e confere às mesmas um determinado perfil político em que o radicalismo verbal estava associado à disposição de introduzir os excluídos sempre pela "porta dos fundos". Um exemplo sugestivo pode ser encontrado no Carnaval de 1872: enquanto esmolavam durante o préstito, movidos por uma "ideia caridosa" voltada para a parcela mais pobre da população carioca, os Fenianos — a mais radical das sociedades em termos políticos —

20. *Angelo Agostini, "Carnaval de 1881" (detalhe),* Revista Illustrada, *1881.*
A distribuição de jornais carnavalescos era um dos elementos dos préstitos das Grandes Sociedades.

exibiam um carro de crítica à Comuna de Paris no qual a coluna de Vêndome, destruída, simbolizava a barbárie e o "furor comunista".[80]

Evidentemente, a existência das sociedades foi marcada por uma intensa rivalidade, derivada da disputa pela primazia carnavalesca.[81] Cada agremiação mantinha, além disso, uma imprensa própria — às vezes vinculada a algum de seus grupos internos —, e nela podemos encontrar muitos títulos de jornais preparados especialmente para distribuição durante os préstitos carnavalescos.[82] A característica básica desses jornais era sua incrível licenciosidade verbal, associada à jocosidade empolada que marca o tipo de humor carnavalesco dessas agremiações, além de um ou outro texto de sentido político mais direto.[83] Circulavam internamente, entre os sócios, ou eram distribuídos ao público durante a passagem dos préstitos nas ruas, como complemento ou explicação de suas críticas e alusões muitas vezes obscuras para a assistência. Contavam também, entre seus redatores, com nomes conhecidos e prestigiados do jornalismo e das letras, em geral escondidos sob pseudônimos mas, por vezes, identificados pelos seus pares na grande imprensa.

A intensa popularidade que alcançaram estava em boa medida relaciona-

21. *O Mequetrefe, 1883.*

da à ativa participação e ao apoio recebidos por jornalistas e literatos, cujo prestígio conferia, no período, legitimidade e lustro a toda e qualquer atividade social. A imprensa está repleta de pequenas notícias que informam sobre tais relações. Em 1887, como em muitos outros momentos, os Democráticos encerraram um de seus bailes carnavalescos oferecendo uma "lauta ceia" à imprensa,[84] prática habitual no cultivo de boas relações entre carnavalescos e intelectuais. O interesse destes últimos pelo Carnaval, no entanto, era mais que teórico ou acadêmico: nos dias de festa chegava mesmo a acontecer que colunas ou ilustrações deixassem de ser publicadas pela circunstância de seus autores se entregarem "aos braços da folia",[85] como revela o autorretrato que um ilustrador fez publicar na capa de um dos mais importantes jornais satíricos da cidade, em uma quarta-feira de Cinzas.

Jornais e obras literárias do período estão repletos de referências à ativa participação de literatos e jornalistas nas Grandes Sociedades carnavalescas. O tenente Filinto de Almeida, Olavo Bilac e Guimarães Passos — autores consagrados de *puffs* carnavalescos de Fenianos e Democráticos —, Bastos Tigre[86] e Augusto Fábregas, também Democráticos, entre outros,[87] foram figuras importantes na configuração do Carnaval das sociedades no final do século XIX e início do século XX. A naturalidade com que tal participação era encarada pode ser entrevista em um trecho do romance memorialístico *A conquista*, de Coelho Neto — outro ativo participante e incentivador das agremiações folionas. O trecho trata de um diálogo entre Fortunio (Guimarães Passos) e o autor. Convidado por este para jantar, Fortunio recusa o convite em nome de outro compromisso importante já assumido. "É caso de amor?", pergunta o amigo, curioso. "Não, qual amor... Não tenho tempo para essas coisas", responde-lhe o literato, "vou jantar com um carnavalesco que me pediu um *puff*." "Ah, bem...", é a observação final do amigo, já desinteressado dos significados de uma atividade tão rotineira para ele e seu grupo.[88]

Além de literatos, também cenógrafos, artistas plásticos, atores e atrizes consagrados nos palcos da cidade mantinham ativa participação na montagem dos préstitos das Grandes Sociedades.[89] Essa presença concentrada de artistas e intelectuais parecia justificar, aos seus próprios olhos, a importância "civilizatória" que lhes atribuía um papel fortemente pedagógico em face do Carnaval grosseiro do passado e das classes populares: "[...] cabe-nos a glória de ter sido sempre os primeiros no torneio do espírito, mas do espírito fino, e não desse espírito grosseiro e canalha que inebria as crioulas baianas e comove as pretas mina",[90] alardeava o Club dos Democráticos, demarcando mais uma vez as diferenças e fazendo coro aos *puffs* e anúncios publicados todos os anos na grande imprensa pelas suas congêneres. O luxo e o espírito eram as bandeiras que, na concepção desses carnavalescos "de primeira classe", eram capazes de opô-los ao Carnaval do "zé-povinho"[91] para guindá-lo pelo exemplo a um novo patamar de civilidade e urbanidade modernas.[92] Tal pretensão pedagógica, no entanto, pode soar um tanto cômica diante do depoimento de Calixto Cordeiro, um famoso desenhista que trabalhou por longo período como cenógrafo dos Tenentes do Diabo: "Isso de arte em préstitos carnavalescos é uma história. [...] Arte não pode haver, tanto mais que o que mais agrada ao nosso povo são os sóis, as luas, as estrelas, as colunas de templos que giram [...] Para mim o Carnaval deveria ter outra feição [...] Isso de reconstituições históricas, com templos egípcios e pagodes chineses, é bonito, sem dúvida, mas é impróprio [...] Entretanto não posso agir de acordo com minha maneira de ver".[93]

Datada do início do século XX, a entrevista permanece no entanto sugestiva para iluminar alguns aspectos das complicadas relações entre intelectualidade e Carnaval em décadas anteriores. Primeiro, por revelar uma concepção bastante elitista de arte — a das "belas-artes", inadequada para as ruas, para a qual carros alegóricos montados com base em uma estética padronizada e estereotipada eram considerados os mais eficazes para atrair o apoio e a atenção popular. Há, entretanto, um padrão seguido pelas sociedades durante décadas em seus carros alegóricos, inaugurado desde os primeiros "passeios" do Congresso das Sumidades. Além disso, a entrevista revela como o objetivo principal buscado pelas sociedades carnavalescas em seus préstitos era "popularizar" ideias e representações, realizando um préstito capaz de encher os olhos daqueles homens e mulheres que não estariam aptos a entender a "verdadeira arte", aficionados dos "sóis e luas" que tanto desgosto traziam ao artista: ele é que estava a serviço do Carnaval, e não o Carnaval a serviço da arte...

Da mesma forma, Bilac ou Filinto de Almeida decerto viam como produtos pouco importantes os versos e as ideias que produziam para os desfiles e, mesmo assim, mantinham constante presença nessas tarefas, obedecendo a um duplo registro da diversão e do dever... A diversão é fácil de entender: tratava-se sempre de poemas humorísticos, cuja feitura provavelmente provocava boas gargalhadas entre os autores e seus companheiros de roda literária, nas confeitarias e cafés da cidade. Aliás, no espaço carnavalesco, comerciantes também "versejavam", e a literatura parecia a todos menos comprometida e mais democrática — como sugerem os "perfis" publicados nos jornais das sociedades que vimos páginas atrás. O dever, no entanto, obedece a uma lógica mais complexa, cujo sentido só pode ser recuperado se atentarmos para a torrente histórica na qual artistas, literatos, jornalistas, políticos e carnavalescos, encarapitados em carros alegóricos (ou, por sua vez, negros vestidos de índios ou diabos que evoluíam no chão), estavam se afogando.

O CAMPO DE BATALHA

Os anos que cercam a abolição do trabalho escravo constituem um tempo central para a redefinição das regras de convivência social em um sentido muito particular: ao mesmo tempo que setores das elites urbanas se empenhavam cada vez mais nas causas abolicionistas, com suas variadas vertentes políticas,[94] crescia seu temor pelo dia seguinte. Para transformar escravos, seres que consideravam degradados pelo cativeiro, em cidadãos — e era disso que, afinal, se tratava —, parecia imprescindível torná-los "dignos" dessa nova condição e adequados às suas normas. Caso contrário, já que cruzamos tanto com literatos ao longo destas páginas, julgavam que a emenda poderia bem sair pior que o soneto...

Nesse caso, por um lado lutava-se pela abolição, com os olhos no progresso. Por outro, tentava-se configurar e educar o povo inculto e bárbaro, redefinir a cidade e o cidadão, desenhar no país novas identidades — já que as anteriores tendiam rapidamente ao rompimento. Tratava-se, em outras palavras, de criar um país moderno — uma nação livre das divisões irreconciliáveis da dominação senhorial. Para isso, parecia necessário engendrar também o povo que a habitaria, e moldá-lo à imagem e semelhança de Deus, mesmo que fosse apenas o deus Momo que abençoava os Carnavais em que se pugnava pela civilização. Assim, parecia fundamental conquistar sua adesão e seu aplauso, dirigi-lo em suas preferências e seus comportamentos, ensinar-lhe ideias e símbolos, inventando tradições — mesmo à custa de "sóis e luas" ou outros artifícios utilizados na conquista da popularidade.

Indo às ruas, o Carnaval das Grandes Sociedades já tinha predefinido o seu público: aqueles "negros e mulatos de ambos os sexos que tomam parte nos cortejos espalhafatosos e desinteressantes, nas danças e brincadeiras [...]",[95] a que se referiu em 1885 um viajante espantado diante do espetáculo oferecido pelas ruas no Carnaval carioca. Misturados às famílias que se apertavam nas ruas para ver passar os préstitos, eles constituíam o "outro" em uma disputa que, para alguns cronistas, parecia pouco compensadora já em meados da década de 1880:

> [...] pais de família igualmente morigerados e pacatos vinham para a rua do Ouvidor às duas horas da tarde, no firme propósito de obterem uma boa colocação para suas filhas e suas sobrinhas [...] Sabiam de antemão que as meninas [...] teriam de voltar para casa molhadas até a espinha; que o divertimento proporcionado pelas sociedades em um quarto de hora de passagem não compensava as seis ou oito horas de molhadelas, de apertões, de provocações e de disputa [...].[96]

A presença da multidão heterogênea atesta, por si só, a intensa aprovação e o inegável sucesso das agremiações carnavalescas. Tendo uma origem social claramente excludente, as Grandes Sociedades acabaram constituindo uma das formas importantes de brincar o Carnaval para o conjunto da população carioca. No início suas sedes concentravam-se no centro da cidade, em especial na freguesia de Sacramento — que era também local de teatros, de cafés-concerto de animada vida noturna e também de alguns prostíbulos elegantes e seletos. Difundiram-se depois para bairros mais distantes, espalhando-se também pelos subúrbios e arrabaldes, para se tornarem uma brincadeira quase generalizada no Carnaval.

> [...] Um dia veio, não Malherbe, mas o Carnaval, e deu à arte da loucura uma nova feição. A alta-roda acudiu de pronto; organizaram-se sociedades, cujos nomes e gastos ainda esta semana foram lembrados por um colaborador da *Gazeta*. Toda a fina flor da capital entrou na dança. Os personagens históricos e os vestuários pitorescos, um doge, um mosqueteiro [...] tudo ressurgia às mãos dos alfaiates, à força de dinheiro. Pegou o gosto das sociedades, as que morriam eram substituídas, com vária sorte, mas com igual animação. Naturalmente, o sufrágio universal, que penetra em todas as instituições deste século, alargou as proporções do Carnaval, e as sociedades multiplicaram-se, como os homens. O gosto carnavalesco invadiu todos os espíritos, todos os bolsos, todas as ruas.[97]

A cidade assistiu, desde a década de 1870 mas sobretudo nas de 1880 e 1890, ao aparecimento de novas agremiações que se espelhavam diretamente na "tríade" do Carnaval carioca — como os Pingas Carnavalescos, do Engenho de Dentro[98] ou os Progressistas da Cidade Nova, com sede na praça Onze[99] —, que mantiveram por muito tempo posição bastante destacada entre as sociedades. A presença desses grupos, surgidos em espaços sociais distantes do padrão "elegante" buscado pelos adeptos dos "préstitos venezianos", quebrava a regra que os associava à área nobre do centro da cidade. De certa forma, ela indica o sucesso do esforço pedagógico dos "conquistadores" do Carnaval: ainda que essas novas sociedades não fossem frequentadas apenas pelos trabalhadores pobres e outros membros da ralé, elas compreendiam uma certa elite suburbana que estava muito longe de gozar de uma imagem "civilizada" e europeizada, como os bravos rapazes dos Tenentes, Democráticos e Fenianos. De qualquer forma, o próprio sucesso, paradoxalmente, introduz nos festejos de Momo um indisfarçável mal-estar: "Um dia, a Cidade Nova sentiu-se morder-

-lhe a consciência, de não ter também a sua sociedade carnavalesca; e mordeu-se tão firmemente, que em certa manhã os jornais deram a notícia que a Cidade Nova ia em 'progresso' [...] Pensavam vocês todos que a Cidade Nova também não é gente? [...]".[100]

A despeito do esforço de alguns habitantes da parte mais pobre da cidade em parecer "gente", adotando a forma de brincadeira pela qual pugnavam as Grandes Sociedades, o cronista parece relutante em aceitar tal condição para eventuais progressistas que habitassem aquela área suspeita. O esforço de diferenciação, concentrado no início da década de 1880 nas brincadeiras do "entrudo" e do "Carnaval", começava a estender-se para o universo das próprias agremiações carnavalescas. Para uma parcela dos críticos, em meados da década, a presença dessas novas sociedades significava que o próprio Carnaval encontrava sua época de decadência: multidões de negros e mulatos e préstitos suburbanos sem "espírito" ou luxo pareciam algo muito distante do ideal civilizador que algum tempo atrás levara às ruas a "fina flor" da capital. Se o aparecimento de novas sociedades pelos bairros menos aristocráticos era o bem-vindo resultado da pedagogia carnavalesca, parcela considerável da imprensa não deixava de manifestar certa dose de mal-estar em relação à difusão do seu modelo carnavalesco.

Com a multiplicação dos préstitos e o crescente calor das multidões que se aglomeravam nas apertadas ruas do centro carioca, o Carnaval acabou por tornar-se cada vez mais um foco de tensões, em um processo que já era perceptível na segunda metade da década de 1870. "É realmente de um efeito admirável o aspecto da cidade nesses dias. Ninguém que mora longe fica em casa. Os bondes enchem-se a não poder mais, e como que semelhando diversos rios correndo em diversos sentidos vêm desaguar todos num só ponto no centro da cidade.[...] Nas ruas é o povo que ora se move como as ondas do oceano, ora se aglomera como as lavas de um vulcão.[101]

A metáfora da natureza — rios, oceanos e vulcões na clássica forma de representação da cidade — é bastante forte para dar conta de uma sensação generalizada de espanto e temor diante de uma multidão que crescia a cada Carnaval, inundando as ruas centrais da então pacata cidade do Rio de Janeiro. O mal-estar estará mais explicitado dez anos depois, em crônicas e noticiários da imprensa.

> Os préstitos [...] são muito desfavorecidos pelas condições especiais das ruas da cidade baixa. É incrível como por vielas estreitas conseguem passar uns carros enormes, que com os topos atingem os arcos iluminados a gás. Assim, não raro sucedem lastimosos desastres [...] É destarte que nos divertimos nesses dias de universal regozijo. Onde está o debique fino e espirituoso no meio de semelhante alarido? Como achar a pilhéria que belisca sem ferir, quando, em tão desconcertada confusão, cada qual apenas trata de assegurar a família, se é que imprudente a levou para aí [...] No dia imediato a imprensa diária faz o rol dos feridos e tece elogios à polícia [...] Se não houve morticínio em grande escala, entende-se que andou bem o serviço policial [...]; e, em verdade, muito não se pode exigir, quando tantos elementos avultam perturbadores da ordem e da moralidade.[102]

A configuração física da cidade aparecia assim como um dos obstáculos ao projeto de fazer do Carnaval uma vitrine de civilização e um momento de educar a população. Descrevendo a cidade no final do século XIX, Luiz Edmundo observava que ela era "um miserável povoado, sem grandes hotéis de luxo [...] sem conforto e sem *chic*", "cidade de comendadores analfabetos, burgo comercial estrangeirado e podre, desagradável ao olfato, onde vicejam apenas velhas e prosaicas tradições com as quais os espíritos de certa distinção vivem em desacordo, quando não vivem em luta a mais aberta e acesa".[103] Se comendadores, afinal, podiam se refinar nas Grandes Sociedades carnavalescas, no contato com homens não tão ricos nos bolsos, mas nas "ideias" ou no "espírito", as dimensões acanhadas da corte tornavam as ruas pequenas para a monumentalidade buscada nos desfiles. Pior que isso, elas potencializavam o desconforto dos "espíritos de certa distinção" com a convivência forçada com a "densa multidão"[104] que se deslocava animada para as estreitas ruas do centro.

Todas as referências são unânimes ao avaliar as dimensões inusitadas das multidões que se comprimiam nas ruas durante os dias de Carnaval, como observava Machado de Assis, dando conta do fenômeno que tanto incomodava seus contemporâneos.[105]

> Posto que eu não visse com esses olhos, dizem os jornais e dizem meus amigos que nunca houve tanta gente na cidade como esta terça-feira última. Trezentas mil pessoas? Quatrocentas mil? Divergem os cálculos, mas todos estão de acordo que a multidão foi enorme. Os episódios que se contam, os milagres de equilíbrio

> e de paciência que tiveram de operar os concorrentes dos arrabaldes e dos subúrbios para alcançar e conquistar um lugar nos veículos são realmente dignos de memória.[106]

Assim, os poderes públicos viam-se atabalhoados pelas múltiplas tarefas de manter um mínimo de organização da cidade em meio aos "dias de loucura". Problemas como garantir a feérica iluminação a gás (cuja introdução na cidade coincidiu com a data de surgimento do Congresso das Sumidades Carnavalescas)[107] nas principais ruas da cidade ou reestruturar o sistema de transportes coletivos para permitir o deslocamento de grandes massas humanas ocupavam todas as atenções nos meses anteriores à folia. Mudança nos trajetos e pontos de parada, colocação de bondes extras em diversos percursos, alteração nas paradas de tílburis, carros e diligências e nos horários de trens de subúrbio. Negociar com companhias de transporte e sociedades carnavalescas os respectivos itinerários e pontos de parada e concentração, para evitar confusões, era, com certeza, uma tarefa complexa.[108]

Da mesma forma, era difícil a montagem dos esquemas de policiamento em face de uma multidão que parecia aos agentes da ordem uma ameaça permanente, sintetizada nas metáforas naturais — oceanos e vulcões humanos — ou raciais, no pavor da "pinha de povo preto". Em meio ao pânico diante da multidão desordeira, o chefe de polícia ordenava comicamente a seus subordinados que, ainda que dando "preferência aos meios suasórios", não permitissem que em ponto algum da cidade se "formem e estacionem grupos que possam embaraçá-la", explicando que tal providência (em todo caso, inútil como aquelas que a cada ano proibiam o entrudo) "muito contribuirá para a boa ordem nas ruas e segurança dos transeuntes, o que dificilmente se obtém quando há aglomeração de povo".[109] "A polícia não chega para tanto serviço [...] Para ajudá-la descem de bordo os marinheiros da armada de guerra que fazem ronda no centro. Rondam, também, soldados do Exército. Por vezes, há conflitos entre marinheiros e soldados",[110] relata Luiz Edmundo, dando conta do esforço empreendido para controlar a multidão de foliões — que, por vezes, incluía também a mobilização dos soldados do corpo de bombeiros para a vigilância diuturna das ruas.[111] Mais do que o reforço dos contingentes, o policiamento era reestruturado nesses dias, adotando-se uma nova subdivisão da cidade e atribuindo-se responsabilidade direta a subordinados para controlar pequenos trechos urbanos — às vezes ruas e quarteirões.[112]

Nenhuma coincidência no fato de que era também este — ruas e quarteirões — o critério pelo qual a população da cidade se organizava para preparar os festejos de Momo, em um impressionante esforço de mobilização. Desde pelo menos os primeiros anos da década de 1880, a imprensa e a documentação oficial do município do Rio de Janeiro evidenciam uma azáfama singular em diferentes partes da cidade, envolvendo segmentos sociais e bairros ou freguesias totalmente diversos: "A Comissão abaixo assinada, desejando enfeitar a rua da Quitanda entre as do Ouvidor e do Hospício, colocando postes para arcos de folhagem, bandeiras e iluminação *a giorno*, isto durante os três dias de Carnaval, precisam que [...] lhes concedam a competente licença e para isso pedem deferimento".[113] Esta era a solicitação, semelhante a dúzias de outras no mesmo ano, da comissão de festejos de um elegante trecho da cidade — aquele mais frequentado pelas Grandes Sociedades e onde o Carnaval costumava ser mais animado.[114] Em geral, nesses casos, as comissões de festejos eram formadas por abonados comerciantes das partes nobres da cidade, mas a prática era seguida também em regiões mais pobres e afastadas. Em 1882, por exemplo, os moradores do quarteirão da rua das Violas, entre as ruas da Conceição e da Vala, indicaram os membros de sua comissão de festejos — que um jornalista anônimo pretendeu ironizar ao designar como "distintos senhores": João Dias, barbeiro; Barros Careca, do armarinho; Periquito, também barbeiro; Chico, da casa de pasto e, enfim, um certo Casca Grossa, de profissão não declarada.[115]

Quais as funções e sentidos dessa organização tão espontânea quanto transitória da população urbana a partir de ruas e quarteirões? Em primeiro lugar, enfeitar as ruas, estimulando a passagem de préstitos e mascarados, concentrando as manifestações de Momo (e atraindo lucro certo para confeitarias, cafés, restaurantes e hotéis do centro da cidade, que se desdobravam para atender a multidão curiosa e encalorada que se concentrava no centro durante os dias de Carnaval). Assim, de maneira geral, as comissões de festejos do centro da cidade dedicam-se a promover a decoração cada vez mais sofisticada das ruas com arcos, "iluminação *a giorno*" capaz de multiplicar o brilho dos préstitos, flores e guirlandas, colchas nas sacadas, instalação de coretos e todo tipo de parafernália destinada a abrilhantar o Carnaval e atrair o público.[116] Frequentemente tais comissões faziam publicar nos jornais apelos para que as sociedades passassem pelos seus respectivos quarteirões, enfeitados e preparados para brilhar nos dias da folia.[117]

Mas parecem também ter sido destinadas, em certas circunstâncias, a promover de forma direta a folia em uma escala mais doméstica e familiar — como parece ser o caso do grupo formado por João, Careca, Periquito, Chico e Casca Grossa: vamos encontrar ainda na década de 1880 comissões desse tipo envergando estandartes próprios e fazendo-se acompanhar de fornidas bandas de música em desfile pelas ruas ou em visitas de saudação aos diferentes jornais,[118] festejando não o comércio, mas a pura brincadeira. No entanto, podemos encontrá-los também promovendo a crítica política na forma de ornamentar as ruas, assumindo uma prática que se tornava predominante no Carnaval das últimas décadas da Monarquia, com base no exemplo das Grandes Sociedades.[119]

Outras formas de comércio e de negócios também se animavam com a proximidade dos dias de Momo. Artigos carnavalescos, aluguel (a peso de ouro) de janelas e sacadas na rua do Ouvidor, que funcionavam como camarotes para assistir à passagem dos foliões, e até mesmo o surgimento de música especificamente carnavalesca. Nesse caso, as partituras eram vendidas nas casas do ramo: em 1881, por exemplo, a imprensa anunciava a polca "A bisnaga", de Ayres Borges, escrita para o Carnaval daquele ano e que seria executada pelas bandas das mais "distintas sociedades carnavalescas".[120] Por sua vez, as revistas de ano — prato de resistência das produções teatrais locais — incorporavam-se ao clima geral de preparação carnavalesca:

> Como para o entusiasmo preparatório das jornadas de Momo, a boa disposição geral tem se manifestado na aceitação mantida das revistas de ano. As revistas de ano são ainda prólogos do Carnaval. Compõem-se exatamente de uma mistura em partes iguais de Carnaval e literatura. Como, porém, a parte carnavalesca é a mais aparente, o resultado é como se fosse por dois terços de mascarada, ou mesmo mais. Por isso tudo, muito ao sabor do público,[121]

observava Raul Pompeia, estabelecendo uma complicada contabilidade do gosto popular e da arte literária.

Contabilidade difícil era também a das sociedades carnavalescas, que passavam todo o ano a recolher dinheiro capaz de financiar seus préstitos. Também nesse aspecto, as diferenças entre elas são visíveis: a suburbana Pingas Carnavalescos, por exemplo, desde 1876 reclamava em seus anúncios a falta de recursos para custear os desfiles;[122] enquanto isso, a própria imprensa avaliava que as três Grandes Sociedades haviam gastado conjuntamente mais de trezentos contos de réis no Carnaval de 1881, dinheiro que parecia não faltar em seus recheados cofres até o início do século XX.[123]

O GRANDE VINGADOR E SUAS MUSAS

O enorme esforço de organizar o Carnaval — que envolvia os membros das mais diferentes sociedades, as comissões de festejos de quarteirões ou ruas, o investimento comercial, os poderes públicos e as companhias de transporte, os espetáculos do teatro de revista, os compositores e editores musicais — justificava-se apenas pela imensa popularidade da festa, que parecia encontrar seu ponto culminante, segundo a óptica dos jornais e das próprias sociedades, no desfile dos préstitos na terça-feira.

> O grande desfile começava na estreita rua do Ouvidor, cerca das cinco horas da tarde, e levava duas horas passando por certo ponto. Naturalmente, era um cortejo convencional — banda militar, damas e cavalheiros do século XVII, grandes plataformas com figuras de *papier mâché* caricaturizando recentes fatos políticos e seus participantes, alusões de natureza local, todos os tipos e condições de deusas, carruagens repletas de foliões, atrizes de revista em roupas muito justas etc. As plataformas com representações de acontecimentos locais recentes eram recebidas com ruidosas gargalhadas pela bem-humorada multidão [...] Enormes multidões que o haviam visto num ponto corriam para outro, onde se postavam para vê-lo de novo. O interesse parecia não diminuir, como não diminuía a vivacidade dos que tomavam parte no cortejo.[124]

Como todas as descrições da época, esta, produzida por Frank Vincent em sua passagem pela capital do Império brasileiro durante o Carnaval de 1885, retoma o aspecto impressionante da multidão que ganhava as ruas nos dias da folia. Vista de perto, no entanto, ela não era constituída por simples curiosos, mas também por inflamadas torcidas que tomavam o partido de uma ou outra sociedade e se mostravam dispostas a acompanhá-las ao longo do trajeto (daí, por certo, o interesse do comércio na passagem das sociedades). Os partidários das sociedades carnavalescas estavam por toda parte: encastelavam-se nas colunas da imprensa diária,[125] invadiam as casas de "boas famílias" — como retratou Artur de Azevedo em um dos seus pequenos textos teatrais sobre um certo sr. Beltrão, que, recebendo no gabinete de sua casa um conhecido, estava em pouco tempo aos gritos com o visitante. Preocupadas, a mulher e a filha do sr. Beltrão julgaram tratar-se de uma briga envolvendo negócios ou política, e das boas, posto que acabou em xingamentos e pancadaria. Ao final da cena, expulso o visitante, o sr. Beltrão, ainda furioso, explicou à família os motivos da desavença: divergiam sobre qual havia sido a melhor sociedade a desfilar naquele Carnaval.[126]

Tal debate, no entanto, não frequentava apenas a esfera privada ou o recesso dos "melhores" lares: todos os anos, a partir da segunda metade da década de 1880, a imprensa promoveu concorridas votações diretas entre seus variados leitores para decidir qual das três Grandes Sociedades havia sido, afinal, a melhor, provocando intensa polêmica na cidade.[127] O entusiasmo pelas sociedades penetrou também em ambientes sociais menos habituados à palavra escrita, como evidenciam os constantes conflitos de rua entre seus simpatizantes, que despertavam irônicos comentários na imprensa: "[...] E o povo, que saiu de casa naqueles três dias, especialmente para divertir-se, para esquecer um pouco as misérias que sofre, voltou para o lar com o nariz esborrachado, a cabeça quebrada ou um braço partido. E tudo isso por que? Por amor de duas sociedades, das quais ele não é sócio, e com as quais nada tem absolutamente".[128]

Pequenas notas nas colunas policiais deixam entrever, ademais, que o debate frequentava as estalagens e esquentava as brigas de casais, que, sem nenhum "espírito" — como diriam carnavalescos de então —, se exaltavam até a violência física ou se altercavam em altos brados pelas ruas da cidade. São comuns, entre as pequenas notas policiais que relatam episódios de pouca importância e escasso interesse — por cotidianos e rotineiros —, informações que revelam a intensa popularidade das Grandes Sociedades entre os trabalhadores pobres da cidade. "Na praça da República José Tarejo questionou com a mulher sobre qual das sociedades carnavalescas tinha exibido melhor préstito, e, como meio de chegar a acordo, vibrou-lhe uma canivetada. Depois, foi apurar as opiniões com os hóspedes da detenção."[129] Prestígio que as inúmeras referências não permitem pôr em dúvida, portanto. Todavia, suas razões não parecem tão evidentes — pois, como vimos, as sociedades carnavalescas entrincheiravam-se no Carnaval de rua com o programa explícito de combater e extinguir as formas tradicionais das brincadeiras dos dias do entrudo, amadas e praticadas por quase todos os pobres da cidade. Assim, é necessário refletir um pouco sobre as relações entre sociedades carnavalescas de ricos e brancos — ou em busca de um status que as aproximasse desse padrão — e esse público entusiasta que as aplaudia em delírio pelas ruas, criando para o Carnaval a falsa imagem de uma festa igualitária e homogênea.

Uma das principais razões dessa intensa popularidade nas últimas décadas do século XIX decerto está em uma novidade introduzida nos préstitos logo após a Guerra do Paraguai.[130] Nesse período, o antigo hábito das "alusões" carnavalescas adquiriu uma densidade sem precedentes, tornando os préstitos tão vivos e engraçados para os contemporâneos quanto estranhos para nós, mais de um século distantes dos episódios políticos, das polêmicas e dos costumes de época, discutidos nos préstitos a cada Carnaval. Os carros de crítica, ou "de ideias", passaram a aparecer nas ruas, entremeados aos ricos carros alegóricos que marcavam os desfiles das primeiras agremiações — como as Sumidades Carnavalescas ou a União Veneziana. "O carro alegórico, por mais que os organizadores de préstitos o quisessem variar, era como é — no fundo, sempre a mesma coisa, objeto só para os olhos. O carro de crítica fazia o povo rir recordando, levando-lhe a alma e a memória um pouco

22. *Angelo Agostini, "O Carnaval de 1883 visto através da chuva" (detalhe),* O Mequetrefe, *1883.*

mais adiante. Tudo dependia do espírito, da mordacidade, do grosso ou do fino da sátira [...]",[131]descrevia na década de 1920 um cronista já ancião, ao recordar os Carnavais de sua juventude. Tal percepção é reforçada por muitas das mensagens que as próprias sociedades carnavalescas faziam publicar a cada ano. Para os Democráticos, por exemplo, o Carnaval da década de 1880 era anunciado como "[...] a crítica viva dos acontecimentos! A Têmis moderna! O grande vingador!".[132]

Assim, imbuídos do velho espírito de porta-vozes, as sociedades carnavalescas pretenderam amplificar aquelas que consideravam as grandes causas políticas do período. Não pareciam dispostos, é claro, a considerar como sujeitos ou como iguais aquelas hordas bárbaras e incômodas que congestionavam as ruas, mas pretendiam falar em nome delas, traduzindo anseios e interpretando necessidades ao mesmo tempo que promoviam sua educação e seu refinamento, visando a uma liberdade sempre protelada. Por isso, a mais importante dessas grandes causas, sem dúvida, era a abolição do trabalho escravo, na qual se empenhavam políticos, homens de letras, advogados e acadêmicos, e cuja discussão, na década de 1880, dava margem a diferentes propostas e a um acirrado debate, que parecia ausente da unanimidade da folia. Desde muito cedo, as sociedades carnavalescas associaram sua imagem à propaganda abolicionista, em um esforço que evidentemente ganhou corpo nessa década, para tornar-se uma verdadeira marca registrada dos préstitos e das atividades dessas agremiações.

> O último sabá que o clube Tenentes do Diabo celebrou em honra do Carnaval tomou proporções mais sérias e elevadas com a caridosa ideia de presentear por essa ocasião uma escrava com a competente carta de liberdade. A cerimônia de entrega da carta realizou-se à meia-noite em ponto, com a assistência de vários representantes dos jornais mais importantes desta cidade, e com o valioso concurso da palavra eloquente do abolicionista José do Patrocínio [...].[133]

Há um claro sentido político implícito no gesto — e mesmo em sua caracterização como ato de caridade.[134] Mas os Tenentes não constituíam exceção nesse tipo de iniciativa. Todas as sociedades, com os meios de que dispunham, empenhavam-se em obter a liberdade de cativos e faziam disso uma bandeira ostensiva. No Carnaval de 1884, por exemplo, antes do início do seu maior baile, os Fenianos entregaram a dois escravos suas cartas de alforria — gentilmente oferecidas por um de seus sócios, o sr. José Ferreira Sophia. Enquanto isso, os Progressistas da Cidade Nova, com membros menos abastados e cofres não tão recheados quanto suas coirmãs da área central, esmolavam pelas ruas da cidade para obter fundos a serem encaminhados à Sociedade Abolicionista, para a compra de cartas de alforria.[135] Indo mais longe que suas congêneres, os Progressistas, por intermédio do grupo Os Tarantelas, promoveram atividades mais curiosas: em baile realizado no salão da sociedade, diante de toda a imprensa, fizeram sua entrada triunfal capitaneados pelo Príncipe Obá em pessoa — figura amada pelas quitandeiras e negros mina do Rio de Janeiro do final do Império, que habitava um cortiço próximo à sede da Sociedade. Com seu louco orgulho de monarca alternativo, Obá estava muito distante da figura dos negros "agradecidos" pela alforria doada pelos senhores das Grandes Sociedades.[136] Ao contrário das muitas vezes em que fora mencionado nos préstitos das três grandes, não parece ter havido no gesto nenhuma intenção irônica.

Tal esforço, simpático à ampla maioria dos cariocas, obtém o reconhecimento explícito de organizações como a Confederação Abolicionista, que, "desejando manifestar a sua admiração e reconhecimento aos serviços prestados à causa dos escravizados pela benemérita Sociedade Euterpe Comercial Tenentes do Diabo, resolveu conferir-lhe o título de benemérita, no dia em que ela realiza a sua procissão cívica em auxílio da propaganda abolicionista".[137]

Procissão cívica, no caso, era o préstito carnavalesco, recheado de críticas cada vez mais sérias e contundentes à escravidão e à lentidão com que se desenvolviam seus últimos movimentos, em tons cada vez mais exaltados e panfletários. A década de 1870 havia assistido às primeiras manifestações dessa natureza: os Fenianos, por exemplo, quase provocaram uma crise ministerial ao colocar na rua, em 1873, um carro intitulado "Os sete pecados capitais".[138] Os mesmos Fenianos, em 1881, causaram sensação no Carnaval ao apresentar um dos mais violentos carros de crítica já vistos no Carnaval carioca, intitulado "A mancha de Júpiter", no que foi secundado no mesmo ano pelos Democráticos, que trouxeram à rua do Ouvidor carro de crítica com mesmo nome e assunto. Neles, estava representada a figura do imperador Júpiter, cercado de figuras que contemplavam distraidamente os planetas com uma luneta (hábito atribuído ao gosto do monarca pela "ciência"). Em uma das versões, a imperial túnica branca estava manchada de negro; em outra, a testa do imperador apre-

23. *Angelo Agostini, "Carnaval de 1881" (detalhe),* Revista Illustrada, *1881. Carro de crítica dos Democráticos.*

24. *Angelo Agostini, "Carnaval de 1881" (detalhe),* Revista Illustrada, *1881. Carro dos Fenianos para o Carnaval de 1881.*

sentava uma notável nódoa, apontada com espanto pelos astrônomos do carro de crítica. Os versos que acompanhavam o carro não deixam nenhuma dúvida quanto às suas intenções:

Júpiter, o grão-tunante
dos mundos no trono posto,
traz em brilho rutilante
negra mancha sobre o rosto.

Não é mancha aquilo; é cancro,
aviltando a humana grei
ante os gritos da razão,
ante o domínio da lei! [...]

"Papa-Piter" — essa mancha
há de ter seu curativo
quando o teu mundo for livre,
sem conter um só cativo.[139]

Quase todos os anos, as três Grandes Sociedades carnavalescas apresentavam pelo menos um carro de crítica com essa temática, ou marcavam sua presença por gestos simbólicos como a compra de cartas de alforria. Em 1886, para prosseguir com os exemplos, os Democráticos compareceram às ruas com um carro de crítica intitulado "Glória aos abolicionistas": em cima de uma montanha, alguns "pretinhos" cantavam um hino à liberdade, acompanhados por um "batuque característico". No sopé da montanha dois vultos, "que se celebrizaram por suas opiniões escravocratas, avançavam furiosamente a fim de se apoderar das peças". Mas, no momento em que tocavam o alto da montanha, as figuras de José do Patrocínio e Joaquim Nabuco apareciam para expulsá-los — e toda a cena recomeçava outra vez, para delírio da plateia[140] — ou, pelo menos, da imprensa diária da Corte. Esse tipo de crítica constituiu uma presença constante nos Carnavais da década de 1880, que incorporavam alusões diretas ao tema, assumindo sem rebuços a tarefa de propaganda abolicionista e de denúncia da escravidão.

No ano seguinte, os Tenentes do Diabo distribuíram em torno do seu

25. *Angelo Agostini, "Carnaval de 1881"* (*detalhe*), Revista Illustrada, *1881.*

carro alegórico relativo ao abolicionismo um poema escrito para a ocasião por Valentim Magalhães,[141] literato de acentuado prestígio no período. Em 1888, a questão estava pegando fogo: um dos carros dos Democráticos chamava-se "Abolição imediata", e dos Fenianos, "Questão abolicionista". Próximos da vitória, os carros de crítica eram reveladores: os Democráticos representavam a abolição com a figura da liberdade, com seu barrete frígio *à la Marianne*, evocando a Revolução Francesa, acompanhada de uma locomotiva para simbolizar o progresso — e em torno dançavam negros e fazendeiros, irmanados de mãos entrelaçadas.[142] Quanto aos Fenianos, exaltavam as grandes figuras da campanha abolicionista — jornalistas, publicistas e até um conselheiro do Império —, seguidos por uma guarda de honra "composta de pretos africanos montados em burros e conduzindo ramos de café [...] e outros emblemas da lavoura".[143] Nada surpreendente, pois, que nenhum dos carros tivesse muitos votos no concurso patrocinado por aquele jornal, para a escolha da melhor crítica daquele Carnaval[144] — pois, junto com os princípios da liberdade e da igualdade, tratavam de pregar a conciliação e a hierarquia.

Tanto empenho na luta pela abolição não poderia passar despercebido diante de uma população em sua maioria negra e imigrante: nele está uma das prováveis origens do caloroso ambiente de simpatia com que as sociedades eram saudadas nas ruas nos anos que antecederam a Lei Áurea, e uma das raízes mais profundas da intensa popularidade que elas desfrutavam entre aquele apavorante vulcão negro que brincava de múltiplas maneiras nas ruas da Corte. Evidentemente, a intensa pregação abolicionista-carnavalesca vinha acompanhada de críticas muitas vezes virulentas à política imperial ou a alguns de seus expoentes — provocando muitas vezes conflitos de rua com seus partidários ou entreveros com a polícia da corte.[145] Durante a década de 1880, eram comuns máscaras caracterizando um político em particular — como no caso de Martinho Campos, cuja fisionomia era, em 1882, envergada por todos os músicos da banda dos Tenentes do Diabo,[146] ou carros alegóricos repletos de figuras da política imperial — como no carro "O bond dos políticos" que o *puff* dos Fenianos anunciava com os seguintes versos (que reproduzo por serem, em todo caso, ainda atuais):

> [...] *Nessa terra de bananas,*
> *em que tudo anda aos murros,*
> *a política é um bond*
> *em que só mudam os burros.*[147]

"Carros de ideias" alusivos a episódios e figuras da política eram, segundo a avaliação da imprensa, extremamente apreciados pela plateia e davam a tônica principal da presença das Grandes Sociedades naqueles anos, e isso envolvia um amplo elenco de questões, como a reforma eleitoral de 1881 ou a liberdade religiosa, abordada por meio da "crítica" relativa à expulsão dos jesuítas empreendida pelo governo francês.[148] Tal militância mobilizou, ademais, importantes figuras da propaganda abolicionista e republicana, que vincularam muitas vezes sua própria imagem à de uma grande sociedade carnavalesca de sua preferência. Sem dúvida, a presença constante de militantes republicanos, como Lopes Trovão — ativo simpatizante da causa dos Fenianos —, entre as figuras representadas nos préstitos do final do século XIX permite associar a pedagogia carnavalesca aos sentidos assumidos pela causa política que também animava as Grandes Sociedades. Trovão, como outras figuras abolicionistas e republicanas, constituía uma espécie de símbolo insistentemente mencionado nos préstitos, em carros de crítica destinados a ironizar o

26. *Angelo Agostini, "Carnaval de 1881" (detalhe),* Revista Illustrada, *1881.*

27. *Angelo Agostini, "Carnaval de 1881" (detalhe),* Revista Illustrada, *1881.*

regime monárquico ou a efetuar a crítica das arbitrariedades das autoridades da Corte. Representado por vezes em sua condição de perseguido pelo governo imperial, aparece também como um gigante — como nessa alusão de 1880 sobre a Revolta do Vintém,[149] ano em que foi, segundo a imprensa, a figura mais louvada pelas "ideias" carnavalescas —, de modo a não deixar dúvidas sobre as preferências políticas tanto das sociedades como da imprensa, que as apoiava sem rebuços.

O próprio Lopes Trovão, dando anos mais tarde seu testemunho emocionado ao Club dos Fenianos, testemunha esse vínculo comum na década final do regime monárquico: "Eu também fui vosso e por isso me fizestes sócio honorário [...] Vós fostes, como eu [...] alvo da perseguição da polícia do Império, acontecendo mesmo que, por duas vezes, tive de interferir, das vossas janelas, a favor do povo, espezinhado e corrido, pelo grande crime de vos aclamar diante da sede do vosso clube [...]".[150]

Sem dúvida alguma, a polícia do Império usou muitas e muitas vezes da violência direta contra as críticas carnavalescas, e sempre recorreu a uma forma ameaçadora de "persuasão"[151] contra as sociedades — o que pode até ter insuflado a simpatia de que estas desfrutavam. As sociedades reclamavam sem-

28. O Mequetrefe, *1880.*

pre da "incoerência" da ação policial,[152] que agia sem critérios claros e em investidas pontuais, mas não por isso menos arbitrárias e violentas. Incidentes com a polícia da Corte eram comuns: ora ela tentava impedir que os carros de crítica chegassem às ruas, ora agredia por meio dos "secretas" integrantes das sociedades, em uma sucessão de episódios nos quais os carnavalescos apareciam como verdadeiros heróis ou vítimas. A intensa simpatia popular de que desfrutavam, incentivada também pela irreverência que caracterizava as suas aparições públicas e pela presença de radicais como Trovão, com sua aura de paladinos das causas populares, não cessava de crescer — pelo menos antes da República.

A irritação policial decorria de que temas "sérios", como a chamada "questão militar" — que provocou uma grave crise política no final do Império —, fossem tratados de forma jocosa e provocativa: nesse caso, o ministro da Guerra Alfredo Chaves foi representado pelos carnavalescos como um general que tinha uma chave em lugar de cabeça, rodeado de agitados militares seguidos pelo carro da liberdade — "de barrete frígio, em plena capital do Império", comenta o cronista.[153] As corporações militares, aliás, eram alvo constante de alusões jocosas, que chegaram em várias ocasiões a provocar incidentes e brigas de rua. Assim, a abolição e a política imperial conviviam, nos préstitos carnavalescos, com tiradas de puro humor, referências mundanas ou piadas relativas a acontecimentos do cotidiano: implicâncias com o diretor dos Telégrafos, caricaturas de padres e freiras que deixaram Ina von Binzer espantada com as coisas a que assistiu naquele "país católico",[154] polêmicas entre literatos ou avaliações sobre o teatro de revista,[155] pequenos episódios da vida da cidade capazes de provocar intensa hilariedade, ou grandes escândalos como o roubo das joias da Coroa — objeto de censura pertinaz da polícia da Corte no Carnaval de 1883.

O propósito, no entanto, não era apenas fazer rir: o "grande vingador" vinha a público também para ensinar e fazer pensar de acordo com seus próprios parâmetros. Muito cedo essa intenção foi assumida pelas sociedades carnavalescas, que, na década de 1880, se transformaram em baluartes de propaganda e popularização das grandes causas políticas do período. Já em 1877, o *puff* que os Fenianos fazem publicar nos jornais revela forte disposição pedagógica:

Alerta, ó pândego povo,
que o velho mundo desaba,

e não pode haver um novo
se este velho não se acaba.

Ouve, povo! São os Fenianos que te falam, que te dizem: — padecestes um ano inteiro como bestas de carga, tivestes a alma confrangida do peso de mil pesares [...] Fostes vítimas sacrificadas pelo abuso dos poderosos e pela podridão dos ricaços [...] comendo o pão que o diabo amassou, e que os "grandes" não puderam absorver em suas aristocráticas panças, enfeitadas de reluzentes medalhões.[156]

É nesse tom eminentemente panfletário e muitas vezes jacobino que as sociedades — embora em graus diferentes — incorporaram a seus préstitos um outro grande tema político: a propaganda republicana, cara a Fenianos e Democráticos, mas presente também nas demais agremiações. Para citar apenas um exemplo, em 1886 os Democráticos traziam seu principal carro alegórico, intitulado "Apoteose à Liberdade", e sobre ele a figura da República envergava o barrete frígio[157] que se tornou, no período, um apreciado adereço carnavalesco.

A insistência com que tais alegorias e discursos apareciam nos préstitos era capaz de irritar defensores do regime monárquico, como Carlos de Laet, quebrando a própria unanimidade dos literatos e intelectuais quanto à superioridade das Grandes Sociedades nesse período: "[...] O grande chamariz de curiosos está no desfilar das sociedades carnavalescas. Nestas, em geral, as fantasias originais são raras e mais há para ver nos 'carros de ideias', monumentos de papelão e sarrafos em que se dispende muito dinheiro sem que muitas vezes se possa apanhar o sentido da crítica [...]".[158]

Indiferentes a tanto mau humor, as sociedades prosseguiam em sua campanha republicana — com frequência associada por eles à causa da libertação dos escravos e dirigida, em seus préstitos, ao "povo" miúdo e pouco instruído das ruas. Ao longo da década de 1880, o tom vai se tornando de crescente e aberta agitação — como no caso dos Fenianos, em 1888, cujo *puff* "Ao povo!" inicia-se com os seguintes versos:

"A monarquia é um erro!",
disse um tribuno outro dia;
caia, pois, a monarquia,
que seu reinado está velho;

eia, povo, vá por terra
esse cruel despotismo;
morte, morte ao reumatismo!
Viva o barrete vermelho![159]

Assim, nada há a estranhar no fato de que, a partir do Carnaval de 1890, um novo elemento tenha aparecido nos préstitos das sociedades carnavalescas: o conteúdo "a favor", que vem agora misturar-se à crítica de costumes, ao comentário mundano, à pilhéria sobre pequenos episódios cotidianos ou mesmo à crítica pontual da política republicana.[160] O tom, até então inédito nos préstitos carnavalescos, é de emocionada louvação ao novo regime político — e sabemos que em geral o humor "a favor" perde todo o seu efeito. "Uma enorme estrela giratória fazia o centro e constituía a peça principal do carro. Uma gentil menina, trajada como a figura simbólica da República, sentava-se no centro desta esfera. Os atributos da República brasileira e figuras simbólicas completavam esse carro, cujo efeito era deslumbrante",[161] narrava um jornalista, encantado com o desfile dos Fenianos no primeiro Carnaval republicano. Abrindo aqui um parêntese, deve-se chamar a atenção para um pequeno detalhe — que só mais tarde se tornará relevante para o leitor destas páginas: era uma criança a "gentil menina" que representava nesse carro a figura da República, nos arroubos de entusiasmo carnavalesco. Fechado o parêntese, note-se que tal entusiasmo foi muito além dos primeiros momentos do novo regime: vamos encontrar em anos posteriores essas figuras alegóricas à República em cima de carros luxuosos, representadas por "deusas da liberdade" e acompanhadas por versos laudatórios ao regime — como no caso dos Democráticos, no Carnaval de 1896, sete anos depois do Quinze de Novembro, quando os efeitos da República já se faziam sentir com toda a clareza entre os pobres do Rio de Janeiro.[162]

Dos ideais radicais da década anterior até a política dos anos pós-florianistas, muito se havia modificado o cenário político do país. Os intelectuais e escritores que abrilhantaram os préstitos e as "ideias" carnavalescas na década de 1880 haviam atravessado as agruras do jacobinismo no poder e mostravam seu desalento em face dos rumos do novo regime.[163] Nesse contexto é visível, sobretudo entre Democráticos e Tenentes, o declínio do entusiasmo pela política — aliado a um apetite decrescente para a crítica: seus patronos portugueses decerto sentiram-se pouco seguros no período 1891-4. Quanto aos Fenianos, desde as origens mais apegados aos radicalismos republicanos, parecem ter mantido a chama viva por mais tempo (até porque, não contando com lusitanos entre seus dirigentes, talvez fossem menos afetados por esse clima político). Mas, se as Mariannes eram as mesmas, convém perguntar sobre o significado que lhes atribuíam agora as sociedades e homens e mulheres que ainda se comprimiam para vê-las passar.

Por outro lado, as relações de proximidade e afinidade entre as sociedades carnavalescas e alguns dos próceres da República evidenciavam ainda mais o compromisso dos foliões com a política oficial ou com tendências republicanas diversas. Silva Jardim e Lopes Trovão, radicais dos primeiros anos e ativos militantes da propaganda republicana, eram empenhados Fenianos.[164] Os Fenianos mantinham também laços de amizade com Rio Branco — homenageado por eles em um baile a fantasia para festejar um de seus triunfos diplomáticos.[165] Foram ainda os salões desse clube que abrigaram, em 16 de dezembro de 1891, a primeira reunião de deputados eleitos para a Constituinte, a convite de Aristides Lobo.[166] As outras sociedades, no entanto, também exibiam intimidade com o poder, embora mais difusa: coube aos Tenentes do Diabo sediar eventos oficiais como banquetes em homenagem aos embaixadores da Argentina, do Chile e do Uruguai e a oficiais de seus navios. Foi também pelas mãos de Rio Branco — ou por obra de sua influência — que as sociedades, iniciando-se pelos Tenentes do Diabo, começaram a receber donativos governamentais para subsidiar os desfiles carnavalescos.[167]

O apoio à República significou, no primeiro instante, o aplauso a iniciativas extremamente impopulares do novo regime — se pensarmos nas multidões que lotavam as ruas para ver a passagem das sociedades carnavalescas, esperando rir com suas irreverências. No início do século XX, com ainda maior intensidade, os próprios carros de crítica assumiram com frequência a defesa das iniciativas governamentais (e a condenação aberta a comportamentos e causas populares), como no caso do apoio à Lei de Fechamento das Portas, que havia provocado enorme tensão na cidade:[168] resultado de intensa mobilização, a medida e seus méritos eram atribuídos exclusivamente ao prefeito. As reformas urbanas de Pereira Passos, em particular, tornaram-se um dos motes mais importantes a partir de 1904 — e apareciam louvadas como um conjunto de iniciativas que, afinal, se aproximava dos velhos anseios carnavalescos pela "civilização".

29. Careta, *13 de abril de 1912.*

Os Democráticos, por exemplo, exibiram naquele mesmo ano o carro de ideias "Picareta" — que já não formulava nenhuma crítica e no qual Pereira Passos surgia no interior da ferramenta de demolição circundado por grotescas figuras de proprietários e moradores que reclamavam contra as desapropriações e as reformas. Logo depois, nesse mesmo dia, os Fenianos exibiram o carro de crítica "Cidade que surge", no qual afirmavam "prestar homenagem ao brasileiro ilustre, de vontade de ferro, que, de uma tapera, está fazendo surgir, aos poucos, uma cidade esplêndida". O carro era acompanhado de versos cujo teor está muito longe do comentário ferino e debochado de outros tempos:

Deu um passo agigantado
no progresso, a capital.
Tem um chefe adiantado
a Prefeitura atual.

Vê-se do Passos a mão
a cada passo do pé.
Não escapa um barracão,
sua reforma faz fé.[169]

O tom laudatório, no entanto, não parece ter sido consensual para além das três Grandes Sociedades. Com alguma frequência, sociedades carnavalescas de menor porte e menos prestígio social ousavam levar às ruas críticas capazes de maior proximidade com o sentimento das ruas. Foi o que fez, por exemplo, o Club dos Destemidos no Carnaval de 1903, colocando em seu préstito um carro intitulado "Higiene agressiva" — no qual o governo federal era representado como uma ama de leite oferecendo mamadeira a um funcionário público que caricaturava o conhecido médico Nuno de Andrade, diretor da Inspetoria de Higiene. Este exclamava sem cessar: "Todos passam e eu fico!", enquanto em um poste a homeopatia aparecia enforcada, um ano antes da Revolta da Vacina... No "Manifesto carnavalesco" distribuído durante o préstito, os Destemidos transformam em alvo de sua ironia aquilo que as Grandes Sociedades não se cansavam de louvar nos primeiros anos do século XX, apontando-lhe os fracassos em um tom francamente debochado diante da repressão republicana:

Senhoritas gentis, dai-nos as palmas vossas,
atirai-nos confetes e flores a valer.
Porém bisnagas não, que a polícia não quer.

[...] *Esqueçamos o mais; as pedras, a amarela*
e o hidrômetro que deu em água de barrela,
as areias, a carne... e pouco mais nos resta,
que a política vã é assunto que não presta.

E viva mais também o prefeito supimpa
que vai pôr a cidade asseadinha e limpa! [...][170]

A crítica aos preceitos da higiene e da medicina, à política e ao prefeito, no entanto, já destoava da tônica imposta pelas três Grandes Sociedades, que faziam das políticas urbanas da República um mote constante de suas alegorias laudatórias. Evidentemente, nem sempre fora assim: na década de 1870, por exemplo, os Fenianos haviam se sentido à vontade para ironizar a medicina e seus "progressos". Ou talvez, no caso dos Destemidos, fossem apenas os primos pobres a brincar com coisas sérias, mas os Progressistas da Cidade

30. O Lobisomen, *março de 1871.*

Nova (de novo eles) em 1886 trouxeram às ruas um carro muito comentado pela imprensa, tal o sucesso alcançado pelas "ideias magníficas", que incluíam críticas ferozes aos doutores da Justiça e seus procedimentos, associados ainda à perseguição dos capoeiras:

> Vê-se de um lado a polícia urbana num carro, a espaldeirar um indivíduo pertencente a uma malta [...] que se diz de capoeiras. O indivíduo da malta sucumbe, cai num alçapão, e reaparece mais atrás, noutro compartimento do carro, já reduzido a cadáver. Caem-lhe em cima vários sujeitos vestidos de beca [...] e armados de bisturis, serras, facas de amputação etc. O indivíduo da pretensa malta desce por outro alçapão e vem reaparecer mais atrás, já sob a forma de um simples fêmur. Ainda outros indivíduos, igualmente vestidos de beca, pretendem apoderar-se do osso único que resta do primitivo sujeito da malta. Este desaparece... e afinal acaba-se a alusão — e a ilusão. Impagável![171]

Tais peraltices da Cidade Nova, entretanto, foram apagadas da memória do Carnaval, que perpetuou a glória de Tenentes, Democráticos e Fenianos. Quanto à famosa tríade do Carnaval, desde o final da década de 1880 já era possível perceber, em seu crescente ímpeto republicano, o apoio às políticas de exclusão e violência, que será reforçado nas alegorias louvaminhas do início do século XX. Um bom exemplo pode ser encontrado no último Carnaval do Império: os Democráticos trouxeram às ruas, em 1889, um carro de crítica que provocou muitos comentários, intitulado "Cabeça de porco". Alusivo à famosa estalagem da Cidade Nova que seria objeto de uma das primeiras intervenções urbanas violentas sob o comando de Barata Ribeiro, logo após a instalação do novo regime, o carro já desenhava sua crítica contra os habitantes do cortiço, ridicularizados em seu susto diante dos delegados da Inspetoria de Higiene que os seguiam, rodeados de "apetrechos para desinfecção".[172] Também ridicularizaram com virulência, anos depois, o episódio da Revolta da Vacina e alguns de seus líderes — como o conhecido capoeira Prata Preta, que comandou a resistência popular no bairro da Saúde,[173] entre muitos exemplos que poderiam ser levantados.

Assim, as Grandes Sociedades perderam, na última década do século XIX, as suas principais bandeiras — que haviam motivado a grande dose de simpatia alcançada entre as classes populares do Rio de Janeiro: a abolição do traba-

31. O Mequetrefe, *1883.*

Os Kiosques

32. Careta, *13 de abril de 1912.*

lho escravo e, em menor grau, a versão igualitária e jacobina do projeto republicano. Em troca, restou-lhes a defesa intransigente — e cada vez menos engraçada — de reformas urbanas autoritárias, da intervenção médica pela violência, do aparato policial cada vez mais discriminatório — características básicas da política republicana. Um bom exemplo pode ser o dos quiosques, opção barata de lazer dos trabalhadores pobres que frequentavam o centro da cidade. Estigmatizados pela ironia dos jornais, embora constituíssem uma das raras oportunidades de diversão acessível a todos na cidade (ou por isso mesmo), tiveram sua proibição e destruição comemoradas pelas sociedades em seus préstitos do início do século XX.

Agora, quase sempre a própria multidão — que amara e aplaudira as sociedades na década de 1880 — era ridicularizada e exposta ao riso público nas suas alusões carnavalescas. Por isso, as sociedades e seus préstitos começaram a parecer envelhecidos e fora do tempo, mal se abria o século XX: "[...] Confessemos que a sátira carnavalesca já fez o seu tempo. Hoje, a imprensa e a caricatura fazem muito melhor e muito mais completamente o efeito social que a sátira do 'carro de ideia' tem em vista. O dinheiro, o trabalho e o esforço dispendidos nestes carros teriam sido muito melhor empregados em carros puramente artísticos que agradassem à vista, lisonjeassem nosso sentido estético e educassem o povo".[174]

Podemos lembrar, neste ponto, a amargura de Calixto a respeito de sóis e luas, ou dos sentidos da arte nos préstitos carnavalescos — com a qual nos encontramos páginas atrás. Encerrada a primeira década do século XX, tal movimento parecia já consolidado: a crítica quase havia desaparecido do Carnaval das Grandes Sociedades, que buscava em outras partes o brilho dos tempos antigos.

> O Carnaval do Rio de Janeiro perdeu muito a sua antiga feição de crítica viva e acerada dos grandes acontecimentos do ano, para se tornar um Carnaval quase todo de alegorias artísticas com mais ou menos lantejoulas, luz elétrica e movimentos giratórios. Não fala mais com tanta intensidade à alma do povo como falavam os grandes préstitos carnavalescos, desde 1876 até 1889 [...] Uma vez, porém, que as autoridades republicanas resolveram limitar a liberdade de crítica carnavalesca ao estritamente necessário para se não dizer que ela estava totalmente suprimida, foi muito lógica a transformação dos grandes préstitos críticos em delírios de arte alegórica, com um ou outro "engrossamento" e uma ou outra piada de permeio.[175]

Se iam perdendo, nos últimos anos do século XIX e nos primeiros do XX, a capacidade de criticar e fazer rir, as sociedades carnavalescas, no entanto, não perderam tão rápido a pose nem o prestígio — que evidentemente não era feito apenas da identidade com causas políticas de forte apelo popular, como a abolição. Seu fascínio residia também em outros elementos poderosos que não devem ser negligenciados. Em primeiro lugar, no fato de que os préstitos constituíam exibições cenográficas produzidas com esmero e à custa de bastante dinheiro, de modo a fascinar um público pouco acostumado a tais efeitos teatrais:

> O que se quer é provocar a atenção, deslumbrar o povo; [...] não podemos ter a pretensão, naturalmente, de ser um povo de tão delicada estética, que a simples exibição de uma obra de arte, em plena rua, seja bastante para provocar-lhe ovações. Nessas interpretações carnavalescas dos temas mitológicos, tão exploradas nesses préstitos, não é, nem pode ser, a linha que ele aplaude, nem o simbolismo

que ele não compreende. É o fogo de bengala, é o dourado da ornamentação, é a beleza, é o maiô da rapariga [...].[176]

Escrito quando os préstitos das sociedades carnavalescas já haviam assumido a sua versão menos crítica e jocosa, o texto revela no entanto os elementos centrais que fizeram também seu imenso prestígio desde as últimas décadas do século XIX. Desaparecidas as "grandes causas", permaneceram o luxo e as mulheres como elementos de forte atração popular. Estas últimas — e uma certa categoria delas em especial — foram um ingrediente central nos préstitos e salões das sociedades desde a década de 1870. "Consagradas em alma e corpo à religião do deus Momo [...], desfilavam pela cidade [...] com seus carros de ideias, com o seu séquito ruidoso de loiras mulheres, reclinadas molemente sobre as almofadas dos plaustros tirados por belos cavalos faceiros, cobertos com caprichosas colchas e finíssimas rendas",[177] comenta com entusiasmo indisfarçável um cronista a buscar as razões do prestígio intenso das sociedades no período. O risco era grande: contaminar as donzelas de "família" com a imagem de uma vida devassa e cheia de prazeres, gloriosa e alegre, distante em todo caso das cinzentas rotinas do lar a que estavam destinadas. Mas nem isso,

33. *Angelo Agostini,* Revista Illustrada, *1884* (*detalhe*).

que alguns desenhistas trataram de denunciar, foi capaz de diminuir o entusiasmo pelas "deusas" de Momo.

A presença constante e ostensiva das mais célebres meretrizes (e algumas conhecidas como atrizes do teatro ligeiro ou artistas dos cafés-cantantes) sobre os carros alegóricos provocava algum estranhamento também entre os cronistas e literatos. Eram elas que encarnavam as inumeráveis personagens alusivas à cultura clássica (deusas, ninfas) ou às simbologias políticas dos carros montados apenas para exibi-las generosamente ao público curioso. Eram elas também que encarnavam, em décadas anteriores, as mais caras alegorias políticas, envergando barretes frígios para representar a República ou a liberdade — com a significativa exceção de ocasiões mais solenes, como a homenagem dos Fenianos à República recém-implantada, na qual a mulher sedutora foi substituída na figuração do novo regime por uma inocente menina. De todo modo, a prática recorrente de trazer às ruas mulheres que, embora "públicas", tinham uma clientela restrita parece ter provocado um mal-estar maior entre aqueles que as usufruíam de perto do que na plateia decerto ávida por conhecê-las:

> A população [...] faz ovações às prostitutas seminuas que passam, impudentes e gloriosas, altivamente sentadas em seus frágeis tronos de papelão e sarrafos. Os homens aclamam-nas gritando-lhes os nomes, dando-lhes vivas; as famílias cobrem-nas de flores e chuva de papelitos de ouro e prata. [...] nem o espetáculo imoralíssimo da nudez vitoriosa das prostitutas repugna às damas ou as faz enrubescer de pejo ou indignacão! [...] não tenho o direito de ser mais pudoroso nem menos condescendente que as exmas. famílias da capital do Império. Se elas aplaudem, que diabo hei eu de fazer? [...],[178]

comenta um cronista, entre deliciado e escandalizado com o inusitado espetáculo das prostitutas e das famílias em mútuos agrados. Essa tendência, fortíssima nas décadas de 1880 e 1890, parece ter declinado um pouco nas seguintes,[179] mas não desapareceu dos préstitos das três principais agremiações. Na verdade, à medida que as sociedades carnavalescas foram se disseminando, como um padrão seguido pelas agremiações surgidas em todos os recantos da cidade, proliferando pelos subúrbios e pelos bairros mais populares, pode-se sentir uma diferença que se estabelece a partir do parâmetro imposto pelas três grandes — que, a rigor, se tornam minoria nas ruas durante o Carnaval. Seus préstitos permanecem trazendo "deusas" pouco vestidas e expondo ao público aquelas mulheres de luxo — inacessíveis aos bolsos populares, mas provavelmente frequentes em sua fantasia. Mas as sociedades suburbanas mudam também a feição da presença feminina nos desfiles:

> É a folia pagã, moralizada pelo recato familiar. Não figuram nos carros alegóricos as *demi-mondaines* célebres pela sua beleza, que saem a exibir pelas ruas [...] a opulência de suas formas admiráveis. São encantadoras moças de família, que gentilmente se prestam a auxiliar os bravos rapazes inimigos de tristezas. [...] Alegres por não terem necessidade de corar ante o espetáculo da nudez irreverente, as virtuosas matronas batem palmas ao triunfo dos suburbanos, que tem conseguido fazer de uma festa licenciosa a mais honesta e pudica de todas as festas.[180]

Nesse caso, e a despeito dos elogios do cronista, as práticas e concepções desses grupos de bairros afastados e familiares pareciam ter retirado do Carnaval muito de sua graça — aos olhos de jornalistas e intelectuais frequentadores dos espaços boêmios da cidade. É provável que, em 1907, o cronista já não se referisse às Grandes Sociedades ou suas congêneres de subúrbio, mas a outras formas de préstito carnavalesco que proliferavam naquele período, trazendo novidades ao Carnaval de rua: a crônica pode assim se referir a sociedades suburbanas ou a ranchos carnavalescos, nos quais a presença de moças de família também foi comum. Naquele momento, as Grandes Sociedades estavam aos poucos deixando de ser a referência central de uma festa cujos préstitos se tornavam cada vez mais multiformes e diversificados.

Sem dúvida, quando alvorecia o século XX, as Grandes Sociedades davam sinais de seu próximo ocaso. Pugnando bravamente por uma reforma carnavalesca, buscando os cânones de uma festa moldada em padrões brancos e europeus — mesmo que longínquos e um tanto postiços, como os de Nice ou Veneza —, elas poderiam sentir-se vitoriosas quando a modernidade tomava forma no Rio de Janeiro, sob as diligentes picaretas de Pereira Passos. Mas, paradoxo imprevisto, residia nessa própria manifestação inequívoca dos "novos tempos" o começo do fim. De um lado, estava em questão a popularidade de um Carnaval que defendia causas impopulares, como vimos. De outro, a própria inadequação entre a nova feição da capital federal e a forma de brincar adotada na segunda metade do século XIX, na escala da velha Corte.

Desde o início do século XX, a imprensa reverberava a necessidade de ajuda dos poderes públicos para manter o Carnaval com o mesmo brilho das décadas anteriores.[181] Pedindo ao governo um aumento de subsídios para as sociedades, então francamente agonizantes, os Fenianos ensaiavam em 1921 uma explicação interessante para a decadência, já percebida como irreversível desde a década anterior. Para sustentar suas finanças, explicavam os bravos foliões, elas haviam passado por fases distintas. Primeiro, a cotização dos associados tinha sido suficiente, com o concurso de subscrições generosas de sócios beneméritos e muito abastados.[182]

Na década de 1880, ou mesmo um pouco antes, a arrecadação financeira fora completada com jogos de víspora, sete e meio e outras modalidades de carteado, realizados animadamente nas sedes das sociedades, abertas durante todo o ano para engordar os cofres dos devotos de Momo. Por fim, uma terceira forma de obter dinheiro, quando os sócios endinheirados já minguavam, fora o famoso "Livro de Ouro" com o qual essas agremiações obtinham recursos dos comerciantes da área central, em troca de sua passagem pelas ruas elegantes durante o Carnaval. A visita do préstito era disputada ao tilintar das moedas — outro indício de que os negócios eram compensadores durante os três dias da folia. No entanto, as reformas urbanas, com a abertura da avenida Central, fizeram com que a fonte logo se esgotasse, e ainda impuseram novos problemas. "Passou o Carnaval a ser exibido em grandes alegorias, onde predomina a arte com esmero, riqueza etc. e alguns carros de crítica, poucas críticas, naturalmente, porque a polícia não as deixa sair do barracão."[183]

Dir-se-ia que os insistentes prognósticos fúnebres de cronistas, intelectuais e literatos empenhados no projeto civilizatório das Grandes Sociedades seriam enfim concretizados. O comentário não esconde o tom de decepção com alguns dos resultados da tão sonhada revolução carnavalesca. Os problemas, contudo, eram maiores que a desilusão daqueles politizados foliões. Sem críticas ou ideias, barradas com eficiência pelo apoio sincero das sociedades ao novo regime, o Carnaval elegante perdia muito do seu charme e do apreço popular e, aos poucos, perderia também associados e patronos. Além do mais, os carros alegóricos tinham de ser gigantescos para não "desaparecer" na escala parisiense da avenida Central, e os préstitos teriam de assumir as dimen-

34. *Avenida Central, 1908. Foto de Augusto Malta.*

sões de um grande espetáculo, consumindo um "arame", gíria que designava o dinheiro indispensável à montagem cenográfica dos desfiles, que já não se obtinha facilmente.

Em ciclo minguante, as Grandes Sociedades deveriam ainda adaptar-se às dimensões da nova avenida, cuja inauguração inviabilizou seu tradicional passeio pelas ruas estreitas do centro antigo, onde a população já não se espremia para vê-las passar. Assim, os comerciantes das antigas ruas transversais não assinavam mais os Livros de Ouro — e os da avenida Central não precisavam fazê-lo, pois detinham o monopólio do novo espaço carnavalesco. Encurraladas pela modernidade, as sociedades foram enfraquecendo já na primeira década do século xx, até chegar ao ponto de mendigar favores do poder público.[184] Mas, quando começava o bota-abaixo, elas ainda não desconfiavam do futuro próximo e pareciam eufóricas com as reformas sob cujos escombros acabariam enterradas.

3. Mandirobas, pés espalhados e o ameno Carnaval dos resedás

O Carnaval de 1904 aproximava-se, em meio ao entusiasmo com que a imprensa diária noticiava as atividades preparatórias. Pela descrição mal se podia adivinhar que faltava ainda uma semana para o início oficial da festa, que já provocava grande agitação nas noites cariocas:

> Ontem, sábado, já o público se divertiu como se fosse Carnaval. [...] Os bairros estiveram concorridíssimos, jogando-se confetes, serpentinas e bisnagas a valer [...] Por todos os lados dos sobrados onde estão instalados os clubes carnavalescos os bumbos, tambores e os cornetins espalhavam a loucura, gritavam o rebate da pagodeira, as casas de máscara não tinham mais mãos disponíveis para satisfazer os fregueses [...] No largo do Rocio, todo ensopado de luz elétrica, com uma multidão movediça e enorme, afluindo para os teatros e para os restaurantes um dominó, à meia-noite, de um carro, soltou-nos o primeiro e inevitável: "Você me conhece?".[1]

A multidão, pelo visto, ainda não aceitava as imposições unívocas do gosto. Grandes Sociedades de imensa fama e prestígio, que se haviam dedicado durante décadas à tarefa de "civilizar" os hábitos da folia, continuavam a conviver com os velhos dançarinos e suas cabeçorras, com o entrudo modernizado ou não dos bairros e das confeitarias, a intensa procura por máscaras baratas e a mania de brincar de "Você me conhece?", com a qual o jornalista havia sido abordado no largo do Rocio, conhecido ponto de concentração de homossexuais e boêmios cariocas.[2]

Se esse cronista mantinha o entusiasmo ao descrever a mistura de formas e tradições que se apresentavam na folia do início do século XX, não era essa a tônica dos jornais cariocas. A postura costumava ser outra quando se deparavam com tais velharias distantes dos parâmetros de "bom gosto" dos préstitos, que se opunham a todas as formas da expressão da barbárie, da incultura ou da grosseria das ruas. Sabemos que a morte do Carnaval era um tema caro aos cronistas carnavalescos, que viam nos limões de cera e em outras práticas tradicionais a causa do óbito sempre iminente. Mas, a partir da década de 1890 e no início do século seguinte, esse temor era expresso com um tom de crescente urgência e tematizado de um modo bastante específico por escritores preocupados com o destino daquela que já era a mais importante festa popular carioca.

A culpa não era atribuída apenas à avenida moderna ou à persistência das antigas pilhérias, nem à censura republicana ou ao dinheiro cada vez mais escasso. A preocupação e o desgosto envolviam, àquelas alturas, um inimigo visto como mais insidioso e difícil, capaz de pôr em risco a sobrevivência de uma festa que ainda tinha nos desfiles da terça-feira gorda, protagonizados por Tenentes, Democráticos e Fenianos, o seu motivo central. "Quando as sociedades carnavalescas se recolherem todas aos seus poleiros", observava com tristeza um cronista, "[...] o Carnaval será enterrado ao som de alguma marcha fúnebre tocada por algum zé-pereira. Então sim, grupos de cucumbis, de cupidos de ouro, de mandirobas, de baianas filhas do papagaio e de pés espalhados, hão de levar o mísero cadáver até a cova rasa que o espera."[3]

Era cedo para temer seriamente pelo fim das sociedades, que ainda ostentavam notável vigor em termos de luxo e prestígio: ao contrário do que sugeria a linguagem da crônica, o Carnaval elegante não estava de fato moribundo. Mas seu projeto civilizador já parecia a muitos um fracasso iminente em face dessa nova ameaça, que crescia ano a ano nos noticiários ao longo da década de 1890. Uma infinidade de grupos, pequenas sociedades e grêmios recreativos brotava todos os dias, tratava de obter registros e autorizações nos cartórios e distritos policiais e vinha juntar-se às formas novas e tradicionais do Carnaval. A crônica indica a presença de variados tipos de manifestação nas ruas — confundindo no mesmo desprezo práticas bastante diferenciadas entre si, que conviviam na folia do início do século XX: antiquíssimos cucumbis e zé-pereiras, pobres sociedades suburbanas, alguns vassourinhas de animados frevos nordestinos, cordões cujos batuques pareciam atormentar a sensibilidade do autor e ranchos que surgiram nos redutos baianos próximos ao cais do porto e ganhavam expressão no Carnaval carioca.[4] Entre tais práticas, os ranchos e cordões assumiram uma importância destacada, sendo apontados de forma unânime na bibliografia como matrizes dos atuais blocos e escolas de samba.

Embora muitas semelhanças possam ser detectadas entre elas, em especial a origem social de seus componentes, recrutados nos morros, subúrbios e arrabaldes ou entre as profissões braçais,[5] há diferenças marcantes entre as duas formas de brincar, facilmente perceptíveis nas descrições de seus respectivos desfiles e ensaios empreendidas pela imprensa.[6] Por exemplo: ranchos usavam alegorias sobre carroças, mesmo que em escala menor que as sociedades, enquanto os integrantes dos cordões, com suas variadas fantasias, seguiam invariavelmente no chão, a pé; os cordões caracterizavam-se sobretudo pela percussão acompanhada de cantoria, na qual um ou dois dançarinos vestidos de índios entoavam a copla, e o coro em uníssono repetia o estribilho (ou chula),[7] por vezes acompanhados apenas por cavaquinho e violão, mas os ranchos harmonizavam seu canto, apresentavam-se com percussão leve (pandeiros, castanholas etc.) e com um volume instrumental considerável, que incluía cordas e sopro (do que resultava a diferença musical entre as marchas-rancho e o batuque sincopado dos cordões); a presença de mestres de canto ou de harmonia era, assim, marca característica dos ranchos, tendo em vista a necessidade de ensaios mais estruturados para suas apresentações — ao passo que os cordões contavam muitas vezes com um mestre de pancadaria, a quem cabia afinar o ritmo da percussão; nos ranchos, o destaque era dado pela forte presença feminina — as saloias ou pastoras, que dominavam o diapasão do canto e do desfile enquanto os cordões, embora nem sempre excluíssem as mulheres, eram predominantemente masculinos em suas saídas à rua.

Por fim, os ranchos desfilavam com enredos fixos que integravam o conjunto dos componentes, ao passo que os cordões no máximo apresentavam

35. O Malho, *4 de março de 1911.*
Sob o título "Ecos do... barulho", a revista apresenta alguns integrantes do cordão Banguizas de Botafogo, com seus tambores.

36. Careta, *25 de fevereiro de 1911.*
"Orquestra" do rancho Flor do Tinhorão.

uma cantiga unificada, composta para a ocasião especial. Fotos posadas nas suas respectivas sedes, como as muitas publicadas pela imprensa do período, confirmam essas diferenças — mas também enfatizam a semelhança. Embora os personagens pareçam os mesmos — trabalhadores pobres da cidade, negros em sua maioria —, os homens do cordão aparecem com seus bumbos e tambores, quando os do rancho, acompanhados de seus meninos porta-machados, posam com instrumentos de corda e sopro, sugerindo logo de início uma nada desprezível diferença sonora.

A confusão entre as duas formas de fazer o Carnaval, que emerge das páginas da imprensa nos últimos anos do século XIX, sintoniza a novidade que tomava conta da folia e o registro em que era percebida: a presença de grupos que exibiam um ar suspeito aos olhos de muitos jornalistas, espantados com a sua proliferação incontrolável. A própria suspeição que indiferenciava, a seus olhos, os homens e as mulheres a desfilar alegremente nesses grupos carnavalescos fazia com que vissem neles uma coisa só. É desses variados e incontáveis grupos de mandirobas, cujos nomes são arrolados com um misto de horror e desprezo, que o cronista está falando ao referir-se à morte do Carnaval. Por não reconhecer neles a mesma natureza e o mesmo "espírito" que via nas Grandes Sociedades, a maior parte da crônica carnavalesca atribuiu-lhes, por analogia negativa, a identidade em comum que juntava no mesmo pacote coisas que se podiam perceber diferentes em uma observação mais atenta. Se havia no período uma confusão de palavras para designar essas formas de brincar era decerto porque elas, apesar de suas diferenças, deixavam atônitos e desconfortáveis críticos pouco habituados a prestar atenção nas práticas do populacho. E também porque, na prática e apesar de tudo, suas fronteiras podiam não ser tão nítidas em muitos momentos.

Seja como for, grupos como o cordão Pé Espalhado e muitos outros que ostentavam títulos semelhantes a filhos de alguma coisa ou qualquer coisa de ouro[8] tomavam conta das ruas, constituindo, segundo um outro comentarista do período, um verdadeiro "tormento" para os poetas — porque, ademais de seu escasso talento literário, expresso nas letras simplórias das canções que entoavam, eram inequivocamente, para ele, os novos "dominadores" do Carnaval.[9] Elegia-se assim um outro risco a ameaçar a vida frágil de Momo. Mesmo que não estivesse esquecido por completo — e que ainda provocasse tanto reclamações como diversões no início do século XX —, o entrudo era agora posto em segundo plano (declarado morto, na insistente metáfora funerária dos cronistas), para dar lugar a outro invasor: agremiações carnavalescas formadas pelos pobres de diferentes partes da cidade, que mereceram, desde a última década do século XIX, os adjetivos mais carregados, as crônicas mais nervosas e as iniciativas policiais mais violentas.

Disse atrás que este era um inimigo mais insidioso e difícil de enfrentar. Explico: a questão não podia ser discutida então nos termos da dualidade simplificadora que opunha o Carnaval "veneziano" e os limõezinhos de cera. Em primeiro lugar, porque a proliferação de agremiações organizadas nas áreas mais pobres da cidade não deixava de ser uma evidência de que a pedagogia carnavalesca, de alguma forma, havia dado resultado — e que os préstitos elegantes haviam encontrado eco nas brincadeiras rudes. Em segundo lugar, as elites "pensantes" já não encontravam em si próprias a autoconfiança ou a unanimidade e a solidez de antes: feita a abolição que lhes dera a sensação de unidade na causa comum, implantada a república e vistos seus primeiros desdobramentos, as diferenças internas vieram à tona e múltiplos pontos de vista se impuseram em face da nova configuração do país e da cidade da qual o Carnaval era uma colorida expressão.

Na virada do século XX não parecia haver uma resposta definida sobre como lidar com aquela multiplicidade e multiplicação da folia, que se estendia pelos bairros mais distantes e pelas classes mais baixas, parecendo imitar e adaptar (ou desvirtuar, para outros) as lições aprendidas das Grandes Sociedades. Era um momento em que não se sabia muito bem quais os limites entre o aceitável e o desejável tanto no Carnaval das ruas como no da política — e, neste último caso, os riscos decorrentes da ampliação da cidadania pareciam incomodar elites patriarcais recém-ingressadas nas regras republicanas.[10] Por isso, é nas primeiras décadas do novo regime que este capítulo pretende se deter com mais vagar: elas foram, sob todos os pontos de vista, estratégicas para as definições posteriores do Carnaval carioca.

Entre 1890 e 1910, os cordões foram alvo de uma crítica unânime e nervosa. Mas aos poucos, desde os primeiros anos do século XX, elogios seriam distribuídos aos ranchos, percebidos cada vez mais como manifestações positivas da presença "popular", diferenciados dos bárbaros mandirobas. Podemos então ensaiar uma periodização, com base na discussão estabelecida entre jornalistas, políticos e intelectuais sobre as novas agremiações carnavalescas que tomavam conta das ruas: desde as últimas décadas do XIX, quando começam a aparecer no Rio de Janeiro, até os primeiros anos do século XX predomina uma profunda indistinção entre cordões e ranchos, muitas vezes confundidos nas descrições e nos comentários sobre o Carnaval de rua. Em meados da década de 1900-10 começa a aparecer uma diferenciação que se tornou cada vez mais forte, praticamente generalizando, na imprensa das décadas seguintes, uma posição de defesa entusiástica e intransigente dos grupos designados como "ranchos". O tom dos comentários, a partir daí, vai se tornar diferente: "Não podia passar sem um reparo justo o aspecto soberbo que apresentaram durante este Carnaval os ranchos, mormente quando se sabe que eles são formados em grande parte por gente dos centros do labor honesto, oficinas, ateliês e repartições".[11]

Na verdade, quando se atribui a esses grupos o caráter de legítima expressão do aprendizado da alta cultura pelo povo — coisa da gente do "labor honesto", capaz de absorver e incorporar o exemplo de cima —, tentava-se estabelecer um recorte nas manifestações carnavalescas e definir-lhe critérios exteriores de legitimidade. Era também uma forma de balizar os comportamentos de trabalhadores urbanos, valorizando a feição morigerada que se atribuía aos ranchos e desqualificando a atitude supostamente rebelde e indesejável dos cordões. Assim, no mesmo movimento em que os elogios brotam para os ranchos é fácil encontrar na crônica jornalística exemplos numerosos do esforço em atribuir aos cordões uma imagem negativa, centrada na violência, na marginalidade e no barbarismo. É o caso de um picante comentário publicado em um diário da grande imprensa carioca em 1906. Em vez de assumir o irado tom das diatribes habituais, o autor tentava operar no registro da ironia para enfatizar a característica iletrada dos seus integrantes, seu comportamento duvidoso e o ridículo de suas pretensões miméticas em relação aos padrões do gosto carnavalesco mais refinado: "Nesta terra de poetas, os cordões não podiam deixar de ter também os seus. E têm-nos em grande número. Em geral os poetas dos cordões, como Wagner, deixam todo o efeito à pancadaria, e como é ela que tem de desempenhar o principal papel nas músicas do Carnaval, a poesia não demanda estafantes primores de forma nem de harmonia".[12]

Outras razões, embutidas nessa apreciação estética, podem ser identificadas em meio a invectivas e condenações literárias ao Carnaval dos cordões, como indica a imagem dúbia da "pancadaria". Para os participantes dos cordões a palavra servia para associar sua brincadeira à tradicional batucada dos zé-pereiras e aludia, evidentemente, à forte presença da percussão na música das ruas.[13] Para os seus críticos, valendo-se do recurso do duplo sentido, ela evocava sobretudo a imagem de ameaça e violência. Diante disso, pode ser instigante imaginar como esses carnavalescos de cordões e ranchos veriam as suas diferenças: entenderiam-nas como oposições? Ou trataram apenas de utilizar os espaços de Momo e seus mecanismos de legitimação e legalização para perpetuar tradições e desenvolver práticas culturais próprias? Olhariam as Grandes Sociedades como modelos ou só se apropriaram de alguns de seus padrões, ressignificando-os no interior dessa complexa rede de troca cultural?

Este capítulo gira em torno destas e de outras perguntas sobre a comunicação entre "altos" e "baixos" (se queremos usar esse tipo de metáfora espacial), mas também da heterogeneidade daquilo que se nomeou como "cultura popular". Em termos gerais, ele pretende discutir o quanto os esforços de indiferenciação condenatória ou a hierarquização de ranchos e cordões que a sucedeu, criada nas primeiras décadas do século XX e absorvida pela historiografia, constituíram lógicas por meio das quais a presença pública e carnavalizada das classes pobres foi entendida e assimilada. Pretendo ainda sugerir que tais diferenças foram entendidas e experimentadas de formas diversas pelos sujeitos diretos desse Carnaval das ruas: nem sempre se podem flagrar oposições entre cordões e ranchos (às vezes, vislumbram-se até amigáveis contiguidades); mas muitas vezes as tensões entre dois cordões ou ranchos se acumulam e explodem no Carnaval, segundo razões que têm a ver com os outros dias do ano — a experiência do trabalho ou da vida na cidade. Tais processos de criação de identidades e de conflitos tiveram menos a ver com as fórmulas eleitas para a brincadeira que com os tortuosos caminhos pelos quais redes de solidariedade e antagonismo foram tecidas na história da cidade e na experiência múltipla de seus trabalhadores-foliões. Naquela circunstância, ademais, a questão relacionava-se com as estratégias e possibilidades com que negros e pobres em geral testavam as novas regras sociais após a abolição e a República, e com a forma como seus "outros" — encastelados na imprensa, nos carros de ideias das Grandes Sociedades ou nos postos de direção política — tentaram controlar e moldar sua incômoda presença.

É evidente que, à sua maneira, todos esses grupos tinham como referência o molde forjado pelas Grandes Sociedades. Em parte, faziam-no devido às imposições do próprio aparato policial republicano, cujas exigências se multiplicavam na concessão de autorização para sair às ruas. Mas não se deve deixar de lado a astúcia dos foliões no esforço de garantir um lugar autônomo na brincadeira, usando a seu favor os instrumentos criados para controlá-los. Seja como for, a própria imprensa da época relata que os chamados cordões — que surgiram na segunda metade do século XIX, como manifestações espontâneas, capitaneadas por velhos dançarinos de cabeça grande e irrequietos princeses — passaram paulatinamente a se autointitular *clubes*, *sociedades* ou *grêmios* carnavalescos, adotando a forma organizativa de Democráticos, Fenianos e Tenentes, com estatutos, sedes fixas e estrutura de cargos e direções entronizadas, embora mantivessem viva dentro de si a herança de outros Carnavais.[14] Mas não se tratava apenas de papéis e formalidades legais ou burocráticas: a busca de semelhança atinge também as atividades nas sedes e seus salões, decorados com capricho segundo as posses de seus sócios para aproximar-se de um padrão supostamente refinado. Detalhes como a adoção de apelidos semelhantes àqueles utilizados pelos sócios das Grandes Sociedades,[15] entre outros sinais, são muito significativos. Nessa direção, uma rápida olhada nos estatutos desses clubes e sociedades de bairro pode ser esclarecedora.

Seja qual for o tipo e a categoria do grupo, seus estatutos estabelecem hierarquias e regras que tomam como base a forma padronizada das sociedades mais antigas e prestigiadas. Eles podem ser mais ou menos elaborados e detalhados, dependendo do grau de exigência da autoridade policial da circunscrição, mas articulam-se segundo normas padronizadas. Estabelecem, por exemplo, cargos de diretoria — presidente e vice, secretários, tesoureiros e fiscais —, de modo totalmente calcado na estrutura de cargos das Grandes Sociedades;[16] estipulam o valor de mensalidades e joias para associados, e de forma semelhante estabelecem as diferentes categorias de sócios (fundadores, beneméritos, e assim por diante) e as condições de funcionamento da entidade — como eleições, assembleias gerais etc. Tal procedimento aproximativo faz com que todos os estatutos, à primeira vista, pareçam iguais: até mesmo erros de cópia em uma caligrafia muitas vezes dificultosa evidenciam o esforço de seguir o modelo, mostrando que não se trata apenas da padronização formal dada por escrivães de profissão.

Algumas dessas sociedades, por exemplo, imitando a abertura dos estatutos das três grandes, acabam por afirmar que entre seus propósitos está "festejar *contiguamente* o Carnaval" (grifo meu) — e não *condignamente*, como queria a fórmula original.[17] Podem encontrar-se seções designadas como "*Descripções* geraes" — e não *Disposições*,[18] como reza o padrão. Outras preocupavam-se com os critérios para fixação do "*etinerário* da passeata", com os "*devertimentos*" ou ainda os "*adivertimentos*" que caracterizam seus salões,[19] e assim por diante, numa sucessão de erros que fariam as delícias dos seus esnobes críticos. Se erros de grafia na cópia poderiam sugerir que, afinal, os termos cartoriais não faziam muito sentido para aqueles foliões pouco letrados e empenhados sobretudo em legalizar-se, para evitar a repressão republicana, mais significativos são os sinais de incorporação de práticas e procedimentos que marcavam o Carnaval "civilizado" dos préstitos cheios de alegorias e ideias.

Assim, quando se registram, cumprindo a exigência legal, adotam nomes sempre precedidos por siglas como S. D. F. C. (sociedade dançante familiar carnavalesca), S. D. C. (sociedade dançante carnavalesca), C. C. (clube carnavalesco), S. F. C. (sociedade familiar carnavalesca), G. R. C. (grêmio recreativo carnavalesco) e outras combinações desse gênero. Nenhum desses grupos se autointitula "cordão" — embora a palavra *rancho* apareça uma vez ou outra ao especificar-se detalhes sobre a forma de apresentação pública de alguns deles. Nesse contexto institucional, ao se autointitularem dessa forma e adotarem certos padrões de comportamento, as pequenas sociedades, grêmios e clubes carnavalescos buscavam, por um lado, garantias legais para seu funcionamento; mas, por outro, mostravam aspirar a foros mais altos de reconhecimento e legitimidade.

Assim, a impressionante multiplicação dos cordões no início do período republicano — que correspondeu também ao lento enfraquecimento ou modificação das brincadeiras do entrudo, em nome da adesão a outras formas de participar da folia — poderia ter sido lida pelos adeptos da "civilização" (e também pela historiografia posterior sobre o Carnaval, por certo) de uma forma radicalmente diversa: como a expressão mais acabada da vitória do Carnaval sobre seu mais velho inimigo. Se não o foi, é porque aquilo que para eles constituía a própria essência da festa — entendida, muito antes das teorias antropológicas, como uma espécie de ritual cômico de inversão e escape [20] — passava a incomodar quando produzido e exercido por mandirobas e pés espalhados organizados em grupos que, longe da alegre anarquia dos máscaras avulsos e das aguaceiras, dançavam pelas ruas ocupando com sua "melopeia" coletiva o espaço público.

Adesão ou imitação, a aproximação dos foliões de rua ao feitio definido pelo Carnaval das sociedades deixava intelectuais e jornalistas com um sério dilema a ser resolvido. Em um primeiro registro, o preconceito é nítido mesmo quando formulado em tom carnavalescamente brincalhão. Para o *Diário de Notícias*, por exemplo, o Carnaval de 1891 fora marcado pela presença de novas agremiações apelidadas por seus detratores como o "clube dos novos", o "clube dos capoeiras" e a "sociedade dos malandros".[21] Luiz Edmundo, bastante mais sutil em sua observação, empreende um registro impiedoso mas repleto de informações relevantes ao relatar uma visita jornalística à sede de um grupo intitulado "S. C. Tira o Dedo do Pudim", situado no morro da Conceição para "ufania e regalo dos moradores do lugar".

Uma casa com porta de rótula toda pintada de azul-marinho, no alto da ladeira João Homem, servia de sede ao cordão (*sedea*, como grafava o autor, que adotava essa fórmula sempre que reproduzia em seu texto a fala popular, para enfatizar a dicção incorreta de seus frequentadores). Um "zabumbar furioso" de um "rude" zé-pereira (note-se o adjetivo diferenciador) somava-se à bulha de instrumentos de corda e de "mil bocas". Escudo na fachada, pintado sobre base de folha de flandres. Janelas e portas abertas, deixando ver da rua o interior do pequeno salão apinhado de gente. Penetras do lado de fora faziam com que se tornasse imprescindível a ação do fiscal (cargo definido em estatuto), uma espécie de polícia do salão.

A decoração logo chamou a atenção do jornalista,[22] por sua tentativa de parecer elegante: "Um dos grandes caprichos dessas agremiações mômicas é o papel da sala", no caso, azul como o manto de Nossa Senhora, com desenhos prateados e flores em alto-relevo, "espalhafatoso e caro", observa o cronista. Exemplos visuais podem ser captados em instantâneos fotográficos colhidos pela imprensa nas sedes desses clubes. A sala "tresanda a bodum". Luz de querosene, calor intenso, paredes enfeitadas com fotografias retiradas de cartões-postais ("mania em casa de pobre", segundo o autor); num "caixilho dourado", o retrato a crayon do presidente do grupo, o sr. Antônio Guimarães, "com

37. Careta, *25 de fevereiro de 1911.*
Integrantes do cordão Teimosos Carnavalescos, com seus bumbos de zé-pereira.

loja de petisqueiras à rua da Saúde" e "grande amigo de patuscadas, de batuques, de crioulas e de Carnaval". Como os antigos patronos das Grandes Sociedades, e apesar de seu menor calibre financeiro, também ele andava à cata de um título de comendador.[23]

Sua chegada à sede é saudada com entusiasmo. Luiz Edmundo enfatiza as ligações entre o mundo dos pequenos negócios e o universo perigoso dos cordões: "É nessa altura que o Chico Transação, tesoureiro do Grêmio, pardavasco pachola e 'escovado', com sete entradas na Casa de Correção e dois lanhos de navalha na altura de um queixo todo marcado de sinais de bexigas, começa a lhe dar piparotes de confiança no pandulho e a chamá-lo: 'Bichão! Quéra! Cabra-sarado! Bicho-bão!' ".[24]

A associação dos cordões com os capoeiras é explicitada sem rebuços. O memorialista poderia muito bem ter lembrado mais um detalhe curioso: os capoeiras mais antigos, chefes das maltas mais prestigiadas no século XIX, eram conhecidos na sua gíria própria justamente como "turma da lira", expressão que vai dar origem a um sem-número de títulos de cordões.[25] A descrição prossegue, revelando a estrutura do grupo, além do presidente português, do fiscal e do tesoureiro escovado. Havia também o maestro

Asclepíades Turuna — descrito como "um gorila" que conduzia a "charanga" e coordenava os ensaios do grupo. Aparece ainda o mestre-sala, que também funcionava como "garantia" do cordão: além de dominar os segredos da "lira" carnavalesca, já tinha sido "meganha" e fuzileiro naval, conhecendo bem as técnicas do uso do pé e da navalha. Para ser também o mestre-sala devia estar familiarizado ainda com o protocolo e as etiquetas das sociedades, para aplicá-los no salão e nos desfiles. Quanto aos garantias, além das habilidades na briga, deviam funcionar como guardiões da moral e dos bons costumes, vigiando "encostamentos, apalpações e outras inconveniências" que, vale lembrar, eram comuns nos salões das Grandes Sociedades carnavalescas. Ao repórter foi explicado, sem esconder o orgulho, que se tratava de um salão de família, onde "já se casaro oito virge". Três misteriosas damas que estavam no sereno entre os penetras tiveram, por isso, alguma dificuldade em adentrar o salão — mas acabaram conseguindo, graças ao prestígio da imprensa junto a esses pequenos grupos carnavalescos, após o esclarecimento de que se tratava de Raul Pederneiras, Calixto Cordeiro e Luiz Peixoto,[26] travestidos como baianas.

Parece desnecessário enfatizar o evidente desejo de aproximação de agremiações como esta com os padrões definidos pelo Carnaval de sociedades poderosas, cuja origem social estava bem distante dos morros da Saúde e das imediações do cais do porto. Seja a pretendida "elegância" do papel de parede, a divisão de funções na organização da festa, a presença de um comerciante como patrono e benemérito, a busca dos favores da imprensa, a orquestra do salão ou a preocupação com o desenvolvimento do desfile — vários elementos podem ser identificados como significativos dessa tentativa de apropriação de signos de distinção. Se a afirmação de uma moralidade bem menos licenciosa aparece aí, isso sem dúvida pode ser atribuído a um esforço análogo de afirmação e reconhecimento em face de uma discriminação e uma criminalização permanentes de suas condutas:[27] o fato é que esses salões de baile são por vezes descritos como mais familiares e bem-comportados que aqueles frequentados pelos boêmios mais abastados e abonados da sociedade carioca.[28]

Muitos grupos como o Tira o Dedo do Pudim proliferavam pela cidade do Rio de Janeiro. Seu aparecimento não datava de longe:[29] foram vistos pela primeira vez na década de 1880, em pequena quantidade, e se tornaram predominantes mal a República era proclamada, proliferando de forma impressionante na década de 1900.[30] Em alguns momentos chegaram a ser os donos exclusivos das ruas, particularmente na segunda-feira de Carnaval, quando as Grandes Sociedades abstinham-se de sair de suas sedes.[31] Seu crescimento, em termos comparativos com as demais formas de brincadeira coletiva e organizada existentes no Carnaval carioca, pode ser examinado na tabela abaixo.

TABELA 1

TIPOS DE GRUPO CARNAVALESCO POR PERÍODO*

Tipo	1881-90	%	1891-1900	%	1901-10	%	1911-20	%
Sociedades	23	26,44	12	15,79	36	7,33	24	18,75
Cordões	28	32,19	42	55,26	189	38,41	16	12,5
Ranchos	9	10,35	14	18,42	98	19,92	57	44,53
Cucumbis	5	5,74	3	3,95	—	—	—	—
Blocos	—	—	—	—	2	0,40	4	3,12
Indeterminado	22	25,28	5	6,58	167	33,94	27	21,10
Total	87	100	76	100	492	100	128	100

Note-se em primeiro lugar o número elevado de agremiações classificadas como de natureza "indeterminada", em especial no início do século XX. Trata-se de um conjunto de grupos que não aparecem nas fontes qualificados como cordões, ranchos etc., e cujas descrições não nos permitem chegar a uma definição precisa de suas características dominantes, de modo a deduzir com

* Os números da tabela correspondem ao conjunto de dados coletados na imprensa diária do Rio de Janeiro, nas referências de cronistas e memorialistas, em algumas séries de documentação policial do Arquivo Nacional e em todo o conjunto de fontes utilizadas nesta pesquisa. Compreendem os grupos em funcionamento em cada período — não necessariamente os criados neles. Uma ficha específica de cadastramento de agremiações foi utilizada durante todo o trabalho, de forma a alimentar um banco de dados para os grupos carnavalescos do período, sobretudo a segunda metade do século XIX e a primeira década do XX. Esses dados devem ser considerados como amostragens, não como o conjunto do universo pesquisado, coletadas de modo mais sistemático para a primeira década do século XX que para os demais períodos. Assim, o percentual obtido é mais significativo para análise que os números absolutos.

segurança seu perfil e formato.[32] Se uma parte desse número é relativa a grupos sobre os quais não dispomos de maiores informações, parcela significativa é composta de sociedades, grêmios ou clubes cuja descrição mistura elementos de tipologia variada, mostrando que, ao menos nesse período, as fronteiras entre ranchos e cordões não estavam assim tão definidas, e a maior parte das formas do Carnaval de rua convivia em paz no Rio de Janeiro. Mas trata-se também de um momento em que as sociedades tendem claramente a perder importância, enquanto os cucumbis se ausentam por completo do Carnaval de rua.

No caso das sociedades, é interessante notar que sua diminuição na primeira década do século XX é seguida por um novo momento de impulso, quando se multiplicam, com novas características e significados, pelos subúrbios cariocas. De outro lado, os números mostram com clareza a absoluta predominância dos cordões entre 1890 e 1910 e a tendência irresistível de crescimento dos ranchos, como se pode verificar na amostragem disponível para o período seguinte. De qualquer forma, os primeiros eram ainda soberanos na primeira década do século XX, como nos contam os números e as crônicas: "Antigamente a grande força do Carnaval estava concentrada e centralizada nas mãos de três poderosas sociedades. Era, por assim dizer, o regime unitário. Hoje, o Carnaval é uma espécie de federação: a grande força do centro espalhou-se, fracionou-se em clubes por vários pontos da cidade [...]. Entraram a pulular os cordões que hoje nos subjugam pelo número, formando a mais poderosa oligarquia carnavalesca".[33]

No mesmo ano, João do Rio ensaiava uma espécie de contabilidade daquilo a que assistia nas ruas. Do largo de São Francisco à rua Direita, estimava ele, dançavam ao mesmo tempo cerca de vinte cordões e quarenta grupos, rufavam cem bumbos e duzentos tambores, gritavam por volta de 50 mil pessoas organizadas nesses conjuntos carnavalescos. Da Urca ao Caju, prossegue ele em outro momento da crônica, haveria mais de duzentos cordões em atividade — o que lhe permite fulminar um imaginário amigo que o acompanhava pelas ruas da cidade, a reclamar contra a presença maciça dos cordões: "[...] o Carnaval teria desaparecido [...] se não fosse o entusiasmo dos grupos da Gamboa, do Saco, da Saúde, de São Diogo, da Cidade Nova, esse entusiasmo ardente que meses antes dos três dias vem queimando como pequenas fogueiras crepitantes para acabar no formidável e total incêndio que envolve e estorce a cidade inteira".[34]

Ao introduzir a ideia de que os cordões são fundamentalmente grupos de uma região determinada da cidade — a que envolve a Cidade Nova e a zona portuária, como o Tira o Dedo do Pudim —, João do Rio parece estar em contradição com sua própria contabilidade de cordões "da Urca ao Caju", ou com as palavras do cronista "Carioca", que os localiza desde a amplitude das lavouras de Irajá até os tranquilos silêncios da Gávea.[35] De fato, uma rápida olhada na distribuição geográfica das agremiações carnavalescas pelas diferentes freguesias da cidade do Rio de Janeiro, entre 1900 e 1910, evidencia a dificuldade em estabelecer tais conexões. Na tabela 2, as freguesias do Rio de Janeiro foram agregadas em cinco grandes grupos. Os critérios utilizados para isso foram o grau de afinidade sociocultural de suas respectivas populações, o grau de proximidade em relação ao centro da cidade, que concentrava a parte mais importante da festa, e, enfim, a natureza urbana ou rural das várias freguesias.

O primeiro grupo engloba as freguesias centrais da Cidade Velha situadas ao sul do Campo de Santana, onde estavam os teatros, cafés, a prostituição mais chique e os atrativos da vida boêmia da cidade. O segundo compreende aquelas regiões consideradas mais "seletivas" do ponto de vista social no início do século — onde estavam muitas residências das elites políticas mas que também serviram de refúgio a foragidos da polícia ou dos senhores na primeira metade do século XIX, dando origem à concentração de classes pobres e a algumas das mais famosas maltas de capoeiras, como a Flor da Gente.[36] No terceiro grupo está a parcela do centro com maior densidade populacional, onde se concentravam negros e imigrantes pobres, situada nas imediações do porto e acima do Campo de Santana, repleta de cortiços, candomblés, maltas de capoeiras e habitada também pela parte da população negra egressa da chamada "diáspora baiana".[37] O quarto grupo inclui as freguesias que poderíamos designar como suburbanas, regiões fabris e mais afastadas do centro mas que mantinham um ritmo próprio à vida urbana. Finalmente, o último grupo compreende as freguesias rurais do período.

TABELA 2

AGREMIAÇÕES CARNAVALESCAS POR FREGUESIAS — 1901-10*

	Cordões	Ranchos	Sociedades	Não identificadas	Total
1. Candelária, Sacramento, São José e Santo Antônio	9	2	11	4	26
2. Glória e Lagoa	26	22	3	16	67
3. Santana, Santa Rita e Espírito Santo	72	37	5	33	147
4. Engenho Velho, Engenho Novo, São Cristóvão e Gávea	23	9	8	24	64
5. Irajá, Jacarepaguá, Inhaúma, Guaratiba, Campo Grande, Santa Cruz, Ilha do Governador, Ilha de Paquetá	18	10	3	25	56
Total	148	80	30	102	360

Os números nos revelam algo importante, quando olhados com atenção. De início parece clara a predominância de agremiações carnavalescas — fossem elas cordões ou ranchos — na região formada pelas freguesias de Santana, Santa Rita e Espírito Santo. Essa parte da cidade, que reunia 23% da população, abrigava 37% das agremiações carnavalescas conhecidas. Entre as demais regiões, apenas uma mantinha uma relação dessa ordem — aquela formada pelas freguesias bem menos populosas da Glória e Lagoa, onde estavam situados bairros requintados como Botafogo ou Catete. Nesse caso, 13,4% da população correspondia a 22,9 % das agremiações carnavalescas, evidenciando também aí um forte apreço pelas celebrações de Momo.

No centro da cidade, formado pelas freguesias mais antigas, predominavam as sedes de sociedades carnavalescas, embora ranchos e cordões existissem ali com peso equivalente. Há, no entanto, uma particularidade a ser considerada:

* Os números mencionados correspondem apenas àquelas agremiações cuja localização pode ser estabelecida, entre o total das 492 identificadas no período (ver tabela 1). Não foram considerados aqui os grupos de localização desconhecida e as agremiações exclusivamente infantis.

dos nove cordões localizados nessa área, cinco estavam no morro do Castelo, um no morro de Santo Antônio e um na velha rua do Hospício,[38] onde antes se concentraram cucumbis. Na verdade, as freguesias de São José e Santo Antônio, na região central, são de densidade populacional bem maior que as da Candelária ou de Sacramento (região dos teatros e de animada vida noturna, onde se localizavam as Grandes Sociedades).[39] O motivo é precisamente o crescimento da cidade morros acima, ocupados pela população mais pobre, que se organizava em torno dos cordões carnavalescos.

Verifica-se nos dados como os cordões ainda predominam — são 148, contra oitenta ranchos e trinta sociedades, na amostra considerada. Mas também se pode observar que eles são a forma dominante em toda a cidade — inclusive na região das freguesias da Glória e da Lagoa, em que os ranchos já aparecem com presença marcante. De todo modo, essa configuração geográfica do Carnaval carioca sugere pelo menos duas coisas. A primeira é que as fronteiras entre aquilo que era classificado como rancho ou como cordão eram fluidas — impressão consolidada pelo número elevado de grupos sem identificação clara. A segunda, decorrente em grande parte da primeira, é que de modo geral as agremiações que eram qualificadas como "cordões" eram aquelas associadas a uma espécie de geografia social que vinculava a imagem do grupo com o seu bairro de origem. Os homens e as mulheres dos cordões não eram socialmente muito diversos daqueles que, no Catete ou em Botafogo, fundaram no período pequenas sociedades chamadas ranchos. Mas a percepção dos jornalistas (e decerto também a da polícia e de outros agentes políticos) colava negatividade sobretudo aos grupos originários das partes mais pobres do Rio: a gente dos morros, da Cidade Nova, das imediações do porto. Se era aí, nesses pedaços da capital federal, que se concentrava a maior parte da população (e esta foi sempre pobre, negra, pouco dada a versos feitos com técnica ou a minuetos de salão), era também nela que se concentrava o Carnaval de rua tido como desagradável e primitivo, capaz de atormentar os poetas, que o chamavam de "cordões" como um meio de discriminação e denúncia.

Apesar de a palavra *cordão* ser de uso comum — mesmo entre os seus participantes, como veremos —, com certeza os integrantes desses grupos conheciam o sentido bastante negativo do termo, encontrado com facilidade nas fontes fora do contexto carnavalesco. Em 1897, em meio às notícias policiais, podemos encontrar um exemplo:

> Anteontem demos ligeira notícia da prisão de um indivíduo conhecido por Chico Açougueiro e a propósito chamamos a atenção da polícia para um grupo de desordeiros que em gíria deles é denominado cordão, e do qual fazem parte uns tantos desocupados de alguns dos quais declinamos os nomes. Os tais comparsas do cordão vivem durante todo o dia nas portas das principais confeitarias da rua do Ouvidor, embaraçando a circulação dos seus frequentadores e o que é mais sério, dirigindo chulas e provocações inconvenientes às famílias.[40]

O significado, encontrado já nos textos do final do século XIX (pelo menos), tem uma dimensão inconfundível: trata-se de termo alusivo às temíveis maltas de capoeiras que, segundo a óptica dos que redigiam o noticiário jornalístico, infestavam e ameaçavam a cidade, fazendo ponto em suas principais vias de circulação e ostentando valentia.[41] Assim, não era de estranhar que organizações populares, em busca de licença e benevolência policial para manter abertos seus salões e sair à rua em passeatas carnavalescas, evitassem associar-se publicamente a esse termo, buscando equiparar-se às "sociedades" benquistas e prestigiadas. Também significativa se torna a insistência da parcela majoritária da imprensa e das autoridades em atribuir-lhes o epíteto que se colou a eles de forma definitiva.[42]

Evidente: o mal-estar não se restringia aos acontecimentos dos dias de Carnaval, e atingia outras práticas e espaços. Um rápido passeio por algumas das ruas mais importantes da Cidade Nova, usadas aqui a título de exemplo, pode dar uma ideia do universo alcançado pela condenação generalizada, que se ampliava nos dias da folia. No pequeno trecho que compreende as ruas Visconde de Itaúna, Senador Pompeu, Senador Eusébio e Barão de São Félix, nas imediações da praça 11, no período que cerca a virada do século XX, poderíamos avistar a sede do Candomblé de João Alabá (rua Barão de São Félix, 174), o Cabeça de Porco (logo abaixo, no número 154)[43] e vários outros cortiços e estalagens (para citar dois: o do número 26 da mesma rua, onde morreu o Príncipe Obá, em 1890, e o do número 23 da Visconde de Itaúna). Eram estes, entre muitas outras casas suspeitas, os vizinhos dos cordões Rompe e Rasga, Teimosos Carnavalescos, Estrela da Aurora, Filhos do Inferno, Triumpho de São Lourenço, Nação Angola, Filhos de Satã, entre outros situados naquele pequeno trecho da cidade[44] onde, em meados da década de 1880, nascera também a Sociedade Carnavalesca Progressistas da Cidade Nova (rua Senador Pompeu).

Muitos ranchos antigos ou mais recentes também se estabeleceram por ali, como o Pedra de Sal, o Rosa Branca — que saía da casa da mãe de santo Tia Ciata, local famoso por seus pagodes e que constituía referência importante para a região — e o Rei de Ouros, para ficar nos mais conhecidos. Nasceram e viveram lá, por volta desses anos, gente como Sinhô, Donga, João da Baiana, Heitor dos Prazeres e tantos outros personagens aos quais a indústria fonográfica não deu o espaço da imortalidade. Nada que não fosse familiarmente frequentado, de resto, por intelectuais e jornalistas em busca de atrações noturnas, como já sugeria, aliás, o relato de Luiz Edmundo sobre o Tira o Dedo do Pudim (situado próximo às ruas mencionadas) e seu encontro com aquelas suspeitíssimas "damas" da imprensa.

Traduzida para os dias de Momo, temos aí a mais ampla polifonia e polissemia carnavalescas, traduzidas na multiplicidade de formas e intenções que conviviam naquele trecho da cidade, para além das tipologias morfológicas entre cordões e ranchos. Uma das possibilidades de percebê-las é dar uma espiada mais cuidadosa nos títulos adotados por esses grupos, que a historiografia associa em geral apenas à violência ou a raízes tribais totêmicas, alguma forma de expressão do "milênio"[45] que funcionaria como uma espécie de consolo à pobreza cotidiana. Sem dúvida, alguns cordões ostentavam títulos sugestivos de uma postura de valentia, por vezes claramente associada à capoeira ou a brigas e conflitos — e, ao que parece, quanto mais ferozes se apresentassem seus integrantes, maior o sucesso do grupo aos seus próprios olhos. O próprio cordão Pés Espalhados, que deu título a este capítulo, constitui aí um excelente exemplo. Podemos lembrar outros: o famoso Rompe e Rasga, os Aborrecidos, os Destemidos das Chamas (note-se a alusão a infernos e diabos, que remetem a antigas tradições carnavalescas) e uma dezena de outros "destemidos", que sugerem a disposição de brigar; ou ainda o Terror do Castelo e alguns outros "terrores" espalhados pela cidade — para não mencionar a musical imagem da "Lira".

Mas também havia dúzias de cordões cujo título começava com Flor: Flor da Gamboa, Flor do Castelo etc., que, ao contrário das aparências, faziam com que cronistas e agentes da lei se lembrassem de maltas famosas como a Flor da Gente (da Glória), ou a Flor da Uva (da freguesia de Santa Rita),[46] que foram objeto de atemorizados comentários da imprensa nas últimas décadas

38. O Mequetrefe, *28 de abril de 1880.*
O desenhista intitula as maltas de "flores municipais", referindo-se à famosa Flor da Nossa Gente. Mas o trocadilho se aplica também aos cordões, que adotam com frequência títulos alusivos a flores e plantas.

do século XIX. Para estabelecer algum tipo de paralelo, deve-se lembrar que os ranchos também adotaram largamente títulos associados a flores, mas raras vezes se designaram como Flor de algum lugar: eram em geral nomes associados a espécies botânicas, como Ameno Resedá, Flor do Abacate, Mimosas Cravinas ou Flor do Lírio, marcando uma diferença sempre presente em relação aos títulos florais dos cordões.

No entanto, entre tais flores muitas vezes figuravam algumas cuja origem não era o local de sede (ou os bairros e "pedaços"[47] da cidade onde exerciam sua influência), mas lugares de trabalho ou categorias profissionais. É o caso, por exemplo, do Flor da Aliança ou do Flor da União — de operários da fábrica de tecidos dos mesmos nomes — ou do Flor da Marítima — que, na Gamboa, congregava marinheiros e pescadores.[48] Com ou sem flores, alguns grupos se autodefinem por uma perspectiva de classe, como Flor dos Operários, Lira Operária, União Operária[49] e outras denominações, que por vezes parecem saídas de alguma convocação sindical. Em padrão bastante próximo estavam as agremiações carnavalescas organizadas por local de trabalho, que não recorriam às flores mas a outros elementos de identidade, alguns relacionados de modo explícito às rotinas do trabalho — como os Operários de Vila Isabel (Fábrica Confiança), Recreio dos Anjos (empregados da Companhia de Luz Esteárica), Luz do Povo (trabalhadores da Companhia do Gás), os Caprichosos da Estopa, da rua Humaitá (composto apenas de operários têxteis), ou os Gravatas (formado por operários da Fábrica Carioca, no Jardim Botânico). Entre elas, composta de portuários, a Recreio das Flores (para voltar ao recorrente tema botânico) é outro exemplo notável de rancho associado ao mundo do trabalho. Entre todas essas flores operárias, entretanto, há também cordões e ranchos.

Era bastante comum, aliás, que tanto cordões como ranchos adotassem títulos que indicassem origens ou formas de inserção na cidade e no Carnaval. Filhos (ou, com menor frequência, Estrela ou Prazer) precediam em geral nomes de bairros ou locais da cidade (Filhos da Prainha ou de Piedade, por exemplo, ou Estrela de Vila Isabel ou Prazer da Providência), nomes de cordões mais antigos (Filhos da Estrela dos Dois Diamantes ou Filhos da Primavera), sinalizando filiação a linhagens carnavalescas estabelecidas na nomenclatura das agremiações.[50] Esse tipo de vínculo aparece mais comumente entre ranchos quando precedido da palavra *Caprichosos*: Caprichosos de São Cristóvão, por exemplo; ranchos em geral usavam para o mesmo fim títulos mais pomposos, como Paladinos do Catete.

A despeito de sua imagem aterrorizante, os cordões utilizavam-se também de elementos de crítica social ou política e recorriam ao humor para caracterizar sua própria origem de classe: uma dezena de Teimosos (de Madureira, da Gamboa, do Morro da Conceição e outros) convivia com entidades congêneres, autobatizadas como Carestia, Esfolados, Inimigos do Trabalho ou Flor... dos Perebas. Alguns buscavam o alvo de heranças culturais: Guerreiros Carnavalescos, Índio de Ouro, Serpente de Ouro ou Flor dos Caboclos reforçam a associação com os cucumbis. Outros, como o Chora na Macumba ou o autointitulado Pavor dos Inocentes do Morro do Pinto, apelavam para um tipo de ironia que seria bastante comum também entre os ranchos (exemplos: Iaiá Sacode a Saia, Miséria e Fome, Tomara que Chova...).

Quase exclusivos dos cordões eram, no entanto, títulos que remetiam a etnias e origens africanas: Nicolau Mikimba, Mina de Ouro ou os mais antigos Benguelas, Munhambane, Cabundas e Nação Angola, entre outros.[51] Mas as agremiações se confundiam quando buscavam designações que indicavam competição ou desejo de supremacia: Rainha de Ouro, um cordão da Cidade Nova, sucedera ao Rei de Ouro, famoso rancho da Saúde no final do século XIX. Triunfo da Glória e Triunfo da Camélia eram, respectivamente, um cordão e um rancho (invertendo o paradigma consagrado, o primeiro da Glória e o segundo da Cidade Nova) que conviviam nos Carnavais da primeira década do século XX.

Vê-se como os padrões são bastante variados, e a nomenclatura dos cordões e ranchos nem sempre será, em si mesma e desvinculada de outros elementos, capaz de configurar com clareza a diferença de tipologias e propósitos carnavalescos — embora os casos mencionados configurem alguns padrões mais ou menos estáveis. Com base na hierarquização estabelecida pela crônica, no entanto, a bibliografia especializada tendeu a postular uma diferenciação clara, consolidando o estereótipo que fez dos ranchos uma "evolução" qualitativamente diferenciada do Carnaval dos trabalhadores pobres da cidade. A análise mais detida dos nomes adotados pelas agremiações carnavalescas, assim, mais uma vez sugere a variedade de tradições, experiências, valores e atitudes que se cruzam nas manifestações do Carnaval, para além das evidentes diferenças formais.

Não seria prudente desse ponto de vista exagerar na importância dessa curiosa nomenclatura na construção de classificações ou tentativas de tipificar formas do Carnaval de rua. Há aí muito de acaso, moda e repetição. Um cordão intitulado Flor da Harmonia, por exemplo, poderia dar muito o que pensar — não fosse pelo detalhe de estar situado justamente na rua da Harmonia, o que, como lembra um comentarista da *Gazeta de Notícias*, "é muito pouco para julgar um verdadeiro apaixonado da divina arte de Euterpe" e mais ainda para permitir suposições mais amplas.[52] Nessa direção, a análise do rico elenco de nomes e títulos escolhidos por agremiações carnavalescas de diferentes formatos — e em particular aquela que envolve os grupos designados como cordões — reforça acima de tudo a ideia de que estes últimos expressam de forma radical a multiplicidade de sentidos que caracteriza a brincadeira carnavalesca.

Entretanto, essa mesma característica pode nos permitir identificar elementos importantes para desvendar alguns dos seus significados. Em primeiro lugar, e mais uma vez, as fronteiras entre as formas não são tão rígidas quanto querem fazer parecer algumas análises, posto que ranchos e cordões podem surgir (e muitas vezes o fazem) com títulos muito semelhantes — ainda que haja predominância de algumas formas relacionadas a alguns nomes, como vimos. Em segundo lugar, a análise mostra a variedade de intenções, concepções, atitudes e autoimagens que permeiam os grupos do Carnaval de rua, frequentemente compartilhados por grupos considerados como cordões e como ranchos. Por outro lado, o recurso comum à indicação de "filiações" entre agremiações, em que uma mais nova se autodesigna filha de uma mais antiga, sugere que os carnavalescos não viam as diferenças entre suas formas de aparecer nas ruas como moldes fechados e definidos, podendo mirar-se umas nas outras sem maiores problemas: o "filho" de um cordão pode perfeitamente ser um rancho, como o de uma sociedade pode ser um típico cordão, com índios e pancadaria.

Um bom exemplo poderia ser o cordão Filhos da Machadinha, do Engenho Velho, que no início do século XX indicava em seu título o tributo à tradicional Sociedade Carnavalesca Machadinha, do Andaraí, que existia desde 1880. Trata-se nesse último caso de uma conhecida agremiação muito apegada aos padrões adotados pelos Tenentes, Democráticos e Fenianos, embora não possuísse os mesmos recursos financeiros. Podemos encontrá-la em 1907 descrita pelo repórter da *Gazeta de Notícias* que visitou sua sede pouco antes do Carnaval: segundo ele, a antiga sociedade ainda esperava "fazer em breve futuro Carnaval externo com carros de crítica" — mas o dinheiro continuava sendo pouco para tal ambição. Assim, limitavam-se a sair uniformizados, com luxo capaz de "deslumbrar o público", atroando seu "zé-pereira formidável" e sonhando com as finas alegorias de suas coirmãs do centro.[53] Esse exemplo é bastante sugestivo do ponto de vista das possibilidades de interpretação: se a Machadinha, que saía a pé, não pode ser tipificada como uma grande sociedade, é claro no relato seu desejo de sê-lo e sua busca permanente dessa forma — elemento que decerto é tão importante quanto o anterior para definir a identidade do grupo. Por outro lado, a homenagem dos Filhos da Machadinha — que assumem a forma típica do cordão ao proclamar-se "herdeiros" da velha (e frustrada) sociedade — indica que a preocupação morfológica passava longe da folia, na qual cada um brincava como queria e como podia, sem necessidade de afirmar uma forma como melhor que as demais.

"O Carnaval de hoje resume-se na alegria primitiva dos cordões que enchem a cidade [...] de uma feição de primitividade que já não fica bem ao nosso feitio de cidade civilizada [...] É certo que ninguém compreende que a largueza ampla das avenidas se case com justiça com essa feição monótona das alegrias africanas."[54]

Ah, a moderna avenida! Que Carnaval caberia nela? Não mais o das velhas sociedades, que iam sendo estranguladas pela modernidade urbanística. Mas decerto também não o dos cordões de alegria rústica e supostamente africana. Em meio ao pânico da imprensa, a oposição entre civilização e tradição era formulada de modo muito explícito como um embate entre o Carnaval letrado das Grandes Sociedades que minguavam e a festa negra dos grupos que envergavam como "uniforme — fantasias de selvagens".[55] Como vimos, uma quantidade imensa de animados grupos e pequenas agremiações carnavalescas tomava conta do Carnaval carioca. Eram vistos como subprodutos de um fervilhante caldeirão urbano, ao qual avenidas tentavam impor ordem e hierarquia.[56] Afinal, entre 1872 e 1906 a população da cidade quase triplicara, saltando de cerca de 228 mil para 620 mil habitantes, com uma incômoda maioria negra e mestiça egressa da escravidão, a que vinha somar-se a crescente presença de imigrantes pobres, que não ajudavam a tranquilizar os espíritos das autoridades e das elites. A cidade das "modernas avenidas" fora e seria palco de rebeliões populares, algumas de forte peso simbólico, como a Revolta da Vacina, de 1904, e via seu cotidiano pontilhado, no início do século XX, pela agitação operária.[57] Os imperativos da ordem pareciam tornar-se prioridade em várias frentes: no desenho da cidade, nas prescrições da higiene pública, no controle policial das multidões — e, claro, também no *front* de Momo.

Indiferentes aos apelos da ordem, os grupos carnavalescos rompiam e rasgavam as fronteiras urbanas. Engalanados à sua moda, queriam o centro da cidade, insistiam em cruzar a avenida Central ou as ruas elegantes, tomavam conta dos bondes e atravessavam a capital subvertendo com sua simples presença as regras da civilidade e do bom-tom para os que desfrutavam os encantos da *belle époque*. Talvez as vivas descrições produzidas pela crônica carnavalesca ajudem a entender melhor o que se passava sob os olhos espantados dos alegres foliões das Grandes Sociedades e das redações de jornal, em seu esforço para associar a presença dos cordões às indesejáveis heranças negras.

> O cordão vinha alarmante depois de ter dançado em frente à redação de um jornal. Lembrava, no meio daquela multidão compacta e febril, uma enorme serpente bordada de luz. [...] Os pobres do cordão, sem fantasia, em mangas de camisa, já capengando alguns de estafa e das topadas, erguiam archotes resinosos, lâmpadas de querosene presas a um bastão, e carregavam os bichos trágicos do afoxé — serpentes vivas sem os dentes, lagartos enfeitados de fitas, jabutis aterradores e misteriosos. No olhar amortecido daquela gente em delírio lia-se um grande cansaço, mas [...] berravam interminavelmente a mesma toada, no ruído cadenciado dos instrumentos bárbaros.[58]

São palavras de João do Rio, que nunca escondeu uma boa dose de fascínio ou interesse pelas práticas culturais da gente pobre — expressa em numerosas e conhecidas crônicas sobre assuntos carnavalescos, sobre as religiões populares, o submundo carioca e outros aspectos relacionados a esse tipo de temática. Nessa medida, os termos empregados e os tons carregados com que o retrato foi pintado exprimem o clima que cercava, para a parcela "ilustrada" da sociedade carioca, a aparição dos cordões nas ruas da cidade. *Alarmante*, *pobre*, *delirante* e *bárbaro* são — mais que a sensação experimentada pelo próprio autor do texto — adjetivos canônicos empregados nas descrições da passagem dos cordões pela quase unanimidade dos cronistas da época (e que João do Rio coloca, não por acaso, na boca do seu interlocutor imaginário na crônica).

Essa intensa ocupação do espaço público por grupos que, no rastro das Grandes Sociedades, organizavam-se e adotavam a forma dos préstitos, adquiriam caráter de permanência, mantinham sedes e diretorias, estandartes e símbolos, é que, em primeiro lugar, parecia deslocada. Se a aglomeração anárquica e desrespeitosa era um forte incômodo nas décadas anteriores, a multidão organizada sob a forma dos cordões, legalizada e chancelada pela autoridade policial, poderia parecer ainda mais assustadora. Além do mais, se aprenderam uma parte da lição, não pareciam tê-la absorvido de todo: longe do Carnaval veneziano apregoado pelos pedagogos de Momo, esses grupos traziam às ruas antigas tradições já condenadas em nome do progresso e da civilização. Refiro-me a personagens como os velhos dançarinos cabeçudos, aos grandes zabumbas de zé-pereiras e, em especial, aos africanismos condenáveis nos ranchos de baianas da Cidade Nova e de índios que lembravam velhas danças dramáticas das irmandades negras.

A referência mais forte, buscada no passado imediato, eram os cucumbis, aos quais era atribuída a origem dos cordões. Nesse caso, tais práticas apareciam como restos indesejáveis de um passado comprometedor, sendo apontadas como responsáveis pela degradação do Carnaval.

> Enquanto assim corria o Carnaval, os cucumbis, como os zé-pereiras noutro tempo, mudavam o aspecto dos folguedos comunicando a sua selvageria aos instintos rudes do povo. Dir-se-ia uma afinidade. Deles nasciam os cordões, esses horríveis, fétidos, bárbaros cordões, que dão ao nosso Carnaval de hoje algo de boçal e selvagem com sua imutável melopeia de adufes e pandeiros e a babugem desbocada de suas cantilenas [...] Já não há alegria nem espírito, há berreiro de taba de mistura com uivos de africanos em samba.[59]

A presença dessa tradição, agora sob os nomes sonoros dos cordões, parecia assim prolongar-se no tempo e avançar pelo século XX. Às vésperas da abolição, como vimos, uma tônica quase decepcionada marcava os comentários da imprensa sobre os cucumbis e sobre a presença dos negros no Carnaval, com suas formas tradicionais de apresentar-se na festa. Seguiu-se o discurso francamente racista da década de 1890, que desenhava os "africanismos" como uma ameaça ao próprio futuro do país.[60] No século XX os cucumbis, alvos dessas críticas e desse temeroso olhar branco, haviam sumido das ruas, na forma como foram vistos no século anterior.[61] Mas a presença dos negros nas ruas da cidade, ainda envergando os mesmos símbolos e fantasias, não desaparecera com eles — e passava a ser lida como uma afrontosa e ameaçadora insistência. Até porque os significados dos cucumbis, se já eram difíceis de entender para os eruditos e jornalistas do século XIX, pareciam aos "modernos", em sua grande maioria, incompreensíveis, além de desprezíveis. Na leitura positiva, apelava-se para a folclorização como único viés possível de legitimidade: "Uma rapaziada destemida e valente a do Triunfo da Saudade, que entoava uma melodia selvagem e altamente indiana. À frente dois desabusados índios pelejavam de arco e flecha, enquanto duas enormes cobras se contorciam no solo. Muito pitoresco e interessante esse grupo",[62] comenta o jornalis-

39. O Malho, *11 de março de 1905.*

ta, sem nos convencer por completo de que, de fato, considerava aquilo que via digno de qualquer interesse. No dia seguinte, o mesmo jornal empreende uma descrição da terça-feira gorda. Diversos cordões haviam desfilado em frente à sede do jornal, na esperança de merecer uma notinha na manhã seguinte, redigida nos moldes habituais: "Passaram brilhantes e terríveis os heroicos Filhos da Prainha, com seus dançarinos danados e ferozes, e uns lagartos não menos ferozes, domados por selvagens. A Flor do Brasil, um dos mais belos e suntuosos grupos que vimos, surpreendeu-nos com uma dúzia de ferozes índios que travaram vivo combate à nossa porta".[63]

Mas as melhores descrições ainda estão por vir, permitindo analogias mais claras entre os cordões e os tradicionais cucumbis do século XIX. Há referências visuais, em desenhos e ilustrações publicados. Ou podemos, por exemplo, ouvir um pouco Luiz Edmundo descrever os índios que vinham à frente dos cordões "com vastos cocares de penas longas e coloridas, emoldurando rostos cor de canela, pintados a urucum, brincos de metal e colares de vidrilho; na boca sempre traziam um apito de barro, por onde silvam, aos pulos; traziam atravessado nas costas um lagarto seco, uma serpente ou uma pele dura de jacaré".[64]

A descrição, como a ilustração, traz também outros elementos com os quais já nos deparamos no primeiro capítulo: paletós virados ao avesso, mascarados, dança de velhos, grandes tambores feitos às vezes de latas de querosene vazias, passos de capoeira são também indicados como traços constitutivos da festa dos cordões.[65] A tônica principal da narrativa, entretanto, permanece dada pelas facções rivais de índios e africanos, pela presença de animais vivos, pelos arquétipos encontráveis nas descrições dos cucumbis desaparecidos do Carnaval carioca. Uma última descrição, colorida pelo estilo de João do Rio, reitera esse padrão, acrescentando-lhe novos elementos:

> À frente um grupo desenfreado de quatro ou cinco caboclos adolescentes com os sapatos desfeitos e grandes arcos pontudos corria abrindo as bocas em berros roucos. Depois um negralhão todo de penas, com a face lustrosa como piche a gotejar suor, estendia o braço musculoso e nu sustentando o tacape de ferro. Em seguida gorgolejava o grupo vestido de vermelho e amarelo com lantejoulas d'ouro a chispar no dorso das casacas e grandes cabeleiras de cachos, que se confundiam com a epiderme num empastamento nauseabundo.[66]

Casacas, cabeleiras cacheadas — além de penas e animais vivos. Sim, pois, apesar da ênfase quase unânime dos cronistas e da sua forte presença no interior desses grupos, nem só de índios compunham-se os cordões. A reiterada presença nos seus desfiles de um elenco variado de fantasias reforça a ideia de que a ênfase nos "selvagens" tinha o sentido retórico de estabelecer mais fortemente o contraste entre um Carnaval "moderno" e outro "primitivo", reafirmando, vale dizer, as hierarquias sociais implícitas nessa classificação. Mas os cordões podem, em todo caso, parecer pacatos nas poucas fotografias que restaram desses grupos, que também atestam a convivência entre índios e diferentes personagens carnavalescos. Os relatos e as memórias produzidos no período registraram muitas vezes a presença de outras fantasias tradicionais em suas fileiras.[67] Mas deixam também entrever as novidades que a moda carnavalesca ia agregando aos alicerces da tradição. "Negralhões" suados vestidos como índios guerreiros e ladeados por animais vivos já parecia algo difícil de digerir — e ainda mais quando vinham às ruas secundados por outros personagens: falsos nobres de casaca vermelha e cabeleiras de cachos, igualmente "nauseabundos".

40. O Malho, *23 de março de 1907.*
A foto mostra um cordão em seu bairro de origem, preparando-se para sair.

Podemos flagrar nas ruas, em outros cronistas, tais foliões que João do Rio descreveu em 1906. Os responsáveis por essas sugestivas coplas podiam muito bem ser os integrantes do cordão Cachinhos de Ouro:

> [...] *O meu cacho guerreiro*
> *é um grupo brasileiro.*
>
> *É bela, é bela*
> *a cabeleira dourada.*
> *Vai cortar um cacho*
> *para dar à namorada,*[68]

cantavam escuros foliões do grupo que costumava sair com as tais cabeleiras de cachos cujo tom não parecia combinar com o caráter "guerreiro" dos cordões — e menos ainda com sua cômica (pois, veja-se, os bárbaros também podiam "ter espírito"!) alusão à "loira" nacionalidade. Olhando para os cordões no início do século XX, Gonzaga Duque, por exemplo, perguntava-se irritado por que toda aquela gente insistia "aborrecidamente" em fantasiar-se com roupas pelas quais em geral até contraíam dívidas, que pagavam com dificuldades — quando pagavam (não fala, portanto, da corriqueira roupa de índio que caracterizava alguns integrantes de cordões, mas de indumentárias mais sofisticadas). Concluía, estarrecido, que o que levava foliões de cordão a tal imprudência não era o civilizado desejo de cometer loucuras sem ser reconhecido, que estava na origem das elegantes diversões de salão, mas o de "se dar a ilusão de um grande ser, um rei, um monstro, um ente fabuloso". "Suponho", conclui o cronista, "que este entusiasmo pelas roupagens carnavalescas que se manifesta nas classes populares provém do fundo africano-índio da nossa principal origem."[69]

O literato faz assim, à falta de melhor explicação, que também esse costume — o de vestir-se no Carnaval com roupas de corte francesa ou com fantasias cuja ideia veio importada nos vapores diretamente para as lojas de artigos carnavalescos — acabe mais uma vez remetido às origens primitivas do populacho. Algum tempo depois, sem tantos cuidados na forma de expressar-se e longe das preocupações literárias e políticas sobre algum substrato da cultura nacional, uma revista publicaria quadrinhas capazes de expressar o preconceito e o desagrado diante daqueles insistentes desfiles de pés espalhados fantasiados como príncipes e fidalgos, de empoadas e suadas perucas cacheadas:

O pessoal do tamanco
por uma velha mania
com rigor e economia
guarda o dinheiro no banco.

Por amor à realeza,
quando chega o Carnaval,
passa a ter sangue real:
é rei, rainha ou princesa.[70]

Aqui, mais uma vez o paradoxo pode ser vislumbrado. Afinal, durante décadas, o padrão dos préstitos das sociedades carnavalescas havia sido apregoado como um modelo capaz de promover a civilização, constituindo por isso um espelho no qual as classes populares deveriam mirar-se em sua busca de promoção social e cultural. Na segunda metade do século XIX, quando pobres foliões avulsos perambulavam pelas ruas fantasiados de pai-joão, bebês, diabinhos e dominós, as elites saíam em conjuntos resplandecentes de luxo, vestidos com as saias escocesas do regimento dos *highlanders* ou com as *toilettes* deslumbrantes das cortes europeias, seguindo o padrão inaugurado — como vimos — pelo Congresso das Sumidades Carnavalescas.

Não é difícil adivinhar o encantamento que isso era capaz de causar nas pessoas que, espremidas na estreita calçada, paravam suas brincadeiras para ver passar os préstitos luxuosos. Seria ingênuo supor que aí não se tenha produzido nenhum diálogo. De resto, se o que se buscava era uma relação pedagógica, deve-se lembrar que ela não constitui uma linha de mão única, nem inclui discípulos passivos diante do que "aprenderam". Assim, não se trata, é claro, de um simples processo mimético relacionado às formas de aparecer nas ruas durante o Carnaval, transcrito para a escala da pobreza cotidiana dos protagonistas. Os foliões, antes avulsos e envolvidos em uma espécie de brincadeira anárquica (embora com certeza divertida), aprenderam aí a organizar-se para os desfiles, apropriaram-se de sua dimensão de espetáculo. Por meio das formalidades da lei e da ordem, conseguiram defender-se minimamente contra uma repressão policial que não parava de crescer e de tornar-se mais exigente a partir das últimas décadas do século XIX. Parece que, ao contrário de suas intenções, ressignificando elementos que os grandes préstitos trouxeram para o Carnaval de rua tornaram-se ainda mais ameaçadores para o bom gosto e a sensibilidade dos de cima.

O fato é que seu Carnaval não era igual àquele proposto pelos pedagogos da civilização de Momo: os cordões insistiam em trazer em seu interior boa parte daquilo que as sociedades e os jornalistas pretendiam relegar para o passado. Cucumbis marcaram, em seu tempo, uma presença étnica definida, expressa por rituais dramáticos estabelecidos e por uma espécie de liturgia incorporada aos Carnavais, em decorrência da crescente intolerância da Igreja católica com as formas da religiosidade popular.[71] Os cordões, ao contrário, mais se parecem com uma federação de tradições renegadas, das quais os índios são apenas um elemento. Nesse sentido, apareciam com um significado francamente deletério, organizando e revitalizando os personagens da tradição carnavalesca — velhos letristas das pernas com suas grandes cabeças, negros vestidos de penas, diabos, morcegos, palhaços, unidos num desfile único, autorizado e financiado por algum patrono ou pelo esforço coletivo do grupo. Não se tratava, como se vê, apenas das tradições negras — embora elas fossem evidentemente importantes para definir os termos políticos do problema. Era antes um conjunto de referências carnavalescas das mais diversas origens, incorporadas com múltiplos sentidos ao arsenal risonho das ruas nos Carnavais cariocas, e também fantasias novas e recriadas. Esse movimento permitia que os antigos reis e rainhas dos cucumbis pudessem às vezes aparecer europeizados nos cordões, apesar das peles negras, exercendo seu poder com os pés no chão e em meio a tantos outros mascarados.

"Há dias andava a polícia à procura do desordeiro Francisco da Rocha, vulgo Chic da Bahiana. Ontem, às oito horas da noite, alguns o encontraram fantasiado de Rei, no largo do Rocio, e o prenderam conduzindo-o para a central de polícia."[72] Chic da Bahiana, como qualquer outro do "pessoal do tamanco", podia escolher entre ser rei, diabinho ou pai-joão, sair de índio ou carregando uma serpente viva com a qual pudesse assustar a plateia. Desordeiro procurado, não é difícil concluir que ocupava um posto elevado na hierarquia das ruas, entre capoeiras afamados e valentes respeitados — e tentava, pela escolha da fantasia, expressar algo sobre si mesmo e seu mundo. Além disso, decerto não estava vestido de rei apenas para passear sozinho pelas ruas. Sua presença pode servir de mote para uma reflexão sobre os novos sentidos do Carnaval dos cordões e o sistemático esforço de desqualificação a que foram submetidos.

Embora aparecessem por toda a cidade, tais agremiações carnavalescas, que incomodavam com seu arsenal simbólico a cidade regenerada de Pereira Passos, foram sintomaticamente vinculadas a um único trecho da cidade, onde eram mais numerosos. Já vimos essa associação feita por João do Rio e convém, nesse ponto, retomar o exemplo. Apesar de seus exotismos e de suas eventuais simpatias pelos *bas-fonds*, João do Rio obedecia aos ditames de seu meio ao associar os cordões à Cidade Nova, à Saúde ou à Gamboa. Com certeza não era o único a atribuir a origem e o "barbarismo" dos cordões àquela parte da cidade[73] que ele próprio, em outros escritos, se encarrega de qualificar: "O bairro onde o assassinato é natural abraça a rua da Saúde, com todos os becos, vielas e pequenos cais que dela partem, a rua da Harmonia, a do Propósito, a do Conselheiro Zacharias, que são paralelas à da Gamboa, a do Santo Cristo, a do Livramento e a atual rua do Acre".[74]

Tal associação carrega um significado importante e nos introduz um novo elemento, com base no qual podemos voltar ao olhar dos cronistas e à forma homogênea e quase unívoca como entenderam aquilo que viam nas ruas durante os Carnavais dos anos 1900-10. Em primeiro lugar, as "classes perigosas" não estavam confinadas aos bairros indicados pelo cronista. Também convém reafirmar que, embora concentrasse de fato um grande contingente de pequenas agremiações carnavalescas, a região portuária não detinha a exclusividade desse tipo de Carnaval,[75] congregando ainda o maior contingente (em termos absolutos) de ranchos no período. Na verdade, havia cordões espalhados por bairros bastante diversos entre si, inclusive o elegante Botafogo (que sediou mais de sete deles no período analisado, para não mencionar outras tantas agremiações cujo formato foi impossível precisar nos registros disponíveis). Vale lembrar, entretanto, que essas agremiações nem sempre eram formadas pelo critério de vizinhança. Muitas vezes foram constituídas a partir de outro tipo de afinidade — como local de trabalho —, de modo que vários dos grupos carnavalescos de um bairro tido como elegante podiam ser formados por operários fabris, comerciários ou empregados domésticos que lá se organizavam, garantindo espaço para suas brincadeiras entre as folgas do trabalho.

Os dados mostram que, na prática, toda a cidade estava coberta dessas minúsculas sociedades, que se espalhavam das zonas mais densamente povoadas do centro às antigas freguesias rurais que cercavam o Rio de Janeiro, apesar de sua maior concentração na área das freguesias de Santana, Santa Rita e Espírito Santo e nos morros do Castelo e Santo Antônio (para mencionar apenas os da área central). Se tomarmos como exemplo o morro do Castelo, vamos encontrar dois cordões existindo ali no ano de 1905, número que dobra em 1907 — e se mantém em três ainda no ano de 1910,[76] o que evidencia o vigor que essa forma carnavalesca apresentava entre os trabalhadores pobres da cidade. Isso decerto reforça a impressão de que o termo consagrado para designar essa forma de brincar carregava acima de tudo um sentido de intensa discriminação, já que mais da metade desses grupos que assustavam os cronistas e mobilizavam a polícia vivia objetivamente fora do bairro em que "o assassinato é natural", circulando muitas vezes por regiões sofisticadas e outras de aparência bucólica e pacífica.

Assim, além de elementos como o apego a tradições renegadas dos Carnavais do século XIX ou a ausência de talento literário, "espírito" ou "humor" entre a gentalha que saracoteava nesses desfiles, a imagem da violência e da ameaça social que foi colada a esses grupos carnavalescos justifica a atitude unanimemente temerosa e hostil das elites, tanto da imprensa como das autoridades. É essa projeção do perigo que está embutida na associação com a região do "assassinato natural" e com os "negralhões" das maltas, capoeiras vestidos de reis ou vagabundos dos quiosques e botequins. Entrelinhas de crônicas relativas aos cordões, no entanto, são às vezes reveladoras do preconceito social que cercava tais associações, entre os cordões e a criminalidade: "Não vês como se diverte a gente do trabalho, a massa anônima com seus cordões?", comentava um cronista carnavalesco, após a advertência àquelas alturas quase obrigatória de que "Momo" ia "morrendo entre nós"[77] pela sua presença sufocante. Mesmo que de forma involuntária, o cronista inocentava os integrantes do grupo da permanente suspeição de que eram vítimas, ao reconhecê-los como grupos de trabalhadores comuns. Na prática, inclusive, capoeiras e vadios não podiam ser confundidos, posto que a maioria dos primeiros era de trabalhadores regulares.[78] Além disso, era notória a existência de dezenas de agremiações carnavalescas organizadas por fábricas e categorias profissionais, como vimos. O caráter operário e até classista com que esses grupos carnavalescos marcam sua identidade aparece também em versos como os cantados em 1907 pelo Flor do Castelo — um autêntico e típico cordão —, que reproduzo em reforço a essa afirmação :

Avante, brasileiros!
O que diz ser operários
reclamar dos nossos mestres
oito horas de trabalho.[79]

No entanto, tal reconhecimento não alterava o sentido da aversão generalizada pelo Carnaval dos cordões, associados à "capadoçagem", à vagabundagem e ao crime — e os jornais não pareciam muito interessados nesse tipo de sutileza. O cronista D. Picolino, por exemplo, colaborava em um elegante jornal e, no Carnaval de 1908, escrevia uma crônica intitulada "Zé-Pereira".[80] O tom do texto é previsível: a condenação irritadiça de "hábitos do tempo do onça", em particular aqueles mais barulhentos, o que leva o autor a tecer loas ao chefe de polícia Alfredo Pinto, que tentara naquele ano, entre outras coisas, proibir a presença dos bumbos nas ruas durante o Carnaval — instrumentos que, cabe lembrar, estavam ausentes dos ranchos, razão pela qual a proibição era especificamente dirigida aos cordões. Em defesa de seus argumentos, o cronista trata de dar um depoimento pessoal: cada vez que mudava de residência — alerta e aconselha os amigos —, tratava de verificar antes se nas imediações não existiria "[...] algum grupo de Filhos da Lua ou de qualquer outra procedência", já que no Carnaval carioca, para ele, haveria "filhos de tantas espécies".

Em 1908, aquilo que o cronista chama de zé-pereira já está bem longe daqueles grupos de tocadores de bumbo com paletós pelo avesso e enfeitados com alhos, ou vestidos com capim. Se a condenação é a mesma, mudaram os personagens e os trajes, embora permaneçam os tambores: ela dirige-se agora aos cordões carnavalescos, essas "sociedades cujos títulos começam por filhos" e que o cronista associa, sem mediações, ao velho hábito de zabumbar pelas ruas da Corte, ao qual deve ter assistido em sua infância ou juventude. Mas isso não é tudo: prosseguindo em sua campanha regeneradora de Momo, o cronista tratava ainda de explicitar uma outra razão de sua raivosa implicância contra os filhos de alguma coisa que frequentavam as ruas durante o Carnaval. Segundo seu relato, tais agrupamentos faziam-no relembrar um episódio desagradável de anos passados, capaz de sintetizar um dos sentidos desse mal-estar. Trabalhava em sua casa um copeiro que, em um domingo de Carnaval, lhe implorou insistentemente para sair antes do jantar — apesar da presença de convidados — para assistir uma "mãe moribunda". Mesmo tratando-se de uma mãe "retinta", relata o cronista, ele enterneceu-se diante do amor filial do copeiro e enfrentou o "transtorno" de ficar aquela noite sem os seus serviços. Na mesma noite, na rua da Passagem, o jornalista indignado deparou-se com o esperto criado, em mangas de camisa, a comandar o batuque do grupo carnavalesco Filhos das Trevas — do qual era vice-presidente.[81]

Assim, os cordões — como antes os zé-pereiras ou os grupos de diabinhos que povoavam as ruas da cidade nos dias do entrudo — apareciam sobretudo como um lugar onde os pobres exercitavam sua capacidade de divertir-se com autonomia, de rir dos patrões e das autoridades (até de enganá-los, se necessário), em uma espécie de vingança social exercida em linguagem carnavalesca. Nos cordões, os mascarados avulsos, entre os quais os diabinhos, que permaneciam como um sucesso popular desde os Carnavais do século XIX, incorporavam-se à forma coletiva dos cordões e podiam, dessa forma, manter e ampliar seu sentido original. Lima Barreto exprimiu tal percepção em uma crônica inédita, apropriadamente intitulada "A vingança (História de Carnaval)".[82] Nela, uma certa dona Francelina, moradora de cortiço e lavadeira de "várias famílias conceituadas", vê num sábado gordo chegar seu jovem filho, munido de uma "amedrontadora" e completíssima fantasia de diabo, com máscara e roupa encarnada com uma longa cauda. Teria o rapaz roubado?

Sossegada pelas explicações do filho sobre a forma legítima como obtivera a fantasia, a mãe ainda tenta admoestá-lo pelo gasto desnecessário. A isso o rapazote responde que "precisava" da roupa. Trata então de explicar à mãe a origem de sua "necessidade": no ano anterior, na segunda-feira de Carnaval (que era o dia mais forte dos cordões) ele saíra sozinho, a trabalho, para entregar a marmita de uma freguesa da pensão na qual trabalhava. Em seu caminho, alguns meninos de família, instalados em uma janela, teriam-no chamado de "macaco" — ofendendo a ele e aos de sua raça. Impossibilitado de reagir, restara-lhe juntar dinheiro mês a mês e contar com a ajuda solidária do amigo que lhe fornecera a máscara para, munido de seu "diabinho" novo em folha, voltar àquela rua, debaixo daquela mesma janela. Tolo, ruminou a mãe entre sorrisos de compreensão, enquanto arrumava as pilhas de roupas da gente "conceituada" que seu filho planejava infernizar.

A crônica é exemplar em muitos aspectos. Em primeiro lugar, indo além de seus enunciados diretos, permite associar sentidos e práticas novos e antigos em um mesmo movimento de expressão de conflitos — e Lima Barreto é decerto um autor capaz de retratar com maestria esse universo. Naquele momento já não se punha a "vingança" sob a forma da alusão ou do desafio aberto do máscara avulso — este sim condenado ao desaparecimento pela nova dinâmica da festa. Ele voltava como um dos milhares de "macacos" que se escondiam sob as rubras fantasias para exercer seu sagrado direito de revanche. O diabinho que décadas atrás talvez se munisse de um bom porta-voz para gritar ao mundo sua vingança associava-se agora a dezenas de outros — amigos de vizinhança, vizinhos de cortiço, colegas de serviço ou companheiros nas poucas horas de lazer pelas ruas da cidade, ocultos atrás de fantasias variadas nas brincadeiras coletivas. Certamente Zeca — era o nome do endiabrado moleque — não iria à forra sozinho, enfrentando os riscos do desafio diante de uma polícia cada vez mais aparelhada para evitar ou punir tais desafios à "ordem pública", mas fortalecido e alimentado pela solidariedade do cordão.

Ao mesmo tempo, a crônica denuncia nas entrelinhas algumas das associações mais comuns presentes na fala de intelectuais e jornalistas do período: diabinhos e cordões, filhos das trevas ou destemidos das chamas, seriam coisa de negros, moradores de cortiços, copeiros, jovens raivosos e ressentidos predispostos a uma rixa e a um barulho. Não é casual, nesse sentido, o uso generalizado do termo *cordão* — cujas diferentes acepções podem ser somadas para resultar na imagem buscada: ele indicava tanto as "correrias" de capoeiras[83] como um tipo de formação militar usada na guerra de infantarias, como no Paraguai, ou uma forma de dançar em fila indiana em situações festivas.[84] Nesse contexto capaz de associar a festa e o combate, a luta em torno das formas do Carnaval assumiria os contornos de um conflito permanente entre negros e brancos, meninos das ruas e meninos das janelas, trabalhadores e patrões, famílias conceituadas e gente dos cortiços, exprimindo essas e outras tensões presentes na sociedade carioca.

São raros, no entanto, os registros de explosões de violência que digam respeito a situações como a de Zeca e seus desafetos racistas e bem-nascidos, embora os casos de brigas e crimes envolvendo cordões sejam bastante comuns. No mais das vezes tais eventos policiais giram em torno de brigas e assassinatos motivados pela rivalidade entre esses mesmos grupos, revelando heterogeneidade e uma hostilidade profunda no interior de diferentes segmentos das chamadas classes populares. Revelam também a existência de complexas redes de sociabilidade e solidariedade, bem como canais de participação e organização que floresceram à margem da política republicana.[85] Os episódios são fáceis de encontrar nos jornais, a partir da década de 1880 mas com ênfase crescente no início do século XX. Em 1899, o Estrela do Engenho Novo — com seus homens munidos dos respectivos "ferros" escondidos nas fantasias — surgia desafiante no reduto dos Filhos das Chamas, entoando seu canto de desafio:

É trunfo, é pau
é madeira de lei [...][86]

No conflito, movido a pernadas e rabos de arraia, morreu o padeiro Joaquim Leandro de Souza, em defesa do pavilhão de seu grupo, ameaçado pelos rivais. Em fevereiro de 1903 o Prazer do Castelo e a Lira do Brasil envolveram-

-se em episódio igualmente turbulento, no qual a polícia chegou a tempo de prender dezenove "indivíduos que se achavam armados de facas, navalhas e revolvers" e de recolher estandartes dos grupos carnavalescos, manchados pelo sangue de seus guerreiros.[87] Um outro jornal do mesmo dia,[88] no entanto, traz uma versão diferente da história, por meio da palavra direta de alguns "leitores": "Os srs. Antônio Lucas de Azevedo e Alberto Augusto Arlindo vieram dizer-nos que ontem, às oito horas da noite, o grupo carnavalesco Prazer do Castelo, de que são sócios, estava em sua sede, à rua do Castelo nº 24, a divertir-se, quando a invadiram alguns membros de uma outra sociedade carnavalesca, e a autoridade da 2ª circunscrição, levando presos todos os foliões sem motivo algum para semelhante violência".

O episódio é interessante para desvendar algumas dimensões da questão. Primeiro, a recorrente importância da imprensa diária para os membros desses grupos carnavalescos: é sempre a ela que eles recorrem (e vamos encontrá-los outras vezes em tal situação ao longo deste capítulo) quando se sentem pressionados, injustiçados ou ameaçados — apesar da restrição permanente aos cordões veiculada nos textos jornalísticos.[89] Em segundo lugar, permite uma visão mais matizada da ação policial — que nem sempre se continha nos objetivos institucionais e nas ordens da autoridade competente, podendo também agir, mediante seus componentes, como partidária de um cordão contra outros e ajudar a invadir redutos inimigos.[90] Isso não invalida o fato constante e unânime nas fontes de que a rivalidade entre cordões podia chegar a graus explosivos de violência.

No dia seguinte, o mesmo jornal noticiava um caso ocorrido no local conhecido como Marco 6, em Bangu, entre dois cordões sediados no bairro e que disputavam ali a primazia carnavalesca: o entrevero resultara em dois feridos, um deles por arma de fogo, policiais marcados a navalha, algumas prisões.[91] Os episódios, e os mencionados são apenas exemplos isolados, se repetem ano a ano, de forma quase monótona. Em 1906, por exemplo, o Primavera atacou o Chuveiro de Ouro em seu reduto do Jardim Botânico. No ano anterior, aliás, o mesmo Primavera passara boa parte do Carnaval na cadeia, dando origem à curiosa manifestação de apoio de um outro cordão que, nas ruas, entoava a canção criada de última hora e revelava que as rivalidades da competição podiam ter sua contrapartida na solidariedade diante de um inimigo maior:

Seu dotô chefe, tenha compaixão,
A Primavera está na Detenção.[92]

Os exemplos se sucedem. Em 1908, em meio a vários conflitos noticiados pela imprensa, o Heróis dos Navegantes perdeu o integrante Ademar de Barros, esfaqueado em sua própria sede, atacada por rivais, levando a imprensa a apelar, como se faz hoje diante das torcidas organizadas de futebol: "[...] Ficamos imensamente tristes com o fato ocorrido anteontem na sede dos Heróis dos Navegantes. [...] É preciso que estas coisas acabem; é preciso terminantemente que nos cordões haja harmonia e paz".[93]

Se a rivalidade (e as inumeráveis contendas em que se envolveram cordões carnavalescos entre si) foi constante, não há aí, como no caso dos títulos adotados pelos grupos carnavalescos, um padrão único em que seja possível enquadrar tantos episódios: eles não exprimem sempre rivalidades entre classes sociais, entre bairros, grupos de capoeiras ou qualquer outro critério fixo dessa natureza. Podem expressar afirmação e autoestima, senso de justiça e outros valores compartilhados "comunitariamente" com seus iguais. Algumas vezes o conflito ocorria quando um grupo de bairro "invadia" o reduto de outro, repetindo a história das antigas maltas. Outras vezes, no entanto, dois grupos lutavam pela primazia em seu próprio espaço da cidade (como no exemplo de Bangu), ou até dentro de uma mesma fábrica, onde às vezes se formavam grupos carnavalescos rivais, cujas diferenças e afinidades não temos elementos para avaliar. Às vezes a briga ocorria na rua, em função de um encontro casual; outras vezes tratava-se de sedes invadidas ou nitidamente de uma emboscada organizada — quando um grupo, informado de antemão, esperava que outro entrasse em seu território para atacá-lo devido ao "desafio" contido nesse gesto.

Por vezes, os conflitos são internos a cada grupo — revelando um universo cotidiano que a imprensa não deixava de aproveitar, em reforço à imagem do perigo dos cordões. Tais episódios, no entanto, evidenciam uma rede de significados e relações importantes no interior desses grupos carnavalescos, constituindo uma janela através da qual podemos espiar a vida de gente comum que se divertia em seus desfiles e modestos salões. Alguns episódios adquirem certa notoriedade, como o que envolveu Libindo Vieira, dezoito anos, negro, servente de pedreiro e presidente do G. C. Amantes de Santa Teresa, situado no morro do mesmo nome.[94] Tratava-se de um crime passional: Libindo e seu colega de trabalho Manuel Ribeiro, fiscal de salão de 21 anos — conhecido como "Manuel Batoque" —, andavam cortejando a mesma mulata, apesar de este último ser "amigado" e ter filhos com sua companheira, com quem vivia no distante bairro de Santa Cruz.

A distância entre a residência de Manuel e a sede do cordão, no caso, é bastante significativa, indicando que a afinidade de trabalho teria sido o primeiro critério de agrupamento — hipótese reforçada pela circunstância de dois jovens operários do mesmo ofício ocuparem cargos na diretoria. De qualquer forma a rixa se iniciou quando, usando suas prerrogativas de fiscal, ao "presidir a festa" Manuel Batoque repreendera Libindo por estar em agarramentos incompatíveis com as regras do decoro nas danças de salão, e justamente com a tal disputada mulata. Ao ser repreendido pelo fiscal, o presidente Libindo entendeu ter sido desprestigiado ante o grupo, ofensa grave diante das hierarquias e etiquetas carnavalescas. O desprestígio agravou-se ainda mais alguns dias depois: Libindo envolveu-se em um novo conflito com uma outra mulher, na ladeira do Castro — quase a matou, na verdade —, razão pela qual foi destituído da Presidência pela assembleia dos sócios.

Essa era, de resto, uma condição básica para a obtenção de licença policial para o funcionamento do grupo. O procedimento policial para decidir sobre a concessão ou não de autorizações iniciava-se pelo levantamento da folha corrida dos diretores. Dessa forma, a destituição de Libindo (que o jornal pinta como mulherengo, "dado a rixas e a álcool") não pode ser interpretada como alguma forma de sanção moral, já que esta era uma cláusula que constava da quase totalidade dos estatutos de agremiações carnavalescas. Mas, de qualquer forma, perdido o cargo, o prestígio e a liderança do jovem pedreiro estavam irremediavelmente arranhados junto a seus companheiros de cordão. Irado, Libindo acusou Manuel de ter maquinado sua desgraça por ciúme da mulata e considerou esta uma boa justificativa para o fato de, ao cruzar na rua com o rival, ter-lhe dado quatro tiros e ainda "montado" nele, para concluir sua tarefa a faca.

Comentando o crime, descrito com requintes na cena final, o jornalista não se exime de tomar o episódio como exemplar, associando-o aos signos mais comuns de identificação dessa brincadeira carnavalesca. Cria aí a mais perfeita imagem da suspeição, ao operar com a transfiguração da gente simples do dia a dia em ameaçadores personagens de crônica policial, no contexto do Carnaval dos cordões:

> [...] Seus associados, quase todos gente do trabalho, na maioria operários, fazem prodigiosas e incríveis economias durante o ano, acumulando o dinheiro aos bocadinhos para o gastar à larga em lantejoulas e belbutinas [...]. E o modesto, o humilde pedreiro, que nos rebocou a parede no mês passado, de calças remendadas e blusa de trabalho, vemo-lo, nestes três dias, glorioso e cheio de orgulho, metido nos vermelhos mantos salpicados de lantejoulas de um rei dos diabos, enfardeado dentro de uma comprida casaca multicolorida, a cabeça dentro da estufa dos clássicos carões de velhos.[95]

Brigas envolvendo sangue e mortes são noticiadas nesse registro com frequência cada vez maior no início do século XX. Não se trata de um surto de violência associado aos cordões, mas sim do aumento da atenção e do controle sobre eles — o que inclui não apenas os mecanismos policiais mas também o olhar cada vez mais desconfiado das elites. Até porque, nesse período, os Carnavais tornam-se ocasião em que diferentes agitações se cruzam: havia, quase todos os anos, ameaças de greve em setores essenciais para a folia, como o de transportes,[96] que preocupavam e mobilizavam a polícia e os jornais. Há ainda uma animação que se amplia a cada ano, dando margem à reunião de incansáveis multidões nas portas das sedes de cordões ou acompanhando suas passagens pela rua, quando visitavam por cortesia uma "coirmã" ou um órgão da imprensa:

> Os adufes, o bom-bom, os pandeiros, os chocalhos trabalham todas as noites numa zabunlança apurada e frenética que vai até onze horas, muitas vezes até a madrugada, sem canseiras e sem esmorecimentos. E admirável efeito que não possuem as óperas de Leoncavallo ou Mascagni, essa música é de pancadaria e reduzida a poucos compassos tem uma atração irresistível que chama e reúne multidões. É soar o primeiro batuque e logo de toda a vizinhança surgem ouvidos ansiosos a saborear essa música ruidosa e inflamada [...] E chova ou faça luar, a multidão não arreda da calçada, babada de gozo [...][97]

Além do mais, soma-se ao entusiasmo das multidões e ao caráter de violência atávica atribuído à "gente dos cordões" um forte clima de disputa. Mesmo antes que passasse a ser oficialmente incentivado, a vida dessas agremiações carnavalescas era animada pela rivalidade em uma forma coletiva e identitária, que muitas vezes explodia na ansiedade da competição. Temos aí configurados, em linhas gerais, os elementos que fizeram desses grupos carnavalescos um verdadeiro pesadelo para os defensores do Carnaval bem-posto dos préstitos e salões das elites.

Essas indicações talvez possam ajudar a compreender algumas teias de sociabilidade importantes para as classes populares no Rio de Janeiro, embora conclusões mais sólidas ainda exijam pesquisas extensas. As variadas e variáveis identidades que se expressam no Carnaval — às vezes de vizinhança, de trabalho, de origem étnica ou de apego a práticas festivas tradicionais, entre outras possibilidades — sugerem claramente a multiplicidade de sua experiência social, de suas formas de interagir com a mudança e de tecer dissensões e afinidades. Os cordões, e talvez outros tipos de associação recreativa existentes no período, parecem ter constituído espaços centrais de convivência e de criação de identidade para os trabalhadores pobres do Rio de Janeiro, destituídos de meios para frequentar seletas confeitarias e salões.[98] Traziam elementos que, a um só tempo, expressavam o desejo de ascensão e reconhecimento social (presentes, por exemplo, na simulação de luxo das sedes sociais ou nas práticas herdadas das Grandes Sociedades), de desforra contra as injustiças e discriminações sofridas na vida cotidiana ou de permanência das velhas brincadeiras e práticas culturais amadas pelos foliões.

Nesse sentido, nem foram exatamente espaços de "resistência" — por sua adequação às exigências e aos formatos da polícia republicana e suas tentativas de adequar-se ao "bom gosto" carnavalesco — nem da ordem: ao ultrapassar os limites da civilidade ou os códigos de comportamento desejáveis, criaram sua própria linguagem e usaram com astúcia a dos outros. Parecem ainda ter sido espaços privilegiados de lazer onde se experimentavam o amor e o ódio, o prestígio ou a desgraça, em termos de códigos e valores próprios, a partir dos quais se construíam solidariedades e desafetos entre indivíduos e grupos. Em parte, alguns dos valores da capoeira parecem ainda presentes, na positivação moral da valentia e do sentido coletivo expresso em códigos internos aos grupos. Mais do que isso, no entanto, traduziam identidades múltiplas

1 e 2. *As fotos de Christiano Jr. mostram os tambores e os membros da "corte africana" dos cucumbis em duas poses captadas durante o Carnaval de 1868 na rua da Quitanda, onde se localizava o estúdio do fotógrafo.*

CHRISTIANO Jr, PHOT

3. *Rostos brancos de farinha, tabuleiros para a venda de limões de cera e bisnagas fazem parte do brinquedo entre os escravos, realizado nas ruas e chafarizes da cidade.* (*Jean Baptiste Debret,* Entrudo, *1823.*)

4 e 5. *Na primeira metade do século XIX, desenhos de viajantes retratavam as delícias e os perigos da brincadeira do entrudo, reiterando o conteúdo de muitas crônicas publicadas na imprensa local: os jogos de água entre homens e mulheres podiam ter trágicas consequências como a doença, a morte, a prisão.* (*Frederico Guilherme Briggs,* O jogo do entrudo *e* O resultado do entrudo, *1840.*)

Nº Os Resultados do Entrudo. 11.

6. Na classe senhorial, o entrudo era um jogo doméstico praticado entre iguais. Nessas ocasiões os escravos eram apenas encarregados de prover os senhores de limõezinhos e outros apetrechos para a guerra de água, travada no interior dos sobrados ou entre grupos entrincheirados em residências diferentes. (Augustus Earle, Games at Rio during Carnival, *c. 1822-3.)*

7 e 8. *Nas duas imagens, formas de participação dos negros, como protagonistas ou coadjuvantes, em festejos fora do Carnaval. No Campo de Santana, eles se divertem em batuques e "umbigadas". Na cidade, capitaneados por senhores brancos, acompanham como músicos a bandeira do Divino Espírito Santo na coleta de esmolas para a irmandade. (Augustus Earle,* Negro fandango scene, *c. 1822-3; Ludwigg and Briggs,* Begging for the holy ghost, *1845.)*

9 e 10. *Caricaturados como tradicionais "máscaras avulsos", que a imprensa naquele momento considerava autênticas "velharias" de foliões sem "espírito", políticos republicanos foram criticados pela imprensa em sucessivos Carnavais do século XX.* (O Malho, *4 de março de 1905;* O Malho, *29 de fevereiro de 1908*).

11, 12 e 13. *Impiedosa, a imprensa ilustrada caracteriza as principais lideranças políticas como um desqualificado "cordão", uma rotunda baiana ou um sedutor travesti, utilizando figuras carnavalescas para criticar tanto as lideranças republicanas como algumas práticas da brincadeira.* (O Malho, *24 de fevereiro de 1906;* Careta, *27 de fevereiro de 1909, caricatura de J. J. Seabra; Hermes da Fonseca e Pinheiro Machado em* Careta, *25 de fevereiro de 1911.*)

UM. 39
CARETA
ANNO

CARNAVAL POLITICO

O "Entravé"

ANNO VI RIO DE JANEIRO, 9 DE FEVEREIRO DE 1907 N. 230

O MALHO

Escriptorio e Redacção
RUA DO OUVIDOR, 132
Num. avulso 300 rs.

VIVA O CARNAVAL!

BACCHANTE:

Sou feia, dizem,
Mas engrossada,
E a vida passo
Bem regalada!...

CÔRO:

O' abre alas!
Deixa passá
Sinhá Politica
De Carnavá!...

BACCHANTE:

Os annos correm,
Nunca estou só:
De quatro em quatro
Novo *coiô!...*

CÔRO:

O' abre alas!
Deixa passá!
Sinhá Politica
De Carnavá!...

14 e 15. *As Grandes Sociedades, com seus estandartes e principais elementos — inclusive uma nada sedutora cocotte, representando a política brasileira —, são mais uma vez apresentadas como a atração principal. O envolvimento dessas agremiações carnavalescas com a política era ainda, no início do século XX, uma marca enfatizada pelos jornais e pelas revistas ilustradas.* (O Malho, *9 de fevereiro de 1907;* O Malho, *20 de fevereiro de 1909.*)

— Que o cesto se despeje como um tacho
De ferventes «cotubas» do pagode !
E se brade a politica : Não póde !
Tudo á margem, Catões ! Masc'ras abaixo !

16. *A charge exprime a hostilidade que cercava as fantasias de índios nos Carnavais do começo do século XX. A atitude do pierrô, que simboliza a europeização da festa, não deixa dúvidas sobre o destino planejado para as figuras mais tradicionais nos festejos cariocas.*
(Careta, *20 de fevereiro de 1909.*)

PÁ DE CATRE

17 e 18. *No início do século XX, mesmo quando os ranchos contentavam a intelectualidade com seu tom aparentemente cordato e civilizado, a elegância buscada por seus integrantes era constantemente objeto de sátira da imprensa.* (Careta, *20 de fevereiro de 1909.*)

"Vejam este upitudeite
Rodar no passo de quatro,
Não ha quem mais graça deite
Nos Criquoques do teatro.

E vejam esta elegância
Que a qualquer francesa abate,
E dança com circunstância
De collete devandrúate.

Com eloquência completa,
Quebra o maxixe arnovô
E mostra que é a petroléta
Do chôro derniébatô.

Riscando letras na sala,
Na ordenança do chiquismo,
O pé do Mossiú resvala
Aveque todo o esmartismo.

Suspende a jupe, a tirana,
E em fogo o gelo converte,
Sobe no voo da Inana,
Cai na roxura do flerte.

Madamozel rapariga,
Hoje a moda é sandeçú,
Mostra a côr da tua liga,
Fica vestida de nu."

O despertar do Pierrot carioca

A COLOMBINA. — Accorda desgraçado! Toma o café e lê os jornaes, que o Carnaval já passou. **500 réis**

O SUPER-NEUTRO

Momo — Eu cá não ligo á batalhas de... lança p'r'o fundo!

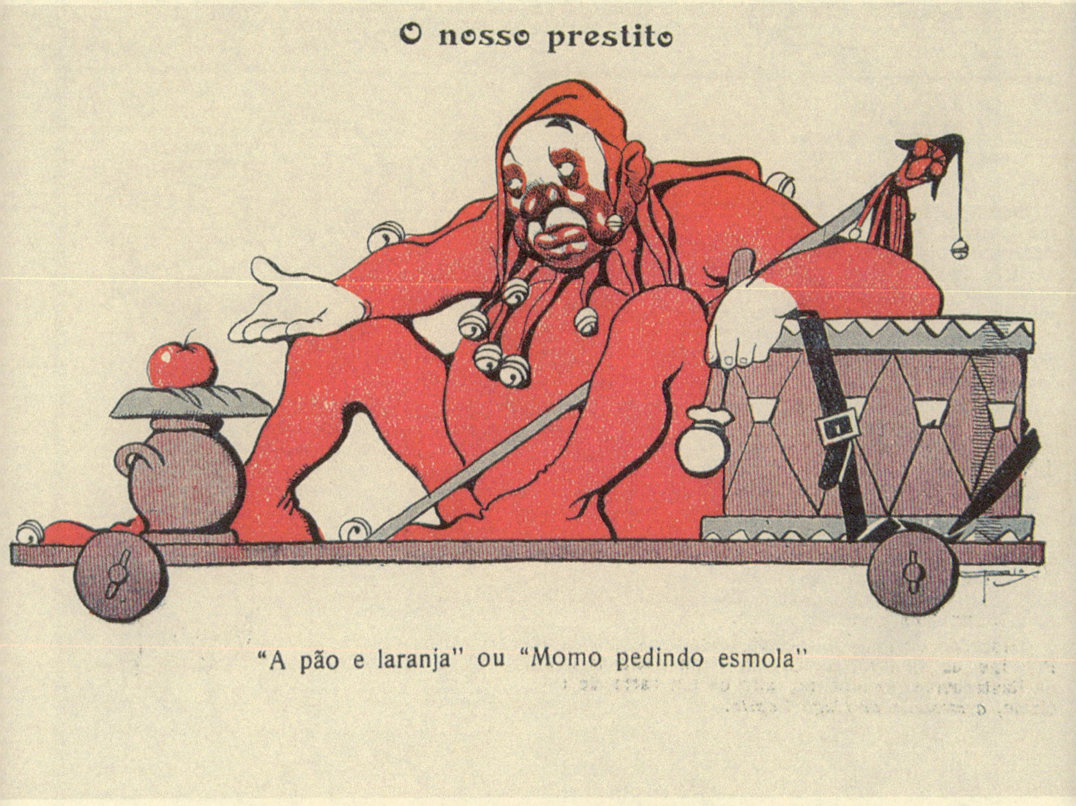

19 e 20. *Expressando a posição do país diante da guerra ou da pobreza nacional, o Momo é tomado como verdadeira personificação do Brasil, em uma alegoria que se torna cada vez mais comum nas décadas seguintes.* (Careta, *17 de fevereiro de 1917*; Careta, *4 de março de 1916.*)

NUMERO DE CARNAVAL

Oh! Povo amigo e bom!
Esquece de uma vez tudo o que é máo e triste
E abre alas e assiste
Á passagem triumphal do "cordão" de "Fon-Fon!"

21 e 22. *Tocado por Momo em pessoa, o bumbo do zé-pereira é frequentemente apresentado como expressão própria do Carnaval carioca. Em Portugal ele também faz parte de uma simbologia que procura associá-lo a tradições nacionais.* (Fon-Fon, *18 de fevereiro de 1909* ; Zé-pereira, *cartão-postal, 1948.*)

23. *O aspecto feérico da avenida Rio Branco (antiga avenida Central) é o maior símbolo da vitória da "civilização" no Carnaval da capital federal.* (Fon-Fon, *28 de fevereiro de 1914.*)

24. *O corso, que se generaliza em seu leito amplo, é tomado como sinal dos novos tempos e triunfo da "modernidade" sobre as velhas tradições das ruas.* (Fon-Fon, *25 de fevereiro de 1922.*)

25. *Apesar do esforço em afirmar o fim das brincadeiras tradicionais, a própria imprensa ilustrada revela sua persistência: cabeças de burro, cartolas arrasadas, diabinhos, estandartes de cordão e outras formas "antigas" continuam fazendo parte da paisagem.* (O Malho, *4 de março de 1911.*)

26 e 27. *Referências religiosas também estavam entre as imagens utilizadas para comentar o Carnaval. A Igreja católica, por exemplo, aparece neste desenho de Angelo Agostini mais uma vez ironizada por sua condenação aos desregramentos da folia. Por outro lado, a popular fantasia de diabinho, ainda que constantemente denunciada como disfarce de capoeiras, podia ser adotada, com significados variados, como símbolo carnavalesco pela imprensa ilustrada do período.* (O Malho, *11 de março de 1905*; O Malho, *4 de março de 1905*.)

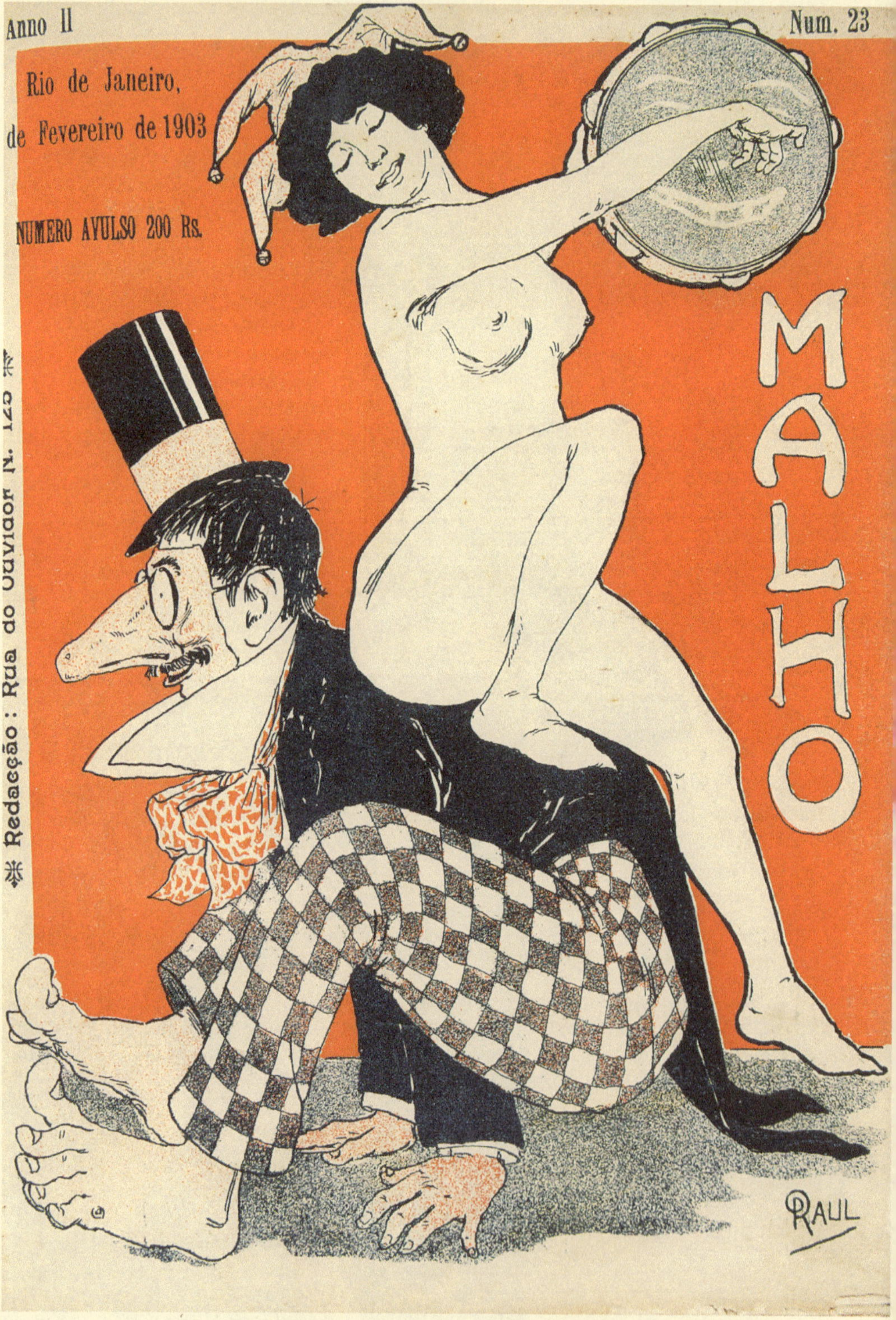

28 e 29. *Os desenhos de Raul Pederneiras evidenciam a tendência à erotização da folia "elegante" e boêmia, que a crônica opõe aos "instintos brutais" dos foliões das ruas.*
(O Malho, *21 de fevereiro de 1903.*)

SABBADO GORDO

30. *O ocultamento da identidade, com máscaras "venezianas" a evocar distinção e refinamento, aparece como uma condição da licenciosidade que constitui uma das ênfases mais importantes da imprensa no início do século XX, em suas referências ao Carnaval dos salões.* (*O Malho*, 13 de fevereiro de 1904.)

31. *A observação sorrateira do pierrô sugere as possibilidades transgressivas da festa, ainda dissimuladas na óptica do desenhista.* (Fon-Fon, 1º *de fevereiro de 1913.*)

32 e 33. *A elegância mascarada, com ares marcadamente europeus, assume nas décadas de 1910 e 1920 tonalidade francamente permissiva, que se acentuou até os nossos dias. Publicadas em revistas dirigidas à elite, as ilustrações enfatizam sensualidade e lirismo como características de um Carnaval refinado e moderno.*
(Fon-Fon *22 de fevereiro de 1919*; Fon-Fon, *1º de março de 1924.*)

FON FON

BEIJO CARNAVALESCO

Anno XVIII

Rio de Janeiro, 1 de Março de 1924

PREÇO 1$000

Numero 9

FREGUESIAS DO RIO DE JANEIRO (1900-1910)

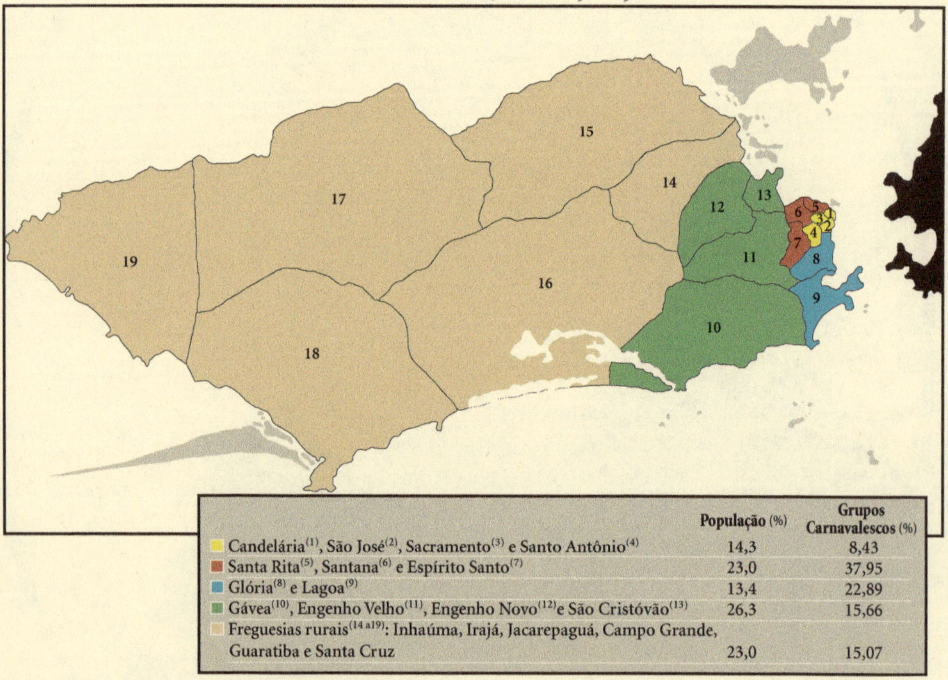

	População (%)	Grupos Carnavalescos (%)
Candelária[1], São José[2], Sacramento[3] e Santo Antônio[4]	14,3	8,43
Santa Rita[5], Santana[6] e Espírito Santo[7]	23,0	37,95
Glória[8] e Lagoa[9]	13,4	22,89
Gávea[10], Engenho Velho[11], Engenho Novo[12] e São Cristóvão[13]	26,3	15,66
Freguesias rurais[14 a 19]: Inhaúma, Irajá, Jacarepaguá, Campo Grande, Guaratiba e Santa Cruz	23,0	15,07

construídas na vizinhança, no trabalho, na religião, no apreço a brincadeiras e fantasias. Não tinham nenhum apego especial a fórmulas fechadas e estiveram sempre abertos a novas maneiras de brincar, mantendo fluidas as fronteiras entre as diferentes formas de expressão carnavalesca, confundindo-se na alegria das ruas.

Se recorreram muitas vezes à violência e à valentia, os cordões não deixavam também de expressar uma outra característica que, dependendo das circunstâncias, podia parecer às elites ainda mais ameaçadora: a união no interior de determinadas redes de reconhecimento mútuo. Nesse sentido nenhum episódio é mais sugestivo que o conflito entre grupos da Glória ocorrido em 1902, relatado em detalhes por Luiz Edmundo e descrito também pela imprensa carioca,[99] de características nitidamente regionais (seja do ponto de vista da luta em si ou das solidariedades manifestadas a posteriori, que não incluirão agremiações de nenhuma outra parte da cidade). O Estrela dos Dois Diamantes, sediado no Catete, vinha de bonde em direção a Botafogo quando sofreu a agressão do Flor da Primavera, de Laranjeiras, bem na esquina com a rua Marquês de Abrantes. Dois de seus integrantes morreram esfaqueados por "capoeiras" do grupo rival, um dos quais traria o punhal escondido na cauda de sua fantasia de Rei dos Diabos.[100] As vítimas foram identificadas como Angelino Gonçalves, vulgo Boi, e Jorge dos Santos. A consternação parece ter sido geral, ao menos no "pedaço" frequentado por esses carnavalescos. O dia seguinte assinalou um estranho evento: fantasiados e munidos de seus instrumentos de pancadaria, os membros do cordão saíram da morgue na Praia de Santa Luzia em direção ao Catete, com "dominós, diabos, *clowns* e pierrôs" carregando os esquifes de seus companheiros. No largo da Glória esperavam por eles vários outros grupos carnavalescos da região, como os Filhos do Poder do Ouro, os Destemidos do Catete, o Maçãs de Ouro, o Rainha das Chamas e o Triunfo da Glória.

A essas alturas do relato já podemos identificar outra informação importante: esse rol incluía também grupos que a imprensa execrava e costumava designar como cordões e outros que se enquadravam facilmente nas características dos ranchos. A mesma confusão, aliás, aparece na mistura que o próprio memorialista faz entre essas palavras na descrição empreendida. Tal imprecisão não é sem consequências para esta análise: a oposição construída na imprensa não significava necessariamente, na convivência diária, inimizade ou tensão entre esses grupos.

> Pela rua do Catete segue o formigueiro humano, caminho de Botafogo, em passo ritmado. De quando em quando novas adesões aumentavam a cauda viva, que se encaminha para o cemitério. Mais povo. Mais carnavalescos. Chega a impressionar a majestade do séquito pomposo com que nunca sonharam [...] Angelino Gonçalves, vulgo Boi, e Jorge Santos, sem alcunha carnavalesca. E vão a marchar, todos, assim, caminho de Botafogo, quando um dos ranchos tem a ideia de fazer soar, sobre a pelica de seus tambores, rufos melancólicos, em ritmada e fúnebre surdina: pram... pram... pram... pram...[101]

A ideia agrada e logo será imitada por outros "ranchos" — e cordões, embora o cronista evite o uso da palavra mesmo quando enfatiza os tambores como elemento central da descrição. Alguém acrescenta um canto à homenagem, logo seguindo um "crescendo suavíssimo [...] um coro *a bocca chiusa*" que faz lembrar os afinados corais de pastoras. Mas logo os instrumentos aumentam seu ritmo e intensidade. "Esse clangor aumenta. É quando entra, animando-o, a bulha singular dos reco-recos. E dos pandeiros e chocalhos. Dentro de pouco tempo o cantar ensurdece, de tão forte [...] Transforma o ritmo de solfa, que resvala para um motivo sincopado. Já alegre. E profano. E mômico. E canalha. É o samba!"[102]

A descrição prossegue apimentada: "mulatinhas" rebolam, saracoteiam negras de saias rodadas, "grita-se a mascarada a princeses e velhos, que batem a chula marchando na calçada", na dança característica dos cordões. O canto suave do coro *a bocca chiusa* dos ranchos soma-se ao clangor da pancadaria em uma única e possível celebração. Quando o préstito chega ao seu destino, os caixões já seriam precedidos pelos índios e a multidão cantava e dançava em cima dos túmulos, para espanto dos funcionários do cemitério, acostumados a outro tipo de emoção naquele cenário. A imagem final da crônica, alusiva à insistente metáfora fúnebre de seus pares, quando tratavam a cada ano dos destinos de Momo, não podia ser mais adequada: um folião com a tradicional fantasia de Morte — que consistia em uma roupa negra em que estava pintada uma caveira — gritava entusiasmado por cima de um sólido mausoléu de granito: viva o Carnaval![103]

A associação entre cordões e violência, muito divulgada pela imprensa, tinha, dessa forma, alguma base factual em que se apoiar. Episódios como estes — e a sua leitura com base em noções como as de "classes perigosas" — justificavam a preocupação manifestada ano após ano pela polícia da capital federal com o seu potencial explosivo. O Carnaval, de certa forma, funcionava como uma espécie de trégua parcial nos regulamentos e nas proibições criados no final do século XIX, como tentativa de controlar as hordas de pobres e negros cuja aparição pública ou organização privada estavam longe de parecer pitorescas ou desejáveis. Posturas municipais penalizavam, com ênfase crescente desde 1889, "vozerios nas ruas e praças, injúrias e obscenidades, atos contra a moral, tocatas e ajuntamentos, batuques e zungus", e proibiam, mesmo dentro de casas e chácaras, "o brinquedo denominado batuque, com toques de tambor, cantorias e danças".[104] Com a República tentou-se apertar um rol de interdições já existentes no regime anterior, aperfeiçoando e profissionalizando as formas de repressão e controle.[105] Mas, como tornar a proibição efetiva no Carnaval — que, é claro, não estava livre desses embaraços, mesmo que eles fossem aí mais brandos —, se já era difícil fazê-lo durante todo o ano? Incontrolável, o batuque corria para as ruas e praças, driblando as interdições em seus dias de liberdade: trazia à luz do dia, no período de preparação e realização dos Carnavais, práticas e valores que existiam semiocultos no cotidiano da cidade.

Meticulosamente, a polícia tratava de inventar novas formas de controlar esses foliões, aproveitando-se da imagem de ameaça e violência a eles associada. No final do período 1900-10 ela adquirira um grau elevado de aperfeiçoamento técnico no controle do trânsito de veículos, do fluxo de pessoas, da observação da multidão.[106] Editais policiais estabeleciam regras detalhadas para circulação e estacionamento dos bondes e veículos particulares — não apenas para manter o trânsito livre, mas também tentar impedir que cordões se cruzassem em seus deslocamentos pela cidade. O estabelecimento de mãos e contramãos para o fluxo de pedestres nas ruas do velho centro foi uma das táticas empregadas para evitar esses encontros.[107] Apesar do empenho da autoridade policial, a medida não teve a eficácia esperada: "Muitas reclamações recebemos ontem, contra a falta de obediência e cumprimento das ordens e medidas determinadas pelo chefe de polícia, para que não houvesse alteração da ordem pública. Referimo-nos aos encontros de cordões e grupos carnavalescos, devido a transitarem alguns deles contra a mão, ocasionando atropelo, protestos e até contusões".[108]

Contingentes numerosos de praças da brigada policial e da guarda civil, com remanejamentos entre delegacias, eram destacados para o policiamento ostensivo: 810 homens da guarda civil só na zona central da cidade, e mais 270 da brigada policial no Carnaval de 1912.[109] Entre as "Instruções que devem ser observadas pelos rondantes durante os três dias de Carnaval, segundo indicações do Exmo. sr. chefe de polícia", impresso nesse ano e distribuído a cada um dos guardas civis,[110] ainda constava a decisão de impedir o jogo do entrudo, coibir os mascarados, as vaias e os corre-corres e também, expressamente, "evitar encontro de cordões carnavalescos e que os mesmos promovam distúrbios; obrigando-os a obedecerem às ruas de subida e descida, de acordo com o edital do dr. primeiro delegado auxiliar".

Assim, desde os primeiros anos do século XX a polícia entendia que medidas mais enérgicas se tornavam necessárias para tentar impedir "que se reproduzam os conflitos entre cordões" — considerados então as principais ameaças à ordem pública nos dias de Momo.[111] Daí nascia a exigência de que seus estandartes fossem registrados na polícia, como condição para que tivessem licença para sair às ruas, "dependendo ainda de boa informação da autoridade circunscricional".[112] Além de todos os cuidados prévios, a chefatura de polícia ordenava aos delegados suburbanos que mandassem revistar os grupos carnavalescos logo que saíssem às ruas, ou mesmo em suas sedes, apreendendo as armas que portassem e autuando-os como desordeiros[113] — orientação que bem pode estar na origem de alguns dos conflitos que a imprensa noticiou, como aquele entre o Prazer do Castelo e o Lira do Brasil, ocorrido no mesmo ano em que a circular entrava em vigor.

À medida que o tempo corria, as ameaças subiam de tom e a prática da repressão se aperfeiçoava. Em 1904, a imprensa noticiava que o cordão que não exibisse licença, quando solicitada nas ruas pela autoridade policial, seria levado com todos os seus componentes — e não apenas os diretores ou responsáveis — para a polícia central,[114] determinação que deu origem ao episódio da solidariedade cantada nas ruas por outros cordões, pedindo compaixão para o Primavera, que passara seus três dias de glória "na Detenção".

Foi como resultado desse esforço controlador que nos sobrou um documento raro — já que não foi possível localizar a série, mas um único exemplar do ano de 1907 —, capaz de fornecer elementos importantes para a análise que empreendemos. Um sonolento escrivão, cujo fastio pela tarefa realizada revela-se no crescente descuido com a caligrafia e o uso de abreviaturas, tratou de registrar em uma longa relação as 312 autorizações para sair às ruas concedidas naquele Carnaval.[115] Os critérios que presidem esse registro são bastante diferentes daquele da imprensa. A lista inclui até licenças para indivíduos, cujo pequeno número atesta que os máscaras avulsos caíam em desuso entre as brincadeiras preferidas de Momo. Não há nenhuma preocupação em separar ranchos, cordões e sociedades com base em suas características formais: ao contrário da óptica adotada pelos intelectuais das redações de jornal, as preocupações policiais não giravam em torno de questões estéticas ou de reflexões sobre a forma de "civilizar" as classes populares.

Mas a lista revela outras razões de preocupação para os agentes da lei: a quase absurda concentração de agremiações de natureza variada em determinados lugares da cidade e, note-se, não apenas na Cidade Nova, na Saúde e na Gamboa. Podemos fornecer alguns exemplos para mostrar como o fenômeno devia gerar receio. Tomemos essas regiões. Ruas como a Barão de São Félix ou a Senador Pompeu, na Cidade Nova, abrigavam quatro agremiações cada uma — quase vizinhas, a rigor.[116] A pequena rua Jogo de Bola, na Saúde, que sobe em curva pelo morro, tinha três sedes de grupos carnavalescos nos números 41, 52 e 85, e locais como a praça do Barroso ou a ladeira do mesmo nome (também minúscula e em curvas, morro do Livramento acima) abrigavam dez grupos, cinco nos números 43, 73, 82, 83 e 148 da praça e outros cinco nos números 20, 27, 67 e 111-A da ladeira — neste último caso, ainda com dois grupos (os Repentinos do Brasil e o União dos Camponeses) dividindo a mesma sede.[117] Mas o padrão não se restringe a essa região sobre a qual policiais podiam andar cheios de desconfianças, em especial depois dos episódios da Revolta da Vacina, em 1904.[118]

O morro do Castelo, em vias de desaparecimento pela regeneração urbana de Pereira Passos, tinha uma concentração semelhante, como vimos — e mesmo ruas de bairros longínquos e (ainda) pacatos apresentavam características semelhantes: dois grupos dividiam o mínimo espaço da travessa Miranda no Leme e da pequena rua Ermelinda, em Santa Teresa. Três deles se estabeleceram na também modesta rua Menna Barreto, em Botafogo (e dois, para manter o argumento, dividiam a mesma sede). Na Glória, a pequena rua do Pinheiro abrigava quatro sedes de agremiações carnavalescas, e a mais importante rua de Santo Amaro concentrava sete — em especial na casa de número 84, onde, naquele ano, cinco agremiações afirmavam ter sua sede.[119] Dividindo sede e salão — mesmo que fosse apenas no uso burocrático do endereço — encontramos juntos cordões e ranchos, os mesmos que estiveram presentes no curioso cortejo fúnebre, solidários aos companheiros envolvidos no episódio que resultou na morte de Boi e Jorge. Mas é também lícito imaginar (como decerto fazia a polícia no período) o que poderia ocorrer entre esses grupos unidos por fortes laços de identidade, em caso de um acirramento da rivalidade anual propiciada pela competição.

Sem dúvida a relação dá o que pensar. Ainda mais se a associarmos com outros dados: uma comparação com as referências anuais retiradas da imprensa diária mostra ainda um trânsito constante de sedes de grupos por diferentes lugares de um mesmo bairro.[120] Grupos carnavalescos mudam-se com rapidez espantosa e fornecem como endereço à polícia muitas vezes aquele do botequim frequentado por seus associados ou a residência de algum de seus diretores (quando não de outro grupo semelhante, provisoriamente assentado em endereço próprio). Assim, é mais que provável que muitos ensaios acontecessem nas ruas ou em quintais, a céu aberto, atraindo com sua bulha o povo das redondezas e animando as noites dos bairros mais pobres e destituídos de lazer acessível aos participantes habituais desses grupos. Mesmo quando os ensaios estavam abrigados por salões, devemos entender salas da frente de pequenos sobrados com suas janelas abertas para as ruas[121] — daí a presença entusiasmada da "turma do sereno", que se aglomerava nas calçadas fronteiriças, estendendo para as ruas os limites da festa. Eis por que o controle rígido sobre batuques e similares perdia toda a eficácia nos meses que antecediam o Carnaval, e também a razão da necessidade de registro e legalização por parte de grupos de foliões, condição para que festas e ensaios pudessem ocorrer sem maiores incidentes (ou para dar às autoridades a confortável sensação de controle).

Isso explica também por que os critérios e as investigações para a concessão de licença policial para a saída dos cordões foram se tornando cada vez mais rígidos — a ponto de motivar protestos de jornalistas cuja simpatia por esse tipo de agremiação carnavalesca era, como vimos, no mínimo bastante relativa:

> Há delegados circunscricionais que não têm a bossa carnavalesca, pelo contrário, são jururus e odeiam o Carnaval. Com tais ideias carnavalescas as tais autoridades resolveram [...] recusar as licenças necessárias para que os cordões e os grupos carnavalescos comecem seus ensaios. Não se compreende que [...] ainda haja alguém a pôr embargos no Carnaval dos cordões e dos grupos que tanta vida e animação vêm dar, nos três dias de folia carnavalesca, às nossas ruas, ao mesmo tempo que promovem um não pequeno movimento no nosso comércio.[122]

A crítica dirigia-se às novas providências com que a polícia atendia aos constantes reclamos dessa mesma imprensa contra a violência e o risco resultantes da presença pública daquele Carnaval que, apesar de tachado de selvagem e bárbaro, permanecia dando boas rendas aos comerciantes-anunciantes do diário (até porque, como vimos, a festa dos cordões também atraía numeroso público às ruas — inclusive aquela parcela que flagrava seus próprios copeiros na folia). As alegações que motivavam tal negativa podiam ser variadas:[123] exploração de jogos de azar nas sedes, presença de indivíduos processados nas diretorias, brigas em anos anteriores, cobrança de ingressos nos bailes e atividades sociais. Mediante circular aos delegados de todas as circunscrições policiais da capital federal, a chefatura da polícia recomendava "todo o escrúpulo e critério" na concessão de licenças, assinalando que as investigações prévias deviam ser realizadas de forma "rigorosa" — e não de modo apenas formal ou burocrático. Recomendava-se ainda enfaticamente que os ensaios de agremiações carnavalescas só podiam iniciar-se em 20 de janeiro, restritos àquelas já licenciadas, devendo as demais ser impedidas de dar início a seus preparativos, "como abusivamente se tem dado".[124]

Podemos perceber como isso se processava examinando os procedimentos adotados em relação a três pedidos de licença da década de 1910[125] — todos de agremiações cujo formato já as aproximava dos ranchos, predominantes nesse período. O destino de cada uma dessas solicitações pode dar uma ideia da atenção diferenciada dedicada às associações carnavalescas, ainda que todos adotassem a forma mais valorizada e bem-vista pela imprensa. O primeiro exemplo refere-se a um dos mais famosos ranchos do Carnaval carioca, o Flor do Abacate, reconhecido e louvado como um exemplo a ser seguido. Já consagrado por quase dez anos de Carnaval e elogios dos jornais, o rancho apresenta seu pedido em termos secos e diretos, sem ao menos atender à exigência de especificar datas e horários de ensaios e saídas à rua. Chamado a prestar as informações relativas ao grupo, o comissário e o delegado de polícia reagiram de modo burocrático: "Penso não haver inconveniente na concessão da licença requerida", reza o despacho, que não foi precedido de nenhuma diligência.

O segundo caso, do Estrela do Paraíso, já denota mais cuidado da autoridade policial e dos próprios requerentes. Sua petição estipulava regularmente os dias e horários dos ensaios (realizados aos domingos e limitados às dez horas da noite, como mandava a lei municipal) e se encerra com florilégios verbais: "O peticionário confiado na reta justiça que caracteriza os nobilíssimos atos de V. Excia. aguarda favorável deferimento" — ao que se segue a tosca assinatura do presidente do grupo. A autoridade parece aí mais cautelosa: "Foram boas as informações obtidas pela sindicância com referência aos diretores do Grêmio Carnavalesco Estrela do Paraíso, com sede à rua Humaitá nº 259", informa o inspetor da Seção de Ordem Social, secundado depois pelo comissário do 21º Distrito Policial, que examinou os antecedentes da diretoria — de modo que essa história também tem um final feliz.

A terceira situação é o pedido análogo da Sociedade Familiar Club dos Mangueiras, situado na Vila Marechal Hermes. Diante do pedido, a Inspetoria de Investigações e Capturas, em diligência, produz a seguinte informação:

> A Sociedade Familiar Dançante e Carnavalesca Club dos Mangueiras tem a sua sede em um botequim à avenida 1º de Maio nº 6, na Vila Marechal Hermes. Cypriano José de Oliveira é o presidente desta sociedade; figura nesta seção registrado em prontuário como grevista, e como tal já foi processado. Caralampio Trille é sócio desse clube; esse mesmo indivíduo é agitador, revolucionário perigoso, e em 1904 esteve envolvido e tomando parte saliente nas greves e acontecimentos ocorridos neste ano [...]. A sindicância apurou que os demais associados deste clube são negociantes, operários e empregados da estiva [...].

A informação vem depois complementada pelo 23º Distrito Policial, que aduz ainda dados sobre a composição da diretoria (da qual não fazia parte, em todo caso, o folião revolucionário de nome tão estranho que motivara a implicância da autoridade): o presidente indiciado como grevista era fiscal-geral do Sindicato Resistência dos Trabalhadores em Trapiche e Café;[126] o primeiro e o segundo secretários eram funcionários dos Correios e os demais cargos eram ocupados por dois operários da E. F. Central do Brasil e um funcionário da Escola Politécnica. Diante desse caso, cujo desfecho parece ter caminhado para uma negativa,[127] é pertinente notar o esforço policial em estabelecer relações entre várias formas da desordem — as greves, a Revolta da Vacina, o sindicato, a sede no botequim, a suspeição geral que cerca os envolvidos com essa agremiação — e as possibilidades subversivas de um Carnaval frequentado por gente dessa laia, seja qual for a forma adotada em seus préstitos.

Se a repressão crescia, desde os primeiros anos do século XX circulares e portarias regulamentadoras davam margem a um conflito aberto nas ruas. Grupos carnavalescos criavam suas próprias formas de transgressão e de solidariedade — seja cantando nas ruas apelos em favor de suas congêneres obrigadas a passar o Carnaval no xadrez, seja adotando a prática habitual de emprestar licenças e endereços umas às outras, aproveitando-se da dificuldade da polícia em identificar tantos grupos fantasiados e parecidos em desfile pelas ruas (uma das razões possíveis da exigência policial do registro dos estandartes, forma segura de identificação: nele residia simbolicamente a identidade e a honra do próprio grupo, e por isso, se podia ser fácil sair com a licença de outro, seria mais complicado o empréstimo do símbolo máximo cultuado pelos seus participantes). As restrições e intervenções policiais sobre os cordões não eram novidade, atingindo um amplo elenco de práticas e brincadeiras desde que os primeiros deles mostraram-se nas ruas na década de 1880.[128] Mas o século XX assistiu a uma intensificação feroz dessas práticas repressivas, que tentaram viabilizar as proibições e os regulamentos da autoridade policial, recorrendo com frequência a arbitrariedades que a própria imprensa tratou de denunciar (algumas vezes) ou apoiar (quase sempre).[129]

O movimento da imprensa em relação a esses episódios é, em alguns momentos, ambíguo e contraditório. O cerco retórico ao Carnaval dos cordões transforma-se por vezes em indignação diante da ação policial, mas podia assumir também outras formas: "Veio à nossa redação queixar-se o presidente do Clube Carnavalesco Flor dos Perebas, do morro do Cavalão. A sua queixa, tomada na devida consideração, tem todo o fundamento: trata-se de ter sido proibida a saída do clube nos dias de Carnaval, por se acharem armados quase todos os membros da associação recreativa e beneficente".[130]

A ironia é feroz. O caso envolvia uma agremiação sediada em Niterói. A presença do seu presidente, que atravessou a baía de Guanabara como portador de uma reclamação à imprensa, indica a gravidade que atribuíam à questão e a seriedade com que pretendiam tratá-la. O jornalista, espertamente, redige a nota em um tom dúbio, que tanto permite ao presidente do cordão ter a sensação de que o jornalista lhes deu o apoio desejado (supondo que o registro irônico passaria despercebido ao "pereba") como provocar gostosas risadas nos leitores, a propósito da ingenuidade dos seus integrantes. Em outros momentos, o tom condenatório abre espaço para pequenos flagrantes de repórteres que adoçavam o olhar dos leitores sobre esses foliões, cuja periculosidade ficava diluída em algumas narrativas acerca de sua situação em face da polícia:

> Por ordem do chefe, anda a polícia a prender todos os valentes que sabem fazer daqueles terríveis conflitos que este ano ainda não apareceu [sic], felizmente, nos folguedos carnavalescos. Um que é ou foi dos tais teve o desgosto de se ver apanhado na rede policial, dizendo que nada tinha feito que pudesse determinar a sua prisão. Não pôde a autoridade atendê-lo e o mandou recolher ao xadrez. O preso, que é um carnavalesco extremado, teve os olhos rasos d'água mas, baixando a cabeça, marchou sem fazer um gesto de contrariedade. Súbito [...], vendo no caminho uma pessoa conhecida, que faz parte de seu cordão, pediu licença para falar ao mesmo: olha, disse o preso, diga a eles que cantem muito aquela moda que eu levei a ensaios durante três meses...[131]

Na primeira década do século XX, a imprensa permanece em seu jogo de oscilações entre um apoio esporádico, vagamente envergonhado, e a mais radical condenação. A dubiedade pode ser flagrada em inúmeros textos da imprensa na segunda metade da década. Em 1906, entretanto, a *Gazeta de Notícias* institui um inédito "concurso de cordões", que objetivava premiar os melhores grupos com estandartes luxuosos (o que reforça a constatação do forte prestígio desse símbolo para os seus integrantes).[132] O concurso anunciava-se com uma dupla intenção: de um lado, estimular os cordões a adotar posturas e formatos "premiáveis" por critérios que tomavam o luxo e o "bom gosto" como fatores essenciais. De outro, "explicá-los" para o público leitor, transformando-os em objeto de um interesse quase erudito e folclorizante — posto que tinham se tornado, na prática, a marca principal do Carnaval de rua do Rio de Janeiro. "O CARNAVAL DE 1906. *Os nossos grupos carnavalescos.* A sua significação e a sua influência no divertimento" — era a manchete que abria um conjunto de matérias sobre o assunto: não à toa, o concurso foi precedido por uma longa série de reportagens que ocupou todo o mês de fevereiro, intitulada "A psicologia dos cordões", na qual seus símbolos, usos e práticas são esmiuçados — a música, a poesia, a nomenclatura, os estandartes são expostos e discutidos de forma sistemática. Assim, ao anunciar o certame e a série de matérias sobre o tema, o jornal sente-se compelido a justificar seu interesse: "[...] Muito não é, portanto, que dediquemos, este ano, o melhor de nossa atenção aos grupos carnavalescos pitorescamente chamados cordões, que enchem a cidade, durante quatro dias, de alegre ruído, principal elemento do Carnaval, e das cores berrantes de suas caprichosas fantasias".[133]

Os redatores pareciam não saber bem como se comportar diante do fenômeno, ou já não tinham um ponto de vista tão monolítico. O fato é que de bárbaros, fétidos e horríveis os cordões já começam a ser tachados como "pitorescos". Nessa oscilação, por vezes a polícia é posta em ridículo a partir de episódios em que exorbitava de suas funções, impondo a esses grupos critérios e padrões estranhos ao universo festivo da ocasião. Em 1907, por exemplo, o mesmo jornal não poupava os agentes da lei em suas colunas:

> A polícia [...] resolveu agora, movida por escrúpulos patrióticos e de pudicícia, meter a tesoura de sua censura nos títulos dos cordões carnavalescos, reformando-os a seu bel-prazer. Assim o grupo Iaiá Sacode a Saia ficou somente Iaiá Sacode. A saia ficou com a polícia. Outro grupo de carnavalescos sem saias mas com patriotismo tinha como título Grupo C. República do Brasil, e foi tirar licença. O delegado auxiliar [...] ficou seriamente incomodado, pois pode lá ser República do Brasil! Chamou o presidente do grupo, levou-o para um canto, e declarou-lhe terminantemente que não dava [...] a licença para o grupo sem que ele mudasse o título. Como o estandarte e os distintivos já estavam feitos com as letras GCRB, o presidente do grupo sugeriu que se trocasse o República por Repentinos, conseguindo assim a licença.[134]

A crônica mostra que a interferência policial nos assuntos do Carnaval aos poucos estendia-se além das suas atribuições na manutenção da ordem pública. Praticava-se a censura a títulos muitas vezes como pretexto para proibir a saída de gente como os "bravos rapazes" que pretendiam licenciar-se em 1908 como G. C. Cachinhos de Ouro,[135] nome que continha, como vimos nas coplas transcritas páginas atrás, uma maliciosa alusão à questão racial; proibições assumiam uma natureza "preventiva" quando se tratava de cordões de notória rivalidade, como era o caso dos Teimosos da Gamboa e dos Teimosos das Chamas, impedidos de sair às ruas em 1907, já com tudo pronto e despesas realizadas para o desfile — razão pela qual mereceram um comentário mais extenso da imprensa, que defendeu a concessão das licenças sob determinadas condições.[136]

A polícia retardava ainda o começo dos ensaios, definindo prazos burocráticos excessivamente apertados; tentava proibir os zé-pereiras — a pancadaria que agora estava incorporada aos cordões; intensificava a prática de prender, nas vésperas de Carnaval, centenas de "indivíduos suspeitos" e "conhecidos capoeiras", a pretexto de evitar a violência nas ruas. Pode-se bem imaginar a maneira arbitrária pela qual tais meliantes, alguns com os olhos rasos d'água, como nos revelou o repórter, eram escolhidos e recolhidos às prisões. As proibições também atingiram algumas das práticas mais arraigadas desses carnavalescos, que pareciam lhes conferir (ao menos para a imprensa e para os espectadores temerosos ou fascinados) sua própria identidade: em 1909, o chefe de polícia Alfredo Pinto proibiu terminantemente o uso de fantasias de índio, aquelas que na maior parte das descrições aparecem abrindo espaço nas ruas para o desfile dos cordões, "puxando" a cantoria e defendendo as cores de seu estandarte com as velhas coreografias dos cucumbis. A alegação policial era que por baixo das penas e dos cocares esconder-se-iam navalhas e punhais, e que tais índios vinham ademais às ruas com tacapes de ferro usados como arma em seus sucessivos conflitos.[137]

Era previsível que uma restrição de tal ordem às tradições da brincadeira não ficaria sem resposta. Ela vem, no mesmo ano e nos seguintes, com a insistência dos índios em aparecer, enfrentando a perseguição policial. Em janeiro de 1909, mal aparecia nos jornais a proibição, já um grupo entoava em seus ensaios para o Carnaval aquilo que se tornaria um sucesso nas ruas da cidade nos dias de Momo.

Eu vou beber, eu vou me embriagar
eu vou sair de índio pra polícia me pegar.
A polícia não quer que eu sambe aqui,
eu sambo ali, eu sambo acolá.[138]

Uma parte da imprensa chegou mesmo a condenar a atitude do chefe de polícia, embora, no fundo, houvesse uma tácita concordância com os motivos que levaram à verdadeira campanha persecutória contra as personagens carnavalescas dos pobres do Rio de Janeiro. Um cronista que assinava "Dominó Azul", por exemplo, apesar de julgar exorbitante a ação policial, ressalvava que

> [...] contudo aquela espécie de fantasia era interpretada e realizada de modo boçal, como boçais de africanismo são já, por si, os intitulados e sambadores cordões carnavalescos, desde a calamidade dos títulos com que se batizam à sem graça e estupidez da maioria das figuras, das estroniações dos cantos inexpressivos e, principalmente, às asneiras e desencabimentos dos versos detestáveis quer como rima e metro, quer como expressão significativa.[139]

Se não queriam a polícia tão estouvada no cumprimento de suas obrigações, e seu senso político lhe dizia que a perseguição dos praças não seria suficiente para superar os "boçais" africanismos dos sambadores — a quem atribuíam uma virtual incapacidade de compreender o próprio significado das restrições impostas, como enfatizado na charge alusiva às proibições carnavalescas do rigoroso chefe de polícia Alfredo Pinto. Era necessário — lógica decorrência — tratar de outra forma a questão. Por isso a eventual defesa dos cordões contra os "excessos" da polícia vinha sempre acompanhada de uma espécie de pedagogia destinada, ao que tudo indica, a conferir-lhes algum sentido estético e poético... Tais intenções ficam claras, mais que nas idas e vindas retóricas de cronistas regulares das folhas cariocas, nas iniciativas concretas que os jornais acabaram assumindo nessa direção.

Em sua primeira Festa dos Cordões, destinada a premiar todos os anos os grupos nas categorias luxo e originalidade, a *Gazeta de Notícias* indicava, como vimos, um caminho a ser seguido. A sequência de matérias do jornal sobre essa iniciativa — que se estendem do dia 12 de fevereiro até 1º de março de 1906 — pode nos dar uma ideia dessa nova atitude que se consolidava. As

41. Careta, *20 de fevereiro de 1909.*
O personagem central, de óculos escuros, é o chefe de polícia Alfredo Pinto. Ante sua observação de que não admite índios enfeitados com animais vivos, o presidente do cordão responde: "[...] Antão ta direito. Vosmucê impilicou somentes co bicho".

danças e os cantos dos cordões eram, nessas crônicas preparatórias e seguindo a estratégia da folclorização, comparados às formas de expressão da França pré-moderna, para atribuir-lhes um caráter legítimo (ou, pelo menos, de boa origem), mas ainda primitivo e rude, à moda de bucólicos pastores ou camponeses do velho continente: "A mesma confusão que os cantores do século XVIII deixaram na crítica moderna com relação à origem e fim da bela Aeliz, deixam os poetas dos nossos cordões também em relação à bela morena, que aparece em seus cantos".[140]

Em 26 de fevereiro, o grande dia, o jornal anuncia o júri que estará reunido em seu escritório para atribuir os prêmios: João do Rio, Oscar Lopes e Oliveira Gomes — cuja tarefa não podia ser avaliada de antemão, pois não havia inscrições nem formalidades, considerando-se concorrentes todos os grupos que passassem em frente à redação do diário. Em 1º de março, uma primeira decepção: o conflito entre concorrentes dera um tom, um toque indesejável ao evento, no qual as pretendidas "provas de bom gosto" tinham cedido lugar às brigas entre grupos. "Devemos mesmo declarar que, abrindo esse concurso, tivemos em vista a apresentação de provas de bom gosto, nunca de valentias que não se compreendem numa festa feita para alegrar."[141]

A nova estratégia pedagógica, apesar do fracasso dessa primeira tentativa, não era no entanto algo que se estivesse estabelecendo de modo unilateral. Desde muito cedo os cordões carnavalescos mantiveram com a imprensa uma relação de estreita intimidade. O significado dessa simpatia reiterada em relação aos jornais, que não cansavam de atacá-los e ironizá-los, mesmo quando, de alguma forma, lhes ofereciam apoio, merece alguma reflexão. Sentimentos de simpatia e confiança estão presentes em episódios que mostram a disposição de ir até a redação para queixar-se da polícia ou de participar animadamente de seus certames.[142] Tal atitude decerto não resultava de um interesse financeiro, pois os prêmios eram apenas simbólicos — mas da busca de prestígio e notoriedade.

A imprensa carioca está repleta de pequenas notas, às vezes ilustradas com fotos ou desenhos de estandartes, nas quais são reproduzidos os nomes e cargos da diretoria dos grupos, ao lado de um breve e padronizado comentário elogioso — signo de um prestígio que parecia encantar os participantes dos cordões, cujos recursos eram insuficientes para a publicação dos extensos *puffs* que, ano após ano, anunciavam os préstitos das Grandes Sociedades. Em troca desse fugaz prestígio os cordões costumavam, desde antes do Carnaval, comparecer festivamente às redações de jornal para cumprimentar, deixar expostos ou receber estandartes que, de vez em quando, os diários ofereciam a um ou outro grupo, a título de incentivo.[143]

Todo um ritual era empregado nessas ocasiões. A melhor descrição, pela riqueza de detalhes, é mais uma vez a de Luiz Edmundo e refere-se ao ano de 1901. Os grupos, muitas vezes vindos de longe — até das mais distantes freguesias rurais —, deslocavam-se à noite, iluminados com fogos de bengala. Na frente os índios e seus animais vivos ou empalhados. Atrás deles, o estandarte "sempre cortado em ótima seda, com franjas e borlas pesadas de ouro" e conduzido com esmero por alguma porta-estandarte de "anca farta e roliça", seguida pela "massa ativa dos foliões" que tocam reco-recos, fundos de prato, latas de querosene vazias, bumbos, caixas e tambores. Cantam e dançam, muitas vezes entoando versos alusivos à ocasião, movimentando-se atrás do pavilhão que descreve arcos e círculos "que querem dizer imensas coisas", assinala ele, admitindo implicitamente não dominar aquela linguagem simbólica. Param por fim em frente à redação do jornal e, do alto do mastro erguido, a bandeira do jornal é descida até cobrir, "como uma bênção", o estandarte que palpita e ondula nas mãos da tal mulata opulenta.

> O alarido é enorme [...] os brandidores de vaquetas aproveitando o ensejo para rufar mais forte, em furiosíssimas rajadas, as caixas, os bumbos, os tambores. Os panos coloridos se confundem. É a cerimônia do beijo que enternece e encanta. É o ósculo de Momo. Depois, quando a bandeira da casa, cumprido seu dever de cortesia, sobe, o estandarte entra e se dependura no saguão do jornal, enquanto os componentes da diretoria, cheios de austeridade e de importância, trepam pelas escadas que os levam ao redator de serviço e com o qual deixam [...] o nome do cordão, e mais, seus próprios nomes.[144]

Se era em busca do reconhecimento — o mesmo de que desfrutavam as Grandes Sociedades e os clubes da elite carioca — que esses cordões vinham ao centro da cidade homenagear jornais e buscar divulgação e prestígio, não soa estranho que tratassem de se adequar como pudessem aos seus padrões, gostos e exigências. Afinal, eram esses jornais os canais garantidores da legitimidade, que definiam os critérios pelos quais cordões carnavalescos passaram a ser julgados por júris "especializados". A *Gazeta de Notícias* tratou de especificá-los no ano seguinte, dando continuidade à eficiente forma pedagógica dos concursos, que canalizavam antigas rivalidades entre grupos de foliões: riqueza ou luxo, "brilho" — entendido como manifestação de "espírito", em uma concepção que pretendeu aproximar os cordões das Grandes Sociedades e reafirmá-las como padrão do Carnaval premiável — e, enfim, o número de associados e a qualidade dos versos e da música.[145] Se havia aí uma forma intermediária, eram os ranchos — como logo veremos —, mas os jornais ainda não percebem isso com muita clareza.

As reclamações dos participantes foram constantes, desde a instituição do concurso, obrigando o diário a esclarecer critérios e procedimentos. Segundo seus redatores, nas vésperas do Carnaval do ano seguinte, os próprios concorrentes alegavam que "havendo ranchos e cordões — que diferem essencialmente uns dos outros — o concurso [...] não pode ser justo ou imparcial como desejamos".[146] Mais que o reconhecimento das diferenças entre essas duas formas de Carnaval, que tenderá a tornar-se crucial daí em diante, o jornal expressava seu desejo de que elas fossem superadas em nome de um gosto unívoco e mais refinado. De todo modo, foi necessário que os participantes apontassem a diferença entre as duas formas para que a *Gazeta* a reconhecesse a contragosto. Não era atrás de imparcialidade no julgamento de méritos carnavalescos que ela andava, mas de bons exemplos e práticas edificantes capazes de mais uma vez salvar Momo da morte anunciada.

Perseguindo a glória da premiação e os critérios estabelecidos pelo persistente jornal em seus ímpetos de civilizar os bárbaros, as agremiações logo vão transformando seus desfiles segundo os cânones estabelecidos. Não por acaso, os vencedores de todos os concursos carnavalescos da *Gazeta de Notícias* destinados a incentivar os "cordões" eram ranchos: em 1906 já figurava entre os vencedores o Papoula do Japão. Em 1908, o Ameno Resedá, que a partir de então tornou-se uma referência obrigatória em todos os concursos e eventos de monta do Carnaval carioca, foi o líder absoluto da competição jornalística e passou a ser louvado em verso e prosa como uma nova maneira — mais civilizada, delicada e moderna — de fazer o Carnaval de rua. A imprensa descobria nos ranchos a possibilidade da redenção. Evoé! Enfim, a vitória de Momo podia ser anunciada pelos clarins de anjos de pele escura.

RESEDÁS, MACACOS E OUTROS RANCHOS

Bem antes de o Ameno Resedá aparecer no cenário e consolidar a nova forma dos desfiles, quando findava a primeira década do século XX, no entanto, muita coisa acontecia na velha cidade de São Sebastião. Havia muita gente nova chegando e se acomodando pelos espaços apertados das ruas e dos becos, subindo os morros para achar moradia. Nos vinte anos que antecedem à abolição e à proclamação da República, a população do Rio de Janeiro duplicara de tamanho, chegando a mais de 500 mil almas. Brasileiros pobres, negros libertos ou escravos de ganho e imigrantes estrangeiros amontoavam-se em habitações coletivas[147] que se multiplicavam pelo centro e pela Cidade Nova e adjacências. Nesse movimento, a segunda metade do século XIX foi marcada intensamente pela chamada diáspora baiana, que trouxe para a então capital do país levas de negros alforriados ou fugitivos e de retornados da Guerra do

Paraguai, que encontravam nesses bairros próximos ao porto abrigo seguro em sua chegada, com base em laços de solidariedade definidos por parentesco ou afinidades religiosas. "Tinha lá na Pedra do Sal, lá na Saúde, ali que era uma casa de baianos e africanos [...] Da casa deles se via o navio, aí já tinha o sinal de que vinha chegando gente de lá [...] Era uma bandeira branca, sinal de Oxalá, avisando que vinha chegando gente. A casa era no morro, era de um africano, ela chamava tia Dadá e ele tio Ossum, eles davam agasalho, davam tudo até a pessoa se aprumar."[148]

O fluxo migratório, acentuado após a abolição, era já intenso na década de 1870. Em torno de casas como a de Ossum e Dadá ou a de Miguel Pequeno e sua mulher Amélia Kitundi[149] (considerada uma espécie de "consulado baiano" no Rio de Janeiro), ou ainda a da famosa tia Bebiana, os recém-chegados buscavam adaptação à vida na capital do país. Organizavam-se ali em torno de terreiros como o de Bambochê, João Alabá e o de Cipriano Abedé,[150] e tratavam de recompor os pedaços de sua própria experiência de desterritorialização formando agremiações ou realizando atividades coletivas de trabalho, culto ou lazer. Os primeiros ranchos, que procuravam reviver naquele trecho urbano, apinhado de gente, algumas práticas festivas da Bahia, foram instrumentos de integração e sociabilidade para esses homens e mulheres transplantados para uma nova cidade, e mantinham uma clara diferença de forma em relação aos cordões e aos cucumbis do Carnaval carioca. "Como eram organizados os ranchos: um peixe na cabeça fazendo evolução [...] Porta-bandeira, o grupo das saloias batendo com as castanholas em ritmo de marcha, pandeiro, cavaquinho, violão, prato e faca quando possível [...], porta-machado, que eram os batedores."[151]

Em suas memórias, o famoso sambista Donga refere-se aí a um desses grupos, tido como um dos primeiros a aparecer na região, denominado Sereia de Ouro. Suas características básicas obedecem a um padrão que foi cristalizado por décadas nos desfiles dos ranchos baianos, mesmo antes que se convertessem em uma forma propriamente carnavalesca. Não que estas fossem formas desconhecidas na tradição carioca: ternos de reis e pastorinhas podem ser encontrados durante todo o século XIX, em torno de datas religiosas do calendário festivo.[152] No entanto, a julgar pelas informações disponíveis, tudo indica que a migração dos ternos de reis para o Carnaval foi obra dos baianos instalados na Saúde, na Gamboa e na Cidade Nova. Figura central nesse processo foi Hilário Jovino Ferreira, ogã no terreiro de João Alabá e fundador de vários ranchos importantes do Carnaval carioca entre as décadas de 1870 e 1910.[153] Chegando ao Rio de Janeiro na década de 1870, logo tornou-se liderança na comunidade baiana da Saúde. No início morava na casa de Miguel Pequeno, no beco João Inácio (morro da Conceição), e trabalhava, igual a tantos, como operário no Arsenal de Marinha.[154] Encontrou formado na vizinhança um rancho de nome Dois de Ouro.[155] Tratava-se de um pastoril com todas as características tradicionais da Bahia, destinado a fazer a folia de reis no dia 6 de janeiro. Hilário logo integrou-se ao grupo, "que trazia recordações do meu torrão natal. E, como residisse ao lado, [...] fiz-me sócio e depressa aborreci-me com alguns rapazes e resolvi então fundar um rancho [...] Fundei o Rei de Ouros, que deixou de sair no dia apropriado, isto é, a 6 de janeiro, porque o povo não estava acostumado com isso. Resolvi então transferir a saída para o Carnaval".[156]

Faltam dados biográficos mais completos sobre Hilário Jovino. As melhores informações sobre sua trajetória são fornecidas por ele próprio, em entrevistas que concedeu aos jornais cariocas — evidenciando que no início do século XX tornara-se já figura de prestígio reconhecido em sua nova cidade, sendo considerado pela crônica de um modo geral o introdutor de uma forma de desfile que teria revolucionado o Carnaval. Há registros também em depoimentos de contemporâneos e descendentes, sempre tirados de memória e marcados pelos tons da afetividade em torno de um personagem decisivo para suas próprias identidades. Por isso, há certamente confusão de datas, recuperadas pela memória ou registradas com falhas nos matutinos,[157] e uma relativa escassez nas informações disponíveis. De qualquer forma, ressalta desse conjunto de fragmentos que a trajetória bem-sucedida de Hilário Jovino na capital do país foi muito marcada pela experiência da migração e pelas estratégias de sobrevivência e integração. Que razões o levariam, por exemplo, a deslocar a tradição dos pastoris e reisados da data religiosa de 6 de janeiro para o espaço permissivo e autorizado do Carnaval? Segundo suas próprias palavras, tentava adaptar-se aos costumes locais. Mas decerto tal escolha deveu-se também à percepção de que a proibição de batuques e cantorias, folias e brincadeiras de negros era mais forte nos dias santos que nos dias de Carnaval, em que de qualquer maneira a presença dos negros tinha de ser tolerada — ainda que de má vontade.

Hilário Jovino explicita ainda outra percepção importante: a de que a aceitação dessa forma de brincar seria mais fácil no contexto de um Carnaval que dava origem a tantos conflitos. Folclorizada e estilizada em relação às tradições que lhe deram origem, ela trazia uma organização herdada das procissões religiosas, sob a forma de figuras institucionalizadas no préstito, como a porta-bandeira, o porta-machado, as pastorinhas ou saloias, que dançavam, batiam castanholas e introduziam o registro mais suave das vozes femininas no brinquedo, dando-lhe a "perfeita organização" e a aparência calma do desfile cadenciado por marchas menos marcadas pela "pancadaria" que caracterizava as formas mais populares do Carnaval. Os ranchos, assim, podiam aparecer como uma contraposição à ameaça dos cordões e como uma inovação positiva. "Naquele tempo, o Carnaval era feito pelos cordões de velhos, pelos zé-pereiras e pelos cucumbis da rua João Caetano e o da rua do Hospício [...] O Rei de Ouro [...] quando se apresentou com perfeita organização de rancho, foi um sucesso. Nunca se tinha visto aquilo aqui no Rio de Janeiro [...]."[158]

Mistura bem-feita. Tudo no rancho lembrava a tradição do "torrão natal": desde o nome do grupo (Rei de Ouro), facilmente associado às danças do reisado — mas também, é bom que se frise, à jogatina de baralho com a qual se podia matar o tempo nos botequins da Saúde, nos intervalos do trabalho irregular do porto que ocupava a maior parte daqueles homens —,[159] até a própria data em que, segundo Hilário Jovino, o grupo foi fundado para sair em seu primeiro Carnaval — o dia 6 de janeiro, garantindo aos baianos sua identidade e os elos com práticas do passado imediato. Mas a ocasião da saída era seguramente carioca, disputando espaço com as formas tradicionais do Carnaval local, que Hilário Jovino tratava com desdém, construindo um outro motivo para o agrado daqueles que temiam cordões e "pancadarias". Um bom exemplo pode ser encontrado no rancho intitulado Afoché, formado entre outros por Hilário e João Alabá.[160]

Fundado em 1900, segundo o cronista Vagalume,[161] o Afoché compreendia a "mesma gente que, desde o Rei de Ouro, vinha fazendo coisas do arco da velha" no Carnaval carioca. João do Rio refere-se a esse grupo em crônica publicada na *Gazeta de Notícias* do dia 2 de março de 1905. Nela, relata ter sido procurado na redação do jornal pelo "feiticeiro" Bemzinho, neto do célebre pai de santo Bambochê, que pedira sua ajuda para obter uma licença para a saída do grupo, cujo sentido explica ao jornalista curioso: "Afoché é o Carnaval africano, é a crítica de todos os santos e de todos os pais de santo".[162]

O elo entre as brincadeiras desse cortejo satírico e os terreiros do Rio de Janeiro está aí claramente explicitado. Segundo Donga,[163] tratava-se de uma brincadeira dirigida sobretudo contra as "crenças" de pais e avôs dos cariocas organizados em torno dos cucumbis (afoxés, para os baianos), com os quais seus descendentes, já com sentidos diversos, reproduziam as formas aprendidas em brincadeira organizada em torno de simbologias africanizadas. O Afoché satirizava suas toadas, seus instrumentos de percussão e imitava tipos negros bem conhecidos na cidade, identificáveis sem dificuldade pelos contemporâneos na caricatura de seus trejeitos e hábitos. Os cargos e hierarquias no cortejo eram de referência africana: obá (rei), ibiquejiobá (vice-rei), baixo-orun (conselheiro), acapôs (escudeiros, aduladores) e outros. O obá trazia como símbolo de seu reinado um grande garrafão empalhado, objeto de culto e adoração pelos foliões. Cantavam ainda uma marcha em língua africana (parodiando as cantigas dos cucumbis) em homenagem ao garrafão, que Vagalume traduz como: "A bebedeira é monumental, cumprimentos ao portador da bebida". O jornalista relata que os negros baianos, para imitar bem os personagens característicos de comunidades negras cariocas do centro da cidade, procuravam roubar peças de seu vestuário, chapéus e guarda-chuvas, com as quais eram reconhecidos pela assistência das ruas e escarnecidos pelo grupo. Conta-se inclusive que, certa vez, um dos integrantes do rancho apossou-se sorrateiramente do guarda-chuva de um desses personagens, morador na rua da Alfândega. Ao abri-lo nas ruas, bem em frente à casa da vítima, no entanto, recebeu na cabeça uma chuva de baratas, deflagrando um coro de risadas e chufas que fez com que o proprietário do objeto descobrisse a pilhéria e saísse correndo atrás dos "moleques", tomado de fúria.[164]

Assim, esses grupos colocavam-se como contraposição carnavalesca aos "africanismos" cariocas e até hostilizavam tradições negras locais, talvez decodificadas como práticas "antigas", como sugere a fala de Donga. Nesse sentido, fez-se nos ranchos uma síntese curiosa. No Rei de Ouro de Hilário Jovino, a Bahia aparece estilizada e desfila para o povo da capital envergando um estandarte cujas cores foram também cuidadosamente escolhidas pelo seu fundador, de modo a retirar do desfile o caráter regionalista e, ao mesmo tempo, afastar a suspeita de africanismo. No armarinho de um turco vizinho ao botequim onde o Rei de Ouro acabava de ser fundado, Hilário Jovino tratou de comprar pano de duas cores para costurar a bandeira de seu pastoril carnavalesco: verde e amarelo, as cores nacionais, foram as escolhidas, em detrimento de simbologias mais frequentes, como as cores de santos do candomblé ou das maltas de capoeiras que, então, disputavam os espaços da cidade.

Dir-se-ia que, assim como acontecia com as elites, perplexas e divididas entre si em torno da dissolução das relações escravistas e a adoção de novas regras políticas, que se impunham àquele mundo redesenhado, também os trabalhadores pobres, mas sobretudo os negros, buscavam respostas e alternativas diversas para sua nova forma de inserção na sociedade. De um lado, o apego a tradições, transcritas para as regras do jogo republicano — como parece sugerir a multiplicação de cordões no início do século XX. Mas o amansamento e a integração negociada também parecem fazer parte do cardápio da sobrevivência, por intermédio dos ranchos — no caso das práticas carnavalescas. Isso sem dúvida era algo capaz de provocar rivalidades e alguns ranchos baianos parecem ter assumido uma postura de desafio aberto perante algumas das práticas festivas de negros cariocas.

Ao contrário dos cordões, cuja origem reside nas práticas espontâneas e

42. *Hilário Jovino com familiares, s. d.*

informais do Carnaval de rua, o Rei de Ouro, segundo seu fundador, buscou desde o início a autorização policial para suas atividades, naquele momento em que isso não era a prática mais comum entre os trabalhadores pobres empenhados nas brincadeiras do entrudo e nas formas mais anárquicas da folia. Isso decerto tem a ver com alguns elementos importantes da biografia de Hilário Jovino, cuja busca por legitimação e proteção na nova cidade foi uma marca definidora da experiência social e cultural de seu grupo. A própria imagem que ele projeta de si, ao escolher o modo de posar em um estúdio fotográfico com familiares, sugere um esforço de adotar padrões e poses de distinção e ascensão social.[165] Assim, logo ele tratará de integrar-se à Guarda Nacional, tomando a patente de tenente — cargo de pouca efetividade mas que revela estreitas ligações com a polícia da Corte.[166] Podemos lembrar, a propósito, um ofício revelador encontrado entre a documentação de polícia: nele o comandante da Guarda Nacional na sede da República responde a uma solicitação do chefe de polícia, dando conta dos procedimentos adotados para "fiscalizar o procedimento dos membros dessa corporação que se encontram a passeio pelas ruas e praças [...] por ocasião dos próximos folguedos de Carnaval [...] a fim de evitar que eles se envolvam em quaisquer conflitos".[167]

Temos aí um bom indício: membros da Guarda Nacional, como Hilário Jovino, não deixavam de despertar suspeita e preocupação nas autoridades. Mas o controle de seu comportamento era assumido diretamente pela corporação da qual faziam parte. Para homens como ele, isso não deixava de significar proteção e segurança no interior das redes de vigilância e convivência criadas na sede do governo central. Fundador de tantos ranchos, Hilário pode ter utilizado essa estratégia para penetrar em espaços fechados da cidade, para estreitar ou iniciar relações e alianças no mundo dos brancos e, também, naquele que frequentava e liderava na região do cais do porto.

Tal estratégia, no entanto, não isentava seu grupo do risco de dissensões internas irremediáveis. Um pequeno episódio relatado por Donga pode ser significativo. Após fundar o Rei de Ouro, Hilário permaneceu na casa de Miguel Pequeno, onde Ciata havia chegado em 1876 — já feita no candomblé e mãe de uma criança. Miguel Pequeno queria também formar seu rancho (pelo visto, era um sinal de prestígio no grupo), que já tinha até nome e registro policial: era o Rosa Branca, que se tornaria tão célebre quanto sua futura líder. Hilário Jovino envolve-se então na montagem desse rancho, fazendo dupla com Miguel Pequeno (que, vale lembrar, era o "cônsul baiano" no Rio de Janeiro, na expressão de Donga). Antes que tudo estivesse pronto, no entanto, um incidente pôs fim ao projeto: Hilário Jovino fugiu com Amélia Kitundi — a mulher de Miguel Pequeno, conhecida por sua beleza até entre os meninos do grupo, como enfatiza, nostálgico, o já velho sambista em seu depoimento. Dizem os que com ele conviveram que Hilário era também uma figura atraente — "desses negros que não suam", na expressão um tanto equívoca de um seu afilhado...[168]

Mas nem isso foi capaz de diminuir a fúria de Ciata diante do desgosto de seu amigo e hospedeiro, que, ofendido, retirou-se do grupo e do lugar, entregando a papelada do Rosa Branca aos cuidados da jovem filha de santo. Criou-se aí uma inimizade jamais superada, que dividiu o grupo de migrantes da Saúde em torno de lideranças e, naturalmente, de ranchos carnavalescos diferentes[169] que se enfrentaram ao longo de muitos Carnavais. Assim, rivalidades entre esses grupos carnavalescos podiam ter também uma origem de ordem pessoal, determinada por rixas e desavenças entre vizinhos ou entre lideranças "comunitárias", e este não será por certo o único fator de discórdia. Não há notícias de que tenham chegado com tanta frequência às "vias de fato", como os cordões, mas sem dúvida a existência desses grupos estava também marcada pela tensão e pela competição.

A biografia de Ciata — também imprecisa, embora um pouco mais detalhada — revela, apesar da proverbial inimizade, estratégias bastante semelhantes às de Lalau de Ouro (apelido com o qual Hilário Jovino foi imortalizado nos meios carnavalescos e boêmios da cidade, e que pode referir-se tanto à mania de usar o nobre metal nos títulos de ranchos[170] como à sua capacidade indiscutível para seduzir as mulheres). Nascida em Salvador em 1854, veio para o Rio aos 22 anos, diretamente para o regaço dos amigos Miguel Pequeno e Amélia Kitundi. Poucos anos depois vamos encontrá-la casada com um homem negro também egresso da Bahia, bem situado no interior do grupo por seu status elevado e sua trajetória incomum entre indivíduos de sua origem racial e social: chegara mesmo ao segundo ano de medicina em Salvador — curso abandonado por razões desconhecidas, mas fáceis de imaginar tendo em vista as dificuldades inerentes naquele contexto à sua dupla condição de negro pobre. Sendo letrado, empregou-se no Rio como linotipista do *Jornal do Commercio*, posição que decerto lhe garantiu pontes para outros mundos na mesma cidade.

Depois trabalhou algum tempo no serviço público, como funcionário da Alfândega, voltando ao território da Pequena África. Como Hilário Jovino, manteve elos com o aparato policial, exercendo um pequeno cargo no gabinete do chefe de polícia — nomeado por Vensceslau Brás em pessoa, grato a Ciata por tê-lo curado nos rituais de seu culto de uma ferida na perna pela qual os médicos nada puderam fazer.[171]

Essas intrincadas relações com os "de cima" — brancos letrados, ricos ou poderosos — foram mantidas e cultivadas por Ciata em sua casa, onde se mesclavam o baile, o sarau, a roda de samba e o candomblé, e por onde circulavam todas as esferas da sociedade (do esnobe literato ao policial ou ao partideiro capoeirista da Saúde). Em sua casa passou ainda a fabricar roupas de baiana — com certeza cada vez mais estilizadas — para uso das vedetes do teatro de revista, das meretrizes que desfilavam com as Grandes Sociedades e até de mulheres de família ou rapazes folgazões de todas as classes, que gostavam de travestir-se no Carnaval — como as três damas da imprensa surpreendidas em visita ao cordão, o jovem sambista Heitor dos Prazeres ou blocos inteiros de foliões de sua própria região. Por esse caminho, ampliava os espaços de circulação e reconhecimento de sua casa e de sua autoridade pessoal. Por meio de

43. *Heitor dos Prazeres travestido de baiana, no início do século XX.*

44. *Bloco de "baianas" da Saúde, no início do século XX.*

figuras como ela, em alianças cuidadosamente montadas ao longo dos anos[172] e que reforçavam uma posição de centralidade em relação ao grupo, obteve-se uma forma de proteção a práticas culturais estigmatizadas e perseguidas por atitudes policiais e posturas municipais.

Papel importante nessa estratégia, compartilhada por amigos e inimigos, como Hilário Jovino e Ciata, foi desempenhado pelos ranchos carnavalescos, entre os quais o nosso já conhecido Rosa Branca. Nasceram com toda a aparência de espaços da ordem — amparados pelo apoio condescendente de intelectuais, garantidos pela licença policial, protegidos pelas bênçãos de Xangô, Oxalá e do vigário do bairro. Assumiram-se como manifestação folclórica, sossegando a inquietação dos jornalistas desconfiados da folia dos pobres. Estabeleceram bases fixas de organização (seguindo uma tendência que, como vimos, se fixara no Carnaval carioca a partir das Grandes Sociedades) e aproveitaram a experiência compartilhada das habitações coletivas, da ajuda mútua, dos terreiros do candomblé e do trabalho no porto para consolidar um padrão novo no Carnaval.[173] Nem por isso se tornaram tão rapidamente uma forma generalizada e reconhecida como melhor (ou mesmo como diferente) que as demais.

Se as últimas décadas do século XIX assistiram às primeiras iniciativas desse tipo, restritas a bairros como Saúde, Gamboa e Cidade Nova, mais de uma década transcorreu até que se pudesse afirmar que os ranchos se haviam tornado a principal forma do Carnaval carioca.

Enquanto isso não se generalizava na opinião aliviada da crônica, no entanto, ranchos e cordões permaneciam sendo uma coisa só, na concepção de intelectuais e jornalistas. Podemos voltar a João do Rio e seus contatos com o "feiticeiro" Bemzinho a propósito do Afoché e do "Carnaval africano". Seguindo os passos da crônica, vemos que a curiosidade de João do Rio acaba levando-o aos redutos da Pequena África, pela mão do pai de santo. "Nos três dias de Carnaval", esclarece o cronista, "eu sempre sem interesse [sic] esses bárbaros cordões de negros suarentos esguejando melopeias com a cara pintada e lagartos e cobras vivas nos braços [...] Bastava no entanto que o negro me tivesse indicado o mistério para que eu desejasse saber, devassar, conhecê-lo por completo",[174] confessa o autor, confirmando seu sempre renovado interesse pelos "mistérios" que se escondiam em becos e vielas da cidade e expressando a confusão entre os "bárbaros cordões" e os espaços a serem devassados pelo baiano. Em busca do misterioso Carnaval do candomblé, teria ido parar na rua dos Cajueiros, onde estava então a sede do Rosa Branca de Ciata. Lá, segundo João do Rio, "a flor da gente procedia ao ritual de ensaio geral" entre avisos nas paredes que, "em maus garranchos", instavam à moralidade: proibido fumar, conversar com as damas, beber durante os ensaios. "Para que um mulato carioca deixe de fazer essas três coisas", observava o sagaz João do Rio, "é preciso muito respeito pela instituição." Segue-se ao ensaio a descrição do baile na sala da frente e do batuque nos fundos, cuja observação o leva a concluir que o samba é "antes uma aula de capoeiragem que um divertimento". A descrição engloba a performance ao violão do capoeira Theodoro Geme-Só, que usava uma argola na orelha para mostrar — segundo explicação atribuída ao pai de santo Bemzinho — que era "mais valente que os outros". A descrição traz ainda outros elementos: a organização do Rosa Branca — com seus fiscais, porta-machados e achinagus, geralmente ogãs dos terreiros da região, como "João Ratão, Germano, Mancario e outros respeitáveis malandros".

O Rosa Branca e outros ranchos baianos da região, inclusive o Afoché, são designados como "cordões" em toda a crônica. Observador atento e acostumado a observar os cordões nas ruas, João do Rio não deixa, no entanto, de notar certas diferenças:

> "Você quer saber, Bemzinho, isso parece muito com o rancho de reis."
>
> "Tem V. Sa. razão. O Carnaval africano [...] não é isso. A gente daqui faz tal qual o que se realiza na Bahia a 6 de janeiro. O pessoal para fundar um clube, arranja uma sessão em que se faz o rateio para o estandarte. A licença é sempre pedida para uma sociedade dançante e [...] nunca se deixa de requisitar à polícia duas praças de cavalaria para acompanhar a passeata. Há cantigas que são mesmo cantigas de rancho [...] Só as danças é que variam um pouco. As danças e as brigas."[175]

A diferença que começa a ser delineada na crônica encontrava ressonância naquilo que se passava em grupos carnavalescos espalhados por toda a cidade. Quando João do Rio menciona nessa crônica sua visita ao "cordão" Rosa Branca — descrito como um antro de capoeiras situado em um bairro perigoso, lugar de práticas africanas e feitiçarias que mantém vários pontos de semelhança com as descrições habituais de cordões carnavalescos —, outros ranchos, inclusive sediados fora da "Pequena África",[176] já se multiplicavam nos Carnavais cariocas. Sua presença será capaz de, em pouco tempo, maravilhar intelectuais e jornalistas, que estremeciam à passagem dos cordões e também pareciam suspeitar daquelas festas excessivamente "africanas" de Hilário e Ciata, a despeito da aparência mais suave de suas brincadeiras. Eles logo celebrarão a criatividade das ordeiras classes populares congregadas nos grupos carnavalescos com nome de flor, nos quais reconhecerão verdadeiros "revolucionários" de Momo, atribuindo-lhes a paternidade do novo Carnaval.

O marco principal dessa nova etapa, a julgar por uma espécie de unanimidade de críticos carnavalescos da posteridade, estaria solidamente fincado em 1907. O grande acontecimento capaz de despertar o interesse de jornalistas e intelectuais para os desfiles desses grupos de pobres foliões seria o aparecimento do Ameno Resedá, o mais famoso dos ranchos cariocas, com sede no Catete (e não as passagens do Rosa Branca, do Afoché, do Rei de Ouro e tantos outros grupos da Saúde e Cidade Nova). Hilário Jovino esteve aí presente mais uma vez, como um dos primeiros associados honorários da agremiação, evidenciando a existência de elos reconhecidos por seus próprios protagonistas. Suas características, no entanto, eram bastante diferentes das dos primeiros ranchos. A origem do grupo é bem estabelecida: um grupo de frequentadores da Sociedade Dançante e Recreativa Progresso do Catete, região da cidade com características bem menos marcadas pela presença baiana, fizeram em Paquetá um piquenique animado pela música de choro, tocado e cantado por homens e mulheres. O relato é do próprio jornal que a agremiação editava todos os Carnavais, à semelhança das Grandes Sociedades, e que circulava com a tiragem nada desprezivel de 15 mil exemplares: "[...] O Mário Cardoso, depois de meditar [...] externou o desejo de fundar-se um grêmio carnavalesco, cheio de originalidade, diferente dos grupos barulhentos de batuque e berreiro [...] O batuque, a pandeirada e os urros seriam banidos por antiestéticos".[177]

Esse desejo, que parece baseado nas apreciações estéticas dos críticos dos cordões nas páginas da imprensa diária, foi no entanto expresso de diferentes maneiras por fundadores da agremiação, em entrevistas recolhidas por Jota Efegê. João da Paixão, conhecido como Donzinho — que era carpinteiro no Arsenal de Marinha e ex-integrante do cordão Serpente de Ouro, do Catete —, explicitou o desejo coletivo como a vontade de formar um novo "cordão", e não um rancho ou "grêmio". Outros depoentes, como Maria Isabel do Espírito Santo, porta-bandeira e mãe do compositor Haroldo Barbosa, nomeou com a mesma palavra o projeto do grupo.[178] Não era estranho, apesar do estigma que a própria imprensa atribuía à palavra (designando quase sempre o Ameno como "sociedade" ou "rancho", para enfatizar as diferenças), que os membros do grupo se concebessem como um cordão — parte, sem dúvida, de sua experiência carnavalesca. Podemos citar outros casos de integrantes entusiastas dos cordões que aderem sem problemas aos ranchos no início do século XX: Oséas João de Oliveira, por exemplo, saía de índio à frente do cordão Filhos da Estrela e, depois, tornou-se figura destacada do famoso Flor do Abacate — o maior rival do Ameno Resedá nas competições carnavalescas. No piquenique de fundação do Ameno, de qualquer forma, estiveram presentes 32 pessoas que não seriam absolutamente estranhas ao universo dos cordões, a julgar pelo seu perfil profissional. Além de quatro homens e sete mulheres para os quais esse último dado não é mencionado, havia sete operários do Arsenal de Marinha, colegas de trabalho e amigos de Donzinho, um cocheiro de tílburi e dez pequenos funcionários do governo, que exerciam funções como as de porteiros e contínuos na Imprensa Nacional, no Ministério da Agricultura, no Departamento Nacional de Saúde Pública (talvez um mata-mosquito), nos Correios, na Alfândega e na Prefeitura da capital federal. Havia ainda um bedel da Escola Normal, um músico profissional (o conhecido Sinhô, pianista nos bailes da Progresso do Catete)[179] e uma costureira.[180]

Isso decerto não lhes dava a homogeneidade sugerida por rótulos como "baixa classe média",[181] usado por alguns autores no afã de diferenciar sociologicamente ranchos e cordões, supondo algum tipo de correspondência rígida entre folia e estrutura de classes: lado a lado estavam José de Paula Pires, porteiro do Palácio do Catete e ferrenho admirador das autoridades republicanas, e Luiz Gonzaga da Hora, outro operário do Arsenal de Marinha, excelente tocador de bombardino e empenhado militante socialista.[182] Entre os primeiros associados do Ameno Resedá, a heterogeneidade se manteve: estavam presentes, além de Hilário Jovino — figura àquelas alturas aparentemente mais ornamental e legitimadora que decisiva e atuante —, o famoso cronista carnavalesco do *Jornal do Brasil* conhecido como Vagalume, ao lado de novos operários do arsenal, comerciários, músicos independentes e sobretudo

45. *Grupo de chorões no Rio de Janeiro. Foto de Augusto Malta, 15 de novembro de 1916.*

vários da banda do corpo de bombeiros, dirigida pelo grande Anacleto Medeiros (também fundador do rancho e nascido na Pequena África, como Donga, João da Baiana e Pixinguinha),[183] dezenas de pequenos funcionários públicos (inclusive um certo José Purpurina, cujo nome verdadeiro era José de Campos Sales... lotado na Presidência da República). Mas figuravam também comerciantes do bairro do Catete, um dentista formado, um alfaiate, um guarda civil e uma senhorita cujo sugestivo apelido era "Francesinha", entre outros.[184] Tinham em comum um enorme gosto por tocar, dançar e cantar — tendo em vista o naipe dos músicos que faziam parte do grupo, como Sinhô, o legendário Anacleto e seus companheiros de banda. Colocam-se assim dentro de uma outra tradição popular do Rio de Janeiro, ligada ao choro e à música instrumental, e parecem ter feito disso o principal veículo de seu sucesso[185] — revelando também aí outra interface com os mundos da Pequena África, celeiro de músicos da tradição do choro da importância de Pixinguinha e seus companheiros batutas.[186] A música de choro, cuja origem está associada às gafieiras (não aos terreiros de candomblé), foi um dos mais importantes fatores a diferenciar esses ranchos de toda a tradição carnavalesca anterior: sustentada nessa forte musicalidade, orquestras de ranchos como o Resedá não diferiam muito, no período, daquelas de choro.

Para sustentar gosto tão dispendioso, era necessário mais que vontade. O grupo originário do Ameno Resedá gastou todo o ano de 1907 organizando-se para a estreia, em 1908. Redigiram e registraram seus estatutos como sociedade civil, pagaram as taxas e tiraram licença na polícia, cumprindo à risca as exigências da autoridade policial. Criaram cargos de diretoria — assumidos por personagens que, à semelhança das Grandes Sociedades, adotaram apelidos sempre iniciados por Lord: Lord Diplomata era o porteiro do Palácio do Catete, por exemplo. Confeccionaram um estandarte que acrescentava às cores do Rei de Ouro (o verde e o amarelo) o grená das folhas do resedá e um símbolo que desde o início os aproximava dos Democráticos, dos quais se diziam "afilhados" — a águia de asas abertas.

Mas, sobretudo, demonstraram habilidade em tecer as tramas de solidariedade e relações pessoais, com base em seus postos subalternos mas estratégicos, para garantir a rentabilidade de seus três livros de ouro. O primeiro ficava com Lord Diplomata na portaria do Catete, abocanhando as contribuições de todos os ilustres visitantes de Sua Excelência. Um outro ficava com

Titio, funcionário do Derby Clube e pertencente ao grupo de auxiliares do senador Paulo de Frontin, circulando pelos espaços de sociabilidade das elites e mais ainda pelos corredores do parlamento, de olho na generosidade ocasional dos políticos. Enfim, um livro volante buscava alguns dos apoiadores tradicionais na sociedade carioca, que incluíam empresas como as companhias de cerveja Brahma e Hanseática, os comerciantes do Catete e adjacências, Coelho Neto, Arnaldo Guinle — o milionário e futuro presidente do Fluminense Futebol Clube — e outros.[187] Sem visar a resultados financeiros, contavam também com outros apoios política e culturalmente importantes: o vigário da igreja da Glória, no largo do Machado, e, por outro lado, os boêmios e exímios instrumentistas Catulo da Paixão Cearense, Pixinguinha e Ernesto Nazareth (autor de uma polca com o nome do rancho), que frequentavam seus salões em busca de boa música.[188]

O prestígio do Ameno Resedá — que inaugurou um tipo de Carnaval ancorado na performance musical (com coro e orquestra que incluía cordas e sopro, além do cavaquinho-violão-castanholas da fórmula tradicional) e na rigidez do enredo apresentado no préstito com traços de ópera de rua — chegaria a seu ponto máximo poucos anos depois. Em 1911, Lord Diplomata foi surpreendido pelo chamado de Hermes da Fonseca: o marechal-presidente queria receber a visita do Ameno Resedá no Palácio das Laranjeiras. Foi um momento de glória para o rancho, que compareceu em seu melhor estilo. Naquele ano, o enredo era "A corte de Belzebu", de modo que os jardins do palácio encheram-se de chifrudos diabinhos no domingo de Carnaval. Mas ninguém pareceu assustado: apesar das caudas pontudas, eles cantavam com afinação canções harmoniosas (como, por exemplo, o tema da *Viúva alegre* em ritmo de marcha-rancho)[189] que deixavam longe a habitual e assustadora "pancadaria". Embora ocasionalmente ainda se pudesse chamar esse rancho de "um cordão já célebre", ninguém pensou — ou disse — que podiam esconder navalhas em meio aos chifres e caudas.

Ao contrário, toda a imprensa logo assumiu um tom de entusiasmo ardente diante daqueles pés-rapados que, ao que parece, tinham uma vocação musical invulgar. Com ela revestiam o mesmo costume cultivado pelos cordões, de cortejar a imprensa. Engalanados, em sua primeira saída pública para saudar os jornais da cidade em visitas de cortesia, não cantavam coplas mal-acabadas ao som dos tambores, mas entoavam-nas sobre trechos de "O

46. Careta, *4 de março de 1911.*
Integrantes do Ameno Resedá vestidos para visita ao palácio presidencial.

47. Fon-Fon, *1º de fevereiro de 1913.*
A imprensa elegante começa a mostrar os ranchos — representados nesta edição por algumas pessoas de destaque nessas sociedades — como parte importante do Carnaval carioca.

Guarani", em ritmo de marcha-rancho. A qualidade poética, em todo caso, não parece ter se alterado muito:

> *Sorriu a flor mais aromal*
> *que no jardim de Deus nasceu* [...]
>
> *Veio só aromatizar*
> *e demonstrar suas carícias*
> *aos nobres representantes*
> *da* Gazeta de Notícias.[190]

Em muito pouco tempo, o Ameno Resedá e seus congêneres passavam a ser vistos como uma tábua de salvação para o moribundo Carnaval. Uma demonstração de que, afinal, a pedagogia talvez tivesse valido a pena, pois ao menos alguns alunos aprenderam bem a lição — e se tornaram, para espanto dos espíritos cultivados, melhores que os próprios professores.

> É preciso tê-lo ouvido para saber o quanto pode ser interessante e gracioso um rancho carnavalesco [...] Mas o Ameno Resedá faz mais: as suas vitórias, registradas todos os anos pelos prêmios da *Gazeta*, têm sido um estímulo para as sociedades suas congêneres, cujos diretores [...] têm procurado dar a seus ranchos o mesmo molde do Ameno. Assim, nós temos visto todos os anos, e hoje mesmo registramos, excelentes conjuntos carnavalescos, outrora organizados em cordões e agora formando grupos como o Pastorinha do Bonfim[...][191]

Temos aí um exemplo curioso — a dar-se crédito à observação do jornalista — de um cordão que se transformou integralmente, chegando mesmo a modificar seu nome (pois um grupo de pancadaria não adotaria um título como o de "Pastorinhas"), em função do triunfo dos ranchos no Carnaval de rua. A partir do molde definido pelo Ameno Resedá — mais que pelos ensaios de Hilário Jovino em anos passados —, estes adquiriram uma estima elevada entre jornalistas e intelectuais da capital federal, que comemoram abertamente a suposta destruição dos cordões:

> Os ranchos carnavalescos são estas belas sociedades que, com luxo e esplendor,

> vão aos grupos substituindo os antigos cordões que, imperceptivelmente, estão aderindo à ideia do sr. Hilário Jovino [...] Uma diferença muito grande existe dos ranchos cariocas para os ranchos baianos. Os daqui são mais ricos e agora mais lindos e originais na variedade de harmonia e canto [...] O que é verdade, o que já estamos vendo, é que daqui a uns cinco anos todos esses cordões estarão transformados em ranchos, dando assim outra feição e maior deslumbramento ao Carnaval carioca.[192]

Os ranchos acabaram assim substituindo as Grandes Sociedades na estima da imprensa, e estão com sua imagem consolidada no final da década de 1900-10. Se a ideia podia ser baiana e o crédito assinalado ao mítico Hilário Jovino, julgava-se que os cariocas eram ainda melhores ao pô-la em prática. Aparecia então uma espécie de afirmação da identidade carioca no Carnaval — centrada nos mesmos elementos que ancoravam o prestígio de Democráticos, Tenentes e Fenianos: luxo, esplendor, aparência de erudição e "espírito", acrescidos de uma qualidade sonora genuinamente nativa. Aos olhos desses cronistas, os ranchos cariocas pareciam ter perdido o viés negro e folclórico dos originais, para tornar-se sobretudo um lugar da boa tradição musical e uma manifestação de gosto que os aproximava das Grandes Sociedades. Mais que isso, os ranchos eram pintados como os responsáveis pela "conversão" dos cordões e da gente rude que os frequentava aos signos da civilização. Aquilo que as Grandes Sociedades não conseguiram com sua pedagogia era agora realizado por dentro dos próprios espaços dos trabalhadores pobres: não era outro o motivo da alegria incontida de alguns intelectuais, que chegaria ao ponto de Coelho Neto e outros expressarem, na década de 1920, o mais profundo tédio pelo Carnaval das velhas sociedades e um entusiasmo desmedido pelo caráter autêntico e nacional dos ranchos carnavalescos.[193]

Sinal disso era a desconfiança ciumenta com que Hilário Jovino olhava a supremacia do Ameno e do Flor do Abacate, quando o primeiro se achava no auge de seu prestígio. Em 1913, numa entrevista ao *Jornal do Brasil*,[194] fulminou, ao relembrar o extinto rancho Iaiá me Deixe: "Ninguém poderia batê-lo hoje não desorientando o fim de sua fundação". Se a afirmação parece enigmática, basta avançar na leitura para entender o recado. Segundo ele, haveria no Carnaval do Rio "uma mistura do terno com o rancho", formas originárias da festa baiana, cujos perfis, desenhados de viva voz diante do repórter, nos revelam sua visão sobre o que estava acontecendo com a festa que ele amava na capital da República. Na Bahia, explicava com paciência, existiam os ternos de reis formados por operários, com a "filarmônica da fábrica", e os ranchos frequentados pelo "pessoal alegre e folgazão" e que substituíam a filarmônica pela flauta, o pandeiro e o ganzá. Os ranchos, prossegue ele, usam porta-bandeira e mestre-sala, prática recusada pelo "pessoal dos ternos" para "não se confundir com os capadócios". A simpatia de Hilário Jovino pelos folgazões e capadócios está aí mais que explicitada para os ouvidos moucos da crônica carnavalesca. Também reveladas estão as razões de seu mau humor, que ele expressa sob a forma de uma insinuação quanto à confusão de "fundamentos" naqueles ranchos cariocas que misturam a filarmônica de fábrica com as porta-bandeiras. Os ranchos como o Ameno Resedá, com sua música fortemente instrumental, aproximavam-se assim, para ele, dos operários dos "ternos", com seus préstitos solenes, mais próximos da cerimônia que da folia.[195]

E, de fato, olhando para as ruas nos Carnavais da segunda década do século XX, parece às vezes que estamos a anos-luz de distância daqueles ranchos baianos cheios de malícia ou dos cordões dos quais vários integrantes do Ameno Resedá foram parte entusiasmada. Preparando-se para seu primeiro Carnaval, no esforço de conseguir dinheiro para pôr o préstito nas ruas, os foliões do Resedá organizaram uma festa em sua sede para obter dinheiro extra, à qual compareceram (como no enterro do integrante do cordão mencionado por Luiz Edmundo) muitos grupos da região, em atitude solidária — com a diferença que, agora, nenhum poderia ser descrito como um cordão:

> C. D. C. Ameno Resedá. Sede: rua do Catete nº 206. No dia 20 do corrente, impreterivelmente, o suntuoso drama em quatro atos de Durval de Castro, "O órfão e a mendiga", no Clube D. Ginásio, Botafogo, em homenagem ao Ameno Resedá, onde abrilhantarão o espetáculo os conhecidos amadores brasileiros Antenor Oswaldo de Oliveira, que cantará a cançoneta de sua lavra, "O caixeiro do hotel" e a canção portuguesa "A história de um marinheiro"; o Mourão Braga, as cançonetas "Cena doméstica" e o "Arara"; o Bernabé Guiomar Bouis, duas cançonetas do seu vasto repertório, e o outro faz-se representar por surpresa. Far-se-ão representar nos seus camarotes, as seguintes sociedades: Caçadores da Montanha, Flor do Abacate, Ninho de Amor, União dos Amores, Chuveiro de Prata, Destemidos do Catete, Saudades do Rio Douro, União do Catete, Plausíveis do Catete

e o Grêmio dos Japoneses. Ao terminar o espetáculo haverá o grande baile na sede [...] com o concurso da orquestra do Ameno Resedá. O resto das cadeiras pode ser procurado com o sr. tesoureiro, à rua do Catete nº 116 (barbeiro).[196]

Ao leitor distraído poderia parecer o anúncio de uma festa militante, como aquelas que jornais operários costumavam oferecer a seus leitores e simpatizantes — e muito diferente dos animados saraus com que Ciata preparava seu Rosa Branca naqueles mesmos anos ou dos rega-bofes orgiásticos dos "padrinhos" Democráticos. Talvez o simpático bombardista-socialista tenha trazido a sugestão de promover uma ocasião solene repleta de apresentações teatrais e talentos amadores para inaugurar o rancho com forte presença de operários. Note-se também uma outra novidade: a presença das "coirmãs" do Catete e adjacências, cujas diretorias costumavam encontrar-se no Café Lamas para trocar umas ideias na época próxima ao Carnaval.[197] Nada das rivalidades irreconciliáveis que traziam para os cordões a fama de briguentos e valentões. Além disso, o anúncio era diferente também das sugestões e do tom francamente licenciosos que costumavam marcar os dos Fenianos ou Tenentes do Diabo. Eram sem dúvida, à semelhança dos cordões, bastante mais "familiares" que as Grandes Sociedades, onde os varões bem situados podiam folionamente dançar maxixes com as "horizontais".

Contudo, se podem ser diferenciados nesse detalhe — nem sempre irrelevante, note-se —, os carnavalescos do Ameno Resedá empenhavam-se em manter uma proximidade clara com o padrão definido pelas grandes sociedades, em particular os Democráticos, em que sempre procuraram espelhar-se. Poucos anos após sua inauguração, assim que as finanças permitiram, o Resedá tratou de ampliar e reformar o seu salão. Cabiam agora — em 1911, quando foi inaugurado — 125 pares, além do palanque para a orquestra. Mandaram atapetar em cores vivas toda a escadaria que dava acesso ao salão principal, inclusive o nobre caminho para o *toilette* das damas. Por fim, revestiram o salão — requinte supremo — com uma iluminação de gosto duvidoso (um jornalista descreveu como *sui generis*), feita de lâmpadas elétricas de cores variadas.[198] Iniciativa que lembra, por exemplo, os requintes do papel de parede do Tira o Dedo do Pudim — mas a leitura dos cronistas contemporâneos é bem menos carregada nos adjetivos e nas ironias. Finalmente, tratavam ainda de copiar seus parentes Democráticos nas ruas, afastando-se do padrão original dos baianos para incluir carros alegóricos em seus préstitos.

Assim, a identificação desses ranchos com as Grandes Sociedades não foi obra exclusiva da imprensa. Um contemporâneo tratou mesmo de estabelecer uma comparação, favorável no final aos ranchos. As Grandes Sociedades costumavam trazer para as ruas, no início do século XX, cerca de doze carros alegóricos e/ou de crítica, montados por escultores e cenógrafos de renome. Os ranchos, com menor capacidade financeira, traziam no máximo seis — sempre alegóricos —, de menores proporções, sem atrizes nuas, mas às vezes também montados sobre carretas por cenógrafos do teatro de revista e artistas plásticos conhecidos.[199] Mas havia também diferenças importantes. A principal delas é que, enquanto as sociedades faziam dos seus préstitos ocasião para falar de vários assuntos, em uma estrutura semelhante às das revistas de ano — que se tornaram uma verdadeira coqueluche no final do século XIX, quando viveram sua época de maior prestígio —, os ranchos cariocas mantinham, além da música de alta qualidade, uma unidade temática em seus desfiles, dedicados do início ao fim a desenvolver um único enredo, como as atuais escolas de samba. Tal forma de apresentar-se exigia uma organização maior para o desfile, e por essa razão as diretorias de rancho mantinham sempre uma hierarquia de mestres (mestre de canto, mestre de harmonia etc.), cargos em geral ocupados por aqueles membros cujo talento ou liderança fosse reconhecido pelo grupo.

O fato é que, se é evidente exagero atribuir ao Ameno Resedá a capacidade de ter reinaugurado o Carnaval carioca, sem dúvida esse rancho pode ser apresentado como sua forma mais celebrada pelos cronistas e pela historiografia. Mas com certeza ele não era o único, e é importante olhar em torno para não tomar a árvore pela floresta, supondo que todos os ranchos fossem exatamente aquilo que a imprensa gostava de pensar que eles eram. Dessa forma, é possível encontrar muita diversidade também no universo dos ranchos carnavalescos, apesar de que fossem quase todos devotos de Nossa Senhora da Glória, homenageada com festas em seus salões nos dias 15 de agosto, realizadas com o máximo de luxo que a situação financeira da agremiação permitisse — inclusive com eventuais exigências de traje a rigor.[200] Antes disso, notem-se outros elementos de semelhança além da forma adotada para os préstitos, da ênfase na presença feminina nos cantos e nas danças (não apenas como petiscos

48. *Carnaval de 1914. Foto de Augusto Malta. Desfile do rancho Recreio das Flores.*

sexuais exibidos no alto dos carros). O mais importante deles é a convergência das temáticas que aparecem mencionadas nas páginas da imprensa: há uma tendência quase irreversível em tratar de assuntos "sérios" e navegar nos referenciais de uma erudição estranha para a imensa maioria de seus componentes, assumindo uma aparência tão luxuosa e pomposa quanto possível.

O conteúdo alegórico das Grandes Sociedades parece ter sido aprendido com mais disposição que a parcela crítica e debochada dos antigos préstitos. Alguns exemplos, do momento em que os ranchos já estavam consolidados como forma dominante no Carnaval de rua: o rancho Nós... e Eles, cujo título sugere riso e molecagem, desfilava com "Uma festa no Egito — Posse de um administrador inglês junto ao pachá rei absoluto em 1882", e não tinha a menor intenção de fazer graça com esse tema; no mesmo ano, o Flor do Abacate trazia para as ruas "O triunfo de Cleópatra", depois de ter desfilado "O reinado da Turquia", em 1911.[201] Em 1917, o Ameno Resedá trouxe às ruas do Rio de Janeiro "As divindades das florestas, dos bosques, dos campos e das montanhas, segundo a mitologia", trazendo em sua comissão de frente alguns sátiros, deuses rústicos metamorfoseados em príncipes caçadores, Júpiter em pessoa, Pã, Atlas, Minerva e outras figuras, e tendo Diana como porta-estandarte —

por mais estranho que o cortejo possa parecer ao leitor desta descrição.[202] Em 1919, homenageava as nações aliadas vitoriosas na Primeira Guerra Mundial, como sua coirmã Iaiá Formosa.[203] Em ano próximo, o Mimosas Cravinas desfilava "Os Lusíadas" inteiro, com seus intermináveis cantos, incluindo no préstito até mesmo um elefante de carne e osso, tirado de algum circo — que pareceu, em todo caso, mais civilizado que as cobras e jabutis dos cordões.[204] Em 1919 o Miséria e Fome, a despeito de seu título pleno de crítica social, desfilava o "segundo ato de uma conhecida ópera", enquanto o Quem Fala de Nós Tem Paixão prestava "homenagem a um grande poeta falecido".[205] Os cronistas, é claro, exultavam. Vistos de dentro pelos seus participantes, no entanto, esses desfiles pomposos decerto carregavam mais significados do que nossos olhos "de fora" poderiam perceber.

Ou o que poderia explicar a existência de ranchos como o Papoula do Japão ou o Kananga do Japão, que exibiam pastorinhas em quimonos dourados, negras e mulatas vestidas como gueixas cuidadosamente imitadas de cromos e fotografias do Oriente,[206] distantes das saloias de castanholas e brancas saias rodadas, com as quais ranchos baianos pretenderam transcrever tradições regionais para o contexto carioca? Além desses ensaios de orientalismo, o uso de nomes de flores, bastante utilizados entre os ranchos, parecia apontar o caráter em geral "domesticado" desse Carnaval, como sugere a maior parte da bibliografia especializada. Entretanto, seria precipitado julgar que um nome ou uma fantasia podem definir os conteúdos e os muitos sentidos desses grupos carnavalescos. Recreio das Flores era o nome de um rancho ligado ao sindicato Resistência, dos estivadores do Rio de Janeiro. Seus desfiles, ao que tudo indica, costumavam ser espetaculares. Na memória dos descendentes de Ciata, por exemplo,[207] a imagem do rancho iluminado pelos holofotes de carbureto carregados por aqueles homens em sua maioria negros ou imigrantes, com os músculos desenvolvidos pelo trabalho da estiva, aparece ainda como algo impressionante.

Todas as descrições disponíveis[208] enfatizam a figura de um estivador espanhol, de nome Antonio Infante Zayaz (conhecido como Antoniquinho), que assumia a responsabilidade pelos enredos do grupo. Pendurado nas torrinhas do Teatro Municipal, assistia às óperas que depois tentava reproduzir nos préstitos do rancho. Seu momento de glória parece ter sido a *Aída* que montou em 1920, para alegre surpresa da imprensa carioca. Não podemos saber — embora talvez seja lícito imaginar — o que isso podia significar como símbolo de ascensão, legitimidade e autoestima para esses estivadores do cais do porto, olhados sempre com desconfiança e cuidado. Mas parece duvidoso que, a despeito do esforço em parecer civilizado e culto, o rancho não provocasse muitos arrepios de temor em suas aparições públicas — seja pela associação com as agitações sindicais, seja pela presença maciça de negros e imigrantes tão rústicos quanto hercúleos, que jogavam sobre si uma luz capaz de ofuscar todas as outras.

Talvez seja fácil adivinhar por quê, incluindo aí as relações de provável tensão com os seus rivais do Gualemadas (outro rancho do mesmo período, formado no interior da mesma categoria profissional do porto carioca e originado de um clube de futebol), se lembrarmos os episódios explosivos que cercaram a eleição de dois estivadores portugueses para presidir o sindicato Resistência, em 1908,[209] considerada inaceitável por grande parte dos estivadores negros. Vale lembrar a preocupação da polícia do Distrito Federal com os integrantes do Club dos Mangueiras, citado páginas atrás, ligados ao mesmo (e tumultuado) sindicato. Deve-se sobretudo atentar para o cuidado que a polícia carioca manteve na vigilância diferenciada a esses grupos, alguns muitas vezes proibidos de sair às ruas pelas mais diversas razões: porque mantinham jogos de azar em suas sedes[210] (embora, convém lembrar, este tenha sido um dos modos de financiamento das Grandes Sociedades), porque entre seus diretores figuravam indivíduos condenados pelos mais diversos crimes,[211] pela ocorrência frequente de brigas em sua sede.[212] Há ainda casos de diretorias de ranchos que tiveram de ir à delegacia para assinar termos de responsabilidade pelo comportamento do grupo, apesar de as sindicâncias realizadas terem atestado tratar-se de grupos compostos de operários regulares e não assinalarem nenhuma razão de suspeita.[213] Impensável para agremiações como o Ameno, o procedimento evidencia que, mesmo aos olhos de seus defensores, os ranchos não eram iguais entre si.

Da mesma forma, parece difícil acreditar que um rancho composto em sua maioria de negros quase analfabetos da região da Lapa deixasse de provocar risos semiocultos nas elites ao apresentar-se aos desfiles sob o nome de Corbeille des Fleurs.[214] Que outra reação nossos cronistas poderiam ter ao presenciar aquela gente pobre adotando um título afrancesado que com certeza mal conseguiam pronunciar, entoando nas ruas versos de canções que tentavam juntar as práticas populares do Carnaval com o verniz afrancesado da *belle époque*, como:

Isso é divinal e grandioso
toma o coração cheio de gozo,
um quadro que a natureza cegamente inflora,
um corbeille *nessa hora...*[215]

Há ainda outros padrões a serem considerados, sobretudo aqueles relacionados à diversidade étnica e racial dos ranchos. Vimos a influência do espanhol Antoniquinho Zayaz sobre o Recreio das Flores, mas este não é o único exemplo disponível. O Cruzeiro do Sul, da Cidade Nova, tinha como liderança três irmãos de sobrenome Baroni — e tornou-se conhecido como o "rancho da italianada".[216] Por outro lado, o já mencionado Iaiá Formosa — nascido em 1900 e que tentou mudar seu nome em 1907 para Iaiá Sacode a Saia, título censurado pela polícia, que o considerou malicioso em demasia (no momento em que as Grandes Sociedades faziam o Carnaval mais escandalosamente licencioso, segundo depoimento unânime das fontes) — voltava à cena carnavalesca do Catumbi, poucos anos depois, desafiando "os faladores do bairro, aqueles que [...] nos chamavam de sociedade de pretos",[217] revelando aí a tensão interna ao ambiente no qual o grupo se originou. Diante de tal heterogeneidade e diversidade, parece arriscado acreditar no apoio geral e irrestrito a essa forma do Carnaval popular e atribuir-lhe uma imagem tão amena quanto nos querem fazer crer as crônicas da imprensa e a historiografia carnavalesca.

É verdade que os ranchos recorreram a tradições menos passíveis de serem classificadas como "africanizadas", com mais música e menos batuque, mais próximos às formas celebrativas tradicionais de Portugal e da Igreja católica, como pastorinhas e reisados, e por isso podiam em princípio parecer menos ameaçadores. No entanto, convém lembrar que o que parecia "perigoso" eram, antes de tudo, pessoas e não suas formas de brincar. Além disso, a intensa rivalidade entre grupos provocava tensão que chegava amiúde ao desforço físico. Episódios de brigas, até com mortos e feridos — como os que se colaram à imagem dos cordões —,[218] eram comuns. Frequentemente a incursão de um rancho pela "área" de outros grupos semelhantes era encarada como provocação ou desafio. Os longos passeios dos ranchos, inclusive suas visitas de cortesia a agremiações rivais, parecem ter sido cuidadosamente planejados como demonstrações de força e superioridade. Não era outra a razão pela qual, na organização de seus préstitos, os ranchos mantinham seus "porta-machados", cuja função era sobretudo "proteger" as porta-bandeiras das investidas de um grupo rival com que cruzasse pelas ruas, como faziam os cordões sob outras nomenclaturas.

Nessas ocasiões, revelam os depoimentos de contemporâneos, o jogo de competição consistia em tentar desmoralizar o adversário roubando-lhe o estandarte — gesto considerado profundamente desqualificante para o grupo perdedor e, ao contrário, enaltecedor para quem conseguisse tal façanha.[219] Bastante duvidoso, como se vê, que tais episódios pudessem acabar sempre em risadas, abraços e confraternização. Se essa dimensão de violência não foi tão marcada pela imprensa no período em que os ranchos se tornam a força máxima do Carnaval carioca, isso decerto ocorreu por razões outras, e não uma súbita pacificação de antigas rivalidades e práticas de afirmação de identidade entre os trabalhadores pobres do Rio de Janeiro.

Pode-se ainda trazer mais um elemento capaz de relativizar a imagem pacificada dos ranchos, sobre o qual a bibliografia tem chamado pouca atenção, embora esteja sempre presente nos relatos mais descomprometidos sobre essa forma da folia. Além do seu desfile regulamentado e sério, pomposo e ensaiado com rigor, os ranchos — e em especial os baianos — costumavam também brincar sob uma outra forma antiga, conhecida como "sujos": fantasias improvisadas ou roupas velhas, máscaras cobrindo o rosto para garantia do anonimato e o antigo recurso da alusão direta e impiedosa aos inimigos, desafetos pessoais ou sociais. Temos de volta a velha marca individualizada e anárquica dos Carnavais de fantasias e máscaras avulsos, transcrita para a prática coletiva dos desfiles. "Alguns grupos de máscaras, desses que o povo apelida 'sujos', passaram suarentos e molhados, cantando em voz rouca e horrivelmente desafinada umas coisas que terão o nome de coplas, porque escritas não chegam ao fim do papel",[220] observava um jornalista ao comentar para seus leitores o cenário de uma, para ele, insossa segunda-feira de Carnaval, quando as Grandes Sociedades costumavam recolher-se aos seus próprios redutos.

Se ainda usavam com frequência, em plena década de 1910, esse velho recurso, os ranchos seguramente não constituíram sempre uma forma bem--comportada do Carnaval de rua. Rememorando os Carnavais dos ranchos em sua época gloriosa, Hilário Jovino não deixa de destacar os sujos como uma das partes mais saborosas da diversão: "Naquele tempo é que se brincava. Nós tínhamos os sujeitos que saíam com a roupa do ano anterior, ou mesmo sem fantasia; arranjava um sambinha mexendo com alguém e todo o grupo ia para a porta do suplicante, cantava e dançava e vinha para a sede. O manifestado preparava o seu sujo e ia para a porta do outro retribuir a visita. O camarada tinha que aguentar firme".[221]

A marcha-rancho cedia aí lugar ao "sambinha", e a diversão ocupava o espaço do desfile. Não era apenas Jovino que mantinha sujos dentro dos diferentes ranchos que comandou. A família de Ciata, sempre mencionada como um dos núcleos formadores e centrais dessa forma de expressão carnavalesca, fundadora e patrona prestigiada de diversos ranchos da cidade, mantinha também (e durante muitos anos) o seu "sujo", que levava às ruas um sentido inverso àquele contido nos desfiles que mereciam o aplauso unânime e o incentivo oficial e oficioso. Tratava-se, ao que tudo indica, de um grupo mais íntimo que,

49. *Integrantes de O Macaco é Outro na década de 1910.*

no interior do rancho, revivia velhas formas de brincar, como sugere a imagem de seus membros registrada por um fotógrafo desconhecido. Sua origem, ao que parece, não difere muito do padrão indicado por Hilário Jovino — já que foi criado como resposta ao Bem-de-Contas, organizado por ele, que havia iniciado as escaramuças ridicularizando o próprio Rosa Branca: uma imitação de seu estandarte substituía as flores por tomates, cebolas e repolhos, aludindo a uma dívida não paga do Rosa Branca. Os versos compostos para a ocasião não permitiam dúvidas sobre a vítima da brincadeira:

Repolho, tomate e cheiro
são flores do nosso canteiro,
à custa do nosso dinheiro
na rua dos Cajueiros.[222]

Claro, era onde ficava a sede do Rosa Branca — na verdade a casa da veneranda baiana, onde os ranchos iam reverenciá-la antes de sair a passeio. A mesma reverência fiel que demonstravam pela imprensa levava os ranchos da cidade a homenagear Ciata e outras tias baianas na entrada do Carnaval, esperando contar com duas bênçãos fundamentais para sua existência. De um lado, a aceitação de cima, corporificada nos elogios e referências dos jornais; de outro, a proteção do santo, pelas mãos dos líderes religiosos que garantiam o reconhecimento em seu próprio meio, imerso em brincadeiras cujos sentidos não eram percebidos com clareza pelos intelectuais deslumbrados com o espetáculo oferecido pelos ranchos.

Donga, já na velhice, em longa entrevista a *O Globo*, relata episódio análogo (ou talvez seja o mesmo, com certa confusão de datas e nomes em alguma das fontes) — sem alterar o sentido geral da informação que gira em torno da rivalidade entre Ciata e Hilário:

> Hilário organizou o Jardineira para concorrer com Ciata. Seu divertimento era descobrir o enredo desse rancho e sair de manhãzinha no dia de Carnaval fazendo "crítica" com o Bem-de-contas, que era o sujo do seu rancho: "Estou bem de contas, mal com o alfaiate, sou Jardineira, Iaiá, não me mate!". Quem estava mal com o alfaiate era Germano, genro de Tia Ciata, que só havia pago metade da

> fatiota encomendada para sair de mestre-sala da Rosa Branca. Tia Ciata quase teve um ataque,[223]

relata o sambista, adiantando o sentido geral da brincadeira e da rivalidade que marcava a existência desses grupos carnavalescos. Sua fala sugere assim que o Carnaval dos ranchos era feito de dois momentos distintos: o desfile formal e a pilhéria solta e informal das brincadeiras coletivas de sujos. Ciata, por sua vez, respondia às provocações com um sujo de nome sugestivo, que mereceu inclusive menções constantes na própria imprensa diária — tão conhecido acabou por tornar-se no Carnaval carioca. O "sujo" intitulado O Macaco é Outro saía às ruas todo de marrom, sem luxo nas fantasias, sem alegorias, e aos poucos foi extrapolando os limites de sua briguinha com Hilário Jovino. Em 1910, com a mudança de Ciata para a rua Visconde de Itaúna, ficava no miolo da Cidade Nova. De lá saía cantando suas coplas em direção ao Catete — onde se situavam os ranchos então mais renomados, como o Flor do Abacate, o Mimosas Cravinas, o Corbeille de Fleurs ou o grande Ameno Resedá.

> *Já fugiu meu macaquinho,*
> *coitadinho!*
>
> *Quem nos dará razão?*
> *Que macacão!...*[224]

eram os versos entoados nas ruas — sem que os vigilantes da sensibilidade poética tenham manifestado de alguma forma sua estranheza. Mais que eles nos interessa, no entanto, a reação dos ranchos prestigiados que Ciata visitava com seu sujo, tão diferente do espetáculo que esses ranchos procuravam oferecer à imprensa e ao público das ruas, ou ao presidente da República em seu Palácio.

Na verdade o sentido da brincadeira do Macaco é Outro, que não parece combinar nada com as descrições da imprensa sobre as aparições desses "grandes" ranchos, é explicado com muita clareza no depoimento de um de seus membros: o ponto alto — e ele se refere, nesse caso, à Festa da Penha de 1916, à qual o sujo estivera presente — ocorria "quando colocávamos as mãos nas máscaras gozando a cor e o aspecto da nossa raça e dizíamos baixinho: 'Nós somos gente', e bem alto o grito de guerra: 'O macaco é outro!' ".[225]

Nada aí lembra os complicados e eruditos enredos dos ranchos, seus versos rebuscados, seus títulos botânicos. O humor cáustico contido no título e nas brincadeiras do grupo, voluntariamente ou não, assinalava um significado bastante diferenciado daquele que os admiradores dos ranchos — e abominadores dos cordões — atribuíam a essa forma do Carnaval das classes (agora menos?) perigosas. O Macaco ia passando de rancho em rancho no Catete e a cada parada era recebido com palmas e chuvas de flores, confetes, serpentinas, enquanto as bandeiras dos orgulhosos vencedores de todos os certames anuais dos jornais cariocas desciam do mastro e debruçavam-se sobre aquela do curioso grupo, na homenagem ritual do beijo dos estandartes.[226] E pelo menos um dos integrantes destacados do famoso Ameno Resedá — Oscar Maia — saía à frente do "Macaco", ao lado de personagens ligados à casa da baiana, como Germano, sua neta Lili, Amor (Getúlio Marinho)[227] — famoso mestre-sala da época —, evidenciando que as fronteiras eram mais elásticas do que parecia.

De qualquer forma, e símios à parte, ao final das duas primeiras décadas do século XX o perigo representado pela insistente presença dos trabalhadores pobres no Carnaval de rua parecia controlado, aos olhos dos guardiães da regeneração urbana, da civilização e da modernidade carnavalesca. Era de se supor que as longas batalhas travadas contra a sua presença ameaçadora nos dias de folia tinham agora um vencedor definitivo, e — *helás!* — o Carnaval já não estava a um passo da morte. Com suspiros de alívio, as elites "pensantes" puderam ver nele uma "expressão nacional" em que a "alma do povo" afluía em sua verdadeira expressão, um momento de suspensão dos conflitos e de pacífica e alegre convivência social em um país possível. No fundo, para elas, o macaco continuava sendo o mesmo. Mas agora parecia que se poderia rir com alívio de suas ingênuas tentativas de parecer humano.

4. A tradução da tradição

Em 1923, os ranchos já dominavam absolutos o Carnaval carioca. No ano anterior, o Ameno Resedá inaugurara uma nova sede, maior e mais rica que as anteriores, e escolhera um significativo padrinho para seus salões: o então famoso escritor Coelho Neto, prestigiado como nenhum outro entre as rodas mais seletas da cidade. Avaliando o Carnaval daquele ano pelas páginas do *Jornal do Brasil* e imbuído do fervor cívico-nacionalista que empolgava grande parte da intelectualidade do período, ele dirigiu aos grupos carnavalescos um apelo emocionado: que passassem a apresentar como "enredo de seus préstitos temas de caráter estritamente nacional".[1] No ano seguinte, um rancho apressou-se em seguir a sugestão. Entre os enredos habituais nos desfiles, como os "Últimos dias de Pompeia", a "Rainha de Sabá" ou as "Walkyrias", aparecia um curioso desfile cujo tema era, nada mais, nada menos, o "Hino nacional".

Tratava-se, é claro, do cívico resedá concretizando a ideia do seu patriótico padrinho. O resultado, no entanto, não foi o esperado: adotando o ponto de vista do literato, o rancho mais importante da cidade obteve apenas um prêmio pela "harmonia", mas não esteve entre os melhores do certame promovido aquele ano pelo matutino carioca, vencido pelo rival Flor do

Abacate. Indignados, seus diretores apelaram ao pai da ideia em busca de apoio:

> Ilustre escritor:
>
> Foi logo após o Carnaval do ano passado que V. Sa., [...] referindo-se às pequenas sociedades, apelou para o patriotismo das mesmas, no sentido de aproveitarem para enredo de seus préstitos, temas de caráter estritamente nacional [...] O Carnaval deste ano aproximava-se. E o Ameno, [...] pôs mão à obra. Partindo do princípio de homenagear homens e coisas nacionais, [...] escolheu para tema o "Hino nacional". [...] O tema não seria, com franqueza, dos mais favoráveis [...]. Na verdade, com muito maior facilidade se adapta um enredo histórico ou tradicional, quer de fantasia ou de amor, a um préstito carnavalesco — que um hino patriótico, onde as imagens nunca foram corporificadas, mas apenas idealizadas [...]. Referimo-nos, é lógico, ao prêmio do enredo, que a digna comissão achou de justiça entregar [...] a dois outros ranchos cujos préstitos consistiam: o primeiro, na vida e sacrifícios de Joana d'Arc [...] muito mais fácil de ser executado do que o do Ameno, pois não seria preciso [...] mais do que adaptar ao préstito fotografias de diversos filmes já exibidos em nossos cinematógrafos [...]; o segundo consistia na adaptação [...] da ópera *Carmen*, de Bizet, em condições semelhantes [...][2]

Desqualificando as referências ao "cinematógrafo", acessíveis a qualquer um — como a popular ópera assistida das torrinhas pelos carnavalescos dos ranchos —, o Ameno procurava projetar-se sobre um outro patamar, aspirando às alturas do padrinho, embora o texto não deixe de conotar algum arrependimento. A ousadia de pôr nas ruas um tema "abstrato", talvez pouco adequado a brincadeiras carnavalescas, como parece desconfiar o autor do documento, sugere que as simples aspirações folionas do rancho haviam se tornado caudatárias de um projeto de maiores pretensões. É certo que o Ameno e seus congêneres já não teriam uma longa sobrevida de sucesso, substituídos na afeição popular pelas escolas de samba, que se projetariam a partir do apoio financeiro, da regulamentação e do caráter abertamente nacionalista imposto aos desfiles pelo regime de Vargas na década seguinte, expressando com maior eficácia a ideia de uma cultura nacional-popular espontânea e autêntica. No entanto, o episódio evidencia que a ideia de submeter o Carnaval a ideários políticos dessa natureza não brotou da propaganda do regime ou de seus objetivos imediatos. Em outras palavras, não foi preciso inventar nada de muito novo: como muitos dos elementos simbólicos sedimentados pela política cultural de Vargas, essa junção nascera bem antes e se consolidara no curso de um processo longo e complexo que envolveu também o Carnaval.[3]

Voltemos, então, a Coelho Neto e às consequências desastrosas de seu apelo cívico. Diante das queixas do Ameno, o "ilustre escritor", habilidoso, limitou-se de início a publicar a carta na imprensa diária, para só respondê-la dias depois. Alegando não ter visto os préstitos nas ruas, dizia que se limitara a discutir em tese a questão, mas afirmava sua própria satisfação em ver adotada pelo Ameno a perspectiva que semeara: contemplando a arte do Carnaval, segundo ele, o "povo" aprenderia "alegremente a amar o Brasil por intermédio da poesia de suas lendas, dos episódios de sua história e dos feitos dos seus heróis", em uma folia homogeneizadora e "norteada pelo civismo".[4] Os laços entre o escritor e os ranchos apareciam assim mais uma vez reforçados por uma aparente identificação de pontos de vista e pela solidariedade pessoal.

Na verdade, essa proximidade parece ter sido muito mais que epistolar — e não apenas com os afilhados que se orgulhavam de suas estreitas relações com intelectuais e gente do alto escalão da sociedade carioca. Bem antes desse episódio, ainda na primeira década do século XX, Martins Fontes já havia relatado a presença de agremiações carnavalescas em ocasiões sociais e literárias em torno do escritor. Certa vez, por exemplo, um elegante jantar animado por eruditas conversas literárias nos salões de sua residência foi interrompido pela chegada do recém-fundado Flor do Abacate, que, incorporado, vinha homenageá-lo, trazendo, em meio a "cantigas e reco-recos", um título de sócio honorário que, por certo, honrava mais ao clube que ao próprio homenageado.[5] Consta ainda que o escritor — cuja casa transformava-se às vezes em salão carnavalesco para literatos e grã-finos — teria comparecido inúmeras vezes a reuniões na sede do Ameno, sobretudo, note-se, às "reuniões literárias nas quais tomavam parte associados recitando poesias ou cantando alguns números de música de câmara e popular".[6]

Quando se dirigia aos ranchos, portanto, Coelho Neto não falava como um estranho ao meio, mas como alguém influente, capaz de convencer e atribuir projeção aos seus escolhidos. Tampouco falava como alguém pertencente ao universo estreito de uma sociedade de sua preferência, mas como um verdadeiro árbitro de todas elas. Essa legitimidade, que o fazia aconselhar, proteger e abençoar grupos carnavalescos, provinha, em grande parte, do inquestionável prestígio social que escritores gozavam nesse período e da própria autoimagem destes como responsáveis pela elevação do povo e do país.[7] Mas consolidava-se também na busca dessas agremiações carnavalescas por apoio e reconhecimento "de cima", que os guindasse para fora das tradições renegadas e perseguidas de negros e trabalhadores pobres da cidade. O casamento parecia perfeito: se os ranchos andavam à cata de proteção e ascensão social, muitos escritores naquele momento inquietavam-se em sua já longa procura pela autenticidade popular e pela originalidade brasileira.

Seja como for, no ano seguinte a sugestão de um Carnaval patriótico ganhou impulso. É o que se depreende do comentário eufórico do nosso escritor, publicado na imprensa diária sob a forma de uma crônica em que comparava os préstitos dos ranchos naquele ano e as apresentações das Grandes Sociedades carnavalescas, antes tão louvadas por ele e seus pares. O antigo entusiasta agora condenava a utilização sistemática de referências à cultura clássica, particularmente a mitologia greco-romana, superada, a seus olhos, pela autêntica poesia popular dos ranchos carnavalescos: "[...] Os folcloristas exultaram e entre eles foram dos mais entusiastas Sílvio Romero e Mello Moraes Filho, que até se fizeram corifeus de ranchos, se não para os acompanhar nas ruas, ao menos para inspirar-lhes ideias e ensaiá-los. E os tradicionalistas festejaram a vitória da poesia popular sobre as moxinifadas mitológicas dos grandes préstitos de papelão".[8]

Recorrendo aos folcloristas — àquelas alturas já falecidos —,[9] Coelho Neto (ele próprio um corifeu de ranchos, como vimos) incluía-se entre os "tradicionalistas", defensores de uma autêntica cultura nacional que residiria nos recônditos da alma popular. Talvez fosse sua resposta tardia para o conselho que lhe dera Aluísio Azevedo, quando Neto era ainda um jovem aprendiz: "Estude o povo", dissera o romancista ao escritor aspirante, profundamente empenhado nas "conquistas" de sua geração, e enredado nas "moxinifadas mitológicas" que rondavam sua obra literária. No interior de um debate cheio de idas e vindas, outro Azevedo — Artur, consagrado autor de textos teatrais e cronista dos mais prestigiados — seria pouco depois duramente criticado por Coelho Neto, cioso do perfil erudito que desejava conferir tanto ao "teatro nacional"[10] como ao Carnaval das ruas. Entre o jovem escritor que ouvia conselhos de um irmão e atacava outro e o intelectual maduro e conservador que se arrogava em árbitro da "poesia popular" parece haver uma grande distância. Assim, refletir sobre a trajetória conflituosa dessa geração de intelectuais usando como pano de fundo o tema que nos interessa aqui — o Carnaval e suas tradições — talvez nos ajude a dar um final a essa já longa digressão sobre a história da folia.

O tema da tradição ocupara muitas das atenções da geração de Coelho Neto, sobretudo nas polêmicas que cercaram a obra de autores como Sílvio Romero. Sucedendo ao pensamento romântico, a busca "científica" de uma identidade nacional tropeçou, no entanto, na pressa da parte majoritária das elites intelectuais por mudanças, expressas pela palavra *progresso* ou pelas imagens de civilização e modernidade. As primeiras décadas republicanas assistiram à consolidação dessa perspectiva de compreensão do país e de seu passado, amplamente predominante nas crônicas jornalísticas da virada do século XIX. Comentando o Carnaval de 1902, por exemplo, a *Gazeta de Notícias* ensaiava uma explicação para a persistência do entrudo: "Oh, as bisnagas! Que polícia será capaz de impedir que a população carioca se molhe nos três dias de Carnaval? O entrudo é uma tradição nossa: e nós que, em geral, não fazemos caso das nossas tradições seguramo-nos a essa com unhas e dentes".[11]

Quase quinze anos antes, Mello Moraes Filho — não por acaso, um pioneiro tradicionalista em busca da identidade brasileira[12] — ensaiara uma análise semelhante, que apelava para a tradição como a única explicação possível para a exótica preferência carnavalesca da população carioca. "É certo que o Carnaval, como o temos, melhor se harmoniza com o progresso moderno; mas não é menos exato que o entrudo [...] interessa a maior número de pessoas [...] A observação tem demonstrado que a maioria da nossa população não o baniu absolutamente, e que mesmo nesta Corte, onde os regulamentos policiais o proíbem, uma espécie de atavismo o faz reaparecer de tempos em tempos."[13]

O tema da tradição vai emergir algumas vezes no início do século XX, carregando por vezes uma crítica embutida ao regime republicano: "A polícia e a prefeitura já não permitem o entrudo, que era talvez o melhor da festa, além de que representava um costume essencialmente nacional", lamentava um jornal muitas vezes acusado de "monarquista" nas primeiras décadas republicanas.[14] Mas surge também — e quase sempre — na boca dos mais intransigentes republicanos, com sinal invertido, para assinalar que o abandono de certas práticas tradicionais representava, na verdade, o advento da civilização e do progresso. O cronista "X" publica, em 1904, um texto dialogado sobre o assunto:

> "Não pode ser! Isto não é nem nunca foi República!"
>
> "Que foi? Que houve? Que sucedeu?"
>
> "Proibiram o entrudo, senhor! E eu, que sou um cidadão livre, não tenho o direito de me divertir? [...] quero molhar-me e molhar os outros; é o meu direito! O entrudo é uma brincadeira tradicional. Meu pai, meu avô, meu bisavô, meu tetravô tinham o direito de jogar o entrudo, e eu não abro mão de um direito que herdei dos meus antepassados."
>
> "Também os seus antepassados, os tamoios, viviam nus e comiam carne humana! [...] os seus antepassados amigos do entrudo eram tão selvagens como seus antepassados antropófagos."[15]

Escrita já em pleno século XX, a crônica é capaz de esclarecer e sintetizar muitos dos significados contidos no debate que se desenrolava Carnaval após Carnaval, desde a década de 1850. Seu tom é triunfante: ao final, o ajuizado cidadão acabou por recomendar ao amigo do entrudo que fosse praticá-lo no único lugar em que ele era permitido — e útil, como as duchas frias: o hospício, lugar aparentemente próprio aos livres exercícios da folia. Eis, *grosso modo*, os termos da polêmica quando o novo século se inaugura: de um lado, no polo negativo, tradição, "atavismo", "caráter nacional"; de outro, o progresso, a civilização e a ciência, revestidos de toda positividade — apesar dos problemas que a equação colocava. A ideia de tradição, no entanto, vai sofrer uma rápida transformação nos anos seguintes, na óptica de parte considerável dos intelectuais. De uma leitura como essa, que a identificava claramente com o "atraso" e o primitivismo, ela vai tornar-se objeto de uma interpretação valorizadora que buscava o sentido de uma "essência" nacional, uma identidade última e profunda a ser descoberta na própria alma popular, como sugeriu Coelho Neto aos seus admiradores dos ranchos cariocas.

Sem dúvida, para os escritores brasileiros da *belle époque*, o tema da tradição revestia um grande dilema. De um lado, décadas após a independência ainda parecia necessário definir uma identidade para a nação. Desde os românticos, esta havia sido uma pauta central de preocupação dos intelectuais brasileiros, que levara homens como José de Alencar a consolidar um mito de origem para o país com base na figura do bom selvagem, configurado à semelhança do branco. Porém, com os pés fincados em outro solo, o mesmo escritor dedicou-se a desenvolver uma preocupação sistemática com o registro do cancioneiro popular e de várias formas "nacionais" de expressão, buscadas em toda parte — nos campos, nas feiras do interior mas também nas grandes cidades, onde o Carnaval se avolumava. Para ele, "[...] onde não se propaga com rapidez a luz da civilização [...] encontra-se ainda em sua pureza original [...] esse viver singelo de nossos pais, tradições, costumes e linguagem, com um sainete todo brasileiro. Há não somente no país, como nas grandes cidades, até mesmo na Corte, desses recantos, que guardam intacto, ou quase, o passado".[16]

Mas por outro lado, e cada vez mais, à medida que o século XIX se aproximava de seu final, o legado de um passado colonial e escravista não parecia um bom lugar para buscar tradições nas quais ancorar tal identidade. Conforme as teias da dominação senhorial foram se desfazendo e os conflitos se tornando agudos, essa concepção foi sendo substituída por outra, que tratou de confinar tais tradições nos rincões do país, no campo ou nos repertórios regionais.[17] Nas décadas de 1870 e 1880 não era o passado, sob a forma de tradições ou origens, que se escondia nas práticas rudes de negros e pobres das cidades — mas uma sombria ameaça ao futuro. A chamada "geração boêmia", em que Coelho Neto foi formado e na qual se projetou profissionalmente, experimentou como nenhuma outra esse sentimento de urgência diante da aceleração da história e do fascínio do progresso.[18] Vislumbrando o que este último chamou a "cidade ideal dos nossos sonhos",[19] em meio às brumas que cercavam os anos finais da escravidão e do Império, a maior parte desses intelectuais atribuiu a si a dura missão de educar o povo, ensinar-lhe a civilização e as belas-letras e transformar-lhe a própria face, marcada pelas tradições de um passado abominável. Assim, o Carnaval das ruas caracterizado pelo entrudo, pelas danças de negros, pelas zabumbadas de zé-pereiras e pelos diabinhos era visto como resíduo de um tempo antigo que devia ser esquecido: "[...] Dentro em pouco, o Brasil analfabeto e ignaro seria um país de grandes luzes porque as liras, vibradas como a de Orfeu na Trácia agreste, haviam de agitar as almas, conclamando-as para a vida intelectual. [...] Eu não descorçoo, tenho como certa a vitória. Que diabo! Pois então esse povo há de viver eternamente chafurdando na ignorância?".[20]

A afirmativa, atribuída ao personagem Luís Moraes (na verdade, referência a Luís Murat), servia como programa para todo esse grupo de intelectuais que convivia nos cafés, frequentava *meetings* abolicionistas, livrarias e redações de jornais da Corte. Sabiam, claro, que isso não era algo a ser realizado de um dia para o outro: "Pensas que se prepara um povo em dez ou vinte anos?", objetava um dos literatos pintados por Coelho Neto em suas memórias de geração. Embora soubesse extenso e difícil o percurso, o personagem reafirma que, mesmo com os cabelos brancos, todos eles persistiriam ainda na velhice na tarefa de redimir o povo da ignorância, "rimando sonhos" ao longo de suas vidas.[21]

Alguns deles, sem dúvida, mantiveram a postura militante daqueles anos — embora mudando de sonhos, de rimas e táticas, objetivos ou pontos de vista. Nessa trilha, que nos leva até o escritor maduro e entusiasta dos ranchos nos anos 20, noções centrais a esse debate — como a de tradição — sofreram um sensível deslocamento: associada ao passado e à ignorância, foi sendo positivada ao longo das primeiras décadas do século XX para compreender, na década de 1920, a emergência de uma cultura popular urbana à qual se podia finalmente atribuir a chancela da legitimidade — e achar, por fim, a identidade nacional. Nesse contexto, as cidades adquiriram uma luz especial: lugares antes vistos como propícios à deturpação da pureza popular, passavam a ser encaradas como meio privilegiado de cruzamento de influências capazes de gerar uma síntese original e brasileira. Os ranchos, como vimos, pareciam exprimir com perfeição essa possibilidade reconfortante.

A remissão de Coelho Neto a Romero e a Mello Moraes Filho, nesse contexto, é muito significativa. Ainda que fossem lidos e olhados com respeito em seu esforço pela afirmação de uma "cultura nacional" enraizada na imagem positiva das tradições populares, estes não foram intelectuais muito próximos do grupo de que fez parte Coelho Neto, composto de ativos apoiadores das Grandes Sociedades e sua pedagogia "veneziana". Romero, como é sabido, havia se envolvido em intensas polêmicas com literatos desse círculo (alguns de extremo prestígio e influência)[22] e mantinha uma inserção um tanto *gauche* em relação aos circuitos mais visíveis e mundanos da literatura. Polemista e pouco afeito ao convívio dos círculos literários da Corte, incluía-se em uma corrente cientificista e germanófila que não fazia muito sucesso entre a intelectualidade afrancesada carioca no final do século XIX.[23] Mais próximo do sisudo perfil de um "homem de ciência" que de um "homem de letras",[24] teórico de uma leitura positiva da mestiçagem, na qual identificava o próprio caráter nacional — a "nossa" diferença em relação aos portugueses e europeus —,[25] celebrizou-se por enxergar nas tradições africanas elementos pertencentes a uma "cultura brasileira" ou dela constitutivos.

Longe, no entanto, de uma perspectiva que apontasse para a democracia racial ou para a convivência entre as diferenças, nunca escondeu a hierarquização das "raças" e das influências que comporiam esse "caldo de cultura" nacional. Em primeiro lugar, com metáforas inequívocas: "O brasileiro de hoje, depois de quatro séculos, já se pode distinguir dos portugueses, do índio e do negro. O papel histórico das três raças está mais ou menos cumprido: o português deu-nos o sangue, a língua e tal ou qual cultura que possuímos; o índio deu-nos também o seu sangue, suas terras e em parte suas tradições; o negro deu-nos ainda o seu sangue, seu trabalho, sua força, sua vida".[26]

Se todos legaram seu sangue — consideração meramente genética da miscigenação —, do ponto de vista da cultura as contribuições diferem em seu estatuto e importância: entre a língua e "tal ou qual" contribuição dos brancos, as terras usurpadas aos índios e uma parte de seus costumes, restava aos negros o legado do trabalho e da força física... A mistura, em seu laboratório racial, criava uma identidade resultante da fusão de características que tendiam ao embranquecimento e à "depuração", selecionadas com cuidado para não desandar a receita de futuro.[27] Mas isso não é tudo. Em sua obra, as tradições populares (resultados desse estranho cruzamento) são confinadas ao espaço exclusivo do folclore: aos rincões do interior, ao sertão e às fazendas. Para o autor, já longe da visão romântica de Alencar, elas seriam deturpadas e desvirtuadas nas grandes cidades — seguindo o padrão que marcou o folclorismo em sua origem europeia, inclusive na etapa "científica", que inaugurou a prática sistemática do registro e da coleta de informação.[28] Carnavalescos dos cordões, capoeiras e outras formas da presença cultural de negros e mestiços das cidades — que ele designa como a "imensa corte dos capadócios ou cafajestes" — não passariam para ele de "resíduos populares", "gente madraça"[29] destituída de interesse em suas manifestações da tradição degenerada pela vida urbana.

Por sua vez, Mello Moraes Filho, decerto o mais importante folclorista brasileiro da virada do século XIX, parece ter constituído ele próprio um tipo algo folclórico: Max Fleiuss, por exemplo, revelou em um longo comentário o mal-estar entre intelectuais progressistas do período ao vê-lo capitaneando uma folia de reis em pleno Rio de Janeiro "moderno", em uma homenagem ao visconde de Ouro Preto. O tom benevolente do início da narrativa vai cedendo espaço a uma mal disfarçada irritação:

> Tive a fortuna de assistir a um "reisado", com toda a indumentária e figuras. Dirigia-o o meu velho e bom amigo Mello Moraes Filho, que era mestre em tais assuntos. Foi na noite de 5 para 6 de janeiro de 1903, em casa do visconde de Ouro Preto, na estação de Mangueira. À meia-noite ouviram-se cantorias, gaitas, violões e cavaquinhos e logo foi literalmente invadida a grande chácara.
>
> Mello Moraes montava num cavalo de borracha e os comparsas, todos enfeitados, tinham como ornamento outros animais. O visconde acolhia com cortesia, mas quando viu que os camaradas trepavam nas cadeiras do grande salão, foi-lhe preciso dominar-se para não explodir. Nos momentos de maior algazarra recolhia-se ao seu gabinete para desabafar. A função durou várias horas, com grande gáudio da vizinhança que se aglomerava nos jardins. Confesso que não apreciei o espetáculo, achando-o muitas vezes ridículo e enfadonho. Mello Moraes, porém, entusiasmava-se, cantando, pulando, sempre no cavalinho de borracha e com um chapelão de palha formidável. Era uma festa de tempos antigos, atualmente só para ser objeto de leitura e nunca novamente representada.
>
> Quem leu, por exemplo, as páginas tão interessantes de Luiz Edmundo e Vieira Fazenda evocará o desdobramento de cenas de antanho, mas não conceberá a possibilidade de assisti-las. Imagine-se a nossa avenida Rio Branco cheia de intérpretes das congadas, da serração da velha... seria horrível, simplesmente horrível.[30]

Não é essa a única ocasião em que podemos flagrar constrangimento ou ironia por parte desses intelectuais e escritores em relação a esse seu peculiar colega. Desqualificantes, os comentários de Artur de Azevedo à sua poesia nem mesmo levavam em conta a boa causa abolicionista compartilhada, para enfatizar de forma negativa sua produção como letrado: afinal, não saber versejar parecia comprometer todo o esforço do autor e sua própria legitimidade como intelectual respeitável.

O doutor Mello Moraes
nunca faz
alexandrino escorreito,
que defeito!
[...]
Por que razão Mello Filho
no Castilho
não estuda as leis do metro?
Vade retro...[31]

No início do século XX, a imagem ridicularizada era ainda mais forte. Defendendo os dias de Momo como ocasião de um necessário extravasamento, ainda que deselegante e marcado pelo excesso, um cronista que assinava Amálio concluiu sua coluna a respeito do Carnaval de rua com uma malcriada interrogação dirigida a alguns intelectuais esnobes que "dizem mal do Carnaval, com uns ares superiores": "Suprima-se o Carnaval e o que fica? O bumba meu boi galvanizado pelo sr. Mello Moraes vestido de capitão da 'nau catarineta'?".[32]

Essa leitura desqualificante é ainda enfatizada indiretamente pelo esforço do *Correio da Manhã*, no qual colaborava o bravo capitão, em elogiar e defender suas iniciativas contra as insistentes pilhérias dos detratores. Em 1903, ele noticiava em matéria longa e detalhada que seu colaborador, "incansável em reviver as tradições populares do Brasil", havia liderado pela segunda vez um rancho de reis com sessenta pessoas vestidas ao estilo do Norte, que desfilara na noite de Ano-Bom pelas ruas da cidade, conferindo seriedade e tom superlativo àquilo que Max Fleiuss havia descrito com constrangimento. No ano seguinte, voltando ao assunto por ocasião da repetição da façanha pelo dr. Mello Moraes Filho, criticava a perda do "sentimento das nossas tradições"; resultado do "encontro das três raças constitutivas da nossa nacionalidade", elas haviam sido esquecidas pelas "novas exigências do progresso". Segundo o autor da matéria — o historiador Rocha Pombo —, a passeata de Mello Moraes com suas pastoras cariocas constituía um "protesto imprevisto contra o declínio do nosso gênio popular".[33]

Seu apego à tradição provavelmente pode ser mais bem compreendido se o colocarmos em seu contexto: fervoroso católico tradicionalista,[34] formado nos ditames do romantismo e nos contornos da produção intelectual e política do Instituto Histórico e Geográfico Brasileiro,[35] Mello Moraes forjou uma aproximação e uma forma de registro do universo popular bastante diferentes da pretensão cientificista e ideológica de Romero. Tinham, no entanto, em comum a evidente tensão a respeito dos significados da presença negra na formação do (suposto) caráter nacional, a qual marcou a produção intelectual brasileira durante todo o século XIX e início do XX. Compartilhavam um indisfarçável mal-estar sobretudo quando a tradição popular emergia no contexto das cidades e mais ainda da capital do país, onde viviam.

O piedoso folclorista produziu, decerto, páginas de extremo valor no registro e na descrição de algumas dessas práticas. Em seu livro mais importante,[36] dedicou muitas páginas a temas como os cucumbis carnavalescos, os congos e outras tradições afro-brasileiras. Publicado em 1901, no entanto, o livro não dedicou uma só página, uma só nota de rodapé, às práticas vivas dos Carnavais e das festas dos negros cariocas, que dominavam numericamente a folia no período em que o próprio Mello Moraes Filho escrevia seu trabalho. Os cucumbis, desaparecidos na década anterior, foram objeto de ricas descrições: folclorizados, eram lidos em um tom de compaixão católica, como formas de lamento "africano" pela tristeza do cativeiro,[37] e mereciam o registro para a posteridade. Os cordões, no entanto, que naqueles anos incomodavam cronistas de todos os jornais e de todos os matizes políticos, parecem ser considerados algo que devia ser excluído do campo das " verdadeiras tradições populares",[38] razão pela qual não mereceram nenhum registro nas páginas de Mello Moraes. Ele com certeza concordaria com Romero — e também com a imensa maioria dos intelectuais de seu tempo — quanto ao seu caráter de "coisa de capadócios" ou prática da "gente madraça" e degenerada das cidades.

Era essa a provável razão de suas tentativas de resgatar, em plena capital da República, a pureza das tradições "autênticas", organizando reisados rurais para percorrer as noites cariocas ou homenagear velhos aristocratas conservadores. Neles, os pobres, os trabalhadores urbanos e os negros em especial poderiam reencontrar suas raízes brasileiras (não mais as "africanas") e a nacionalidade, ser regenerada pelo que teria de mais puro e profundo, transplantado do campo para uma cidade, rasgada por modernas avenidas e posta abaixo pela sanha modernizante dos poderes públicos. Não é difícil entender por que isso soava ridículo para intelectuais que acreditavam firmemente na força do progresso, nas ideias francesas e na substituição de tradições populares pelas luzes da ciência difundidas por suas obras literárias e seus préstitos sofisticados.

Coelho Neto era parte integrante desse grupo, quando o século XX raiava cheio de promessas. Dois anos antes da publicação do principal livro de Mello Moraes Filho, *Festas e tradições populares*, de 1901, ele ainda enfatizava a importância central da pedagogia dos literatos em relação às classes populares com uma afirmação peremptória, colocada na boca de um de seus "companheiros de jornada", que decerto chocaria Mello Moraes e Romero: "O povo não tem tradições".[39] Como vimos, não fora outra a razão pela qual esses mesmos intelectuais haviam apostado alegremente nas Grandes Sociedades carnavalescas, participado de seus bailes e atividades, escrito *puffs* e artigos para seus jornais e eventualmente até saído em seus "préstitos de papelão": elas trariam para um povo inculto e desprovido de raízes o que julgavam ser a herança da Europa civilizada. Em vez das velhas tradições de um passado repudiado, expressavam a apologia do progresso que acompanhava o seu desejo de mudanças.

Vinte anos depois, no entanto, foi nos folcloristas da *belle époque* que Coelho Neto procurou apoio para seu projeto de criar um Carnaval cívico: era dessa maneira que ele traduzia sua busca de uma especificidade e uma identidade nacionais, atualizando-as com o civismo nacionalista daquele momento. Os sonhos da sua mocidade, em parte, já tinham ficado para trás — e suas rimas se esfacelaram após a abolição e em confronto com a experiência republicana. Mas, ao que parece, ficara a certeza de que ainda lhe cabia orientar o "povo" e dirigi-lo para o caminho do bem. Não sei se Romero ou Mello Moraes Filho conceberiam o "bem" da mesma forma, nem se de fato exultariam ao ver o hino cívico servindo como mote para um desfile carnavalesco. De qualquer forma, o comentário de Coelho Neto nos repõe na complexa trilha através da qual sucessivas gerações de literatos e intelectuais brasileiros caminharam na busca de uma identidade para a nação fazendo da cultura, e em particular do

Carnaval, um assunto estratégico para seus projetos nacionalistas, cívicos ou simplesmente "civilizatórios".

Pois, é claro, Coelho Neto não estava sozinho. No início da década de 1920, os ranchos eram vistos por muitos intelectuais como uma prova evidente de que, afinal, tanto esforço pedagógico acabara por resultar em sucesso — e o "povo" já não era o mesmo: "[...] Os famosos críticos de nossos costumes ao vê-los tiveram sem dúvida o seu segundo grave desapontamento; [...] embora esses senhores jamais procurassem emprestar um pouco de sua estesia ao povo, uma parte deste ia com os próprios esforços adquirindo surpreendentes noções de arte".[40]

O tom de triunfo adotado pelo cronista sugere que os adversários dessa ideia, então compartilhada por Coelho Neto, tornavam-se naquele momento cada vez menos numerosos. A impressão causada pela presença carnavalesca do "povo" revelava sentidos opostos aos daquele momento longínquo em que, ainda jovem, o escritor duvidava da existência de tradições populares. Voltemos ainda um pouco no tempo: se o encantamento com aura popular podia ser sentida na década de 1920, dois decênios antes os espaços culturais da população negra e pobre já começavam a suscitar algum interesse. Para os redatores da *Gazeta de Notícias* que visitaram, em 1906, as sedes de grupos carnavalescos cariocas, a poesia produzida pelos cordões e ranchos carnavalescos "[...] exprime bem a fusão da raça que veio escravizada com a raça que descobriu e conquistou o território".[41]

A miscigenação era então apontada como uma marca (positiva) de identidade — e o vulto de Romero pairava sobre as crônicas. Os redatores do diário, mesmo não configurando ainda uma posição majoritária, deixavam claro que este era um motivo suficiente para justificar o incentivo a esses grupos populares que para eles, naquele momento, envolviam indistintamente ranchos e cordões carnavalescos. Em um outro registro, um escritor como João do Rio, por exemplo, incorporou muito cedo tal questão às suas pautas de discussão, para defender o Carnaval dos trabalhadores pobres do Rio de Janeiro contra as invectivas da maior parte de seus colegas de imprensa — e bem antes que Coelho Neto se mostrasse enfadado das brincadeiras das Grandes Sociedades carnavalescas: "Achas tu que haveria Carnaval se não houvesse os cordões? Achas tu que bastariam os préstitos idiotas de meia dúzia de senhores que se julgam engraçadíssimos, ou este pesadelo dos três dias gordos intitulado máscaras de espírito?".[42]

Cabe, no entanto, estabelecer os matizes e as diferenças entre essa concepção e aquela que a maior parte dos intelectuais postulava na década de 1920. Vale lembrar que João do Rio — como a série da *Gazeta de Notícias* que anunciava visitas às sedes das "pequenas" sociedades — pouco diferenciava cordões e ranchos,[43] designando a todos, como era comum no início do século, pela mesma palavra. Nesses desfiles, que não vacilou em qualificar de "africanos", João do Rio buscava antes algo que poderia ser definido — usando sua própria terminologia — como a "alma" da cidade, uma identidade carioca que o Carnaval seria capaz de expressar. Muitos cronistas manifestaram, naquele momento, concepção semelhante, na qual a identidade coletiva era remetida à cidade, e não ao país (ainda que muitas vezes pudessem tomar uma pelo outro — a Corte pelo Brasil). Para justificar sua apologia do Carnaval, por exemplo, um repórter da *Gazeta de Notícias* estabelecia uma comparação econômica com os de Nice ou Veneza: lá, seria necessário muito dinheiro para se brincar, ao passo que aqui o Carnaval seria uma festa eminentemente popular, generalizada — "faz parte da alma do carioca", conclui.[44]

Visão análoga foi expressa anos antes, no mesmo jornal, pelo famoso e prestigiado Olavo Bilac, em crônica publicada em 1901: "O verdadeiro, o legítimo, o autêntico, o único tipo de carnavalesco real é o carnavalesco do Rio de Janeiro. A espécie é nossa, unicamente nossa, essencialmente e exclusivamente carioca: só o Rio de Janeiro, com seus Carnavais maravilhosos, delirantes e inconfundíveis, possui o verdadeiro carnavalesco".[45]

Mas podemos continuar andando para trás, como verdadeiros folcloristas em busca das "origens". Sobre qual solo a semente da identidade nacional, a planta da pátria mestiça ou a flor da "alma carioca" puderam germinar com tal viço na década de 1920, atravessando diferenças estéticas tão profundas quanto as que afastavam Coelho Neto de seus críticos modernistas? No final do século XIX, a maior parte dos enfoques buscava ainda outra conotação, mais preocupada com a função da festa que com a identidade da cidade ou da nação. O Carnaval aparecia nesse contexto como uma válvula de escape indispensável a um "povo que também precisa divertir-se", ocasião única de extravasamento e congraçamento popular que o transformavam em uma festa universal e universalizante.[46] Se era desejável por isso — e por ser ocasião propícia ao divertimento exemplar e à livre crítica política, em uma sociedade pobre em canais institucionais de expressão —, o Carnaval desde então já colocava o problema das tradições e da sua legitimidade. No início da década de 1880, por exemplo, um cronista responsável pela coluna intitulada "Cartas de um caipira" parecia tomar decididamente a defesa do "povo" e de seu direito de divertir-se nas ruas, como fazia a família imperial em Petrópolis — isto é, por meio do entrudo. O problema, nota, estava em forçar a convivência entre tradições como estas e as novas práticas civilizadas que introduziam uma divisão no caráter generalizado do folguedo. Reconhecendo o embate entre diferentes concepções carnavalescas, ele declara com ironia ter encontrado uma solução salomônica. "[...] Deixem ficar o entrudo, mas não o deixem andar de braço dado com o Carnaval, porque aí é que está todo o mal! [...] Fique aquele nos seus três dias tradicionais e passe-se a festa dos máscaras para a Serração da Velha",[47] propõe o cronista "caipira", condição que o tornaria incapaz de dar-se conta do inusitado da situação: fazer o prestigiado Carnaval das sociedades, com seus ares vênetos ou parisienses, ocupar o espaço de uma brincadeira popular tradicional e francamente aparentada com antigos charivaris que já ia desaparecendo, àquelas alturas, do calendário festivo,[48] opondo nessa imagem a modernidade à tradição. Mesmo problematizada dessa e de outras formas, a ideia de uma festa "de todos"[49] perdura por longo período, sem confundir-se necessariamente com a de uma ocasião capaz de expressar a identidade nacional. Por vezes, ela aparece associada a nuances políticas importantes naquela quadra, que conferiam à ideia de uma festa igualitária e irrestrita uma feição muito particular: "Povo, dizei adeus ao Carnaval; ele é a vossa festa principal, mais popular, a mais sincera, a mais republicana — porque é nela que se misturam todas as classes, que todos se igualam, moços e velhos, senhoras e cortesãs, brancos e negros, sob o escudo da máscara".[50]

A mais republicana ou a "única festa popular", tal imagem estava referida sobretudo à cidade e, muitas vezes, vinha associada a um tom de lamento pela convivência obrigatória entre o "verdadeiro" Carnaval e as práticas populares, lidas em um registro inequívoco: zé-pereiras e "danças de pretos" seriam, para um cronista, "instituições bem nossas" que traduziriam as dificuldades para vencer as "tradições" que se opunham ao progresso.[51] Se era uma "tradição de alegria", como explicitou Valentim Magalhães,[52] nem por isso afastava a tristeza de intelectuais que olhavam sem nenhum otimismo para as práticas populares. No mesmo ano, Raul Pompeia, para usar outro exemplo, comentava o que considerava ser um Carnaval desanimado, descrevendo os "máscaras" que percorriam o centro da cidade: diabinhos, princeses e outros foliões "com seus mantos a escorrer de antiguidade". Cada um representava, para ele, uma indesejável reafirmação ou sobrevivência do passado: "Ele era a tradição, ele era o Carnaval dos nossos avós, irmão gêmeo do entrudo; e ia tristonho porque representava um redivivo, porque era a recordação de um *cancan* que morrera paralítico".[53]

Assim, a antiga leitura do Carnaval como uma "válvula de escape" indispensável ao equilíbrio da sociedade era reposta a cada ano, justificando a permanência das tradições. Para alguns, isso aparecia como um mal necessário. Para outros, como uma projeção utópica da cidade "livre", mas sob seu próprio comando, na qual a civilização acabaria por banir naturalmente as heranças indesejáveis.

Podemos agora tomar o caminho de volta. Vimos que já no final da primeira década do século XX uma onda de interesse pela presença festiva das chamadas "classes populares" parecia ganhar corpo, adensando-se na década de 1920 para concretizar iniciativas como o Carnaval cívico de Coelho Neto. Tal interesse vinha associado ao esforço de tematizar essa presença, expurgando-a das dimensões de perigo e atraso, para propor uma espécie de reconciliação dos brasileiros por meio da nação. Nesse contexto, a tradição tornou-se uma chave conceitual indispensável, efetuando-se um sensível deslocamento em relação à forma como a questão fora tratada nas décadas anteriores. Por seu intermédio, a atemorizante presença da multidão desordeira e rude podia adquirir o estatuto de "povo".

A associação expressa de algumas brincadeiras carnavalescas com a identidade brasileira começou a aparecer com frequência notável no final da primeira década do século XX. A *Gazeta de Notícias*, por exemplo, justificou em 1907 sua disposição em premiar as melhores sociedades daquele ano com o único argumento de tratar-se da "nossa festa mais eminentemente nacional".[54] Pedindo auxílio financeiro aos poderes públicos, em nome das agremiações carnavalescas, um cronista de *O Malho* argumentava que esses grupos carnavalescos mereciam tal apoio por desenvolverem aquela que é "a festa nacional por excelência".[55] Em 1913 — para prosseguir lançando exemplos que podem ser colhidos às centenas na imprensa diária — a elegante *Fon-Fon* atribui a uma culta Mademoiselle que odiava os ajuntamentos e a "alegria intensa da rua" a qualidade de ser louca pelo Carnaval pela simples razão de que este seria um "defeito de raça" dos brasileiros, característica inata e inescapável.[56] A mesma revista afirmaria, pouco depois, fazendo blague aos que tentavam definir o país por sua produção agrícola: "O Brasil é um país essencialmente carnavalesco".[57] O último exemplo diz respeito a uma polêmica levantada por um certo "Centro Nacionalista" que existia no Rio de Janeiro, quando se aproximava a década de 1920. Nacionalistas e conservadores, os membros desse grupo lançaram-se numa campanha de regeneração moral da sociedade, sendo contra-atacados por vários órgãos de imprensa. É que, como expressou com clareza *O Malho*, "[...] esses rapazelhos deram agora de malhar o país. E, assim, investem contra o bicho, criação puramente nacionalista; atacam com fúria o Carnaval, única festa verdadeiramente nacional. [...] Ao menos nisso, no que é nosso, criado pelo nosso gênio, aperfeiçoado pelo nosso esforço, ao menos nisto, sejamos realmente um centro de nacionalistas".[58]

O mesmo jornal, cinco anos antes que Coelho Neto propusesse aos ranchos a adoção de enredos cívico-carnavalescos, encarregava-se de manifestar de uma outra forma o sentimento e o olhar com que esses jornalistas e escritores avaliavam então a folia. Eram tempos de fervor patriota, sem dúvida, embebido pelas simbologias de uma pátria morena, de um povo capaz de aprender com a ópera ou o cinematógrafo, a literatura e as Grandes Sociedades — e produzir arte popular, de uma comunhão que se sedimentava também em outros espaços, como nos campos de futebol, *raids* de aeroplano e outras manifestações dignas do orgulho cívico e da fé na regeneração do povo.[59]

João do Rio fornece indícios desse nacionalismo emergente, ao mencionar sua comoção escutando em Constantinopla, executado por um músico anônimo, o refrão carnavalesco: "Tem duas coisa que me faz chorá/ é nó nas tripa e bataião navá" — paródia evidentemente irônica em relação ao que se chamava "poesia popular". Em Atenas, uma orquestra executava o "Vem cá, mulata", composto por Bastos Tigre para o Club dos Democráticos[60] — e João do Rio não hesitou, mais uma vez saudoso e sentimental, em associar sem constrangimentos tais signos carnavalescos (e sexuais) à pátria distante. No ano anterior, a primeira-dama Nair de Teffé havia escandalizado uma parte da sociedade carioca ao executar no palácio presidencial a polca "Gaúcho", de Chiquinha Gonzaga, conhecida como um "lascivo corta-jaca" — "dança selvagem, irmã gêmea do batuque, do cateretê e do samba", como dizia um indignado e conservador cronista —,[61] e parece conveniente lembrar aqui a presença do Ameno Resedá no Palácio em 1911, para termos certeza de que se tratava de mais que simples coincidência.

Um pouco antes, a forma de relação do poder político com a presença carnavalesca da plebe já tomara uma nova configuração, a partir do gesto simbólico de Afonso Pena — então presidente da República — ao comparecer em pessoa aos festejos de Momo.[62] Quebrava-se aí uma atitude em relação ao Carnaval que tinha caracterizado o regime republicano até aquele momento, eficaz na repressão e distante em sua desconfiança das festas populares, em contraste com o imperador festeiro e entrudeiro. Tais ocasiões, que passaram a repetir-se todos os anos, revestidas de pompa e protocolo, marcaram as festas carnavalescas com o reconhecimento de seu caráter "nacional", reafirmado pela presença da autoridade máxima do país, que descia de seu palácio para juntar-se simbolicamente ao povo na nova artéria da civilização, a moderna avenida Central.

Quando sugeriu o tema patriótico aos ranchos, Coelho Neto, como boa parte de seus contemporâneos no início da década de 1920, estava imbuído desse espírito. Seu corolário parecia ser a tentativa de juntar as duas crenças — na nação e no Carnaval — para sedimentar uma identidade superior às demais, já recortada pela fusão das ideias de nacional e de popular. De certa forma, esse grupo de intelectuais buscava resolver os impasses legados por gerações anteriores: a tensão entre o desejo de afirmar a peculiaridade e a originalidade brasileiras, definindo o país como uma nação dotada de uma identidade forte e definida, e, ao mesmo tempo, operar com o registro racista e elitista com o qual havia longo tempo se olhava para as práticas culturais das ruas (sem falar no desejo de apagar o passado comprometedor). Nesse momento, se as tradições "africanas" dos cordões não deviam ser valorizadas, os ranchos traziam a possibilidade de uma outra leitura: manifestações originadas de antigas formas da religiosidade popular, nascidas em recantos distantes do interior, os ternos de reis traduzidos para o Carnaval carioca aparentavam um enraizamento no passado capaz de lhes conferir a vantagem de pertencer a uma herança cultural "miscigenada", exclusiva do país que tais intelectuais buscavam redesenhar. Esse Carnaval podia comportar "todos" sem os riscos de antes, transformando o folclore em uma arma política importante. Era precisamente essa a razão pela qual Romero e Mello Moraes Filho podiam ser reabilitados em sua busca da cultura nacional na década de 1920.

Assim, depois de manifestar um claro tédio pelos desfiles das Grandes Sociedades, que tanto o haviam entusiasmado no passado, Coelho Neto proclamou a sua adesão ao Carnaval das chamadas "pequenas" sociedades, que traziam, segundo ele, uma nova dimensão à festa das ruas: "É o que estão fazendo os foliões dos ranchos: mergulham na tradição, digamos: no 'folclore', e trazem à tona, não só a poesia como a música. Poesia e música da nossa gente, da nossa raça, para que os outros as aperfeiçoem e lhes deem brilho".[63]

Nada mais natural, então, que "mergulhassem" também no civismo e trouxessem para a população das ruas a mensagem desejada por escritores e jornalistas, capaz de "aperfeiçoar" a "poesia popular" dos ranchos com tais conselhos e prescrições. Coelho Neto, assumindo mais essa missão, fazia eco a preocupações expressas de maneira bem mais solene e formal, em ocasiões revestidas de dignidade acadêmica a toda prova. Em 1916, no seu discurso de posse no Instituto Histórico e Geográfico Brasileiro — não por acaso, o principal ninho de folcloristas e tradicionalistas —, Afonso Arinos de Mello Franco exprimiu com clareza a perspectiva que empolgava setores importantes da intelectualidade:

> Eu creio, senhores, que é tempo de refugiarmo-nos na história do nosso país para tocarmos o coração dos brasileiros [...]. Se a única paixão admitida ao historiador é a paixão da verdade; se a verdade só pode ser colhida por quem não tenha outra preocupação a não ser buscá-la [...] — o requisito essencial ao historiador é não ter opinião, não ter patriotismo, não ter admiração nem amor [...]. Ora, desse modo, senhores, não há história, senão quando há cultura científica verdadeira, isto é, quando os povos terminaram sua mocidade, quando têm constituído o seu patrimônio de feitos, quando as letras e as artes já perpetuaram esse patrimônio sob mil formas na memória e no sentimento dos homens. Neste sentido, nós não temos história, nem historiadores; cumpre fazê-la antes de escrevê-la. Deixemos este encargo às gerações do porvir, para as quais, em vez de fazer a história da nossa pátria, incumbe-nos o dever de constituir a própria pátria [...] Por isso, meus senhores, no momento atual, a missão do Instituto Histórico e Geográfico Brasileiro não é tanto a de ser geográfico e histórico, quanto a de ser brasileiro.[64]

A fusão de noções como tradição, folclore, povo, raça e nação que era empreendida no período vinha assim atrelada à insistente ideia de que caberia aos intelectuais o papel dirigente. Arinos não vacila, no mesmo discurso, em explicitar tal concepção: "Precisamos finalmente", diz ele, "cultivar na nossa raça ou sub-raça, como a quiserdes chamar, as qualidades da constância, o respeito pelas coisas permanentes, o amor pelas coisas definitivas [...] sem o qual não há disciplina, nem ordem social [...]", assumindo a "missão alta de fazer o Brasil conhecido e amado pelos brasileiros".[65] Na óptica de Coelho Neto, mais elaborada que a de Arinos em relação às potencialidades políticas da "poesia popular" dos trabalhadores pobres da cidade, os ranchos constituiriam um excelente veículo para essa missão: seriam capazes de evidenciar a capacidade de absorver e empreender uma espécie de tradução da cultura branca e erudita, que aprendiam no contato com o mundo das artes e das ideias. O civismo patriótico constituía uma espécie de corolário dessa parceria em prol de uma autêntica (e útil) cultura nacional, enraizada nas expressões da folia e conduzida pelos intelectuais.

Essa visão a respeito dos ranchos, e do lugar privilegiado que eles ocupariam na hierarquia das tradições populares, está expressa até mesmo em jornais editados por essas agremiações carnavalescas, para os quais alguns intelectuais contribuíam com regularidade. Uma das longas cartas publicadas no *Ameno Resedá*, e assinada por "Um admirador", dá com clareza a dimensão do fenômeno:

> [...] O cordão teve o seu veio, a sua origem, na África, onde, até hoje, as tribos da Senegâmbia saem pelas aldeias, tocando pandeiros, chocalhos e reco-recos. [...] Os forros, não dispondo de dia algum para consagrar saudades ao torrão pátrio, aproveitaram a liberdade do Carnaval [...] para exibir fielmente os seus costumes guerreiros. Em princípio, não faziam Carnaval, cumpriam, sim, umas solenidades do seu ritual bárbaro [...] O "rancho" foi originado das "pastorinhas". O seu aparecimento suavizou de forma notável o conceito que os estrangeiros faziam das agremiações carnavalescas [...] respeitando-se fielmente o costume, a lenda, a ciência e o congraçamento das sociedades.[66]

O curioso argumento que "inventa" a tradição africana dos cordões da Senegâmbia tem sua contrapartida na associação exclusiva dos ranchos com as pastorinhas dos reisados lusitanos, aprendidos pelos negros no país e difundidos pelo catolicismo popular.[67] Por intermédio dele se atribui aos ranchos uma identidade de que seus próprios integrantes deviam ser convencidos. Seu segredo seria respeitar ao mesmo tempo o folclore e a ciência, a tradição e o progresso, estabelecendo-se a imagem de uma síntese mediante a qual a nação poderia emergir com seu próprio perfil. Assim, deslocava-se o lugar das tradições no elenco das ideias caras a esses intelectuais. Essa síntese podia ser concebida agora sem a fratura entre aquilo que pertencia à "nação" por herança ou atavismo e o que seria exclusivo da "gente madraça" e desqualificada enraizada na Senegâmbia. Era como se, de repente, se pudesse falar de "povo" sem grandes embaraços naqueles três dias de comunhão: o Carnaval, essencialmente o domínio da tradição, era um espaço compartilhado por uma brincadeira feita de velhas sociedades, novos ranchos e origens comuns em um passado entrudesco que já podia soar engraçado e distante. Ele podia agora aparecer unívoco, e a tradição era capaz de anunciar o próprio progresso da nação: "Aqui na cidade de São Sebastião conservamos — e, à moda positivista, melhorando-a — uma tradição única: o Carnaval, transformação gloriosa do entrudo".[68]

Não mais oposição, como antes, mas a ideia de uma tradição que se cristaliza a partir de origens remotas, transformadas e modernizadas. O tema ganha, então, foros de questão central para o debate cultural e político da década de 1920, quando Coelho Neto empenhava-se em atribuir aos ranchos — a despeito das intenções desses grupos carnavalescos — a capacidade de restabelecer, traduzir e difundir a dignidade da pátria. Mas não se pode dizer que o debate tenha mudado totalmente de rumo: entendidos como ocasião de transitório nivelamento social, os Carnavais "de todos" que o escritor admirara e defendera nas últimas décadas do século XIX foram o solo no qual pôde germinar a ideia da folia como expressão brasileira. Nomeados pela crônica como loucura ou delírio a caracterizar a inversão permissiva, vistos como pândega liberadora e escapista ou celebrados com uma espécie de regojizo sem regras em que todos pareciam caber, esses Carnavais pareciam cada vez mais incapazes de encobrir a diferença e a tensão. A alternativa patriótica funcionava, nesse contexto, como uma boa solução para os impasses criados pelo falso consenso, fazendo da folia uma expressão reveladora e irmanadora do "povo" nos braços da nação.

É hora, pois, de reexaminar esses antigos Carnavais, mobilizando informações que, em parte, já apareceram nos capítulos precedentes: trata-se de pensar sobre que fundamentos essa noção de identidade pôde ser construída com base na ideia de uma festa potencialmente homogênea e quais os sentidos atribuídos à tradição no interior desse complexo processo. Pretendemos ver seus significados em diferentes chaves e momentos dessa história: percebê-lo como esforço deliberado de invenção e atribuição de papéis; entendê-lo como mobilização de repertórios culturais disponíveis para diferentes sujeitos em determinada época e lugar — de que resultam significados diversos sob práticas às vezes idênticas; flagrar tais práticas como formas que, mesmo aparentemente iguais, ressignificadas no tempo e no espaço comportam a mudança, nas circunstâncias imprevisíveis da história.

A HAPPY FAMILY?

Cerca de cinco anos depois de ter chegado ao Brasil, o cônsul-geral dos Estados Unidos publicou uma rica descrição do Carnaval carioca no final da década de 1880 — embora julgasse que ele vinha perdendo algo de sua antiga popularidade, como deve ter ouvido da boca de alguns nativos desgostosos que apregoavam anualmente a morte da festa. Mas ao contrário deles, que atribuíam significados muito particulares às múltiplas práticas da folia, o visitante não parece perceber hierarquias entre elas. Christopher Columbus Andrews descreve os diabinhos das ruas, as Grandes Sociedades com o luxo de seus préstitos e as brincadeiras de entrudo, que, aliás, considerava muito divertidas. Parece mesmo comover-se diante do espetáculo das ruas: "mankind for a while", comenta o animado cônsul, "seems like a happy family".[69] A expressão aproxima-se, sem dúvida, do chavão com o qual muitos cronistas brasileiros desse período costumavam qualificar o Carnaval como uma festa "de todos".[70]

Esta foi, como vimos, a primeira forma de valorização dos dias carnavalescos como um espaço coletivo. Todas as descrições do entrudo nas primeiras décadas do século XIX revelam a oposição entre a festa familiar e uma outra, realizada em tempo e espaço diversos e sob outras regras, nas ruas e chafarizes onde se divertiam a escravaria e a gentalha. É mais que provável que essa visão de uma festa socialmente generalizada e homogeneizadora, inimiga do velho entrudo — sobre a qual se pôde construir décadas mais tarde a ideia da festa capaz de exprimir a própria identidade nacional —, se enraizasse então nas aspirações por mudanças na feição de uma sociedade escravista e monárquica, adotadas por foliões intelectualizados e boêmios das principais sociedades carnavalescas do período. Alguns deles desenvolviam nos carros o humor de suas "ideias" e expunham-nas com seriedade nas colunas de jornais. A perspectiva de uma folia generalizada e generalizante exprimia-se nas ruas pelo recurso a simbologias políticas explícitas, alusivas à Revolução Francesa ou à igualdade republicana; na imprensa, por meio de interpretações iluministas sobre a festa e o país. Conferia-se assim à "humanidade" (que, na época e no local, incluía senhores e escravos — e é bom reparar na ênfase englobante do nosso bom e crédulo cônsul nova-iorquino) a fugaz figura de uma família feliz convivendo harmonicamente em suas diferenças.

Mas tal felicidade vinha quebrada, sob as alegres efusões coletivas, por uma intensa disputa, cujo eixo central eram as tradições, a legitimidade e a hierarquia das práticas que se encontravam nas ruas naqueles dias de fraternidade humorística. Se a leitura um tanto idílica da festa, expressa pelo cônsul americano, podia de fato repousar nas aparências, a mistura entre formas diferentes de brincar ou interpretar a brincadeira — apesar da tensão — pode constituir uma chave importante para nossa análise. E, como se trata de ver além da superfície, podemos lançar mão de um documento capaz de nos ajudar a enfrentar a questão de forma mais direta.

Antes da generalização do uso da fotografia pela imprensa diária, no início do século XX, os desenhistas costumavam ter muito trabalho. Elaborados desenhos a bico de pena ocupavam a página dupla central dos jornais, em uma mistura de comentário e reportagem. Entre eles, algumas das melhores peças foram produzidas por Angelo Agostini. O exemplo abaixo, publicado na *Revista Illustrada* em 1881,[71] ao mesmo tempo informa e opina sobre o Carnaval daquele ano. Os personagens principais, claro, eram as três Grandes Sociedades carnavalescas — Tenentes, Democráticos e Fenianos: o fato de que essas representações gráficas do Carnaval girassem sempre em torno delas é capaz de revelar, logo de início, uma primeira hierarquização feita pelo olho atento de Agostini e seus pares. Sempre homenageadas pela imprensa, foram saudadas ainda com mais entusiasmo naquele ano, em que tinham excedido todas as

50. *Angelo Agostini, "Carnaval de 1881",* Revista Illustrada, *1881.*

expectativas, trazendo para as ruas críticas ferozes contra a escravidão na própria figura do monarca: foi o ano dos carros de ideias sobre a "mancha de Júpiter", cujos detalhes já vimos em capítulo anterior, que haviam causado furor entre a assistência e os jornalistas, e funcionavam como eixos para o desenvolvimento da ilustração em seu conjunto.

A forma habitual de narrar graficamente esses Carnavais era enfileirar os préstitos das três Grandes Sociedades, um após o outro, em um ziguezague capaz de preencher todo o espaço do papel. Sendo o espaço insuficiente para um retrato completo, os autores selecionavam os "melhores momentos", para enfatizar os carros que a seu ver haviam se destacado no desfile.[72] Ainda assim, esses desenhos servem como uma crônica mais detalhada que as escritas, voltadas a descrever os Carnavais do período: as sociedades são retratadas em meio à sua plateia e em plena ação, permitindo um olhar menos viciado pela leitura diferenciadora e hierarquizante das sucintas crônicas da imprensa. Nesses registros, não estão sozinhas no Carnaval, mas em situação de convivência plena com aqueles que se supõe ser a plateia. É necessário, para vê-lo dessa forma, decompor o desenho, descendo aos detalhes daquilo que foi descrito pelo traço ágil do artista para saber se, assim, a alegre família poderia evidenciar suas diferenças.

Colocado sob a lupa, a primeira observação que se impõe é a de que era possível flagrar, com frequência espantosa, a presença de formas de brincar condenadas nos *puffs* das próprias sociedades e nas crônicas carnavalescas, até mesmo no interior das manifestações garbosas dos nossos Fenianos, Democráticos ou Tenentes. Em 1881, esses últimos levavam às ruas "um grande bando de índios, caprichosamente vestidos a caráter",[73] nos informa a vigilante imprensa diária. Agostini retratou-os cercando, com suas roupas de penas e danças "selvagens", o próprio estandarte da sociedade.

O desenho sugere que, nesse caso, os índios constituem uma alusão ao símbolo romântico da nacionalidade, dançando junto ao estandarte, assentado sobre um monte. Mas resta saber se tal sutileza também podia ser percebida por todos os que os viam passar em meio ao desfile. Acostumadas a ver índios carnavalescos como personagens de cucumbis ou dos primeiros cordões que surgiam na cidade, teriam as pessoas do público, tão diversas em suas origens, experiências e referências culturais, percebido indistintamente a intenção ale-

51. *Angelo Agostini, "Carnaval de 1881" (detalhe),* Revista Illustrada, *1881.*
Estandarte dos Tenentes do Diabo.

górica do símbolo? Note-se, ainda, a presença de outros índios no cortejo: a banda de música que acompanhava os Tenentes do Diabo, montada a cavalo, vinha também envergando a fantasia que seria proibida pela polícia duas décadas depois, por estar associada aos capoeiras de cordão.

É preciso prestar alguma atenção nesses músicos: em geral, esses conjuntos eram formados por integrantes de bandas militares das corporações da Corte, alugadas pelos distintos rapazes das sociedades para seus préstitos. Incluíam entre suas fileiras, com toda certeza, muitos músicos negros (vimos como alguns dentre os mais habilidosos do famoso Ameno Resedá, já no início do século XX, ainda tinham essa origem — como Anacleto Medeiros e seus companheiros do corpo de bombeiros). Não seria, portanto, ingênuo perguntar sobre os significados que tal fantasia poderia trazer também para integrantes do próprio préstito, em especial aqueles que, tendo entrado pela porta de serviço, levavam nas mãos instrumentos musicais em vez de bordunas e flechas e, quando não estavam trabalhando para as sociedades, podiam frequentar seus próprios espaços de lazer e sair em outros dias de Carnaval, envergando o mesmo índio com sentido totalmente diverso.

Se os olhares podem ser díspares no interior do próprio préstito elegante, isso será ainda mais claro — nota Agostini — nas atitudes dos que se acotovelam nas ruas para vê-lo passar. Enquanto homens e mulheres bem vestidos abanam seus chapéus e lenços em saudação aos Tenentes (embaixo, à esquerda), um pequeno grupo de homens encapela uma cartola (acima, no centro),

52. *Angelo Agostini, "Carnaval de 1881" (detalhe),* Revista Illustrada, *1881.*

e outras figuras, envergando os tais chapéus altos (abaixo à direita), seguram com violência uma mulher pelos cabelos, sem prestar atenção nas alegorias românticas da sociedade. Tratava-se, decerto, de uma exímia atiradora de limões de cheiro, que fazia de seus chapéus e casacas alvos privilegiados, em meio a uma confusão generalizada de empurra-empurras que se desenvolviam paralelamente à passagem do préstito, evidenciando uma atitude da plateia bastante diferente da esperada pelas sociedades e que tanto desagradava aos defensores de Momo. Seja em termos de atitude ou da lógica de decodificação de símbolos e alegorias, é notável a distância entre as intenções dos que conceberam o préstito e as práticas e leituras dos foliões avulsos das ruas. Mas sua contiguidade é também enfatizada pelo artista, a ponto de os espaços aparecerem confundidos nos traços de Agostini (que faz do público parte integrante e ativa do espetáculo).

Zé-pereiras, com seus conjuntos de bumbos ou variados instrumentos de percussão, eram também presença constante nessas ocasiões. Embora nesse ano o desenhista não tenha retratado nenhum grupo desse tipo incorporado às sociedades, é possível encontrar referências iconográficas e textuais para outros anos: em 1885, por exemplo, o desfile dos Progressistas da Cidade Nova era fechado por "um grande carro puxado a quatro, e dentro do qual postava-se um zé-pereira monumental, atroador, 'escaravelhítico', como dizem eles, Progressistas".[74] Essa não era, no entanto, uma característica exclusiva de sociedades de bairros de nobreza discutível: as descrições mais detalhadas dos préstitos carnavalescos das três maiores sociedades revela sua presença nos desfiles com uma constância inegável. Mas, se olharmos com atenção a crônica visual de Agostini, vamos encontrar aí um zé-pereira de outra natureza, cercado por diabinhos e um velho dançarino com sua cabeça grande — caracterizando claramente um tradicional e temível cordão carnavalesco. A julgar pelo pedaço de letreiro que Agostini nos permite ler em seu tambor, trata-se mesmo de um grupo do morro da Conceição, que conquista seu espaço em meio aos préstitos luxuosos das sociedades, forçando nas ruas uma convivência que foi se tornando cada vez mais indesejável para as elites e impondo aos desfiles significados não previstos pelos seus idealizadores.

Zé-pereiras, assim, surgiam nesses Carnavais como parte integrante das sociedades ou como cordões autônomos que invadiam sem cerimônias o espaço seleto delas. Na prática, naquelas ruas estreitas do centro antigo, incapa-

53. *Angelo Agostini, "Carnaval de 1881" (detalhe),* Revista Illustrada, *1881. Diabinhos, velhos, zé-pereira.*

zes de comportar a multidão que se comprimia para assistir à passagem dos préstitos, esses grupos não desfilavam simultaneamente: Agostini tenta apenas enfatizar a multiplicidade das formas de brincar — já que não pretendeu traçar um retrato realista. Não resta dúvida, no entanto, de que o sentido do zé-pereira no interior de um préstito luxuoso de sociedade, acompanhando a música produzida por bandas marciais, resultava bem diverso do daqueles de cordão ou ainda mais antigos, vestidos à moda do entrudo português e batendo em grandes latas de biscoito. O som que faziam, inclusive, não poderia ser igual: a função rítmica, adaptada a árias de ópera executadas por bandas marciais que serviam de tema às Grandes Sociedades, não pode ser equiparada aos ritmos que faziam dançar negros e mulatos, operários e biscateiros, nos cordões — mesmo que os instrumentos fossem os mesmos. Assim, sob o nome genérico de zé-pereira, escondiam-se práticas e significados diversos e, por vezes, até opostos.

Voltemos, no entanto, às fantasias que vamos encontrando no desenho de Agostini e em outras referências da imprensa. Além de cocares, arcos e flechas, em vários Carnavais as principais agremiações incluíram nos préstitos fantasias voltadas para a crônica de seu tempo, incorporando episódios ou figuras conhecidos dos habitantes da cidade, como o Príncipe Obá e outros personagens das ruas, representados por figurantes mascarados e vestidos como o indivíduo real, imitando seus gestos.[75] Faziam com isso as delícias da multidão, inclusive da parcela que admirava ou se identificava com esses "tipos" e que não se constrangia em incentivar e aplaudir audaciosos máscaras avulsos que, às vezes, subiam nos carros das Grandes Sociedades sem ser convidados.[76] Ao diluir, com sua falta de etiqueta carnavalesca, as fronteiras simbólicas entre protagonistas e assistentes, esses "invasores" subvertiam a lógica que presidia os préstitos e conferiam a eles dimensões indesejáveis para seus autores. Do mesmo modo, as formas de apreensão dos significados pretendidos pelos membros das Grandes Sociedades com esse tipo de alusão espirituosa estavam fora de seu controle. Ao usar figuras das ruas para ilustrar suas "ideias", as Grandes Sociedades queriam enfatizar um lado que supunham ridículo em "desclassificados" como o príncipe negro (desqualificando ao mesmo tempo seus súditos fiéis). Provocavam com isso o riso de homens brancos, abonados e versados na língua francesa, que assistiam aos préstitos nas sacadas da rua do Ouvidor. Mas não era esta a única leitura possível desses elementos do desfile: acostumados a ver tanto críticas como homenagens sob a forma de máscaras carnavalescas, reles foliões preocupados apenas em divertir-se podiam entender como apoio aquilo que pretendia ser ironia. Assim, empenhadas em combater as tradições do entrudo e as "velharias" coloniais, as Grandes Sociedades, com seu moderno "Carnaval de todos", incorporaram tranquilamente algumas das figuras e práticas tradicionais. Fantasias antigas e já então pouco utilizadas — como o doutor-da-mula-ruça —, datadas, pelas referências encontradas, do século XVIII português,[77] e que perduraram ainda por longo tempo nas descrições do Carnaval carioca,[78] podiam ser vistas em destaque nos carros de ideias perto de foliões que distribuíam papéis ao público, nos quais quase sempre se reproduziam versos de crítica às autoridades e personalidades públicas, ou comentários dos costumes, da moda ou de acontecimentos recentes.

Também aí trata-se de coisa curiosa: a prática bastante difundida entre esses carnavalescos — de produzir e distribuir poemas humorísticos alusivos a pessoas ou situações — fez parte, longamente, das tradições do entrudo, como nos lembrou Macedo na descrição dos versos dedicados a um vice-rei

54. *Angelo Agostini, "Carnaval de 1881" (detalhe),* Revista Illustrada, *1881. Doutor-da-mula-ruça na distribuição de jornais carnavalescos.*

detestável.[79] O fato de que tais versos fossem agora distribuídos e impressos com autoria reconhecida decerto alterava seus significados e sua abrangência: tornava-os com toda certeza mais polidos e mais presos ao tom do humor que à desforra ou à pornografia. Indicava também, por outro lado, a permanência de formas e semelhanças que teriam desagradado aos defensores da civilização carnavalesca, caso tivessem podido dar-se conta da proximidade entre essas alusões por escrito e as práticas "grosseiras" do entrudo colonial, que pretendiam substituir.

A convivência com outras práticas amplamente condenadas — como os diabinhos — era também comum, e até certo ponto surpreendente em agremiações tão zelosas de seu próprio papel civilizador. Já os vimos antes em outros detalhes da mesma ilustração, mas a insistência com que aparecem no registro do artista não pode deixar de ser notada. Agostini nos mostra aí diabinhos e velhos dançando em torno de um carro de crítica.[80] Seriam, a julgar pela crônica, personagens indesejáveis e anacrônicos, invasores do verdadeiro Carnaval que deviam ser aniquilados pela polícia e pelo bom gosto. Era mais uma vez um anárquico cordão que figurava ao lado dos desfiles organizados

55. *Angelo Agostini, "Carnaval de 1881" (detalhe),* Revista Illustrada, *1881. O carro de crítica refere-se ao escândalo da compra de coturnos para o Exército brasileiro em 1880.*

das sociedades — e atrás dele um policial a cavalo exibia atitude inequívoca de quem pretende manter a ordem. Mas há mais diabinhos nas proximidades e — surpresa — estão em cima de outro elaborado carro de crítica, ocupando suas extremidades. Dessa vez não parecem ter invadido a cena, como os primeiros, mas integrá-la plena e pacificamente, com a anuência dos membros da sociedade.

Mesmo essa inesperada associação pode encontrar significados muito precisos no interior desses préstitos, coerentes com suas intenções refinadas. A explicação pode estar nessa elucidativa passagem de uma crônica do período — uma das poucas, aliás, que formulam críticas às promotoras do Carnaval civilizado: "Costumam estas, para se garantirem contra possíveis agressões, cercar-se de capoeiras que vão, sob o pano vermelho das roupas de diabinhos, sentados nos estribos dos carros, segurando archotes etc. É lamentável tudo isto. O Carnaval somente será um divertimento digno desta capital quando à abolição do entrudo, que enlameia e adoenta, seguir-se a dos capoeiras, que, infelizmente, ainda encontram quem deles se utilize [...]".[81]

56. *Angelo Agostini, "Carnaval de 1881" (detalhe),* Revista Illustrada, *1881. O carro de ideias, intitulado Viagem em Balão por um Parlamentar Abolicionista, alude à ascensão política de Martinho Campos, que fora guindado pelo governo imperial à presidência da província do Rio de Janeiro. Os versos distribuídos na ocasião não deixam dúvidas sobre o sentido da crítica: "Aí vai o balão!/ Que fujão!/ Quem dirá com razão,/ onde vai o balão?/ No melhor da questão/ nos deixas na solidão,/ brejeirão?".*

Menos comum, ao que parece, a presença dos velhos é também utilizada no interior dos próprios préstitos das Grandes Sociedades. Podemos vê-los envergando seu longo bastão em outras ocasiões, em posição de destaque nos préstitos: por exemplo, figurando em um dos carros que conduziam uma prostituta semidespida, para deleite da plateia masculina, tal como aparece na ilustração produzida por Agostini para outro Carnaval da década de 1880. Afamados com a pecha de capoeiras — dos melhores, mais hábeis com as pernas, tanto na dança como na luta —, os velhos desempenharam aí também o papel de "garantias" contra a eventual investida de foliões mais afoitos em seu entusiasmo pelos dotes femininos.

O tom afrancesado buscado com essas exibições de licenciosidade sexual[82] podia — sem alterar significados — conviver com a "tradição" que, aos olhos de alguns, lembrava as estripulias de um Carnaval grosseiro e as habilidades coreográficas de pobres e negros? Se para estes últimos a tarefa de guardar a preciosa figura devia funcionar como um signo de honraria e reconhecimento expresso de valentia, para quem colocava os velhos no alto de carroças como a retratada por Agostini, eles funcionavam com perfeição ao proteger as "francesas" — virtualmente inacessíveis à ralé — do desejo sem polidez. A presença dos representantes das hierarquias das ruas, reconhecidos com facilidade pelos trabalhadores pobres, impunha respeito à interdição.

Apesar da aparência de uma ampla "síntese", que se poderia deduzir da presença de velhos, índios, zé-pereiras, mulas-ruças ou diabinhos, a postura das Grandes Sociedades não incluía nenhum tipo de relativismo ou democracia cultural. Capoeiras eram tolerados se estivessem a serviço delas, atentos na defesa dos associados bem-nascidos; mas tornavam-se insuportáveis em situação de autonomia, brincando à sua própria maneira. Trazidas para o interior dos préstitos, essas formas carnavalescas adquiriam um sentido diferente: passavam a ser alusões exteriores às práticas "populares" do Carnaval ou uma mera incorporação de formas destituídas de seus significados iniciais. Equilibrando-se em cima de carros alegóricos, velhos de grandes cabeças não podiam escrever suas letras com os pés, e mulas-ruças mantinham as orelhas mas despiam-se de seus conteúdos tradicionais de vingança contra letrados bem-nascidos. Tinham decerto uma mensagem política importante naquela conjuntura em que jovens acadêmicos, boêmios e intelectuais se juntavam para produzir um Carnaval que fosse, em certo sentido, uma projeção das mudanças que

57. *Angelo Agostini,* Revista Illustrada, *1884* (*detalhe*).

desejavam implementar no país, imprimindo-lhe uma nova feição na qual coubesse a ideia de uma festa que fosse simultaneamente de "todos". Mas a mistura criava uma ilusão de igualdade pouco respaldada nas práticas e nos significados efetivos da multiplicidade das ruas, pois pretendiam atribuir a cada qual um "lugar" e um "papel".

Por isso, a convivência das sociedades com as enormes multidões que elas próprias atraíam foi sempre tensa e difícil — e não apenas porque o entrudo ou a guerra às cartolas insistissem em aparecer durante sua passagem triunfal. Grande parte dessa tensão, é claro, girava em torno da questão racial. Sobretudo porque os negros que muitas vezes se escondiam sob roupas de diabinhos e cabeças de velhos a serviço da segurança dos sócios importantes eram também personagens centrais no interior dos préstitos, na medida em que constituíam um de seus temas básicos. Apareciam como beneficiários da ação caridosa ou militante das sociedades, presenteados com cartas de alforria; apareciam às vezes representando a si mesmos em carros alusivos à questão da

58. *Angelo Agostini, "Carnaval de 1881" (detalhe),*
Revista Illustrada, *1881. Estandarte dos Democráticos.*

59. *Angelo Agostini, "Carnaval de 1881" (detalhe),* Revista Illustrada, *1881.*

abolição, cantando loas aos seus "benfeitores" brancos. Mas estavam também na plateia, ameaçadores em seus cordões ou, pior, divertindo-se em brincadeiras abomináveis aos olhos dos defensores da civilização e do progresso: praticavam o mais melado dos entrudos — aquele que envolvia o uso de farinhas e pós, com os quais mudavam a cor da pele para afrontar os brancos. Faziam-no, o que é pior, bem debaixo das vistas de uma solene Marianne — na verdade alguma prostituta de luxo ostentando um nome francês ou uma atriz do teatro ligeiro que representava no préstito o seu melhor papel, com o barrete frígio no alto de um carro alegórico, cercada pelas águias democráticas com suas asas abertas.

Agostini mostrou esses incômodos foliões de pele escura de duas formas, em sua síntese do Carnaval de 1881. Melam-se no chão, na insistente brincadeira da tradição, como aparece na parte esquerda inferior da imagem. Em cima dos carros, no entanto, eles aparecem como figurantes de uma "crítica": são escravos nas alusões abolicionistas dos carnavalescos. Agostini também os mostra dançando, em pleno entusiasmo, como os demais participantes da brincadeira. Quando fazem parte do préstito, para representarem a si mesmos, não tratam apenas de posar: externam alegria à sua maneira, dançando e brincando de modo seguramente diverso daquele imaginado pelos autores da ideia.

Essa não era uma situação incomum. Em muitas ocasiões podemos encontrar na crônica referências a esse tipo de figuração, para a qual negros eram guindados a participantes ativos das alegorias e alusões. Em 1886 — para relembrar exemplos de capítulo anterior —, "alguns pretinhos" faziam parte do carro "Glória aos abolicionistas", dos Democráticos, no qual "cantavam" em homenagem aos seus benfeitores, "ao som de um batuque característico".[83] Seria tolo supor que esses participantes, animados pelo ritmo de seus instrumentos, pelo espetáculo e pelos aplausos, se mantivessem parados, presos a um enredo previamente delimitado pelos sinhozinhos da sociedade. Também é duvidoso que dançassem minuetos — mas bastante evidente que batucassem e "sambassem", tendo ao fundo a marcha triunfal da "Aída" ou coisa do gênero, que costumava servir de acompanhamento musical à passagem dos grandes préstitos.

Daí a aparência festiva de uma humanidade irmanada que tanto encantara Christopher Columbus Andrews. Nela as desigualdades — sociais e raciais, entre outras — pareciam submergir na maré de alegria geral. Tratava-se, para ele, da "humanidade": uma tradução generosa e cheia de esperanças no primado liberal sobre o reino de Momo. Carnavalescos, cronistas e literatos brasileiros faziam-lhe eco em busca da feliz família, igualada, ao menos — se isso era impossível na política —, pela forma postiça mas padronizada dos narizes, que podia fazer com que as diferenças raciais e sociais se tornassem invisíveis: "O Carnaval é a verdadeira República, a genuína *Liberté* de mistura com a *Egalité* e a *Fraternité*. No Carnaval não há divisão de classe, não há superioridade de hierarquias, nem nada. Há narizes postiços. O nariz postiço nivela tudo [...] Com ele, confundem-se as classes, de modo a poder [...] o altivo capitalista gozar as delícias de um requebrado fandango com sua espevitada criadinha, isto sem quebra nem da dignidade nem da moral".[84]

Décadas mais tarde, é claro, quando essas utopias liberais já se apagavam na poeira do tempo, a festa "de todos" não podia mais expressar a imagem de uma humanidade feliz e irmanada. Passou então, e cada vez mais, a ser lida como a manifestação de uma comunidade menor — uma "alma nacional" na qual residiria a identidade de um país, finalmente encontrada em meio às tradições, visitadas agora em outro registro. Ainda assim, a observação não deixava de ser perspicaz. Se foi incapaz de nivelar ou dissolver diferenças e desigualdades — já que a "verdadeira República", assim como a "genuína *Liberté*" e seus pares, sempre desapareceu nas Cinzas da quarta-feira —, o Carnaval permitiu que elas parecessem esvair-se atrás dos tais narizes empunhados por brasileiros foliões, viabilizando a construção de identidades amplas na folia.

Observo que usei *narizes*, no plural: longos, curtos, avermelhados, pontudos etc., tais disfarces que as lojas colocavam ao alcance dos foliões podem servir como metáfora do inesgotável repertório de formas de expressão disponíveis em qualquer cultura. Foliões cariocas podiam reconhecer e utilizar todas as maneiras pelas quais se fazia o Carnaval, colocadas à sua disposição pelos mecanismos da troca, do embate, do diálogo, da tradição e da invenção, para expressar suas múltiplas identidades. Tendo origem em diversos pontos da festa e da sociedade, essas formas tornaram-se parte de um arsenal festivo e satírico livremente apropriado pelos seus diferentes sujeitos. Isso, no entanto, não as torna semelhantes: tais práticas integravam uma espécie de sintaxe que organizava o idioma por meio do qual os diferentes e desiguais podiam se comunicar, realizar seus conflitos e exprimir suas diferenças sob a aparente comunhão ritual de Momo. Assim, o mesmo nariz pode significar coisas diferentes e até opostas no contexto da folia. A busca de significados históricos depende sobretudo da semântica e não da "origem", do uso presente e não da sua "herança"; não da forma ou do tamanho do apêndice nasal, vale dizer, mas de quem o carrega no rosto, e por quê.

VENEZA, ÁFRICA E A BABEL DAS RUAS

Ao Povo.
Alas! Abri caminho à forte rapazia
que vai passar avante à luz das tradições!
Em alas! Dai caminho à sã democracia
que vem de novo erguer seus rútilos brasões! [85]

Com esses versos, o Club dos Democráticos anunciava seu préstito para o mesmo Carnaval retratado por Agostini, um dos mais animados da década que se abria. A disposição de alcançar o futuro e a "democracia" não se sustentava apenas na aparência de uma festa generalizada e igualitária, reverso do mundo desigual da escravidão. Um outro lado importante desse esforço voltava-se explicitamente para o passado — na busca de tradições capazes de enraizar esse Carnaval na história, recorrendo a origens capazes de torná-lo legítimo e superior, conferindo-lhe um potencial regenerador. Tais tradições, como vimos, pretendiam desvincular-se da imagem atrasada, bárbara e inculta do próprio país. Naquele momento, as batalhas que se desenvolviam em torno do Carnaval apareciam revestidas de uma luta entre duas correntes distintas: de um lado, o que se qualificava como práticas ancestrais africanas ou se atribuía à rudeza dos costumes portugueses dos tempos coloniais — indesejável tradição; de outro, uma herança buscada fora do solo nacional, que recorria a um Carnaval mítico de uma pretendida linhagem europeia. Para fazê-la valer também para si, essa longínqua "tradição" foi interpretada por intelectuais do período à luz de uma chave curiosa: embora "veneziana", não pertencia exatamente a povo algum e nem a um tempo particular, integrando um repertório atribuído à humanidade desde tempos muito antigos. Se o Carnaval seria visto depois como algo imanente à nação, capaz de expressar sua identidade profunda, era também naquele momento dotado de transcendência em relação a determinações como lugar e tempo, para adquirir foros de fenômeno próprio da condição humana, atravessando os tempos e cruzando as sociedades.

Esse tipo de concepção prevaleceu por longo tempo, tendo, ainda hoje, seus adeptos. Cristalizando-se na bibliografia especializada, tal perspectiva pode, no entanto, ser datada com facilidade na crônica carnavalesca da imprensa carioca. Mais de vinte anos depois da bravata da "rapazia" democrática, ainda podemos encontrá-la em textos literários e jornalísticos que se desenrolavam em torno dessa ideia: "O Carnaval era, sem dúvida, uma das liturgias mais antigas da tradição, e tinha origem nobilíssima nas festas dionisíacas dos velhos gregos [...]. O sentimento dessa liturgia prevaleceu na multidão e é hoje uma homenagem religiosa à memória dos antigos deuses que fizeram a humanidade feliz durante tantos séculos".[86]

Do mesmo modo que a ideia de um Carnaval igualitário e "democrático", a noção da atemporalidade vinha de longe, enraizando-se no debate sobre os sentidos da folia. Bem antes disso, por exemplo, o tema dera ensejo a saborosas provocações, como aquela desenvolvida por um impagavelmente irônico

Machado de Assis contra o etimologista Castro Lopes. Este, homem de saber e prestígio no período, defendia uma tese de indiscutível longevidade: a desvinculação originária entre o Carnaval e o calendário católico,[87] necessária à afirmação de sua imemorialidade ou à remissão de suas origens à Antiguidade clássica. Machado produziu um longo comentário em que o absurdo é ressaltado sem piedade:

> [...] Discordando dos que veem no Carnaval uma despedida da carne para entrar no peixe e no jejum da Quaresma, [...] entende o nosso iluminado patrício que o Carnaval é uma imitação das lupercais romanas, e que o seu nome vem daí. Nota logo que as lupercais eram celebradas em 15 de fevereiro, matava-se uma cabra, os sacerdotes untavam a cara com o sangue da vítima, ou atavam uma máscara no rosto e corriam seminus pela cidade. Isto posto, como é que nasceu o nome Carnaval? Apresenta duas conjecturas, mas adota somente a segunda [...] Supõe esta primeira hipótese que a palavra *lupercalia* perdeu as letras *l*, *p* e *i*, ficando *uercala*; esta, torcida de trás para diante, dá *careval*; finalmente a corrupção popular teria introduzido um *n* depois do *r*, e ter *carneval*, que, com o andar dos tempos, chegou a *Carnaval*. Realmente, a marcha seria demasiado longa.[88]

Ele não discute a segunda suposição, por fim adotada pelo erudito etimologista, mas cria habilmente em seu leitor a ideia de que isso era desnecessário. Trata-se, entretanto, de Machado de Assis: de forma geral, esse tipo de associação não era questionado, tornando-se um padrão explicativo de longo curso quando se tratava de, nas redações de jornais, produzir a cada ano textos sobre o Carnaval. Mesmo para autores que, ao longo desse período, manifestavam desânimo quanto aos rumos da folia, a ideia de uma festa presa a uma tradição imemorial permanecia intacta. Dir-se-ia que transformou-se em uma espécie de mágica capaz de assegurar a sua permanência, apesar de eventuais desvios. Valentim Magalhães era um desses pessimistas, na década que se seguiu à proclamação da República.

> [...] mas força é confessar, amigos meus, que o Carnaval de agora só tem de legítimo, de verdadeiro, o nome que a tradição lhe legou [...] Entre nós o Carnaval deixou de ser o que era: uma transmissão inconsciente desses alegres e loucos

ritos de outrora, em que as bacantes enrolavam à túmida pele dos seios peles de tigres reais, correndo pelas praças de archote em punho, numa doida invocação a Baco, seguidas do cortejo ululante e sensual de uns faunos de arribação.[89]

A crônica, no entanto, termina com o próprio autor saindo para a pândega a envergar um dominó roxo, no rastro de uma sedutora espanhola — como a reafirmar a tradição imorredoura e invencível da folia de que literatos como ele eram os portadores. A par da autoimagem desses letrados foliões (nada menos que sucessores dos faunos "sensuais" perseguidores de bacantes-espanholas), a crônica revela sua decepção com os rumos da República — e, implicitamente, de um Carnaval que se empenhara em construir um novo destino para o país. O tom e o conteúdo dessa crônica tornam-se cada vez mais generalizados na década de 1890, espelhando a quebra das expectativas políticas, entre os literatos, nos anos difíceis de Floriano Peixoto[90] — talvez porque, quando o futuro parece incerto, a tradição tende a tornar-se uma eficaz tábua de salvação. Mas não é esse o foco que mais nos interessa aqui. A questão reside em outra parte: se não se trata de uma "tradição" veneziana ou de resquícios das lupercais — seja qual for a ordem em que coloquemos as sílabas —, seriam meras "invenções" de literatos e etimologistas?[91]

Não exatamente, se entendermos esse termo como sinônimo de "importação" ou imposição de novos valores — mais que como o esforço sistemático de renomear e significar práticas costumeiras. É certo que os agentes dessa transformação pretendiam a mudança e jamais esconderam suas intenções. O empenho em atualizar os costumes carnavalescos precisava recorrer à Antiguidade para inscrever o país na "boa" cultura ocidental, fazendo com que a tradição, nesse caso, pudesse aparecer como um complemento necessário à modernidade — e os intelectuais brasileiros lançaram-se nessa empreitada bem antes dos dilemas republicanos. Na construção dessa mão dupla entre modernidade e tradição, usaram instrumentos intelectuais e artísticos tão ricos quanto variados. Um bom exemplo pode ser visualizado na figura de José de Alencar — ele próprio um dos introdutores dos grandes préstitos à moda europeia, com o Congresso das Sumidades Carnavalescas. Enquanto trazia Veneza para o Carnaval carioca e reivindicava a civilização da festa segundo suas nobres origens, o escritor empenhava-se em "fundar" uma literatura nacional e em esboçar uma identidade simbólica para o país, forjando o mito de origem em *O guarani*, publicado no mesmo ano em que as Sumidades adentravam a folia com suas fantasias europeias. Para divulgar sua busca de origens e tradições, utilizava-se dos veículos mais modernos do momento: o romance,[92] a imprensa diária, a comédia teatral. Além do mais, associava a construção de uma origem ao exercício de cientificidade relacionado à sua condição de membro do Instituto Histórico e Geográfico Brasileiro, guardião de uma memória escondida em algum lugar de um passado a ser ainda revelado aos seus contemporâneos.

Assim, se origens greco-romanas foram atribuídas a certas práticas carnavalescas das elites políticas e intelectuais no período, nem por isso pode-se julgar que suas formas e manifestações expressassem, na prática, novidades no jeito de festejar daquelas terras tropicais. A tradição "veneziana" pode ter sido apropriada ou inventada por jovens intelectuais em busca de sinais de sua própria distinção em relação à plebe na década de 1850. As maneiras de brincar desses seletos foliões do Rio de Janeiro, porém, estavam solidamente fincadas em repertórios herdados do arsenal festivo lusitano dos tempos coloniais — em todo caso muito mais próximas e familiares àqueles homens encalorados, metidos nas roupas de regimentos de *highlanders* em pleno verão carioca. Do mesmo modo, muitas das práticas que reproduziram no dia a dia dessas sociedades — como o hábito de esmolar pela manumissão de escravos ou outras obras de "caridade", peregrinando pelas ruas com estandartes da agremiação — seguramente estavam ancoradas nos hábitos de seus pais e avós, organizados em irmandades festivo-religiosas.[93] (Ver exemplo no caderno de ilustrações, figs. 7 e 8.)

Será útil, então, viajar mais longe no tempo para visitar velhas festividades realizadas como celebrações do soberano e de seu poder, em busca de seus elos com os Carnavais que visitamos nestas páginas. Em 1786, por exemplo, o casamento do infante português deu margem a festanças que, como de praxe, se estenderam por vários dias. Eram promovidas pelos representantes da monarquia lusitana na Colônia ou pelas câmaras municipais, com intensa participação de corporações e segmentos sociais de diferentes naturezas. Publicações encomiásticas eram produzidas para a memória dessas festas, legando vestígios de grande utilidade para essa reflexão — inclusive uma *Relação dos magníficos carros que se fizeram de arquitetura, perspectiva e fogos*[94] que inclui farta documentação iconográfica. Abrir esse volume pode nos trazer algumas surpresas.

Desde os versos que começam o livro, dedicados ao vice-rei que promovia a festa, já podemos intuir algumas curiosas semelhanças:

Da grandeza, que vejo conjeturo
que as vossas obras têm tal raridade,
que se viu na real festividade
Dares normas aos mais para o futuro

Na portentosa ideia que escolheste
com bem clara evidência viu-se o quanto
Aos mais festejos todos excedeste.[95]

Deduzimos, com mais facilidade que o dr. Castro Lopes, que tais préstitos de tempos longínquos funcionavam segundo cânones ao menos semelhantes àqueles que presidiam os desfiles de folgazões rapazes das sociedades: também lá os carros alegóricos eram expressão de "ideias" — para além da coincidência nas intenções de "dar normas aos mais para o futuro" que, ao que parece, jamais deixou de frequentar as formas de autorrepresentação das elites. Tais normas, certamente revestidas de propósitos de reafirmação das

60. *Relação dos magníficos carros que se fizerão de arquitetura, prespetiva e fogos.* Carro de Baco.

hierarquias sociais, vinham além disso ancoradas em simbologias buscadas na mitologia clássica, executadas com esmero e desenho muito semelhantes aos carros de Tenentes, Democráticos e Fenianos que vamos encontrar nos Carnavais cariocas das últimas décadas do século XIX e início do XX. Alguns exemplos dos magníficos carros dessa festa podem ser trazidos aqui para efeito de comparação.

O primeiro exemplo é o carro dedicado a Baco. Tinha mais de cinco metros de comprimento por cerca de dois de largura, e mais de onze metros de altura segundo as medidas fornecidas pelo documento.[96] Enfeitado com parreiras e cachos de uvas, abrigava sátiros que portavam "redomas de licores" e vestiam-se com "vestidos justos cor de carne que pareciam nus". Em seu interior, o carro escondia músicos e homens encarregados de auxiliar os animais a puxar o peso. Como os carros dos Carnavais de um século depois, traziam poemas alusivos à "ideia" em desenvolvimento — o deus Baco, no caso —, proclamando o seu amor pelos "tonéis, frascos e botelhas". Amor reafirmado pelo detalhe final: esporadicamente, do carro jorrava vinho, para gáudio da animada assistência.

O segundo, dedicado a Vulcano, tinha quase as mesmas dimensões do

61. *Relação dos magníficos carros que se fizerão de arquitetura, prespetiva e fogos.* Carro de Vulcano.

62. *Relação dos magníficos carros que se fizerão de arquitetura, prespetiva e fogos.* Carro das Cavalhadas.

63. *Relação dos magníficos carros que se fizerão de arquitetura, prespetiva e fogos.* Carro das Cavalhadas Burlescas.

anterior — um pouco mais baixo, apenas. De difícil arquitetura, exibia uma figura quase suspensa no ar — a Fama, empunhando sua trombeta. O carro trazia ainda Vulcano e alguns ciclopes que trabalhavam em uma forja, batendo nela ao compasso da música executada por uma pequena orquestra oculta no interior do carro. Foguetes, rojões e "fogos artificiais" encarregavam-se de criar um clima impressionante, reforçado ainda pela serpente que parecia puxar o carro: com asas abertas, "vomitava flamas de fogo" e, feita em escamas, era capaz de mover a cabeça para um lado e outro (essa era a função dos dois homens que seguiam à frente do carro).

O último deles — na verdade, o primeiro que desfilou — cumpria outras funções no préstito: era um carro das cavalhadas, dedicado mais às diversões que faziam parte dos festejos dessa natureza que à pompa da homenagem. Carregava músicos, executava mutações (como os anteriores) e lançava perfumes "cujos cheiros se espalhavam pelas ruas onde passava o carro". Havia também, naturalmente, "carros burlescos" — bem menos rebuscados na arquitetura e destinados a divertir a plateia, animando-a a tomar parte nos bailes realizados na praça de Curros, onde quatro diferentes orquestras executavam peças dançantes e onde se concentrava a maioria das pessoas participantes dos festejos, cuja hierarquia social era expressa por signos de natureza semelhante à daqueles que encontramos nos Carnavais que visitamos nos capítulos anteriores: o luxo ou a simplicidade das vestes, o posto de observação — balcões, camarotes ou o meio da praça, estar a pé ou a cavalo etc. —, no interior de uma festa na qual todos os participantes estavam reunidos em um único espaço da cidade.

É difícil olhar para a arquitetura e os símbolos contidos nos carros de Democráticos, Tenentes e Fenianos e não se interrogar sobre os parentescos desses tipos diferentes de festa. Podemos observar antes fotografias de carros alegóricos do início do século XX realizadas por Augusto Malta. Os exemplos a seguir são de 1908 e 1913 respectivamente, momento em que as Grandes Sociedades, como vimos, já sentiam os efeitos de sua inexorável queda. De qualquer forma, passado um século e mais algumas décadas, dragões alados, cabeças de leão, figuras alegóricas em profusão, águias — como aquela que, em 1786, parecia conduzir o carro de Júpiter concebido para a festa pública — ainda caracterizavam o tipo de alegoria que as Grandes Sociedades traziam às ruas para celebrar Momo. O mesmo rebuscamento está sugerido, ainda que sem a

64. *Carro alegórico do Club dos Democráticos na avenida Central, em 1908. Foto de Augusto Malta.*

riqueza de detalhes permitida pela fotografia, no desenho de Agostini para o Carnaval de 1881: sereias e ninfas sustentam o fidalgo que leva o estandarte dos Fenianos. Ao fundo, podem-se perceber ainda outros exemplos: um Netuno, uma deusa puxada por um misterioso pavão ou uma biga romana evidenciam que o tipo de referência estava bem próximo daquela antiga forma de reverenciar a monarquia lusitana, no recurso a elementos da cultura clássica e no suporte utilizado: grandes alegorias montadas sobre carroças puxadas por animais, edificadas com materiais leves e vistosos.

Assim, não parece despropositado sugerir que, se havia alguma tradição a informar as manifestações carnavalescas pelas quais intelectuais e escritores resolveram, na década de 1850, reverenciar o deus Momo com um préstito carnavalesco no Passeio Público (o mesmo lugar, aliás, em que desfilaram os carros de 1786 e de outras ocasiões semelhantes), esta poderia estar bem mais próxima do que supunham os cultores das tradições venezianas ou os defensores das origens greco-romanas da festa.[97] E, na verdade, a aprovação rápida e generalizada da nova brincadeira nos dias de entrudo talvez se devesse também ao fato de que trouxessem para as ruas códigos bastante antigos e conhecidos,

65. *Carro alegórico, Carnaval de 1913. Foto de Augusto Malta.*

associados às formas de celebração das festas públicas do século XVIII e início do XIX. Uma leitura atenta da documentação do início desse último — como a conhecida descrição redigida pelo padre Perereca, sobre as comemorações realizadas em 1810 para celebrar o casamento da princesa d. Maria Teresa — traz novos elementos para essa reflexão:

> [...] Entretanto, rompeu uma numerosa e excelente orquestra e entrou pela praça do Curro o primeiro carro artificiosamente composto, e ornado com delicadeza; fingia ele ser um monte, sobre o qual estava de pé a América com a aljava ao ombro, e arco na mão [...]; discorriam pelo monte vários animais, e pássaros do país, que por entre as ervas, e flores, se apascentavam. Este belo carro servia para aguar a praça, e por essa razão esguichava água por diferentes repuxos, que saíam por entre as flores, que eram todas artificiais [...][98]

A descrição prossegue detalhando um segundo carro que representava a "dança dos chinas", um terceiro que relembrava "antigos portugueses", um quarto encenando uma ilha do Pacífico, mais um outro que simulava um grande escaler repleto de homens fantasiados e marujos que cantavam e dançavam,

66. *Angelo Agostini, "Carnaval de 1881" (detalhe),* Revista Illustrada, *1881. Carro alegórico.*

reiterando um discurso alegórico em torno de "ideias" que dariam também a tônica do Carnaval das Grandes Sociedades. Além do mais, a distância temporal é pequena: pouco mais de quatro décadas separam essa festa do primeiro Carnaval "veneziano" realizado na Corte, reforçando as evidências dos nexos entre as duas ocasiões. As proximidades não terminam por aí. Todos esses carros eram intercalados por danças, mascaradas, cavaleiros com mulheres à garupa — e muitos "máscaras avulsos" —, permitidos na ocasião festiva e cuja presença servia também para expressar a alegria e o desejo de agradar ao soberano, como explica o autor da "Memória". Os mascarados mencionados na festa presenciada pelo padre Perereca, em especial, conferem uma marca iniludível de semelhança com brincadeiras posteriores do Carnaval.

Outros textos podem ainda atestar o quanto aqueles refinados foliões cariocas do final do século XIX beberam em fonte bem mais próxima e doméstica. Além das semelhanças relativas a carros e alegorias que ressaltam das descrições, o amplo arco social dessas festas públicas, no sentido de comportar a presença e a manifestação geral — mas não a dissolução das diferenças, que, ao contrário, eram teatralmente reafirmadas em suas práticas. Nelas, sem dúvida,

67. *Angelo Agostini, "Carnaval de 1881" (detalhe),* Revista Illustrada, *1881. Carro alegórico.*

a reverência ao soberano podia reduzir todos à condição igual de súditos. Se as hierarquias sociais não se "dissolviam" aí, era porque o teatro que se representava nas ruas mostrava a presença simultânea das várias categorias sociais, separadas, entretanto, em suas formas e funções sociais, profissionais e étnicas: cada qual em seu lugar, mesmo em atitude carnavalizada e marcada pela música, pelo vinho, pelas máscaras e pelas brincadeiras.

As danças dramáticas de negros e outras formas de homenagem prestadas por segmentos desclassificados ou empobrecidos da população figuram como práticas habituais nesses rituais que encenam o júbilo dos súditos. Esse sentido geral da festa, inclusive, fazia com que elas fossem olhadas com mais tolerância do que teriam à medida que se avançava pelo século XIX. Francisco Calmon testemunhou manifestações desse tipo na Bahia[99] da segunda metade do século XVIII, capazes de ilustrar alguns dos significados dessa presença nas festividades de homenagem à Coroa ou aos santos da Igreja na América portuguesa. Naquela ocasião, celebrando o casamento da princesa d. Maria (a que mais tarde ficou conhecida como "A Louca"), numerosos grupos de congos executavam danças "africanas" à luz do dia. "Mais de oitenta máscaras, com farsas ao

68. *Angelo Agostini, "Carnaval de 1881" (detalhe),* Revista Illustrada, *1881. Estandarte dos Fenianos.*

seu modo de trajar", rainha e rei negros — este último trazendo "pendente do cinto um formoso lagarto", semelhante ao que encontraremos mais tarde em uma infinidade de cordões que se multiplicarão pela Corte — executavam danças das talheiras e dos cucumbis durante vários dias da festa.[100]

Na Corte a coisa não se passava de outro modo. A impressão de mistura e promiscuidade das festas públicas no Rio de Janeiro havia desagradado a John Luccock, um severo visitante britânico no início do século XIX, maldisposto com os hábitos da terra e com o que pensava ser uma convivência indesejável:

> Para que esses esponsais pudessem realizar-se com o devido aparato, tentou-se realizar um destes espetáculos de que tanto gostam os portugueses. [...] O gênio do Brasil fez sua aparição, representado por um índio montado, cujo corcel expelia vapor das ventas. A glória de há muito passada de Portugal, representou-se por meio de modelos de alguns fortes das Índias Orientais [...], enquanto que o poderio do atual soberano foi ilustrado por um ajuntamento de toda a casta de seres humanos que vivem sob seu cetro: europeus, vestidos de grande gala, asiá-

ticos, em seus trajes costumeiros, índios sul-americanos com sua vistosa plumagem e africanos, caracterizados feito macacos, com musgo em vez de cabelo, [...] e procurando parecer nas maneiras, como no intelecto semelhavam, com seus protótipos irracionais. Cada país forneceu seus divertimentos peculiares [...] aptos que se mostravam a servir [...] à diversão de meninos. Mas, aqui, provocaram tamanho interesse em adultos apenas egressos de um semibarbarismo e das profundezas da ignorância, que muitos se admiravam de que não partilhássemos nós outros da admiração deles.[101]

O comentário é extremamente sugestivo em várias direções, embora não possamos ter certeza sobre alguns elementos daquilo que ele descreve. Seriam brancos os que haviam se caracterizado para simular outras "raças"? A compreensão de que os negros do cortejo assemelhavam-se a macacos — na clássica expressão racista que o rancho de Tia Ciata ironizou um século mais tarde — seria uma decorrência do olhar preconceituoso do viajante ou de fato era a forma como a identidade dos súditos africanos do rei era representada? Seja como for, o relato revela com clareza a intenção e o hábito de teatralizar "ideias" nas ruas, em homenagem ao poder encarnado no soberano e

69. *Fachada do edifício da Alfândega, em festejo público celebrado em 1872.*

como uma reafirmação dele, uma festa em que todos podiam expressar-se, ou em que todos estariam representados (ainda que cada macaco devesse permanecer no seu respectivo galho).

Podemos continuar rastreando indefinidamente semelhanças formais, mantidas ao longo dos séculos XVIII e XIX, e que reaparecem no Carnaval carioca do período. No Carnaval de 1881 que Agostini nos descreveu com seu magnífico desenho, por exemplo, os jornais publicavam dezenas de anúncios em que "comissões de festejos" de ruas do Rio de Janeiro solicitavam às famílias a colocação de flores, colchas e iluminação nas janelas dos sobrados, enfeitando-as para a passagem das sociedades.[102] Ora, as chamadas "luminárias" ou o hábito de enfeitar ruas e sacadas com folhagens e tapetes — práticas mencionadas com insistência na crônica carnavalesca dos séculos XIX e XX, para a qual se constituem comissões por bairros e ruas — eram elementos constantes e centrais das festas públicas, presentes em ocasiões festivas coloniais e em datas bem avançadas do século XIX, como mostram as fotos do edifício da Alfândega e da praça do Comércio em 1872, por ocasião dos festejos públicos celebrados na Corte pela chegada de d. Pedro II e sua família ao Rio de Janeiro,[103] voltando de uma viagem à Europa. Estávamos então a dezessete anos do final da monarquia, causa que levava algumas das Grandes Sociedades a bater-se nas ruas, enfrentando a violência de policiais ou de capoeiras a soldo de lideranças políticas do regime.

Festas públicas que agregam desfile de carros, préstitos mistos com danças e música, "ideias", alegorias e burla chistosa, versos alusivos ou explicativos, não podem deixar de lembrar-nos de Carnavais feitos de carros de ideias, música de bandas marciais, *puffs* e alusões em versos distribuídos às vezes do alto dos carros e todos os elementos que encontramos no Carnaval das Grandes Sociedades na segunda metade do século XIX. Por outro lado, a presença simultânea de diferentes segmentos sociais nas festas oficiais e religiosas, com múltiplas formas de expressão e participação, era traço comum à tradição festiva local antes mesmo da Independência ou na primeira metade do século XIX.[104] Tudo isso sugere uma espécie de permanência, bem ao agrado de tradicionalistas e folcloristas de velha cepa, capaz de reconciliar os brasileiros com suas origens, afirmando sua personalidade cultural própria. As "origens", como sempre, poderiam harmonizar passado e presente, fazendo da história do Carnaval pouco mais que uma alegre evolução.

Cabe refletir, no entanto, sobre a passagem do tempo e aquilo que ela imprime, se não às formas de brincar e festejar, ao menos aos seus significados. Por trás da "festa de todos" dos Carnavais das sociedades, da festa nacional da década de 1920 ou em meio às multidões de súditos que reverenciavam a Coroa antes da Independência, seguramente havia diferenças de intenção e gesto. Em todos esses casos podem-se perceber múltiplas leituras a respeito daquilo que se passava sob as vistas atentas de todos e com a participação geral. Cabe perguntar, por exemplo, sobre as diferentes possibilidades de atribuição de sentido a coisas como o desfile dos congos na homenagem festiva aos reis portugueses: a presença de negros e seus rituais significava para alguns o reconhecimento do Império e a extensão do poder do soberano, como mostra Luccock; entretanto, como interpretariam essa presença negros recém-chegados ou crioulos que nas ruas, diante de seus senhores brancos, viam passar reis africanos?[105]

As tradições, afinal, como todos os elementos da cultura, são parte dos repertórios gestuais e simbólicos disponibilizados para diferentes sujeitos pelo hábito e pelas linguagens conhecidas. Elas se traduzem a cada momento, adquirindo significados novos em diferentes temporalidades, situações, lugares e dependendo de quem as mobilize para expressar seus próprios valores. Assim, formas e alegorias que eram usadas para louvar a realeza puderam aparecer ressignificadas no contexto da luta contra a escravidão e da crítica feroz à monarquia. Nesse caso, a tais elementos costumeiros foram acrescentadas referências simbólicas de outra natureza — atesta-o, por exemplo, o uso recorrente do barrete frígio nas alegorias carnavalescas das Grandes Sociedades do final do século XIX.

Por isso, não cabe sugerir uma transposição direta que nos faça substituir a mítica Veneza por algum tipo de herança "autenticamente brasileira", para afirmar a tradição local e a identidade nacional como uma explicação mais adequada para o enigma. Fazê-lo nos aproximaria dos folcloristas, infatigáveis etimólogos (à moda do dr. Castro Lopes) da chamada cultura popular. Como expressou com toda clareza Câmara Cascudo, esse procedimento impõe considerar "Cronos sem Clio",[106] tentando acompanhar o longo fio de uma tradição tão antiga quanto imóvel, em que residiria a essência dos povos ou das nações. Para historiadores, ao contrário, trata-se de buscar antes os sentidos que as formas — ainda que aproximações morfológicas possam ser sugestivas e constituir uma ferramenta útil em determinadas condições.[107] Além disso, a perspectiva histórica deve privilegiar o movimento às permanências, identificando as mudanças, os deslocamentos de significados e os conflitos ocultados pela aparência muitas vezes harmônica da festa. Se o Carnaval foi visto assim por atores sociais que, em diferentes momentos, lhe atribuíram sentidos englobantes (uma festa de todos, por oposição ao domínio senhorial; de poucos, aqueles merecedores da nobre herança da cultura clássica; da nação em sua síntese mestiça e popular), é possível também percebê-lo em outro registro: como um momento em que se exprimem, mais que identidades genéricas, conflitos e diferenças cotidianas nos quais os significados específicos conferidos pelos próprios sujeitos se escondem.

Nesses termos, não se trata de procurar o idêntico quando apontamos semelhanças entre carros alegóricos, nem de buscar ancestralidade entre práticas ou gestos vagamente familiares em festas separadas por mais de um século e muitos acontecimentos. Lembremo-nos de que as antigas festas públicas dedicavam-se a afirmar o poder da monarquia lusitana; o Carnaval "veneziano" do Rio de Janeiro no século XIX, pelo contrário, dedicado a Momo (deus que, aliás, só se tornaria rei após a República), quis aparecer como uma festa capaz de anunciar um futuro de transformações políticas cruciais no momento em que a proximidade da abolição abria um amplo leque de possibilidades. A ideia de tradição como linhagem, herança ou permanência, no entanto, servia como uma luva ao mal-estar social dessas elites ou de sua parte ilustrada, e de duas diferentes maneiras. Em primeiro lugar, ela ajudava a estabelecer as linhas de continuidade que, ao mesmo tempo, sublinhavam sua superioridade diante da ralé a ser conduzida e domesticada (não apenas no Carnaval): não se tratava, para a maior parte de seus intérpretes coevos, de pensar um elenco de tradições compartilhadas por todos, mas de opor as "boas" às "más" no próprio movimento de constituição da nacionalidade. Eis por que Nice, Paris ou Veneza foram escolhidas como paradigmas de sua presença seletiva e diferenciada no interior da folia e a África, tomada como o outro lado da moeda: era uma referência não à folia, mas ao futuro do país.

Assim, na segunda vertente, uma outra ideia de tradição — esta situada na confluência do local com o africano — foi empregada também no esforço de estigmatizar certas formas de brincar oriundas de grupos sociais considerados perigosos e inferiores, pela ancestralidade de suas práticas. Descrevendo cordões que visitavam redações de jornal no início do século XX, Luiz Edmundo estabelece sua ascendência nos "clássicos índios das velhas folganças coloniais, aquele gentio fantasioso que figurava nas praças de curro, por ocasião das festas chamadas 'alegorias' ",[108] procurando elos ainda mais antigos que os velhos cucumbis a que assistira em sua juventude. Mesmo não indo tão longe, muitos cronistas recorreram a essa ideia de tradição como "atavismo", herança racial que ajudava a entender, classificar e desqualificar o Carnaval dos trabalhadores pobres, atestando, ao mesmo tempo, que sua ideia de nação não incluía homogeneidade ou mesmo o reconhecimento de um substrato cultural comum.

> Houve um tempo em que uma das características mais interessantes do nosso Carnaval eram os cordões de velhos [...] Os cucumbis, tão originais, desapareceram como desapareceram os velhos. Mas a instituição dos cordões ficou [...] Quem passeia às nossas ruas durante os três dias épicos da pândega solta, tem a mesma impressão que tinha há 25 ou trinta anos, vendo dançar os velhos [...] A herança ficou e os herdeiros gozam-na valentemente.[109]

Cristalizava-se aí (nesse como em outros cronistas e memorialistas do período) a ideia de uma filiação, sobrevivência ou herança entre formas culturais que, vale lembrar, tinham no passado pouca relação entre si — apesar de contarem com animados índios em seus cortejos. Tal visão, assentada na constatação da proximidade morfológica entre essas modalidades carnavalescas e enfatizada com intenção desqualificadora, estabeleceu uma linhagem cultural dita "afro-brasileira" que se expressaria, no Carnaval, pela sequência cucumbi-cordão-rancho (e, mais adiante, escola de samba), ainda hoje adotada em muitas análises da questão, mesmo que em uma leitura positiva.[110] Essa continuidade foi muitas vezes acalentada na bibliografia especializada, que, escorada em noções redutoras de "cultura popular", quis enxergar aí a marca de uma permanente resistência dos oprimidos. Nessa operação, tratava apenas de inverter sinais de uma apreciação formulada com desprezo, pelos críticos contemporâneos, a essa forma do Carnaval dos pobres, no qual identificavam uma espécie de pecado original do país. Se podia ser adequada à reverência a reis portugueses no contexto colonial, no início do século XX a presença de tradições como a dos índios portando animais vivos servia apenas para reafirmar o desconforto com a presença negra nas ruas, atribuindo-a a práticas ancestrais que se opunham à civilização.

Como comentava um cronista em 1908, observando um domingo de Carnaval repleto da presença de cordões que expressavam nas ruas a sua "alegria primitiva": "Esses índios, essas cobras vivas, esses batuques fazem-nos retroceder dezenas e dezenas de anos, abrem na nossa vida de hoje uma grande pausa à nossa proclamada civilização".[111]

Índios, batuques e "retrocesso" evidenciam um olhar negativo e temeroso sobre o mundo das tradições. Nas diferentes festas, no entanto, variando de tempo e lugar, índios de velhas folganças podiam ser brancos pintados a urucum para representar a conquista portuguesa em cima de elaboradas alegorias montadas em carroças, mas também participantes de reinados de congos patrocinados por seus próprios senhores, devotos de Nossa Senhora do Rosário[112] — que não lhes pareciam, afinal, tão ferozes. Podiam ser também, claro, membros da Tenentes do Diabo no Carnaval de 1881, pensando que traziam Veneza para a Corte tropical. Aquilo que foi tomado como sinal inequívoco de má origem, assim, não fazia parte apenas de uma "herança" africana — e por essa mesma razão é preciso cuidado para não reduzi-la a uma genérica prática de resistência dos dominados ou expressão de uma cultura unívoca e fundamentalista.

Além disso, é evidente que, para seus participantes diretos, o significado de tal fantasia e respectivos folguedos eram profundamente diferentes, se pensamos em um escravo africano recém-chegado meio século antes, em um membro de irmandade religiosa — à qual congos e cucumbis costumavam estar ligados,[113] dentro da tradição escrava no Brasil do século XIX de manter sociedades secretas e grupos de afinidade étnica ou vinculação com a religiosidade popular —, ou ainda nos índios de cordão organizados em sociedades no início do século XX. Nesse último caso, ademais, não parece fortuito que a figura do Caboclo, representado nos terreiros de forma quase idêntica aos índios de cucumbi, seja tão antiga quanto importante nos rituais afro-brasileiros do candomblé:[114] essa entidade representa os habitantes originais da terra, uma espécie de "dono da casa" visitada pelos orixás africanos, e, por isso, costuma ser a primeira a baixar nesses rituais com certeza conhecidos por boa parte dos negros do Rio de Janeiro no período analisado.

A permanência dessa figura nos ritos carnavalescos, mesmo após a extinção dos cucumbis, pode nos dar uma peça importante do quebra-cabeça. Retirada a proteção da Igreja católica, perdida a complacência da imprensa e dos intelectuais abolicionistas, os cucumbis desaparecem como manifestações organizadas e estruturadas em torno da oposição entre negros e índios. Assim, na última década do século XIX já não se viam reis, rainhas ou as figuras da nobreza africana louvadas no cucumbi, que só pudemos vislumbrar por intermédio de descrições e raras imagens.[115] O que poderia explicar, então, a longa sobrevida dos índios no Carnaval de rua? Se não queremos enveredar pela resposta fácil que associa essas tradições à "resistência", podemos tomá-la como mote para um outro tipo de aproximação com o modo como tradições (nada imutáveis) operam no interior do tenso movimento da história.

É possível que a manutenção dessa figura, destacada de seu conjunto original, tenha significado uma espécie de estratégia dos adeptos da brincadeira para mantê-la "viva" em alguns de seus aspectos, quando a dança completa era crescentemente malvista e perdia os apoios no mundo dos senhores. Mantido o sentido dramático dos enredos de cucumbi, tal estratégia pode insinuar também uma espécie de adesão a simbologias compartilhadas com os brancos — que muitas vezes estilizaram "indígenas" como expressões da nacionalidade —, e, nesse caso, a apropriação do símbolo pelos negros não deixa de exprimir uma perspectiva de pertencimento (ou sua reivindicação). Mas também, é certo, a imagem ecoava nos caboclos de terreiro, conferindo ao brinquedo um duplo registro em cujo nome muitos de seus praticantes enfrentaram décadas sucessivas de intensa desconfiança e repressão.

Tal leitura pode ser corroborada por muitos exemplos fornecidos ao longo deste livro. Podemos lembrar o comentário de um chargista de *O Malho* (com que nos deparamos no capítulo anterior), diante da proibição dessas fantasias pelo rigoroso chefe de polícia Alfredo Pinto, no início do século XX.[116] Sem entender a lógica da proibição e em busca de explicações, os negros do cordão pareciam incapazes de perceber o mal-estar que cercava sua presença e motivava a autoridade. Interpretam a proibição — à luz do texto da circular policial que bania também a presença de animais vivos, como cobras, lagartos ou jabutis, outro elemento dos velhos cucumbis ainda presente nos cordões

— como uma mera "implicância" do chefe de polícia "c'os bichos". O chargista evidentemente os inclui nessa categoria, com seu traço malicioso que enfatiza características raciais e lhes atribui uma total incapacidade para perceber o registro civilizado que presidiu a ação policial.

A visão desqualificante que a charge exemplifica não deixa de ser, por outro lado, uma leitura homogeneizadora para a qual as nuances e os conflitos que marcam a experiência e a expressão cultural de ex-escravos, trabalhadores pobres ou negros desapareceram da cena. Em seu lugar, foram construídas imagens planas dessas práticas das ruas, vistas como manifestações de uma unívoca "degeneração" que ameaçava o país e seu futuro ou, sobretudo anos mais tarde, como o lugar onde se escondia a verdadeira "alma nacional": aquilo que — mesmo pobre ou primitivo — brotava autenticamente das tradições do país. Assim, quando se trata das chamadas tradições da "cultura popular", a questão é mais complexa do que poderia sugerir o debate sobre origens lusas ou venezianas dos grandes préstitos de papelão e sarrafo.

Em primeiro lugar, pela tendência quase inconsciente de adotarmos hoje essa forma de designação para um conjunto (os "populares") marcado pela heterogeneidade e pela diferença. Se há algo que nos autorize a designá-los assim será apenas a necessidade transitória de delimitar um certo universo social como foco de interesse, descartando tudo aquilo que não caiba nessa imagem. Mas se ela for utilizada como qualificação, instrumento de análise ou caracterização dos "pobres", "pouco instruídos" ou qualquer outro critério adotado, estaremos reiterando o mesmo tipo de discurso excludente que tratou de homogeneizar sob esse rótulo tudo aquilo que era visto como inferior, atrasado ou — na versão mais positiva — ingênuo ou infantil,[117] ignorando suas diferenças internas e suas intenções. Dessa forma, a interpretação que enfatiza exclusivamente a resistência na história do Carnaval ou das tradições "populares" revela-se pobre também para captar as nuances e o conjunto de tensões — muito mais que apenas bipolares — que caracterizam esses processos culturais.

Decerto as tradições dos negros no Brasil foram construídas por caminhos bem diferentes da simples herança africana, e ultrapassaram eventuais fronteiras étnicas.[118] Desenvolveram-se com base em experiências em comum — entre elas o enfrentamento da repressão e a vivência das técnicas mais sutis da dominação senhorial — e por intermédio delas foram capazes de sedimentar práticas e espaços coletivos já diferenciados de seus sentidos originais. Podemos pensar brasileiramente na batucada para exemplificar essa ideia. Vários autores referem-se, por exemplo, à extensão e popularidade dos batuques no Rio de Janeiro, proibidos até após a proclamação da República, como, embora com menos intensidade, as danças de velhos e a "jardineira"[119] — nesse caso, brincadeiras de recorte mais definido pelo universo dos trabalhadores urbanos pobres que pelas identidades raciais. A própria repressão aos batuques, apesar de sua natureza religiosa, lúdica ou festiva, em diferentes ocasiões e modalidades, gerou o hábito de improvisar com outros objetos e palmas, dando origem à diversidade das atuais baterias.[120] Convém não esquecer a convivência com os zé-pereiras, pelos cortiços e pelas ruas, com suas grandes latas vazias ou bumbos de aluguel — e, mais um pouco, estaremos ouvindo os sons da Mangueira como uma "evolução" — não da escola na avenida, mas da "cultura popular" como límpida expressão nacional, imagem cristalizada na memória e na historiografia.

Se a música pode ser um bom exemplo, note-se que tal musicalidade cruzou também outras referências, recíprocas em relação ao mundo dos brancos: canções de trabalho como aquelas dos carregadores das ruas que Thomas Ewbank ouviu e transcreveu[121] fatalmente estavam gravadas também na memória dos ouvintes involuntários da classe senhorial e decodificadas, incorporadas a seu repertório de referências, ao lado dos batuques que ouviam nas vizinhanças de suas sólidas casas; por sua vez, podemos lembrar a longa tradição da música de barbeiros[122] e, depois, das bandas militares, em que os sons adquiridos nos cruzamentos étnicos da experiência escrava e negra da cidade do Rio de Janeiro puderam mesclar-se com uma formação na música sacra ocidental e nas técnicas e instrumentos sinfônicos dos brancos.[123] Nesse sentido, sambas e batuques não faziam parte de um universo estranho aos refinados frequentadores de cafés e livrarias ou dos préstitos de Grandes Sociedades carnavalescas,[124] que produziam lundus para deleite do próprio grupo, dançavam maxixes em seus seletos clubes, riam-se das caricaturas e trejeitos populares no teatro de revista e iam às vezes visitar cordões vestidos com roupas de baiana compradas na casa da Tia Ciata — como a trinca flagrada por Luiz Edmundo —,[125] para citar alguns exemplos dessas permanentes oportunidades dialógicas em uma cidade como o Rio de Janeiro, no período compreendido por esta análise.

Negros e mestiços decerto mantiveram os ouvidos abertos nas infindáveis ocasiões de convivência: servindo refrescos no sarau, frequentando cultos católicos, batucando ao som de uma ária da *Aída* no préstito carnavalesco ou ninando sinhozinhos com canções "da raça", aprendidas nos terreiros e nas senzalas. Assim, diferenças étnicas, religiosas, de trajetórias de vida e experiências coletivas produziram modificações — homogeneização, em certo sentido, mas em outro também diferenças agudas de significado e intenção. Nenhum desses exemplos é estranho em contextos nos quais intelectuais estavam tão curiosos pelos mistérios do "popular" e leitores de jornal acompanhavam todos os dias a descrição de visitas empreendidas pela reportagem à sede dos exóticos cordões mais distantes da região central — e em que membros de pequenas agremiações carnavalescas esforçavam-se para enfrentar com sucesso a repressão e contornar as exigências das autoridades. Vista dessa forma, a história do Carnaval transforma-se em rico e intrincado processo de embate e negociação, diálogo tenso entre diferentes e desiguais. Seu repertório festivo, intensamente compartilhado, incluía significados variados para gestos e símbolos semelhantes.

O que resulta de tal variedade só pode ser tomado como sinal de uma identidade globalizante e autoexplicativa em um sentido muito restrito. Não quero com isso sugerir que identidades nacionais sejam pura ficção ou ideologia, retórica vazia sem correspondência nas práticas, nas representações e nos sentimentos: com certeza elas são parte importante até mesmo desse repertório comum aos indivíduos que habitam o mesmo lugar e tempo. Reafirmá-lo, no entanto, não contribui para desvendar a trama mais delicada dessa história. Importa, em face da homogeneidade que tais ideias sugerem, aferir seus limites, submetendo-as ao teste da experiência histórica de diferentes sujeitos. Ao fazê-lo, não podemos deixar de perceber que, sob práticas comuns, atrás de palavras e sons semelhantes, gestos aparentemente compartilhados, a mudança, a diferença e o conflito ainda ocupam lugar central na cena. Muitas harmonias, é claro, podem caber (e couberam) nessa história. Mas foram (seriam) fluidas e transitórias, dançadas ao ritmo do tempo. Isso implica reconhecer que conceitos englobantes como o de "populares", "afro-brasileiros" etc. são incapazes de encaminhar de modo satisfatório a interpretação dessas questões.

De outra forma, como explicar que negros baianos da Saúde e da Gamboa, gente do candomblé, de migração recente para a Corte — como vimos —, impusessem sua própria forma de brincadeira, desafiando os cânones de outros grupos negros da cidade, organizados em cordões e cucumbis que os baianos classificavam, em tom de desafio, como manifestação de "antigas" lideranças africanas? A própria imprensa carioca revela por vezes, em suas entrelinhas, essas diferenças, para as quais nunca demonstrou grande acuidade. Comentando um desfile do rancho Iaiá me Deixe, de Hilário Jovino, um jornalista observava eufórico que "os endiabrados carnavalescos meteram uma lança em África com seu passeio",[126] referindo-se à contumaz ironia que seus integrantes costumavam lançar contra os cordões cariocas. Simpático e solidário, o jornalista percebia o rancho como algo mais familiar ao seu próprio universo, com pastorinhas, música suave, estandarte verde e amarelo — e por isso o opunha à "África" dos cordões que o incomodavam por sua tradição bárbara e violenta. Ele provavelmente nunca chegou a compreender por onde passavam as disputas pela liderança e identidade dos negros da cidade que explodiam em episódios de violência física ou expressavam-se na sátira das ruas.

Hilário, como vimos no capítulo anterior, acusava os ranchos "cariocas", como o Ameno Resedá, de terem "desvirtuado o fim de sua fundação", perdendo os nexos que, a seu ver, constituíam os traços originais da brincadeira. Em sua visão, estes assemelhavam-se a "ternos" de fábrica que, no afã de fugir da qualificação de "capadócios", promoviam reisados ao gosto dos patrões. O Hilário que ria dos ranchos formados por negros e pobres cariocas, prestigiados por literatos da importância de Coelho Neto, não era algum tipo de convertido aos alegres ideais da família de Momo. Era um ogã de terreiro que disputava ferozmente a liderança em seu "pedaço" da cidade, buscando alianças e definindo o campo de seus opositores. Os ranchos do Catete, como o Ameno Resedá ou o Flor do Abacate, por sua vez, esmeravam-se em se diferenciar dos cordões dos quais saíram boa parte (ou a maioria) de seus componentes — aceitando o estereótipo imposto pelos intelectuais da imprensa e pela polícia. Não deixavam, no entanto, de reverenciar as negras baianas do candomblé nem de beijar todos os anos a mão de Coelho Neto, garantindo o seu próprio espaço de reconhecimento, contra todas as possibilidades de oposição: o mesmo Hilário Jovino foi convidado a figurar entre seus primeiros sócios, configurando um amplo arco de alianças que comprometia literatos, grã-finos, ogãs, mães de santo, o vigário do bairro e políticos de renome e poder — mas não eliminava suas diferenças.

Assim, toda a construção elaborada pela bibliografia que supõe uma "evolução" do Carnaval "popular" (muitas vezes associado apenas com os negros) em direção às escolas de samba, síntese nacional em que ainda hoje se esconderia a resistência da cultura popular, está calcada em um equívoco. Ela faz tábula rasa do amplo e diversificado universo que pretende abranger, no qual não consegue perceber mais que a tradição ou a "raiz" africana que iria se depurando no contato com influências mais elaboradas para criar uma forma homogênea de expressão cultural. Velhas matrizes interpretativas de uma "cultura brasileira" parecem reviver aí, e, como Coelho Neto, poderíamos evocar em sua defesa o combativo Romero, o doce e conservador Mello Moraes e ainda acrescentar Gilberto Freyre, que não era ainda uma celebridade quando o escritor clamava aos ranchos pelo nacionalismo cívico, no mesmo ano em que o modernista Mário de Andrade — que nos emprestou a epígrafe deste livro — tremia de frio nos seus preconceitos de paulista erudito ao ver a nação na folia da capital da República.

Podemos procurar suas pegadas em textos mais recentes, como, por exemplo, nas páginas de Cecília Meireles sobre as "artes populares", de 1952: para ela "arte nacional" e "arte popular" devem significar exatamente o mesmo, além de serem "homogêneas" — ainda que nem sempre (como no Brasil) os "povos" tenham logrado tal perfeição; seja como for, o Carnaval constitui a seu ver um momento privilegiado dessa expressão brasileira, junto com outros momentos de manifestação cultural coletiva: "O que somos, como povo, está, em síntese, no Carnaval e na Semana Santa".[127] Não precisamos prosseguir garimpando textos e autores que retomam essa ideia nas décadas seguintes: basta assinalar que se perdeu, pelo caminho, a dimensão histórica do Carnaval, o movimento incessante de seus atores em busca de espaço, legitimidade e expressão autônoma — elementos que fazem da festa lugar de expressão de múltiplas vontades, com várias direções e possibilidades de escolha.

À margem dessas leituras harmônicas da folia, consagradas pelos intérpretes da identidade nacional ou da cultura popular, produziu-se lentamente, ano após ano, uma festa assentada sobre tensões que estão longe de poder esgotar-se um dia em uma celebração unívoca e compartilhada sem restrições. Talvez seja difícil encontrar nos dias de hoje quem defenda sem mediações, à moda de

Coelho Neto, a vinculação entre festa e civismo. De qualquer forma, visto ainda como um ritual brasílico, o Carnaval parece às vezes capaz de nos envolver em um forte sentimento de homogeneidade, em nome do qual, mesmo hoje em dia, muitos se reconhecem diante da TV, nas imagens do país em rebolados no desfile do sambódromo carioca.

Antes de apertar a tecla off e apagar o brilho da telinha, entretanto, convém relembrar que nem sempre foi assim. Talvez tenha sido útil, afinal, acompanhar o lento processo de construção dessas imagens da folia. Será bom procedimento, daqui em diante, retomar a chave com a qual João do Rio tentava entender um Carnaval pontuado de sociedades venezianas que disputavam as ruas com ameaçadores cordões, ranchos de fina sonoridade, *mademoiselles* entrudeiras, atroadores zé-pereiras e inconvenientes máscaras avulsos. Vendo neles manifestações próprias de sua cidade e de seu tempo, o cronista afastava a ideia de que pudessem ser expressão de uma alma encantadora — mas unívoca — das ruas: "A gargalhada da rua faz-se de uma porção de risos [...] — a musa é policroma, reflete a população confusa e babélica tal qual ela é".[128]

Cinzas

Anos atrás, quando apenas iniciava este trabalho, fui surpreendida, perto da hora do jantar, por uma cena capaz de sugerir um expressivo retrato do país. Na principal rede de televisão, em "horário nobre", surgiram imagens (que, com o tempo, já vão perdendo a nitidez) de mais um "arrastão" nas praias cariocas. Uma enorme multidão corria para lados diferentes: os frequentadores habituais esbaforiam-se em uma onda que tomava o rumo do asfalto, carregando como podiam seus pertences. Ao mesmo tempo, crianças, adolescentes e jovens, vindos dos subúrbios e das favelas, desabalavam-se pelas areias em uma única direção, como um apressado formigueiro. Pareciam uma perigosa horda, no enquadramento à distância, justificando o pânico dos banhistas que interrompiam seu bronzeamento. Mas, quando a câmara se aproximou, viu-se que entoavam refrões de funk, dançavam e, acima de tudo, davam gargalhadas do pavor que despertavam. Diante do repórter, um garoto explicava que aquela não era uma ação destinada ao "ganho". Visavam a um objetivo bem diferente: tratava-se, na sua própria definição, de "arrepiar os bacanas".

Conseguiram, e muito. Chamada a polícia, vieram batalhões de choque e agentes civis de armas em punho. Alguns atiravam, tentando controlar aquelas ousadas galeras, que eram jogadas com violência de volta nos ônibus, expulsas das ruas próximas à orla. Elas devolviam a ira de que eram objeto com pedras, paus e tudo o que pudessem encontrar. Nesse momento já não riam nem dançavam, e pareciam tão ameaçadoras quanto se sentiam ameaçadas. Autoridades e membros da elite acusavam-se mutuamente por omissão ou incitamento. A juventude bronzeada da zona sul organizava, nas semanas seguintes, brigadas capitaneadas por faixas preta de jiu-jítsu para impedir o acesso dos indesejáveis à praia — e a festa das galeras transformou-se numa dura polêmica, em um temor paranoico compartilhado pela imprensa e pelos habitantes dos bairros nobres da cidade, dando margem, por algum tempo, a um clima de guerra no qual os garotos dos morros e subúrbios oscilavam entre a violência e a alegria, o medo e o fugaz sentimento de vitória.

Talvez os elos entre tais cenas e o tema deste livro possam aparecer para o leitor que me seguiu pelas ruas do Rio de Janeiro nos Carnavais da virada do século XIX. Ao estudar a folia na segunda metade do século XIX e primeiras décadas do XX, não pude deixar de associar aquilo que a telinha iluminara na minha sala, na hora do jantar, com o que lia na opacidade dos velhos jornais e manuscritos dos arquivos sobre um tempo em que se procuravam alternativas de incorporação da maioria dos brasileiros, egressos da escravidão, às regras de uma cidadania restrita, imposta com a abolição e a República. Aqueles meninos e jovens na TV, intuía eu, representavam uma espécie de ponto de chegada em um longo processo de exclusão que explode em nossos dias sob a forma de uma dramática guerra civil não declarada, na qual com frequência alarmante se tem chegado às vias de fato.

Algo análogo pode ser flagrado nas alegres contendas carnavalescas da *belle époque*, expressando-se então, como hoje, sob a forma do conflito, do preconceito, do medo diante das reações daqueles que viam seu espaço social constantemente reduzido ou negado e de uma permanente intolerância e incompreensão entre diferentes atores sociais. Mas também, apesar de tudo, sob a forma do diálogo (mesmo que aos berros), da intensa troca simbólica, da negociação de significados ou limites e da busca de espaço e aceitação. Como nos velhos Carnavais que andava visitando nos arquivos, o arrastão na praia era um episódio de múltiplos sentidos para seus diferentes participantes. Para os principais protagonistas, constituía com certeza uma forma festiva de afirmar insatisfação e manifestar tensões sociais, na qual quiseram arrepiar bacanas e, ao mesmo tempo, serem aceitos por eles. Eram interpretados pelos seus "outros" segundo diferentes registros, alguns deles não admitindo nenhum diálogo. Além disso, se pareciam formar uma maré unívoca, aqueles garotos das galeras mantinham também, entre si, desavenças irreconciliáveis[1] — ao mesmo tempo que guerreavam juntos nas ruas contra policiais uniformizados que poderiam ser seus pais e irmãos. Faziam ali algo muito semelhante aos protagonistas de Carnavais do passado, bem antes que fossem confinados ao espaço oficial dos sambódromos ou avalizados com a chancela de legítimos representantes da "alma brasileira" ou da cultura popular com que foram brindados nas décadas de 1920 e 1930.

A diferença principal, se pudermos abstrair as outras marcas do tempo, é a de que funkeiros de subúrbio e dos morros não foram guindados à condição de ícones das concepções políticas e intelectuais que efetuaram a fusão dos conceitos de nacional e de popular (e que ainda predominam nas interpretações entronizadas pelas ciências sociais e pela maior parte das políticas culturais no Brasil). Por isso, nunca foram olhados de modo condescendente por bacanas em busca de uma identidade para o país, como aconteceu com a maciça presença negra nos Carnavais do início do século XX. A impressionante longevidade dessa concepção, capaz de — ainda que sob palavras diferentes — atravessar mais de cinquenta anos na boca de intelectuais, na mídia ou nas bandeiras políticas à direita e à esquerda, apareceu com clareza nas comemorações do quinto centenário do descobrimento, nesse previsível ano 2000. Exibindo um aparato simbólico facilmente reconhecível em seus elementos — entre os quais o samba e o Carnaval aparecem com destaque —, as comemorações oficiais deixaram expostas suas claves relacionadas de imediato à dominação e ao poder. É fácil identificar aí o quanto essa concepção de cultura (e uma leitura derivada da história cultural) tem a ver com o antigo esforço de ocultamento daquela que talvez seja a mais original marca da "brasilidade": a ausência de direitos, a fragilidade da cidadania, a desigualdade radical encoberta por um incorrigível populismo nacionalista que insiste em reaparecer ao longo dos anos.

Não que essa ideia, crucial também para grande parte da própria produção historiográfica e das ciências sociais brasileiras, tenha sido poupada de críticas ou revisões pela bibliografia especializada.[2] Uma parte da questão é que ela foi abordada quase exclusivamente pelo seu ângulo "sério", isto é, em suas dimensões mais ideológicas e políticas (no sentido das práticas de dominação em espaços institucionais ou da história intelectual). Se foi instrumento efetivo de montagem de uma engrenagem de poder consolidada desde o Estado Novo, cabe lembrar que sua efetuação histórica relacionou-se sobretudo com os espaços simbólicos, em especial aqueles mais prazerosos da carnavalização, da música, da habilidade com a bola, nos estereótipos com os quais se construiu uma figuração da pátria mestiça em celebrações capazes de elidir os conflitos e fundamentar a solidariedade interna. Em outros termos, se as implicações dessa concepção sobre o movimento sindical, o pensamento político ou as formas de atuação e organização do Estado foram bem estudadas, quando se trata da festa, do lazer e da imagética do "povo" e da "cultura" nacional seus pressupostos foram poucas vezes questionados com a mesma disposição.

A pergunta que retorna é por que os historiadores brasileiros têm se recusado a fazer do Carnaval — cuja pertinência é mais que óbvia para esse debate — um objeto de investigação sistemática, para a qual recorram ao imenso conjunto de fontes existentes com a mesma disposição de crítica e reflexão que têm demonstrado a respeito de outros aspectos. Ademais, cabe relembrar que a folia tornou-se um tema clássico da história social e cultural, dando margem a uma relativamente extensa e bem conhecida produção internacional,[3] não acompanhada por estudos locais no "país do Carnaval". Talvez parte da resposta esteja em que a força do símbolo perdure quase indiscutível por aqui, nos acostumando a julgar que a folia, que está no "sangue", dispensa o esforço de reflexão. A maior parte das análises sobre a história do Carnaval no Brasil é proveniente de áreas das ciências humanas como a antropologia ou a sociologia,[4] mais preocupadas com aspectos atuais do fenômeno (em suas dimensões de massificação, organização interna e um discurso simbólico calcado no presente).

No caso da história, o vazio é ainda mais acentuado.[5] Há talvez, entre historiadores, uma tendência a vê-lo como um tema menor, relegado aos interessados em curiosidades ou aos arqueólogos de práticas mortas pelo desuso e que, em todo caso, já teriam sido desvendadas por alguns trabalhos "clássicos" de memorialistas carnavalescos.[6] Esses últimos, sem desmerecer seu real interesse, constituem ainda as principais (às vezes exclusivas) fontes de informação sobre a história do Carnaval para intérpretes contemporâneos, que muitas vezes se julgam dispensados de realizar qualquer pesquisa original. Em grande parte, e por estranho que pareça, pode-se falar hoje de uma memória sobre o Carnaval cristalizada em alguns livros que servem como fonte de informações sempre requentadas, poucas vezes contestadas — mas necessitadas de uma urgente revisão. Para enfrentar as dificuldades decorrentes de tal equívoco, este livro precisou, por vezes, assumir um caráter acentuadamente descritivo. Esta foi uma escolha ditada pela necessidade de contraposição de evidências àquilo que, de tão repetido, acabou sendo tomado como dado. Podem-se mencionar aqui vários exemplos, discutidos ao longo dos capítulos: a identidade "portuguesa" dos zé-pereiras, a oposição radical entre ranchos e cordões, a caracterização do entrudo como um jogo "bruto" e sem regras, entre outros cânones construídos pelos cronistas de época e tomados (e ecoados) como meras descrições por autores que lhes seguiram os passos.

Mais que tudo, uma certa forma de periodizar foi buscada na crônica jornalística coeva por memorialistas transformados em referência exclusiva e não contestada para estudiosos do tema. A bibliografia não acadêmica e profundamente nacionalista que construiu essa "memória" diletante e tendenciosa tomou-a como dado, esquecendo que tais cronistas estavam imersos nos conflitos com as muitas "galeras" carnavalescas daquele tempo. Sua visão carregava uma avaliação política sobre aquilo que viam, seus desejos e projeções, preconceitos e preferências. Por isso não vacilaram em considerar os préstitos das sociedades carnavalescas superiores ao entrudo (sempre adjetivado como bárbaro, primitivo ou imundo), atribuindo temporalidades diferentes a formas de brincar que eram simultâneas nas ruas; ainda por isso, etiquetavam os grupos de trabalhadores pobres que buscavam seu espaço na brincadeira como perigosos cordões africanos de capoeiras e vagabundos; primitivos, eles teriam antecedido outras formas mais evoluídas da presença "popular" na folia — como ranchos e depois escolas de samba, cujo caráter positivo e domesticado foi celebrado por intelectuais na década de 1920 e pelo regime de Vargas, que, enfim, as teria absorvido e abençoado como um sinal dos novos tempos. Enfileiradas assim na trilha ascendente do progresso, as formas do Carnaval perderam muito de sua historicidade, cristalizando uma memória calcada na suposição de que tal história se desenvolveu em etapas sucessivas, em que o entrudo teria sido substituído pelas Grandes Sociedades, que depois deram seu lugar aos bárbaros cordões e aos populares ranchos, dos quais se originariam, na década de 1930, as definitivas escolas de samba, expressões da alma ou da identidade brasileiras lentamente sedimentadas nas décadas que se seguiram à abolição e à República.[7]

Quase intocada em seus pressupostos, precedida de sinais positivos ou negativos, a ideia de uma cultura "nacional-popular" permanece, dessa forma, moldando as interpretações em pelo menos três direções que, por vezes, convivem pacificamente na pequena literatura brasileira sobre o tema. A primeira delas é o apego (ainda decorrente de velhos postulados, mesmo quando camuflados pela sofisticação acadêmica) à ideia de uma identidade nacional unívoca e homogênea, uma "cultura" dotada de uma sólida harmonia, resultante da mistura de influências e tradições e capaz de emergir sob a forma da *comunitas* em momentos ritualizados em que a nação se autorrepresenta.[8] Uma segunda ideia que tem se adensado na produção mais recente é a de que essa "mistura" foi obra de geniais mediadores culturais capazes de consolidar sínteses originais do país, resultantes dessa criativa fusão em que as diferenças podem assumir a forma do único.[9] Por fim, como corolário da ideia de que uma "cultura nacional" só pode ser encontrada em seu substrato "popular", persiste a perspectiva que vê nela sobretudo um veículo de resistência dos dominados em face das imposições (também unívocas) das elites brancas e europeizadas, em uma interpretação binária e redutora, embora sempre bem-intencionada.[10]

Não é difícil perceber que no fundo dessas interpretações repousa intocada uma visão essencialista de cultura. Ao colocá-la no centro da análise, incorporando práticas carnavalescas das ruas ao arsenal simbólico da nação, intelectuais e dirigentes políticos atribuíram-lhe um sentido muitas vezes exterior às suas próprias intenções. Cristalizou-se assim uma imagem que, mesmo positivada, no caso do Carnaval, é hierarquizada e pouco atenta às diferenças e às tensões do seu próprio movimento de constituição. Os "populares" revelam-se aí como cidadãos de segunda classe — sejam eles antigos representantes da malemolência mestiça e da irreverência típica dos brasileiros, ou da violência inerente a garotos pobres dos arrastões. Se a ausência de cidadania e a fragilidade da democracia brasileira foram buscadas pela historiografia em mecanismos como o atrelamento sindical ao modelo corporativista ou a leituras restritivas da noção de representação, deve-se também persegui-la nos fenômenos que nos habituamos a relegar ao território designado como "cultura", pouco frequentado por historiadores aventureiros. Para fazê-lo, entretanto, é indispensável abandonar qualquer forma de simetria entre esse conceito[11] e uma visão toscamente bipolar das classes sociais (da qual resulta o apego à ideia da cultura popular em oposição à dos dominantes), ou entre a história da cultura e a história política (que faz com que a primeira se construa como um mero "reflexo" da segunda). O termo *popular*, com seu limitado potencial descritivo e seu amplo poder de homogeneização das diferenças, foi, por isso, evitado na medida do possível nessa interpretação.

Se a bibliografia brasileira apresenta os limites apontados, nem sempre as sugestões da vasta e densa historiografia sobre cultura popular que se produziu no hemisfério norte oferecem caminhos mais seguros. A literatura especializada está cheia de oportunidades sedutoras para a análise, cujo uso tem resultado em novos equívocos que convém relembrar ao final deste passeio pelas ruas da velha cidade foliona. Refiro-me aqui particularmente aos desdobramentos da história das mentalidades e suas possibilidades na interpretação de eventos desse tipo — centrais para a chamada história cultural — como fenômenos dotados de uma temporalidade longa e uma dose considerável de universalidade, naquilo que Ginzburg designou como os seus "elementos inertes, obscuros e inconscientes".[12] Capazes de produzir ou exprimir a identidade profunda das sociedades, tais ocasiões são ao mesmo tempo traduzidas como uma longa trilha por onde caminha uma tradição festiva quase imemorial, própria das sociedades humanas em qualquer tempo e lugar. O Carnaval adquire, por esse viés, uma aura de transcendência: deixa de ser humildemente histórico e particular, para transformar-se em meio privilegiado pelo qual as sociedades, em qualquer tempo ou lugar, realizam rituais de inversão, deixam fluir suas tensões, reafirmam suas normas e exibem sua identidade coletiva.

Talvez, a estas alturas, possamos olhar com mais tolerância a hesitação dos historiadores patrícios. O Carnaval é um desses temas que trazem impasses teóricos centrais para nossa disciplina: faz repensar assertivas pouco questionadas sobre tradições ou semelhanças morfológicas e sobre o modo como se tece o fio do tempo; questiona a crença nas qualidades particulares, inerentes a cada sociedade, que via de regra entregamos aos cuidados de folcloristas destituídos, aos nossos olhos, de autoridade acadêmica. Força-nos, por isso, a testar o grau e os limites do consenso que, dentro dessa perspectiva, daria homogeneidade à "cultura". Indo além da esfera estrita da nossa disciplina, ele nos obriga também a uma tomada de posição em torno de problemas politicamente complexos e minados por ideologias de esquerda e de direita — como os que cercam as noções de cultura popular, negra ou afro-brasileira, as fronteiras da identidade nacional. Obriga-nos a identificar de que maneira se estabelecem as relações entre classes e grupos sociais em um plano muito mais simbólico e cotidiano do que estamos habituados, estendendo ao infinito as fronteiras do político. Enfim, implica decidir se queremos fazer da festa a reiteração do sabido — rituais de inversão e válvulas de escape — ou arriscar uma interpretação capaz de lidar com a indeterminação e mais preocupada em estabelecer os nexos entre as diversas práticas carnavalescas e seus significados para os vários protagonistas, presentes em embates que tiveram dia, hora e lugar. O risco a correr é grande. Mas, se prevalecer a prudência, é melhor deixar que os memorialistas carnavalescos de sempre permaneçam com a palavra final e o eco substitua o debate.

Mas, por outro lado, várias alternativas interpretativas podem ajudar a desfazer os nós, iluminando questões, procedimentos e ferramentas para a análise desse tipo de temática. Alguns autores ligados à melhor tradição da história social,[13] analisando manifestações que mantêm uma clara analogia formal com os Carnavais, como os charivaris, sugeriram uma rica leitura dessas ocasiões como formas de teatralização e realização coletiva (e datada) de conflitos ou tensões sociais. Há que observar que a análise de uma cultura cortada por tradições tão díspares — como a que supõe uma cidade de luxuriantes préstitos europeizados, que se opõe a uma outra, onde as "raízes" africanas germinam a identidade popular — tem deixado de lado um elemento fundamental para a sua compreensão. Na segunda metade do século XIX, fenômenos culturais já não podem ser tomados fora do contexto de um sensível processo de massificação, capaz de acelerar e potencializar a troca de referências realizada pelos circuitos habituais. Refiro-me ao teatro de revista, ao desenvolvimento técnico da imprensa e sua diversificação — para comportar jornais destinados a segmentos e temas específicos, o que incluía a divulgação de modinhas e lundus, a intensa venda de partituras, além do trânsito rápido entre aquilo que vinha "de fora" e o que era "coisa nossa". Isso inclui o teatro ligeiro, a ópera acompanhada das torrinhas do Municipal, o moderno cinematógrafo e até o surgimento de uma indústria fonográfica.

Mesmo levando em conta que Carnavais brasileiros do período analisado são bem mais complexos que charivaris, cuja função pode ser delimitada com mais facilidade no contexto das sociedades europeias da Idade Moderna, tal perspectiva permanece mais que sugestiva para os objetivos deste livro. Para historiadores brasileiros, além disso, ela ajuda a abrir mão dos fortes conteúdos afetivos que costumam cercar esses três dias de folia, como lembrou sabiamente Maria Isaura Pereira de Queiroz:[14] além de guardarem a "nossa" identidade e fazerem parte da autoestima nacional, essas festas são muitas vezes olhadas com uma forte nostalgia, que nos faz gostar de considerá-las ocasiões especiais de liberdade e extravasamento pessoal para além dos limites cotidianos. Se isso ajuda a justificar nossos próprios excessos (boas lembranças à parte), não deve nos dispensar de fazer perguntas semelhantes em face do Carnaval brasileiro.

Refletir sobre alguns desses aspectos relacionados à folia, como espero ter mostrado, nos faz vislumbrar nela bem mais que um curioso rol de práticas com as quais nossos avós e bisavós se divertiam de modo análogo ao que podemos fazer hoje.[15] Talvez por esse caminho, acompanhando o próprio engendramento histórico das práticas e das formas de pensar sobre elas, possamos redimensionar ou relativizar perspectivas que parecem quase naturais — como as de um *éthos* brasileiro maior que as diferenças e as desigualdades, a de uma síntese cultural realizada no Carnaval e no samba como misturinha harmônica de diferenças empreendida por mediadores letrados e populares ou a da festejada vitória do autêntico Carnaval "popular" e sua inquebrantável resistência à ordem dominante, que reitera nossas (vãs?) esperanças no futuro.

Por fim, os ecos da folia — imagem de algo que se repete na linha do tempo — tornam possível brincar com as trilhas infindáveis da tradição e praticar mergulhos morfológicos de várias profundidades: ver como a dança de velhos parece ressuscitar no passista da Mangueira, como porta-bandeira e mestre-sala reproduzem as práticas de antigos ranchos em seus desfiles, como o zé-pereira juntou-se ao batuque dos terreiros para formar a bateria da Padre Miguel, como as pastorinhas ou saloias viraram a ala das baianas. Pelo mesmo caminho, não seria difícil adivinhar afinidades entre cordões que brigavam nas ruas, exibindo suas navalhas em correrias e assuadas em plena rua do Ouvidor, e as galeras contemporâneas, cuja lembrança abriu este curto epílogo. Diante dessa tentação — que levou tantos ao purgatório —, julguei mais pertinente enfatizar que, apesar de suas semelhanças e às vezes evidente filiação, os nexos entre essas formas já estão quase perdidos para seus praticantes. Em outras palavras, concluo que não há outra saída: significados pertencem a seus respectivos tempos e sujeitos, e só podem ser buscados na história.

Por isso, não se trata aqui se supor que aqueles garotos dos morros e subúrbios cariocas que se exibiam nas praias possam figurar como herdeiros em um longo fio que os ligaria a velhos cordões e rebeldes foliões zé-pereiras. Entre as causas vitoriosas das tradições "legítimas" e do nacional-populismo e aquela, perdida de antemão, das galeras expulsas das praias, fico decididamente com a última — ainda que anteveja o mau resultado dessa aposta. Seja como for, visitar aquele outro tempo, em que antigas tribos tiveram de lutar e negociar pelo seu direito de fazer festa, nos ajuda a pensar sobre aquilo que vemos hoje, na ensolarada orla carioca ou no Carnaval triunfante do sambódromo, cujos melhores ingressos precisam ser disputados com turistas deslumbrados, celebridades ávidas por exposição na mídia ou políticos em busca de popularidade.

Esse e outros usos unívocos do Carnaval, no entanto, podem ser contrabalançados pelo *close* (rápido) da TV no ritmista negro, cuja mão sangra no empenho decidido com que marca o andamento do samba sobre o couro esticado que leva as cores da sua escola. Ele pode parecer pitoresco ao turista ou à classe média distraída em seus sofás com outras possibilidades emocionantes de *zoom* (longos) que enfatizam, sobretudo, simbologias erótico-nacionalistas de anatomia bastante conhecida. Mas há ali, naquela paixão, algo que diz respeito à história — à do ritmista, a de todos que nos deixamos emocionar com ela — e que é preciso decodificar em um modo diferente do habitual. É de um estranhamento que falo, por mais familiar que possa soar o bumbo na avenida. Por isso, ao finalizar este trabalho — na contrição das Cinzas — quis lembrar que no Carnaval, como na dura vida comum, as câmaras excluem (mesmo quando mostram) moleques ousados exibindo-se fora do lugar próprio, de modo a manter intacta a mística da celebração brasileira.

Antes que se transformasse em um atrativo turístico e em símbolo oficial da nacionalidade, o Carnaval foi o principal meio de expressão de uma sociedade dilacerada por feridas que se revelaram difíceis de cicatrizar. Parece reconfortante que, naqueles anos, tenha expressado sua dor por meio do riso e da zombaria.

Hoje, duvido que isso fosse possível.

Notas

INTRODUÇÃO (pp. 13-9)

1. *Careta*, 2 de fevereiro de 1918.

2. Outros modernistas recorreram também ao Carnaval como uma figuração da identidade brasileira. Oswald de Andrade, por exemplo, no "Manifesto da poesia pau-brasil" (1924) refere-se aos "cordões de Botafogo" com esse sentido, reiterado anos mais tarde no "Manifesto antropofágico" (1928): "[...] Nunca fomos catequizados. Fizemos foi Carnaval [...]".

3. João de Barro (Braguinha), "Onde o céu é mais azul", 1940.

4. *Jornal do Brasil*, sábado, 4 de março de 2000.

1. VOCÊ ME CONHECE? (pp. 21-86)

1. *Gazeta de Notícias*, 19 de fevereiro de 1889.

2. M. Lamberg, *O Brazil*. Rio de Janeiro, Editor Lombaerts, 1896, pp. 66-7. Trata-se da edição em português do relato de viagem realizada no final da década de 1880. Note-se que esta passagem refere-se a Recife, e não ao Rio de Janeiro — mas seus elementos, como as sociedades carnavalescas, os mascarados, as famílias ricas nas sacadas, os limões de cheiro, os préstitos "à moda africana" etc., são constantes em diversas capitais brasileiras e, sobretudo, no Carnaval da Corte desse período. Utilizei-a aqui por sua capacidade de síntese, que o torna mais adequado à narrativa. Para confirmar sua semelhança notável com outras descrições de viajantes do período que estiveram no Carnaval do Rio de Janeiro, ver Frank Vincent, *Around and about South America*. Nova York, K. Appleton, 1890 (1ª ed.: 1885); Christopher Columbus Andrews, *Brazil, its*

conditions and prospects. Nova York, D. Appleton and Co., 1887 — entre outros. Para a análise do Carnaval de rua em cidades pouco associadas a ele, ver Alexandre Lazzari, " 'Certas coisas não são para que o povo as faça.' Carnaval em Porto Alegre, 1870-1915". Dissertação de mestrado em história social. IFCH-Unicamp, 1998 (mimeo.) e Olga de Moraes von Simson, "A burguesia se diverte no reinado de Momo". Dissertação de mestrado. FFLCH-USP, 1984 (mimeo.).

3. Sobre o Carnaval de Veneza, ver Peter Burke, *Historical anthropology of early modern Europe*. Cambridge University Press, 1987, cap. 13.

4. A periodização que separa radicalmente "entrudo" e "Carnaval" tem sido uma constante da bibliografia brasileira sobre o tema. Ver, por exemplo, Eneida de Moraes, *História do Carnaval carioca*. Rio de Janeiro, Record, 1987, e Jota Efegê, *Figuras e coisas do Carnaval carioca*. Rio de Janeiro, Funarte, 1982, entre as obras de memorialistas ou carnavalescos. Entre os trabalhos acadêmicos, destaca-se o livro de Maria Isaura Pereira de Queiroz, *Carnaval brasileiro, o vivido e o mito*. São Paulo, Brasiliense, 1992.

5. Trata-se do Congresso das Sumidades Carnavalescas, surgido em 1855. Em seu primeiro desfile, seus integrantes distribuíram nas ruas um "decreto carnavalesco" cuja principal medida era justamente a "abolição" das brincadeiras de rua tradicionais. Cf. "Carnaval do Rio de Janeiro". *Jornal da Bahia*, 1º de março de 1855.

6. Ver, por exemplo, a referência em Joaquim Manuel de Macedo, *As mulheres de mantilha*. Rio de Janeiro, Secretaria Municipal de Cultura/Departamento Geral de Documentação e Informação Cultural (DGDIC), 1988 (1ª ed.: 1871), romance ambientado em 1769 e fortemente amparado em depoimentos de velhos. O autor relata a abertura do entrudo daquele ano com o aparecimento de pasquins injuriosos afixados nos principais edifícios públicos, contra o vice-rei conde da Cunha (pp. 72-3). Aliás, a tradição satírica é marcante na história cultural brasileira, desde o período colonial. Sobre isso ver João Hansen, *A sátira e o engenho*. São Paulo, Companhia das Letras, 1990. Sobre Macedo e especificamente esse romance e seu significado na obra do autor, ver Tania R. Costa Serra, *Joaquim Manoel de Macedo ou Os dois Macedos. A luneta mágica do II reinado*. Rio de Janeiro, Fundação Biblioteca Nacional, 1994, em especial pp. 165-72.

7. *Gazeta de Notícias*, 9 de fevereiro de 1891. Ver também, para mencionar exemplos mais antigos, crônica de José de Alencar da década de 1850, escrita em uma quarta-feira de Cinzas: "Agora que as máscaras caíram, que desapareceu o disfarce, os amigos se encontraram [...] e riram-se dos dissabores que causaram mutuamente uns aos outros". In *Ao correr da pena*. 4ª ed. São Paulo, Melhoramentos, s. d., p. 156. Ver também Luiz Edmundo, *O Rio de Janeiro do meu tempo*. Rio de Janeiro, Xenon, 1987, pp. 298-9.

8. *Gazeta de Notícias*, 11 de fevereiro de 1891.

9. Note-se que o período coincide com a rápida mudança na própria imprensa, que a partir de meados da década de 1870 transformava-se, adotando padrões mais modernos, buscando um público leitor ampliado, multiplicando suas pautas e interesses e assumindo claramente um papel "civilizatório". Fundamental nesse processo é o surgimento da *Gazeta de Notícias*, que rapidamente se torna o mais importante diário da cidade e cujo padrão é seguido pelos outros jornais. Em parte, esta é a razão pela qual esse jornal ocupa posição de destaque entre as fontes para o estudo do Carnaval. Cf. Leonardo Affonso de Miranda Pereira, *O Carnaval das letras*. Rio de Janeiro, Secretaria Municipal de Cultura, 1994, pp. 12-5.

10. Rialto, "Entrelinhas", *Gazeta de Notícias*, 8 de março de 1886 (coluna dedicada ao comentário dos demais órgãos da imprensa carioca).

11. Ver, por exemplo, a *Gazeta de Notícias* de 17 de fevereiro de 1890 (em que comentário desse teor é atribuído a um "literato bastante conhecido") e de 18 de fevereiro de 1896, assim como *A Bruxa*, de 5 de março de 1897, entre outros.

12. 15 de fevereiro de 1885.

13. Ver, por exemplo, a coluna "Entrelinhas", da *Gazeta de Notícias* de 14 de fevereiro de 1888: "Aumentou ontem em mais de 50% o número de mascarados avulsos [...]; mas às janelas das casas, muito diminui a tira multicor dos chapéus de senhoras".

14. Luiz Edmundo, op. cit., p. 796.

15. *Gazeta de Notícias*, 2 de março de 1889.

16. Sobre charivaris ver E. P. Thompson, "Rough music: le charivari anglais". *Annales*, 27, nº 2 (março-abril de 1972), pp. 285-312 — publicado em português sob o título "Rough music", in E. P. Thompson, *Costumes em comum. Estudos sobre a cultura popular tradicional*. São Paulo, Companhia das Letras, 1998, pp. 353-405; ver também "Rough music reconsidered". *Folklore*, vol. 103, 1992, pp. 3-26, e "Rough music", in *Costumes em comum. Estudos sobre a cultura popular tradicional*, op. cit., pp. 353-405; Natalie Zemon-Davis, "Razões do desgoverno", in *Culturas do povo*. Rio de Janeiro, Paz e Terra, 1990, pp. 87-106. Ver ainda Jacques Le Goff & Jean-Claude Schmitt (orgs.), *Le charivari*. Paris, École des Hautes Études en Sciences Sociales/Mouton Éditeur, 1981 — que inclui também artigos dos autores acima mencionados.

17. Cf. *Gazeta de Notícias*, 25 de fevereiro de 1884. Para exemplo de outros incidentes, ver o mesmo jornal em 21 de fevereiro de 1882, 19 de fevereiro de 1885, 13 de fevereiro de 1888, 15 de fevereiro de 1888, entre outros. Note-se no exemplo um detalhe importante: o Carnaval não era propriamente um feriado no período, mas um tempo de elevado e subversivo absenteísmo.

18. Ver, por exemplo, episódios relatados por Luiz Edmundo, op. cit., pp. 795-6, envolvendo a denúncia de "traições" conjugais, falsas e verdadeiras. Descrevendo o entrudo português em 1899, o folclorista Ladislau Piçarra, em artigo publicado na revista *A Tradição. Revista Mensal d'Ethnographia Portugueza* (ano 1, nº 2, Lisboa, 1899, p. 1), menciona que esses dias eram anunciados por meio de letreiros e toscos desenhos obscenos feitos nas paredes por grupos de rapazes. Seu conteúdo, qualificado como "torpe" e "indecoroso", costumava girar em torno de "alusões à vida íntima das famílias". Para questões análogas na França do século XVIII, ver David Garrioch, "Insultos verbais na Paris do século XVIII", in Peter Burke & Roy Porter (orgs.), *História social da linguagem*. São Paulo, Unesp/Cambridge University Press, 1997, pp. 121-40.

19. Cf. *Gazeta de Notícias*, 2 de março de 1897.

20. *Gazeta de Notícias*, 7 de fevereiro de 1883. Segundo Luiz Edmundo, op. cit., p. 298, a polícia termina por proibir o uso dos porta-vozes, porque tal artefato transformava-se facilmente em "tacape".

21. *Gazeta de Notícias*, 16 de fevereiro de 1888. A imagem perigosa é construída também por outro tipo de texto publicado nos jornais. Esse mesmo diário, no dia 11 de fevereiro de 1888, publicava, por exemplo, a seguinte carta de leitor anônimo: "Pedem-se [sic] ao sr. dr. chefe de polícia [...] providências para um indivíduo de nome Sant'Anna, que [...] foi preso por ter dado uma facada num indivíduo de cor preta, saindo solto no dia 8 do mesmo e que jurou de no dia de Carnaval fantasiar-se para se vingar no mesmo rapaz. [...] (a) Um que presenciou".

22. "Coisas do dia", 9 de fevereiro de 1891.

23. Olavo Bilac, "Carnaval", in *Ironia e piedade*. Rio de Janeiro, Livraria Francisco Alves, 1916, pp. 119-20 (publicada originalmente na *Gazeta de Notícias*). Agradeço a Ana Carolina Feracin, doutoranda em história na Unicamp, pela indicação.

24. Cristiana Schettini Pereira, "Um gênero alegre. Imprensa e pornografia no Rio de Janeiro (1898-1916)". Dissertação de mestrado em história. Campinas, IFCH-Unicamp, 1997.

25. "Revista carnavalesca", *Gazeta de Notícias*, 9 de fevereiro de 1893.

26. Ver anúncios de aluguel de fantasias finas, abundantes em toda a imprensa na década de 1880 e nas posteriores. Para exemplo de formas mais recentes, ver anúncios publicados na imprensa do período — como o da Casa Colombo, que pode ser encontrado em *O Malho*, nº 384, 22 de janeiro de 1910, que apregoa a venda de fantasias de "Mme. et Monsieur, Polichinelle, Incroyable, Muscadin, Clown, Aiglon, Arlequin, Pierrot, Folie, Triboulet, Gitane, Danseur, Mephisto, Marquise etc.", evidentemente apenas acessíveis a poucos bolsos... Ver também notícias, como a publicada no *Jornal do Brasil* de 12 de fevereiro de 1892, sobre baile carnavalesco no Club dos Fenianos, em que fantasias e máscaras são descritas em outro diapasão: seu charme, sua beleza e sua sedução não apresentam nenhum sinal do perigo dos mascarados das ruas. Edigar de Alencar, em *O Carnaval carioca através da música* (Rio de Janeiro, Francisco Alves, 2 vols., 1985, p. 56, vol. 1), menciona anúncios de casas comerciais da rua do Ouvidor que apregoavam, no *Jornal do Commercio* de 7 de fevereiro de 1835, máscaras importadas como "ursin da França, máscaras com expressões jocosas e sérias, narizes de papagaio [...] peitos de senhoras para homens". O mesmo autor transcreve ainda, na p. 58, anúncio da conhecida Casa Cotia, de 1898, com os preços de máscaras e fantasias — inacessíveis aos pobres.

27. Escragnolle Dória, "Evohé". *Revista da Semana,* 26 de fevereiro de 1927. Ver ainda, sobre os dominós, Jota Efegê, op. cit., p. 113.

28. *O Paiz*, 7 de janeiro de 1891. A imprensa carioca está repleta de textos semelhantes, durante todo o período. Um bom exemplo da mundanidade que cerca o assunto pode ser verificado, por exemplo, no número da *Revista da Semana* publicado em 13 de fevereiro de 1915: além das seções "Noticiário elegante" e "Momento elegante", há ainda o conto "Máscaras (um conto de Carnaval)", de Raul de Souza, cujo tom não deixa dúvidas: "De repente entra, sozinha, uma linda máscara. É alta e elegante. Veste riquíssima *toilette* de apurado gosto, à Maria Antonietta". A associação do grau de "civilização" das brincadeiras carnavalescas com a elegância das fantasias pode ser constatada seguidamente nas páginas da imprensa carioca, sobretudo no início do século XX. A *Gazeta de Notícias* de 13 de janeiro de 1908, por exemplo, estabelece uma clara dissociação entre o moderno e o antigo: "Hoje, as fantasias preferidas pelos máscaras são fantasias graciosas e elegantes que dão um aspecto de cinematografia cambiante e multicolor; as fantasias grosseiras e extravagantes vão desaparecendo...". Daí a profusão de caricaturas (ver exemplos no caderno de ilustrações) que retratam os políticos da República como dominós, princeses, diabinhos, morcegos etc.

29. Ver, por exemplo, o relato de Luiz Edmundo, op. cit., p. 296; a crônica de "G. M." (Garcia Margiollo) na *Careta* de 11 de março de 1922; ou *Fon-Fon*, de 4 de fevereiro de 1910: personagens do mundo das letras e do jornalismo, como Raul Pederneiras, Calixto, Luís Peixoto, o próprio Luiz Edmundo, Elysio de Carvalho e outros aparecem envergando ricas fantasias de

dominós, Mefistófeles e máscaras de seda — ou mesmo travestindo-se de baianas, durante os Carnavais.

30. Cf. Escragnolle Dória, op. cit. Ver também a descrição publicada no *Jornal do Brasil* de 12 de fevereiro de 1893, um bom exemplo da irritação provocada em determinados segmentos da cultura letrada pelas fantasias tradicionais do Carnaval carioca. Sobre a tradição da fantasia de doutor-da-mula-ruça em Portugal, ver Souza Viterbo, "O doutor Mula Ruça". *A Tradição. Revista Mensal d'Ethnographia Portugueza*. Lisboa, 1900, p. 2. O uso dessa fantasia é amplamente comentado pela imprensa. Ver, por exemplo, o *Diário de Notícias* de 14 de fevereiro de 1893, no qual o cronista Gil, na coluna "Linhas de baixo", revela sua irritação com a persistência da brincadeira, desqualificando os portadores da máscara: tratar-se-ia, para ele, de "um pleonasmo". A *Gazeta de Notícias* de 1º de março de 1897 noticia a prisão de um folião que envergava a máscara de mula-ruça secundada por um letreiro: dr. Forte. A autoridade policial considerou que ele contrariava a proibição de alusões diretas e pessoais, o que mostra o quanto o hábito fazia parte do arsenal comum do Carnaval de rua.

31. Cf. Luiz Edmundo, op. cit., pp. 296-8.

32. J. J. de França Júnior, *Política e costumes. Folhetins esquecidos (1867-1868)*. Rio de Janeiro, Civilização Brasileira, 1957, pp. 177-8.

33. Para um exemplo atual dessa perspectiva, ver Daniel Fabre, *Carnaval ou la fête à l'envers*. Paris, Gallimard, 1992.

34. Ver, por exemplo, *Gazeta de Notícias*, 22 de fevereiro de 1887. Para maiores referências ao Príncipe Obá, ver Eduardo Silva, *Dom Obá II d'África, o príncipe do povo. Vida, tempo e pensamento de um homem livre de cor*. São Paulo, Companhia das Letras, 1997.

35. Cf. *Diário de Notícias*, 4 de março de 1889. São comuns até o final dessa década as máscaras "de políticos" e fantasias alusivas a algumas dessas personagens públicas, proibidas posteriormente, no período republicano: uma das indicações de que a tolerância, a partir da República, foi bem menor com relação às brincadeiras carnavalescas.

36. Cf. *Gazeta de Notícias*, 1º de março de 1897.

37. França Júnior, op. cit., p. 177.

38. Velhos eram personagens das Festas do Divino e outras ocasiões do calendário festivo carioca. Cf. Martha Campos Abreu, "O império do divino. Festas religiosas e cultura popular no Rio de Janeiro. 1830-1900". Tese de doutorado em história. Campinas, IFCH-Unicamp, 1996, pp. 180-92 (publicada em livro com o mesmo título, Rio de Janeiro, Editora Nova Fronteira, 1999).

39. Luiz Edmundo, op. cit., p. 297. Ver também Luís da Câmara Cascudo, *Dicionário do folclore brasileiro*. Belo Horizonte/São Paulo, Itatiaia/Edusp, 1988, p. 787.

40. Ver, por exemplo, o *Diário do Rio de Janeiro* de 11 de fevereiro de 1877: "Fugi de alguns máscaras perversos que costumam fazer diabruras nestes dias". Esse trecho é citado também por Flora Sussekind, *As revistas de ano e a invenção do Rio de Janeiro*. Rio de Janeiro, Nova Fronteira, 1986, p. 179.

41. "Ocorrências de rua", *Gazeta de Notícias*, 7 de fevereiro de 1883.

42. Ver, por exemplo, a *Gazeta de Notícias* dos dias 23 de janeiro, 7 e 8 de fevereiro de 1883, 16 e 19 de fevereiro de 1885, 10 e 12 de março de 1886, 20 de fevereiro de 1887, 13, 15 e 16 de fevereiro de 1888; *O Paiz* de 21 de fevereiro de 1887 e *Jornal do Commercio* de 22 de fevereiro de 1887

noticiam com detalhes conflitos na terça-feira de Carnaval na rua Espírito Santo, no distrito de São José, no largo da Carioca e na Cidade Nova, envolvendo diabinhos, pernadas e navalhadas.

43. Sobre os capoeiras, ver Carlos Eugênio Líbano Soares, *A negregada instituição*. Rio de Janeiro, Secretaria Municipal de Cultura, 1994.

44. "Ocorrências de rua", *Gazeta de Notícias*, 7 de fevereiro de 1883.

45. Cf. Carlos Eugênio Líbano Soares, op. cit.

46. Ver, por exemplo, a *Gazeta de Notícias* dos dias 7 de fevereiro de 1883, 21 e 22 de fevereiro de 1887, entre outros. Cf. também Luiz Edmundo, op. cit., pp. 786-7.

47. "Ocorrências de rua", *Gazeta de Notícias*, 7 de fevereiro de 1883. Talvez, por outro lado, seja apenas mais uma evidência de que o espírito carnavalesco conseguia superar as mais insuspeitadas barreiras: são comuns referências que sugerem que o ato repressivo tornava-se por vezes tão folião quanto o objeto da intervenção policial. Ver, por exemplo, *Gazeta de Notícias* de 12 de março de 1886, que transcreve ofício do desembargador-chefe de polícia da Corte sobre o comportamento da polícia durante o Carnaval — no qual lamenta longamente a presença de "cadetes e músicos" do 2º regimento da artilharia a cavalo, que deviam colaborar com a polícia na manutenção da ordem, presos por promoverem distúrbios fantasiados.

48. Como, por exemplo, exprime a *Gazeta de Notícias* em 10 de março de 1886: "E há um fato que precisa ser consignado: os dominós suplantaram os diabinhos. Querem alguns que isso seja fenômeno progressista, tão progressivo como a derrota dos limões de cheiro pelas hostes compactas das bisnagas...", conclui desanimado o autor do comentário. Luiz Edmundo (op. cit., p. 296) afirma, no entanto, que o número de diabinhos aumentou no século XX.

49. Ver *Gazeta de Notícias*, 23 de janeiro de 1898. Para o ano de 1890, ver notícia publicada em *O Paiz* de 16 de fevereiro daquele ano: "Como medida de ordem, o dr. chefe de polícia proibiu que das dez horas da noite em diante andem pelas ruas, com máscaras, os fantasiados avulsos como 'diabinhos' e outros", para depois esclarecer que a proibição não se estende às sociedades carnavalescas e "máscaras de luxo em carros".

50. Ver, por exemplo, *O Malho*, 9 de fevereiro de 1918.

51. Cf. Silvia Hunold Lara, *Campos da violência*. São Paulo, Paz e Terra, 1988, pp. 86-7, 233 e 292-3. Para a generalização da suspeição no século XIX, Sidney Chalhoub, *Visões da liberdade*. São Paulo, Companhia das Letras, 1990.

52. Cf. Mary del Priore, *Festas e utopias no Brasil colonial*. São Paulo, Brasiliense, 1994, p. 93. Em seu artigo "Quilombos e revoltas escravas no Brasil" (*Revista USP*, nº 28, 1995-6), João José Reis lista, nas pp. 31-2, vários exemplos de revoltas ocorridas em ocasiões festivas. Ver ainda, do mesmo autor, *Rebeliões escravas no Brasil*. São Paulo, Brasiliense, 1986.

53. Cf. Sidney Chalhoub, op. cit., pp. 175-248.

54. Mello Moraes Filho, *Festas e tradições populares no Brasil*. Belo Horizonte/São Paulo, Itatiaia/Edusp, 1979, p. 32.

55. Cf. Luís da Câmara Cascudo, op. cit., pp. 480-1.

56. A transformação dos cucumbis, originariamente ligados às irmandades de negros da cidade, em manifestações estritamente carnavalescas é concomitante ao processo de romanização da Igreja católica que afastou dos rituais religiosos práticas dessa natureza. Ver a respeito Martha Campos Abreu, op. cit., especialmente o cap. 4. Sobre os cucumbis, ver ainda Vivaldo Coaracy, *Memórias da cidade do Rio de Janeiro*. Rio de Janeiro, José Olympio, 1965, pp. 157-217,

313-49; Mary Karasch, *Slave life in Rio de Janeiro, 1808-1850.* Princeton, Princeton University Press, 1987, pp. 214-302.

57. Pude localizar na imprensa, entre 1885 e 1891, o registro de dez grupos dessa modalidade: Lanceiros Carnavalescos, Clube Cucumbi, Estrela do Cucumbi, Iniciadora dos Cucumbis, Filha dos Iniciadores dos Cucumbis, Triunfo dos Cucumbis, Cucumbis Carnavalescos, Cucumbis Africanos, Índios Africanos, União Lanceiros Cucumbis. É possível, no entanto, que alguns desses registros apenas revelem confusão ou descaso dos cronistas, adotando, por exemplo, designativos genéricos como "Cucumbis Carnavalescos" para nomear um grupo específico. Nos primeiros anos da década de 1890 os registros desaparecem, e todas as referências à presença de homens fantasiados como índios estarão remetidas aos "cordões" carnavalescos.

58. Cf. Luís da Câmara Cascudo, op. cit. Ver também as notas de Oneyda Alvarenga, in Francisco Calmon, *Relação das faustíssimas festas.* Rio de Janeiro, Funarte/Instituto Nacional do Folclore (INF), 1982 (1ª ed.: 1762), pp. 30-2. Para uma crítica às visões "folcloristas" dessas danças dramáticas, ver Silvia Hunold Lara, "Significados cruzados: um reinado de congos na Bahia setecentista", in Maria Clementina Pereira Cunha (org.), *Carnavais e outras frestas*, 2000 (mimeo.).

59. Mello Moraes Filho, op. cit., pp. 111-5.

60. Muitos desses elementos caracterizam também outra forma de manifestação negra nos Carnavais, que surge no final do século XIX e no início do XX: os cordões, objeto de análise em outro capítulo. Formas como esta aparecem de forma bastante próxima em outros Carnavais da América. Ver, por exemplo, Reid Mitchell, *All on a Mardi Gras day. Episodes in the history of New Orleans Carnival.* Cambridge, Harvard University Press, 1995.

61. Ver *Escravos brasileiros do século XIX na fotografia de Christiano Jr.* São Paulo, Ex-Libris Editora, 1988, prancha 73.

62. Mello Moraes Filho, op. cit., p. 110. A afirmação do caráter "africano" dessas manifestações, bastante comum na imprensa do período (ver, por exemplo, o *Jornal do Commercio* de 14 de fevereiro de 1888 ou a *Gazeta de Notícias* de 15 de fevereiro de 1893, a título de exemplo), poderá ser relativizada pelas análises da figura do caboclo nos candomblés e nas festas populares brasileiras que imprimem outros significados à presença dos índios em rituais negros. Ver Jocélio Teles dos Santos, *O dono da terra — A presença dos caboclos nos candomblés.* Salvador, Sarah Letras, 1995, e Wlamyra Albuquerque, *Algazarra nas ruas. Comemorações da Independência na Bahia (1889-1923).* Campinas, Cecult/Editora da Unicamp, 1999.

63. Mello Moraes Filho, op. cit., p. 109.

64. Cf. Martha Campos Abreu, "Mello Moraes Filho: festas, tradições populares e identidade nacional", in Sidney Chalhoub & Leonardo Affonso de Miranda Pereira (orgs.), *A história contada. Capítulos de história social da literatura no Brasil.* Rio de Janeiro, Nova Fronteira, 1998, pp. 171-94. Sobre a forte "dimensão lúdica" da devoção religiosa das irmandades negras, ver João José Reis, *A morte é uma festa. Ritos fúnebres e revolta popular no Brasil do século XIX.* São Paulo, Companhia das Letras, 1991, cap. 2.

65. *Jornal do Commercio*, 14 de fevereiro de 1888.

66. *Gazeta de Notícias*, 21 de fevereiro de 1887.

67. Ciro de Azevedo, crônica de 10 de março de 1886, in *Um ano de imprensa.* Rio de Janeiro, Typographia Montenegro, 1887.

68. *Gazeta de Notícias*, 9 de março de 1886.

69. Cf. *Gazeta de Notícias*, 5 de março de 1889.

70. Ver, por exemplo, a *Gazeta de Notícias*, de 4 e 5 de março de 1889 e 15 de fevereiro de 1893.

71. *Diário de Notícias*, 18 de fevereiro de 1890.

72. *Gazeta de Notícias*, 17 de fevereiro de 1890.

73. França Júnior, op. cit., p. 175.

74. Desenvolvi esse aspecto em "Muitos Zés, um sobrenome: as muitas faces do senhor Pereira no Carnaval carioca da virada do século", in Maria Clementina Pereira Cunha (org.), op. cit.

75. Sobre a extensão e a importância no período da questão da habitação popular e particularmente dos cortiços, ver Sidney Chalhoub, *Cidade febril. Cortiços e epidemias na Corte imperial*. São Paulo, Companhia das Letras, 1996, cap. 1.

76. Mário Pederneiras, "Tradições". *Kosmos*, fevereiro de 1907.

77. *O Paiz*, 4 de março de 1893.

78. *Gazeta de Notícias*, 1904, apud Eneida de Moraes, op. cit., pp. 42-3.

79. Cf. Vieira Fazenda, "Antiqualhas e memórias do Rio de Janeiro". *Revista do Instituto Histórico e Geográfico Brasileiro*, t. 88, vol. 142, 2ª ed., 1940 (1ª ed.: 1920), pp. 324-30. Ver Eneida de Moraes, op. cit., p. 40, e Luís da Câmara Cascudo, op. cit., p. 810, para maiores informações sobre os zé-pereiras em Portugal. Ver também Luiz Edmundo, op. cit., pp. 779-83.

80. Cf., por exemplo, *Gazeta de Notícias*, 21 de fevereiro de 1882.

81. Luiz Edmundo, op. cit., p. 783.

82. Para o texto completo dessa burleta intitulada "O zé-pereira carnavalesco", ver Procópio Ferreira, *O ator Vasques*. Rio de Janeiro, Serviço Nacional do Teatro (SNT)/Funarte, 1979.

83. Ver, por exemplo, *Gazeta de Notícias*, dos dias 4 de março de 1889 e 17 de fevereiro de 1885, respectivamente.

84. *Gazeta de Notícias*, 23 de fevereiro de 1887.

85. Trata-se da sede do grupo literário da Petalógica, sociedade literário-humorista fundada por Paula Brito na primeira metade do século XIX. Cf. Afrânio Coutinho (org.), in Machado de Assis, *Obra completa*, vol. I. Rio de Janeiro, Aguilar, 1959, p. XXIII.

86. Mello Moraes Filho, "O Carnaval (Rio de Janeiro)". *Gazeta de Notícias*, 21 de fevereiro de 1887.

87. Ver, por exemplo, a nota publicada na *Gazeta de Notícias* de 28 de fevereiro de 1881 sobre a saída do zé-pereira Essencialmente Agrícola na segunda-feira de Carnaval, pelo bairro de Botafogo — com a advertência: "É um zé-pereira para o bairro aristocrático, apenas". Ver também, no mesmo jornal, os dias 19 de fevereiro de 1882 ou 25 de fevereiro de 1884, apenas a título de exemplo.

88. Cf. Sidney Chalhoub, Martha A. Esteves & Gladys S. Ribeiro, "Trabalho escravo e trabalho livre na cidade do Rio: vivências de libertos, 'galegos' e mulheres pobres". *Revista Brasileira de História*, nº 8-9, *Cultura e Cidades*, set. 84-abr. 85, pp. 85-116.

89. Cf. *Jornal do Brasil*, 28 de janeiro de 1896.

90. Cf. *Gazeta de Notícias*, 7 de fevereiro de 1891.

91. Cf. Bastos Tigre (D. Xiquote) e Baptista Coelho (João Phoca), *O maxixe*. Rio de Janeiro,

Typographia R. Braga, 1906, p. 43 (parte cantante). Eis os versos da revista: "Sou o Zé Pereira/ levado/ sarado/ mordomo da folia/ Sou cabra de arrelia/ Sou o Zé Pereira [...]/ sujeito barulhento/ Com valor sustento/ o digue bum!". Agradeço a Marcelo Balaban pela indicação dessa fonte de sua própria pesquisa.

92. *Jornal do Brasil*, 13 de fevereiro de 1893.

93. Cf. *A Semana* de 26 de fevereiro de 1887 e *Diário de Notícias* de 24 de fevereiro de 1887.

94. Comt'Oscar, in *O Mequetrefe*, 28 de fevereiro de 1882.

95. Cf. *Gazeta de Notícias*, 22 de fevereiro de 1898.

96. *Gazeta de Notícias*, 21 de fevereiro de 1882.

97. Ver, por exemplo, a *Gazeta de Notícias*, 21 de fevereiro de 1882.

98. "Editorial", *O Monóculo*, 15 de março de 1884.

99. *Gazeta de Notícias*, 19 de fevereiro de 1887.

100. Vieira Fazenda, "O zé-pereira", in Wilson Louzada (org.), *Antologia de Carnaval*. Rio de Janeiro, O Cruzeiro, 1945, pp. 35-6. Casos semelhantes são relatados sobre d. Pedro I: ficou famoso, por exemplo, o episódio em que a atriz Stella Sezefreda, futura esposa de João Caetano, chegou a ser presa por, muito à vontade com a fama do soberano, ter-lhe atirado limões de cheiro em plena rua, em 1825. Cf. Eduardo Tourinho, *Revelações do Rio de Janeiro*. Rio de Janeiro, Civilização Brasileira, 1964, e Luiz Edmundo, *Recordações do Rio Antigo*. Rio de Janeiro, Biblioteca do Exército Editora, 1950, p. 77.

101. Há, desde 1604, sucessivos textos legais que tentam limitar ou proibir o entrudo. Cf. Silvia Hunold Lara, *Legislação sobre escravos africanos na América portuguesa*. Madri, Fundação Mapfré América-España, 1999.

102. *Gazeta de Notícias*, 14 de fevereiro de 1888.

103. Joaquim Manuel de Macedo, op. cit., p. 85.

104. Ina von Binzer, *Os meus romanos: alegrias e tristezas de uma educadora no Brasil*. Rio de Janeiro, Paz e Terra, 1980, pp. 67-8.

105. Ibidem, p. 68.

106. Uma das explicações possíveis nos é fornecida pela própria Ina von Binzer em carta de data anterior, quando se queixa da "excessiva cortesia" dos homens locais: "Não estão acostumados a ver senhoras suas patrícias sozinhas, na rua e mesmo sabendo que nós estrangeiras gozamos dessa liberdade, consideram-se no direito de desacatar com gracejos as mulheres europeias, quando não se acham acompanhadas". Ibidem, p. 66.

107. Cf. Mello Moraes Filho, op. cit., pp. 90-5. Ver também Maria Isaura Pereira de Queiroz, op. cit., p. 47, e Peter Fry, S. Carrara & Ana Luísa M. Costa, "Negros e brancos no Carnaval da Velha República", in João José Reis (org.). *Escravidão & invenção da liberdade*. São Paulo, Brasiliense, 1988, p. 243.

108. Peter Fry, S. Carrara & Ana Luísa M. Costa, op. cit., p. 238 (referindo-se a Salvador).

109. Thomas Ewbank, *Vida no Brasil*. Belo Horizonte/São Paulo, Itatiaia/Edusp, 1976, p. 82. Tal significado é enfatizado para o entrudo português ainda em 1899 por Ladislau Piçarra, op. cit., p. 2.

110. Cf. Raymundo Magalhães Júnior, *Olavo Bilac e sua época*. Rio de Janeiro, Companhia Editora Nacional, 1974, pp. 161-2.

111. Tais acepipes podiam inclusive ser encontrados à venda em locais que a autora da co-

luna "Modas" do *Jornal das Senhoras* de 22 de fevereiro de 1852 indica às suas leitoras. Na década de 1880, no entanto, essas práticas já não aparecem com frequência nos comentários da imprensa.

112. Cf., entre outros, M. Roussado, "O entrudo". *Branco e Negro*, nº 99. Lisboa, 1898, e Henrique Luso, *O Carnaval*. Lisboa, Ferreira e Franco, 1934. Ver também Mello Moraes Filho, "O entrudo — Rio de Janeiro (tradicionalismo)" (*Gazeta de Notícias*, 12 de fevereiro de 1888), em que são descritas práticas como a elaboração de bonecos semelhantes aos judas malhados no sábado de Aleluia.

113. Cf. o conto "Um dia de entrudo", publicado no *Jornal das Famílias* do Rio de Janeiro em 1874. Nele, um grupo de rapazes trata de "meter no banho" um desagradável sr. Tibúrcio, frequentador da sua casa. O conto, ambientado em meados do século XIX, fornece ainda elementos importantes: por exemplo, o cálculo de 1200 limões armazenados em uma casa de família, como munição para as batalhas domésticas. Machado de Assis, *Contos avulsos*. Rio de Janeiro, Ediouro, s. d., p. 125.

114. F. Dabadie, *A travers l'Amérique du Sud*. Paris, Ferdinand Sartorius Ed., 1858, pp. 13-4. Ver também Comt'Oscar, em *O Mequetrefe* de 28 de fevereiro de 1882. Na fig. 3, da década de 1820, aparecem em primeiro plano foliões negros brincando de espalhar pó branco em seus companheiros de folia. Cf. ainda Peter Fry , S. Carrara & Ana Luísa M. Costa, op. cit., pp. 241-4.

115. Raul Pompeia, crônica publicada no *Diário de Minas* de 10 de março de 1889, in *Obras*, vol. 6. Rio de Janeiro, Civilização Brasileira, 1981, p. 180. Ver também crônica de Carlos de Laet em *O Paiz* de 7 de março de 1889, em cujo apoio Pompeia se manifesta nessa crônica.

116. Cf., por exemplo, Joaquim Manuel de Macedo, op. cit., pp. 86 e 158.

117. Ibidem, p. 85.

118. Luiz Edmundo, op. cit., que cita o "Diário de Rose Freycinet" (1817), sobre a passagem desta pelo Rio de Janeiro. Ver também, na p. 56, relato da mesma autora sobre uma ferida que não sarava, na perna de d. João VI, e que foi curada pela estranha receita de um médico especialista nos segredos de cicatrizar as chagas "difíceis": água e sabão — o que teria parecido a todos "um tanto extraordinário".

119. Joaquim Manuel de Macedo, op. cit., p. 86.

120. Ibidem, p. 87.

121. Mello Moraes Filho, op. cit.

122. Mello Moraes Filho, op. cit., p. 94. Machado de Assis ("Balas de estalo", in *Crônicas*, vol. 4. Rio de Janeiro, W. M. Jackson, 1938, p. 272) refere-se igualmente ao "afago clássico, e ao mesmo tempo tão filosófico, de esmagar um ou dois limões no pescoço das namoradas".

123. Joaquim Manuel de Macedo, op. cit., pp. 86-7.

124. Ver ibidem, pp. 88-90, em que se descreve o entrudo praticado no interior de um sobrado no final do século XVIII, reproduzindo-se, com graça, as suas regras e etiquetas. O mesmo autor observa na p. 86 que, embora para alguns molhar sem ser molhado fosse ponto de vaidade, tal postura era considerada de mau gosto "quando se jogava o entrudo com senhoras". O francês E. Manet reitera essas observações em carta para sua mãe escrita no Carnaval de 1849: "O Carnaval no Rio tem aspectos especialíssimos. No domingo gordo passei todo o dia pela cidade. Às três da tarde todas as mulheres brasileiras põem-se à porta ou às janelas de suas casas ou então nas sacadas, para atirar a todos os senhores transeuntes bombas de cera de todas

as cores, cheias d'água e aqui chamados 'limons' " (apud Afonso de Taunay, *No Rio de Janeiro de d. Pedro II*. Rio de Janeiro, Agir, 1947, p. 34).

125. "Modas", *Jornal das Senhoras*, 22 de fevereiro de 1852. O texto é também rico em detalhes sobre brincadeiras correlatas praticadas exclusivamente pelas mulheres, como confeccionar e servir empadas ocas ou recheadas com insetos, biscoitos purgativos ou pão de ló com vermífugos — que, segundo a autora, podiam ser encontrados à venda em endereços que ela trata de indicar às suas leitoras...

126. Ver, sobre isso, a descrição detalhada de Mello Moraes Filho (*Festas e tradições populares no Brasil*, op. cit., pp. 90-6) sobre o entrudo na Bahia — praticamente idêntico ao praticado no Rio de Janeiro, segundo as descrições disponíveis: a excitação dos jovens acadêmicos e das senhoritas que viam muitas vezes suas residências invadidas pelos primeiros, em animadas e sedutoras pelejas.

127. Cf. Mello Moraes Filho, op. cit., pp. 93-4, e Luiz Edmundo, op. cit., p. 178.

128. Ver, por exemplo, dois anúncios dos préstitos dos Fenianos publicados na *Gazeta de Notícias* em 21 de fevereiro de 1882 ("Vós, portanto, Evas modernas que tudo conquistais [...] amparai-nos, protegei-nos contra o entrudo") e em 26 de fevereiro de 1884 ("E vós, queridas e gentis filhas da Guanabara ondulosa; vós, com certeza, usando de toda abnegação para a seringa, limão e mais quejandos artifícios da especulação brutal; vós [...] atirar-nos-eis as mais perfumosas flores. [...]). Cf. Cristiana Schettini Pereira, *Nas barbas de Momo. Os sentidos da presença feminina no Carnaval das Grandes Sociedades nas últimas décadas do século XIX*. Campinas, IFCH--Unicamp, série Monografias, ano 5, nº 4, 1995, pp. 55-58.

129. Comt'Oscar, *O Mequetrefe*, 23 de fevereiro de 1882.

130. *Gazeta de Notícias*, 10 de março de 1886.

131. *Correio da Manhã*, 23 de fevereiro de 1903.

132. *O Malho*, nº 24, 28 de fevereiro de 1903.

133. Olavo Bilac, op. cit., pp. 121-2.

134. *Gazeta de Notícias*, 14 de fevereiro de 1904.

135. Mello Moraes Filho, "O entrudo — Rio de Janeiro (tradicionalismo)", op. cit.

136. Mello Moraes Filho, *Festas e tradições populares no Brasil*, op. cit., pp. 92-3.

137. Tome-se como exemplo a situação descrita por Joaquim Manuel de Macedo em *As mulheres de mantilha*: as filhas do rico comerciante, ansiosas pelo jogo do entrudo nos dias de Carnaval, recebem do pai autorização para comprar muitas dúzias do artefato e dão início a uma verdadeira batalha no interior da residência. Cf. op. cit., pp. 88-90.

138. Ver, a título de exemplo, a *Gazeta de Notícias* de 17 de janeiro de 1881, 20 de janeiro de 1881, 23 de janeiro de 1881, 19 de fevereiro de 1887, 12 de fevereiro de 1887 e 30 de janeiro de 1888, entre muitos outros.

139. Ver, por exemplo, Mello Moraes Filho, "O entrudo — Rio de Janeiro (tradicionalismo)", op. cit.

140. Ver, por exemplo, circular do prefeito Barata Ribeiro, 1893, na documentação escrita do Arquivo Geral da Cidade — Rio de Janeiro, códice 40-3-90. Índice Geral de Documentos, vol. 3, fls. 313-4 (Carnaval e entrudo) —, ou os protestos do *Jornal do Brasil* em 7 de fevereiro de 1901, contra os abusos cometidos por policiais na invasão de casas comerciais que vendiam tais artigos. Ver também, a título de exemplo, carta publicada na seção "A pedidos" da *Gazeta de Notícias* de

1º de março de 1892, em que um comerciante indignado apela para seus direitos republicanos em face da invasão policial e da apreensão de mercadorias pelas quais pagara "bons impostos à nação": uma "iniquidade praticada em nome da República", que proibira máscaras alusivas a autoridades, material para entrudo e outros produtos carnavalescos. "Mais cedo ou mais tarde", adverte o comerciante, "o povo reivindicará os seus direitos"... O comércio, entretanto, não tinha tanto apego às tradições folionas quanto ao dinheiro, por certo: a década de 1890 foi marcada pelo aparecimento dos confetes, que logo se revelariam mais capazes de gerar lucro. Em uma crônica publicada em *O Estado de S. Paulo* de 1º de julho de 1892 (ano em que realizou-se um "Carnaval de inverno", transferindo-se a festa de sua data habitual em virtude do temor da febre amarela), Raul Pompeia mostrava-se encantado com a novidade que aparecera nas ruas (ver Raul Pompeia, *Obras*, vol. 8. Rio de Janeiro, Civilização Brasileira, 1981, p. 211). Já no ano seguinte, a *Gazeta de Notícias* de 15 de fevereiro reconhecia entusiasticamente que o confete seria capaz de liquidar com os limões de cheiro e pós coloridos, opondo as duas formas do brinquedo. Nesse mesmo ano, o sucesso era atestado pelo mesmo jornal na edição de 3 de março, uma quarta-feira de Cinzas: segundo ele, quem passasse à meia-noite pelas ruas Gonçalves Dias, Ouvidor e outras da região central "pisaria em um tapete fofo de alguns centímetros de espessura". Limões ou confetes, o comércio tratava de colocá-los à venda e anunciá-los. Para exemplos de anúncios, ver *Jornal do Brasil* de 15 de fevereiro de 1896 ("os únicos que não contêm areia", indicando que o produto já era objeto de fraude comercial), *Gazeta de Notícias* de 4 de fevereiro de 1896 (que os oferece como produtos oriundos de Paris) ou de 1º de janeiro de 1902 (que anuncia o Confete Garcia, evidenciando que a disputa pelo mercado já era renhida: "não teme a concorrência, não precisa de monopólios para sua venda".

141. 18 de fevereiro de 1885. Ver, para o mesmo ano, *O Paiz*, com sua avaliação do Carnaval, publicada na quarta-feira de Cinzas.

142. 12 de fevereiro de 1888.

143. *Jornal do Brasil*, 24 de fevereiro de 1903. Ver também, entre outros, a *Gazeta de Notícias* de 25 de fevereiro de 1903.

144. Amálio, "Crônica". *O Malho*, nº 24, 28 de fevereiro de 1903.

145. José de Alencar, op. cit., p. 158.

146. 10 de fevereiro de 1902.

147. Sobre o teatro de revista no período, ver Fernando A. Mencarelli, *Cena aberta. A absolvição de um bilontra e o teatro de revista de Arthur Azevedo*. Campinas, Cecult/Editora da Unicamp, 1999; Flora Sussekind, op. cit.; Neide Veneziano, *O teatro de revista no Brasil*. Campinas, Pontes/Editora da Unicamp, 1991.

148. Artur de Azevedo & Moreira Sampaio, *O bilontra*, quadro VI, cena 1, in *Teatro de Arthur Azevedo*. Rio de Janeiro, Instituto Nacional de Artes Cênicas (Inacen), 1985, t. II, pp. 514-8.

149. Artur de Azevedo, *Fritzmac* (1888), quadro VI, cena 4, ibidem, p. 404.

150. *Correio da Manhã*, 5 de fevereiro de 1907.

151. Postura de 9 de março de 1875. Documentação escrita do Arquivo Geral da Cidade — Rio de Janeiro, códice 40-3-86. Índice Geral de Documentos, vol. 3, fls. 313-4 (Carnaval e entrudo).

152. Mello Moraes Filho, *Quadros e crônicas*. Rio de Janeiro, Garnier, s. d., p. 135.

153. Circular do chefe de polícia da Corte, publicada na primeira página da *Gazeta de Notícias* de 5 de fevereiro de 1889.

154. Cf., p. ex., *Jornal do Brasil* de 28 de janeiro de 1896, *O Paiz* de 29 de janeiro de 1897 e 19 de fevereiro de 1897, e a *Gazeta de Notícias* de 11 de fevereiro de 1899.

155. *Gazeta de Notícias*, 23 de fevereiro de 1881, noticiando que um "garotinho" estava "enfermo em consequência da molhadela que apanhou" devido aos limões de cheiro, e outros episódios de entrudo pré-carnavalesco pela cidade. Isso se repete por décadas. Ver, por exemplo, o mesmo jornal em 3 de fevereiro de 1902, denunciando que em vários pontos dos arrabaldes se travavam renhidos combates carnavalescos com "bisnagas, que molhavam principalmente as barbas da polícia".

156. 1º de março de 1881.

157. "Entrudo — Incidentes", 9 de março de 1886.

158. *Gazeta de Notícias*, 15 de fevereiro de 1881.

159. *Gazeta de Notícias*, 24 de fevereiro de 1884.

160. *Gazeta de Notícias*, 9 de março de 1886. Não se trata de um caso isolado. Muitos exemplos sugestivos podem ser encontrados na imprensa — como denúncias de residências "entrudistas" nas elegantes ruas de Botafogo, Catete e Glória, de médicos flagrados em atentados com limõezinhos. Cf., por exemplo, a *Gazeta de Notícias* de 4 de fevereiro de 1883 e 16 de fevereiro de 1885, ou o *Jornal do Commercio* de 13 de fevereiro de 1888.

161. Ina von Binzer, op. cit., p. 70.

162. Machado de Assis, "Balas de estalo", 17/2/1885, in *Crônicas*, vol. 4. Rio de Janeiro, W. M. Jackson, 1938, pp. 271-2. Ver também Machado de Assis, *Balas de estalo*, org. Heloisa de Luca. São Paulo, Annablume, 1998, pp. 221-2.

163. Cf. Luís da Câmara Cascudo, op. cit., p. 198.

164. Ver, por exemplo, a *Gazeta de Notícias* de 8 de março de 1886 e outras datas, até 14 de fevereiro de 1904. Cf. Ina von Binzer, op. cit., p. 71.

165. Cf. comunicado publicado na *Gazeta de Notícias* de 7 de março de 1886.

166. Apud Eneida de Moraes, op. cit., p. 26. Assim como o chefe de polícia Alexandre Joaquim de Siqueira, em 1854, ficara conhecido como a mais importante "mão de ferro" no controle do entrudo, Pereira Passos é saudado como um grande vitorioso também nas batalhas em prol da civilização carnavalesca. Ver, por exemplo, charge publicada pelo *Correio da Manhã* de 14 de fevereiro de 1904, mostrando bisnagas correndo em fuga diante de duas pernas que as perseguiam, com a seguinte legenda: "As bisnagas fugiram a largos 'passos' com os primeiros Passos que se aproximavam". Apesar disso, é bom lembrar a menção de João do Rio, em "Elogio ao cordão" (*Kosmos*, fevereiro de 1906), à passagem de pessoas "empapadas de água" no centro da cidade do Rio de Janeiro no Carnaval daquele ano.

167. 1º de março de 1892. O mesmo jornal, comentando a severa vigilância policial nos dias em que seria normalmente festejado o Carnaval, insere o maldoso comentário de que a proibição de máscaras devia-se ao fato de que "facilmente a malícia pública poderia extrair delas alguma pilhéria [...] que ofendesse a seriedade dos que transferiram o Carnaval para junho". Ver também a coluna "Dia-a-dia", de 28 de fevereiro de 1892. Eneida de Moraes (op. cit., p. 150) informa que houve nova tentativa em 1899, por iniciativa do médico Castro Lopes.

168. *Gazeta de Notícias*, 9 de fevereiro de 1893.

169. Cf. *Gazeta de Notícias*, 17 de fevereiro de 1887.

170. Castro Lopes, "Notícias várias". *Jornal do Commercio*, 18 de fevereiro de 1887.

171. Elói, o Herói (Artur de Azevedo), "De palanque". *Diário de Notícias*, 19 de fevereiro de 1887.

172. Trata-se do cronista Figueiredo Pimentel, que assinava a referida coluna, cujo subtítulo era "O Rio civiliza-se". Sobre Pimentel, ver Raimundo de Menezes, *Dicionário literário brasileiro*. São Paulo, Saraiva, 1969, p. 997.

173. A título de exemplo, ver o *Diário de Notícias* de 10 de março de 1889.

174. Ver, por exemplo, *O Paiz* de 21 de fevereiro de 1898.

175. Ibidem.

176. Ver, por exemplo, *O Paiz* de 14 de fevereiro de 1899, entre muitas notícias desse tipo no período, sobre acidente ocorrido com uma "moça de família" que teve o rosto desfigurado por queimadura provocada pelo "confete de fogo".

177. *Gazeta de Notícias*, 18 de janeiro de 1882. Às vezes, tais cartas incluem denúncias específicas, como aquela assinada por um certo "Inimigo dos brutos" que acusa e ameaça um morador da rua do Catete de cujas janelas se arremessavam laranjinhas. Ver o mesmo jornal, dia 27 de fevereiro de 1881, entre outros.

178. *Gazeta de Notícias*, 19 de fevereiro de 1882.

179. Ver, a propósito, Raul Pompeia, "O último entrudo", publicado originalmente na *Gazeta de Notícias* de 26 de novembro de 1883. A mesma crônica está transcrita por Leonardo Affonso de Miranda Pereira, op. cit., pp. 207-12, que em seu primeiro capítulo a analisa exaustivamente.

180. Machado de Assis, "Bons dias", 27 de fevereiro de 1889. Cf. *Bons dias*, org. John Gledson. Campinas, Editora da Unicamp, 1990, pp. 172-3. Para uma análise dessa crônica, ver Leonardo Affonso de Miranda Pereira, *Por trás das máscaras. Machado de Assis e os literatos cariocas no Carnaval da virada do século*. Campinas, IFCH-Unicamp, série Monografias, ano 2, nº 3, 1992.

181. Cf. Eneida de Moraes, op. cit., p. 25.

182. João Câmara, in *Gazeta de Notícias*, fevereiro de 1903.

2. BATALHAS SEM CONFETE (pp. 87-149)

1. Anúncio do préstito de terça-feira de Carnaval, publicado na *Gazeta de Notícias* de 22 de fevereiro de 1887.

2. *Puff* do Club dos Democráticos para o Carnaval de 1881, publicado na *Gazeta de Notícias*.

3. *Gazeta de Notícias*, 3 de março de 1889.

4. "Brilhe com todo o esplendor o festivo dia do pândego Carnaval! Haja bombas, foguetes, estalos, esguichos, borrachinhas ou bisnagas. O que estou a dizer? No entusiasmo do prazer esquecia-me do último decreto policial publicado [...] Mas tentemos um esforço: eu vos apresento a ideia, ó foliões carnavalescos, de irmos todos incorporados, com um harmonioso zé-pereira à frente, apresentar a petição:/ Senhora dona polícia/ dessa bela capital/ deixai correr como dantes/ o travesso Carnaval [...]". *Jornal do Commercio*, 31 de janeiro de 1875. Note-se que o Club X, ao qual o título dessa agremiação alude, foi uma das mais importantes sociedades carnavalescas da cidade durante a década de 1860. Voltaremos ao assunto mais adiante neste capítulo.

5. *Gazeta de Notícias*, 27 de fevereiro de 1876.

6. Anúncio dos Tenentes do Diabo publicado na *Gazeta de Notícias* de 21 de janeiro de 1877.

7. Essa concepção é compartilhada praticamente por toda a intelectualidade do período — inclusive literatos particularmente críticos como Machado de Assis; cf. *A Semana*, introd. e notas John Gledson. São Paulo, Hucitec, 1996, p. 195 (crônica de 12 de fevereiro de 1893). Ver também "Um dia de entrudo", *Jornal das Famílias*, 1874, in *Contos avulsos*. Rio de Janeiro, Ediouro, s. d., p. 125.

8. "Manifesto à população fluminense", assinado pelos Tenentes do Diabo, pelos Democráticos e pelos Fenianos (*Gazeta de Notícias*, 28 de fevereiro de 1881). Esse tipo de manifestação repete-se amplamente nos anos seguintes. Ver, por exemplo, *Gazeta de Notícias* de 18 e 21 de fevereiro de 1882, 16 de fevereiro de 1884 e 5 de março de 1886; *Jornal do Commercio* de 21 de fevereiro de 1884 e até o *Diário de Notícias* de 7 de março de 1886, em que apelos dessa ordem aparecem assinados por sociedades de menor porte e importância, como os Progressistas da Cidade Nova e o Congresso dos Socialistas.

9. *Gazeta de Notícias*, 27 de fevereiro de 1881.

10. *Gazeta de Notícias*, 12 de fevereiro de 1881. Apelos ao "belo sexo", aliás, são uma das tônicas mais frequentes nesse tipo de anúncio ao público carioca. Sobre isso, ver Cristiana Schettini Pereira, op. cit.

11. Cf. Américo Fluminense, "O Carnaval do Rio", *Kosmos*, fevereiro de 1907; Escragnolle Dória, "O baile de máscaras", *Revista da Semana*, 18 de fevereiro de 1928; Mello Moraes Filho, *Festas e tradições populares do Brasil*, op. cit., pp. 31-5.

12. Notícia da "terceira sabatina" dos Democráticos, na *Gazeta de Notícias* de 7 de fevereiro de 1881. Para novos exemplos, ver, entre outros, a *Gazetinha* de 10 de janeiro de 1882 e o *Jornal do Commercio* de 23 de fevereiro de 1884.

13. *Novidades*, 7 de fevereiro de 1887.

14. *Gazeta de Notícias*, 3 de fevereiro de 1889.

15. Para outros exemplos ver *Gazeta de Notícias* de 4 de fevereiro de 1891 (anúncio dos Tenentes do Diabo) e *O Paiz* de 9 de fevereiro de 1891 (notícia de baile dos Democráticos).

16. Ver "Crônicas fluminenses". *Revista Illustrada*, 21 de fevereiro de 1885.

17. Frank Vincent, op. cit. O trecho prossegue enfatizando a presença nesses bailes de negros e mulatos: "Por toda parte, predominavam os negros e mulatos. Sem dúvida, a característica mais impressionante desse Carnaval do Rio é o seu deleite infantil e a extraordinária alegria desses participantes [...]." Na citação, aliás, provavelmente *cachucha* (termo de que não tenho outros registros) é transcrição errada do termo *maxixe*. O conjunto dessa observação pode ser confirmado em muitas descrições de "nativos" — como Eloy, o Herói (Artur de Azevedo), na coluna "De palanque", que observava que no baile do Teatro Pedro de Alcântara "alguns pares dançavam solenemente, como se estivessem no cassino, outros maxixavam que nem num zungu da Cidade Nova" (*Diário de Notícias*, 24 de fevereiro de 1887).

18. *Diário de Notícias*, 21 de fevereiro de 1887. Para mencionar outro exemplo, eis a opinião expressa pelo cronista Carlos de Laet na coluna "Microcosmos", de *O Paiz* de 7 de março de 1889: "Os bailes dos teatros estão reduzidos a pontos de reunião da parte baixa e crapulosa da sociedade. O vício ali não se veste de sedas, nem procura frases. Diz cruamente quanto

pensa, e no desbragado saracoteio desbota o paninho barato e as safadas belbutinas". Belbutina é tecido de algodão aveludado bastante utilizado na confecção de fantasias populares, como o Princês.

19. Para mencionar apenas dois exemplos, ver *O Paiz* de 13 de fevereiro de 1899 (nota policial "Baile e rolo") e *O Malho* nº 24, de 28 de fevereiro de 1903 (charge "Num baile da cidade nova"). A cobrança de ingressos logo estaria incorporada às proibições policiais para controle de agremiações desse tipo, funcionando mesmo como argumento para negar autorização de funcionamento às mesmas. Cf. Leonardo Affonso de Miranda Pereira, "E o Rio dançou: identidades e tensões nos clubes recreativos cariocas (1912-1922)", in Maria Clementina Pereira Cunha (org.), op. cit.

20. *Jornal do Commercio*, 9 de fevereiro de 1877. É bem verdade, no entanto, que o redator da matéria não se abstém de apelar também aos "civilizados" moradores da rua para que se abstenham dos "projéteis inconvenientes" à passagem das sociedades... O ambiente chega a tornar-se, para a imprensa, contristador, em face das ameaças (em alguns anos, concretizada) das sociedades de não mais saírem em préstitos pelas ruas da cidade. Já em 1881 elas ameaçavam não sair às ruas para "divertir o povo", recolhendo-se a seus salões para divertir a si mesmas — como observava um macambúzio cronista que não deixava de observar: "Quem perde no negócio não são eles, que continuarão a divertir-se, e ainda com a vantagem da fadiga menor; quem perde é o zé-povinho". Em 1885 só uma delas aventurou-se pelas ruas — e no ano seguinte o Carnaval era ansiosamente aguardado, embora com certa dose de temor, pela decisão das agremiações de voltar a desfilar, enfrentando o público que, "em vez de compensar tantos esforços com flores e ovações, serviu-se do entrudo para festejar a sua passagem". O Carnaval de 1887 foi saudado como um verdadeiro "renascimento", enquanto o de 1888 parecia consagrar o recuo das forças do progresso ante a pujança demonstrada pelo séquito das brincadeiras do entrudo. Cf., por exemplo, "Folhetim", *Gazeta de Notícias* de 6 de fevereiro de 1881; o *Diário de Notícias* de 5 de março de 1886 e o número do dia 2 de março do mesmo ano ("Indecisas estiveram elas se viriam ou não à rua; vêm, porém, fiadas em que não serão recebidas a limões [...]"); *A Semana* de 26 de fevereiro de 1887; e a *Revista Illustrada* de 18 de fevereiro de 1888.

21. *Diário de Notícias*, 11 de fevereiro de 1891. Para anos posteriores, ver, por exemplo, a *Gazeta de Notícias* de 12 de fevereiro de 1902, entre outros.

22. *Jornal do Commercio*, 3 de março de 1881.

23. Felippe, "Cartas de um caipira". *Jornal do Commercio*, 3 de março de 1881. Com conteúdos semelhantes ver também a coluna "O Carnaval" da *Gazeta de Notícias* de 4 e 7 de fevereiro de 1883, ou a *Gazeta da Tarde* de 10 de fevereiro de 1883.

24. Carlos de Laet, "Microcosmos". *Jornal do Commercio*, 11 de fevereiro de 1883.

25. Machado de Assis, "Bons dias", *Gazeta de Notícias* de 27 de fevereiro de 1889, e também *A Semana* de 16 de fevereiro de 1896 (Rio de Janeiro, W. M. Jackson, 1942, p. 113). Para uma análise das crônicas, ver Leonardo Affonso de Miranda Pereira, *Por trás das máscaras. Machado de Assis e os literatos cariocas no Carnaval da virada do século*, op. cit.

26. Anúncio dos Tenentes do Diabo publicado na *Gazeta de Notícias* de 21 de janeiro de 1877.

27. Ver, por exemplo, crônica de Machado de Assis de 12 de fevereiro de 1893, na qual ele se

refere ao Carnaval como uma "velha festa que está a fazer quarenta anos, se já não os fez" (*A Semana*. Rio de Janeiro, W. M. Jackson, 1942, vol. 1, p. 235).

28. Cf. Martha Campos Abreu, *O império do divino. Festas religiosas e cultura popular no Rio de Janeiro, 1830-1900*. Rio de Janeiro, Nova Fronteira, 1999.

29. Cf. por exemplo, França Júnior, 27 de fevereiro de 1868 (op. cit., pp. 178-82). Uma rápida olhada pela imprensa carioca do período pode nos fornecer muitos outros nomes de sociedades carnavalescas que exibiam seus préstitos nas ruas centrais da cidade: Estudantes de Heidelberg, Internacional Carnavalesca, Corveta Terrível, Inimitáveis Carnavalescos, Kágados Carnavalescos, Infantes do Diabo, Tagarelas do Diabo, Club dos Animais Falantes, Club X — além, é claro, dos Tenentes, Democráticos e Fenianos. Ver o *Diário do Rio de Janeiro* dos dias 28 de fevereiro de 1870, 19 de fevereiro de 1871, 12, 14 e 15 de fevereiro de 1872, 13 de fevereiro de 1873 e 8 de fevereiro de 1875, entre outros.

30. Cf. *Jornal da Bahia* de 1º de março de 1855, que transcreve a seção "Variedades" do *Jornal do Commercio* do Rio de Janeiro, a qual trata do primeiro préstito do Congresso das Sumidades Carnavalescas. Esse documento me foi enviado por João José Reis, a quem agradeço pela gentileza e atenção.

31. Ibidem.

32. *Jornal da Bahia*, 1º de março de 1855, transcrição do *Correio Mercantil* do Rio de Janeiro.

33. Ibidem. "Sumidades, vigilância,/ extremo cuidado em tudo!/ Nada falte nem se poupe/ para o enterro do entrudo", versejava o poeta, atribuindo ao grupo intenções que pareciam mais claras para ele que para o conjunto.

34. Ibidem. Ver Maria Isaura Pereira de Queiroz, op. cit., especialmente o cap. 1, para conteúdos próximos a este no entrudo português.

35. Cf. Américo Fluminense, "O Carnaval do Rio". *Kosmos*, fevereiro de 1907. Ver também José de Alencar, crônica publicada no *Correio Mercantil* em 14 de janeiro de 1855 (*Ao correr da pena*. São Paulo, Melhoramentos, s. d., pp. 140-1).

36. *Estatutos da Sociedade Carnavalesca União Veneziana*. Rio de Janeiro, Britto e Braga, 1856. Sobre os custos de camarotes e enterros no período, ver Delso Renault, *Rio de Janeiro: a vida da cidade refletida nos jornais*. Rio de Janeiro, Civilização Brasileira/MEC, 1978, pp. 63 e 57, respectivamente.

37. Cf. Mello Moraes Filho, op. cit., p. 36.

38. Ibidem, pp. 32-4. Silvia Cristina Martins de Souza ("Ao correr da pena: uma leitura dos folhetins de José de Alencar", in Sidney Chalhoub & Leonardo Affonso de Miranda Pereira [orgs.], op. cit., p. 142) identifica o grupo como formado por jornalistas e colaboradores do *Jornal do Commercio*.

39. *Jornal da Bahia*, 1º de março de 1855, transcrito do *Correio Mercantil* do Rio de Janeiro.

40. *Bases orgânicas do Congresso das Sumidades Carnavalescas*, 1861. Arquivo Nacional, Conselho de Estado, Seção do Império, cx. 528, pc. 3, doc. 41. Note-se que as mensalidades nessa sociedade são bem inferiores aos valores cobrados pela União Veneziana: apenas três mil-réis, o que sugere que o padrão financeiro das elites intelectuais não era exatamente proporcional ao seu prestígio social. Sobre isso, ver Jeffrey D. Needell, *A belle époque tropical*. São Paulo, Companhia das Letras, 1993.

41. José de Alencar, op. cit. Ver também, no mesmo volume, a crônica publicada no *Jornal do Commercio* em 25 de fevereiro de 1855, em que são descritos detalhes do préstito das Sumidades.

42. Ver, por exemplo, manifesto conjunto publicado pelas três Grandes Sociedades da década de 1880: "Conservadoras das gloriosas tradições das sociedades Sumidades, Veneziana, Bohêmia e outras que souberam abrilhantar as festas do Carnaval com o esplendor com que as abrilhantam as cidades mais cultas da adiantada Europa", as três Grandes Sociedades pediam em 1881 o fim das brincadeiras do entrudo. *Gazeta de Notícias*, 28 de fevereiro de 1881.

43. Cf. *A sirigaita*, romance-folhetim escrito pelo "Duque de Covadonga" e publicado no jornal quinzenal *X* do dia 1º de novembro de 1867. Nesse número, o autor conta a história do Club X desde sua fundação — já que o enredo é ambientado no próprio clube carnavalesco. A descrição de seus personagens, sócios do Club X, evidencia claramente o perfil seletivo da agremiação, que em seu jornal de 15 de agosto de 1867 declarava que "a política será assunto inteiramente estranho ao seu programa". O número publicado em 15 de dezembro do mesmo ano traz o "Relatório e parecer da Comissão de Exame de Contas do Club X", por meio da qual ficamos sabendo que o mesmo havia se transferido recentemente para uma luxuosa sede à rua Sete de Setembro, e seu caráter havia em parte se transformado: o Carnaval passava a ser apenas "um incidente" e o clube trataria de assumir o perfil de um clube masculino de "recreio físico e moral".

44. Cf. Diabo Velho, "O Carnaval antigo". *Gazeta de Notícias*, 14 de fevereiro de 1904. O autor afirma ser um "velho" que participou das Sumidades e outras sociedades que lhes seguem os passos no século XIX. Menciona ainda várias outras sociedades das décadas de 1860 e 1870, como os Inimitáveis, os Tagarelas do Diabo, a Panela de Bronze e os Pingas Carnavalescos, que mantinham esse mesmo perfil.

45. Cf. Escragnolle Dória, "O baile de máscaras". *Revista da Semana*, 18 de fevereiro de 1928. Até a década de 1870, os préstitos das sociedades carnavalescas encerravam-se sempre nos bailes públicos dos teatros.

46. Mello Moraes Filho, op. cit., p. 34.

47. *Jornal de Bahia*, 1º de março de 1855.

48. Há, por exemplo, referências no bando distribuído à ameaça de epidemia de cólera e aos exames gerais para médicos recém-formados, recentemente instituídos — mas essas "críticas" não dão o tom do texto e muito menos do préstito.

49. Os *puffs* eram anúncios que começam a ser publicados na imprensa diária pelas Grandes Sociedades, para divulgar e promover seus préstitos, antecipando seus temas e atrativos. Antes disso, os préstitos eram divulgados por intermédio de anúncios menores e menos detalhados, mas também por meio de extensas notícias produzidas pelos jornais para divulgá-los antes que saíssem às ruas. Para exemplos de *puffs*, ver a *Gazeta de Notícias* de todos os Carnavais das décadas de 1880 e 1890. Para as formas anteriores, ver o *Diário do Rio de Janeiro* de 28 de fevereiro e 1º de março de 1870, 11 de fevereiro de 1872 ou 13 de fevereiro de 1873, entre muitos outros exemplos.

50. O primeiro passeio das Sumidades foi no Passeio Público, mas logo a novidade se deslocou para a rua do Ouvidor.

51. Escragnolle Dória, op. cit.

52. José de Alencar, op. cit., p. 141.

53. "Crônica carnavalesca". *Gazeta de Notícias*, 10 de fevereiro de 1893. Ver também José de Alencar, crônica no *Correio Mercantil* de 25 de fevereiro de 1855.

54. Cf. *Jornal do Brasil* de 26 de fevereiro de 1895, que publica extensa matéria sobre as origens das Grandes Sociedades.

55. Cf. depoimento de Marques Junior, presidente dos Tenentes do Diabo em 1957, apud Eneida de Moraes, op. cit., p. 54. Segundo a autora, somente no século XX os Tenentes viriam a abrir seu quadro social para permitir o ingresso de sócios desvinculados da atividade comercial — talvez pressionados pela onda jacobina do início da República.

56. Cf. Mello Moraes Filho, op. cit., p. 37. Zuavos era também o nome adotado por um importante batalhão de negros baianos na Guerra do Paraguai, que adotou o uniforme dos regimentos franceses na Argélia. Cf. Eduardo Silva, op. cit., pp. 46-7. O nome original da sociedade sugere também, portanto, a disposição de combate.

57. Cf., por exemplo, *Diário do Rio de Janeiro*, 12 de fevereiro de 1872. Um cronista que assina, sob o pseudônimo Diabo Velho, uma coluna na *Gazeta de Notícias* de 14 de fevereiro de 1904 com o título de "O Carnaval antigo" fornece algumas informações extras — que não pude confirmar em outras fontes. Segundo ele, que diz ter sido um membro das Sumidades Carnavalescas, brigas internas a essa sociedade teriam resultado na formação de dois grupos — a Euterpe Comercial e os Zuavos, que se subdividiram posteriormente para dar origem aos Tenentes do Diabo e a uma outra sociedade denominada Infantes do Diabo.

58. *Ypsilon*, 20 de fevereiro de 1886 (jornal do Club dos Democráticos).

59. "Perfis da Caverna", *O Martinho*, 4 de la Veuve Clicot, 2881 (impossível saber a data real — presumivelmente o ano é 1881).

60. Sataniel, "Biografia do 29 ou Zé Mathias". *O Diabo da Meia Noite*, 31 de agosto de 1881 (jornal dos Tenentes do Diabo). O designativo "29" refere-se ao número de inscrição do personagem como sócio da agremiação.

61. *Gazeta da Tarde*, 7 de fevereiro de 1883. O jornal defende a sociedade em face do que qualifica como um "bairrismo sem limites" da autoridade policial.

62. *O Mequetrefe*, 2 de março de 1877.

63. Olavo Bilac, "Carnavalescos" (1901). In *Ironia e piedade*, op. cit., pp. 127-8.

64. As referências da bibliografia sobre o ano de criação dessa sociedade são desencontradas, oscilando entre 1866 e 1867.

65. Cf. Jota Efegê, op. cit., p. 69.

66. Cf. *Jornal do Brasil*, 26 de fevereiro de 1895.

67. Cf. *The complete edition of the Oxford English dictionary*. Oxford, Oxford University Press, vol. 1, pp. 157-8. Para referências mais precisas sobre a irmandade republicana irlandesa responsável pela agitação feniana, fundada em Dublin por James Stephens em 1858, ver *Autrement*, nº 6, março de 1991, série Mémoire, "Dublin, 1904-1924. Réveil culturel, révolte sociale, révolution politique: un patriotisme déchiré", p. 274 (devo estas indicações a Cláudio Batalha, a quem agradeço). Para uma versão dessas relações de autoria dos próprios Fenianos, ver *Ao Congresso Nacional. Alguns apontamentos sobre a história do Club dos Fenianos*. Rio de Janeiro, Typographia da Gazeta de Notícias, 1921: trata-se na verdade de uma petição na qual a sociedade pleiteia aumento nos subsídios oficiais mediante o reconhecimento de sua "utilidade pública".

68. Cf. *Jornal do Brasil*, 26 de fevereiro de 1895; Jota Efegê, op. cit.; Eneida de Moraes, op. cit.

69. Joaquim Manuel de Macedo, *Memórias da rua do Ouvidor*. Brasília, Editora da UnB, s. d.

70. *Jornal do Commercio*, 15 de dezembro de 1869. O nome aparece, por vezes, grafado como Luis Beruth. Além de Mr. Chuck e Luis Berutti, faziam parte do grupo fundador José Barros Penha, dr. João Lopes Cardoso Quintão, Bernardo de Azevedo, Benjamin Salgado e Manoel Ribeiro. Cf. *Memória do Carnaval*. Rio de Janeiro, Riotur, 1991, p. 165. Outras fontes, como o *Jornal do Brasil* de 26 de fevereiro de 1895, atribuem papel central a um certo José Martins Vieira, sobre o qual não obtive informações adicionais.

71. *Ao Congresso Nacional. Alguns apontamentos sobre a história do Club dos Fenianos*, op. cit.

72. *Revista Illustrada*, 11 de fevereiro de 1882.

73. Sobre o tema, ver Jeffrey D. Needell, op. cit.

74. Cf. *Estatutos do Club dos Políticos* (aprovados em 12 de abril de 1877). Rio de Janeiro, Typographia de Hyppólito José Pinto.

75. Cf. *Estatuto do Club dos Democráticos*. Rio de Janeiro, Typographia Perseverança, 1881.

76. Apenas para termos de comparação: em 1880, a multa estipulada para quem fosse preso jogando entrudo era de doze mil-réis, e um dentista cobrava de seus clientes cerca de seis a sete mil-réis por uma obturação. Cf. Delso Renault, *O dia-a-dia do Rio de Janeiro segundo os jornais*. Rio de Janeiro, Civilização Brasileira/INL-MEC, 1982, pp. 140-1.

77. *Gazeta de Notícias*, 9 de fevereiro de 1881. Ver também, a título de exemplo, anúncio dos Tenentes publicado em *O Paiz* de 11 de fevereiro de 1890, solicitando doação de livros ao clube, que estava reorganizando sua biblioteca.

78. Ver, por exemplo, a *Gazeta de Notícias* dos dias 18 e 19 de janeiro de 1889.

79. Ver, por exemplo, *O Mequetrefe* de 28 de fevereiro de 1885, que publica poema de Filinto de Almeida intitulado "Caridade" e distribuído pelos Tenentes do Diabo naquele ano, reforçando essa característica que ajudou a tornar populares as sociedades no período. Ouve-se falar delas ajudando náufragos do *Aquidabã* ou vítimas do terremoto da Andaluzia. Ver França Júnior, "A lotação dos bondes", in *Teatro de França Junior*, t. I. Rio de Janeiro, Instituto Nacional de Artes Cênicas (Inacen), 1980 (1ª ed.: 1885), em que se ironiza a caridade dos Tenentes; ver ainda a *Gazeta de Notícias* de 18 de fevereiro de 1885, sobre a iniciativa dos Fenianos de esmolar na terça-feira gorda para as vítimas da Andaluzia; e a *Gazeta da Tarde* de 23 de fevereiro de 1885, que noticia a presença das outras duas Grandes Sociedades e até mesmo de alguns cucumbis, que se integram à iniciativa caridosa-carnavalesca. Ver também *Ao Congresso Nacional. Alguns apontamentos sobre a história do Club dos Fenianos*, op. cit., e a edição especial do jornal carnavalesco *O Phantasma*, de 22 de fevereiro de 1885, dedicada especialmente às vítimas do terrível terremoto.

80. Ver o *Diário do Rio de Janeiro*, 19 de fevereiro de 1871, 14 e 15 de fevereiro de 1872, 13 de fevereiro de 1873.

81. São muitos os exemplos, inclusive de luta física entre membros de sociedades diferentes. Para um episódio de disputa verbal, ver *O Paiz* de 7 de fevereiro de 1892, ou o pequeno poema que consta de um dos anúncios dos Democráticos publicados em *O Paiz* de 19 de janeiro de 1889, sobre o jornal dos rivais Fenianos. O poema trata de um baile democrático no qual alguém vai à privada e vê um papel amarrotado: era o *Facho da Civilização*, dos Fenianos: "Oh! *Facho*, oh! *Facho*, velho jornaleco/ que andas aqui amarrotado e seco/ para servir a nós de guardanapo! [...]".

82. Entre eles, *A Folha Novinha* (1884), *O Baeta* (1887), *O Quebra-Enguiço* (1889), *Diabo da Meia Noite* (1881-3) e *A Caverna*, dos Tenentes do Diabo; *O Phantasma* (1885) e *Ypsilon* (1886), *O Demócrito* (1881), dos Democráticos; *O Facho da Civilização* (1881), *O Basculho* (1885), *O Bandolim* (1888), *O Gato* (1889), além de *O Falstaff* e *O Martinho*, todos da década de 1880, cujos lançamentos são anunciados a cada ano nas páginas da grande imprensa. Exemplares avulsos dessas publicações estão preservados na Seção de Obras Raras da Biblioteca Nacional.

83. Ver, a título de exemplo, *O Gato Preto* (órgão do Club dos Fenianos), número de Ano-Bom, 1º de janeiro de 1896, e *O Facho da Civilização* (órgão dos Fenianos), apud *O Paiz* de 27 de fevereiro de 1900.

84. Cf. o *Diário de Notícias* de 21 e 22 de fevereiro de 1887 ou *Novidades* de 28 de fevereiro de 1887. Para outros exemplos, ver a *Gazeta da Tarde* de 21 de fevereiro de 1881, que relata encontro semelhante, com a presença, entre outros, de Angelo Agostini. Há, no entanto, inumeráveis episódios em toda a imprensa do período.

85. Ver, por exemplo, o *Diário de Notícias* de 27 de fevereiro de 1895, folhetim *O crime de São Domingos*, ou *Novidades* de 24 de fevereiro de 1887, coluna "Cafunés".

86. A participação de Bastos Tigre é constantemente enfatizada, inclusive por ser coautor de uma das mais famosas "polcas carnavalescas" cantadas pelos Democráticos — a famosa "Vem cá, mulata", criada para a peça de revista *O Maxixe* em 1906. Nessa obra teatral, Bastos Tigre e seu parceiro João Foca introduziram uma apoteose no terceiro ato, em homenagem às sociedades carnavalescas, e dela fazia parte a canção de versos amplamente conhecidos e cantarolados no período: "Vem cá, mulata,/ Não vou lá, não.../ Sou Democrata/ de coração". Cf. Raimundo de Menezes, "O Rio civiliza-se...", in *Bastos Tigre e a belle époque*. São Paulo, Edart, 1966. Agradeço a Marcelo Balaban, pesquisador do tema, pelas referências.

87. Cf. *Gazeta da Tarde* de 3 de fevereiro de 1883 e *Diário de Notícias* de 17 de fevereiro de 1890, entre muitas referências a essa participação. Ver ainda Eloy Pontes, *A vida exuberante de Olavo Bilac*. Rio de Janeiro, José Olympio, 1944, pp. 372 e 407; Bastos Tigre, *Antologia poética*. Rio de Janeiro, Francisco Alves, 1982 (Apresentação), p. 24; e Lima Barreto, *Diário íntimo*. São Paulo, Brasiliense, 1956, pp. 56, 80 e 91. Ver também *O Phantasma* de 2 de fevereiro de 1885 (pelas vítimas da Andaluzia), com textos de Quintino Bocaiúva, Filinto de Almeida, Oscar Pederneiras, Taunay, Augusto Fábregas e muitos outros, além de vários dos "perfis" publicados pela imprensa carnavalesca — como, por exemplo, este de *O Demócrito*, de 5 de fevereiro de 1881: "O Açor (o diáfano). [...] Como é de pau, serve para toda obra. Ele faz de orador, faz de puffista, porta-bandeiras do diabo. É também jornalista [...]". Para uma análise detalhada do envolvimento de escritores com o Carnaval das sociedades, ver Leonardo Affonso de Miranda Pereira, *O Carnaval das letras*, op. cit., pp. 84-5 e passim.

88. Cf. Coelho Neto, *A conquista*. Porto, Livraria Chardron, 1921 (1ª ed.: 1899), p. 325.

89. Cf. Jota Efegê, op. cit., pp. 31 e 83, que identifica o conhecido Ângelo Lazary como cenógrafo dos Democráticos no início do século XX, e Eneida de Moraes, op. cit., p. 217. Ver ainda a *Gazeta de Notícias* de 7 de fevereiro de 1891, que noticia a exposição em casa comercial da rua do Ouvidor do estandarte dos Democráticos concebido e executado pelo "insigne pintor sr. Aurélio de Figueiredo".

90. *Folha Novinha* (órgão do Club dos Democráticos), número extraordinário, 1884.

91. Ver *puff* dos Fenianos na *Gazeta de Notícias* de 25 de janeiro de 1880, por exemplo.

92. Um exemplo da busca da modernidade — mesmo a preços elevados — pode ser encontrado no préstito dos Fenianos de 1871, no qual a sociedade distribui ao público, a partir do carro "O grande mágico", "fotografias primorosas com dois panoramas de guerra", executadas pela Oficina Cypriano & Silveira. Cf. *Diário do Rio de Janeiro*, 19 de fevereiro de 1871.

93. *Fon-Fon*, 1º de fevereiro de 1913.

94. Para uma análise das diferenças internas ao campo do abolicionismo, ver Rebecca B. Bergstresser, "The movement for the abolition of slavery in Rio de Janeiro, Brazil, 1880-1889". Stanford University, 1973; mais centrado no caso de São Paulo, ver ainda Maria Helena P. T. Machado, *O plano e o pânico. Os movimentos sociais na década da abolição*. São Paulo, Edusp, 1994.

95. Frank Vincent, op. cit., pp. 227-8.

96. João Bigode, "Balas de estalo". *Gazeta de Notícias*, 31 de janeiro de 1885.

97. Machado de Assis, "A semana". *Gazeta de Notícias*, 12 de fevereiro de 1893.

98. Ver, por exemplo, a *Gazeta de Notícias* de 7 de fevereiro de 1892 (notícia de um de seus desfiles) e o mesmo jornal dezesseis anos antes (12 de janeiro de 1876), em que essa sociedade, já funcionando, reclamava da falta de dinheiro para o préstito daquele ano, implorando contribuições aos sócios, jornais e comerciantes.

99. Cf. *Jornal do Commercio* de 9 de novembro de 1891. A Progressistas parece ter sido fundada em 1884: cf. *Gazeta de Notícias*, 16 de fevereiro de 1885, que comenta sua estreia no Carnaval de rua.

100. Teteco, "Conversemos". *Gazeta da Tarde*, 24 de fevereiro de 1895. Ver também Bosco, "Velocípede". *Novidades*, 4 de fevereiro de 1888, e a excelente análise dessa crônica efetuada por Leonardo Affonso de Miranda Pereira, op. cit., pp. 67-114.

101. *Gazeta de Notícias*, 27 de fevereiro de 1876.

102. Carlos de Laet, "Microcosmo". *O Paiz*, 7 de março de 1889. O tema da necessidade de transformações urbanas na cidade do Rio está bastante presente na imprensa a partir desse período. Ver, por exemplo, a "Crônica do dia", no *Jornal do Brasil* de 10 de janeiro de 1891, ou "Melhoramentos da cidade", na *Gazeta de Notícias* de 19 de janeiro de 1893, que denunciam o "aspecto repugnante e hediondo" do centro antigo da cidade, "que não condiz com nossas pretensões de povo civilizado". Diretamente relacionado com as condições de realização do Carnaval dos grandes préstitos "venezianos", o debate avança pelo século XX. Ver, por exemplo, Ruy Vaz (*O Malho*, nº 130, 11 de março de 1905), que sonha com um Carnaval em largas avenidas iluminadas a eletricidade, e o tom apoteótico de toda a imprensa carioca em 1906, quando pela primeira vez o Carnaval pode acontecer na recém-inaugurada avenida Central. Cf., a título de exemplo, *O Malho*, nº 180, 24 de fevereiro de 1906, e *Gazeta de Notícias*, 26 de fevereiro de 1906. Sobre as reformas urbanas de que a cidade era objeto nesse momento e seus fundamentos e antecedentes, ver Oswaldo Porto Rocha, *A era das demolições. Cidade do Rio de Janeiro, 1870-1920*. Rio de Janeiro, Secretaria Municipal de Cultura, 1986; Jaime Larry Benchimol, *Pereira Passos: um Haussman tropical. A renovação urbana do Rio de Janeiro no início do século XX*. Rio de Janeiro, Secretaria Municipal de Cultura, 1992; Sidney Chalhoub, *Cidade febril. Cortiços e epidemias na Corte imperial*, op. cit.

103. Luiz Edmundo, op. cit., p. 295.

104. *Novidades*, 24 de fevereiro de 1887, descrevendo o aspecto das ruas na terça-feira de Carnaval.

105. Note-se, no entanto, que o mal-estar não cede após a modernização do centro, com a abertura das grandes avenidas por Pereira Passos — ao contrário do que sonhavam os cronistas do período anterior. Ver, a título de exemplo, *O Malho*, nº 180, 24 de fevereiro de 1906, suplemento "O Rio chic", e *Gazeta de Notícias*, 10 de fevereiro de 1907, que relata que "mal se pode caminhar" na avenida durante o Carnaval e que as ruas, afinal, "ainda são estreitas" para a enorme multidão carnavalesca.

106. Machado de Assis, *A Semana*. Rio de Janeiro, W. M. Jackson, 1942, p. 116 (crônica publicada em 23 de fevereiro de 1896).

107. Cf. Mello Moraes Filho, op. cit., pp. 32-3. O primeiro Carnaval com iluminação elétrica nas ruas foi o de 1911, cf. Eneida de Moraes, op. cit., p. 95.

108. Ver, a título de exemplo, a *Gazeta de Notícias* dos dias 1º de março de 1881, 2 de fevereiro de 1883, 15 de fevereiro de 1885, 20 e 21 de fevereiro de 1887, 11 de fevereiro de 1888 e 27 de fevereiro de 1889, com matérias relativas a esse elenco de questões. Ver também a *Gazeta da Tarde* de 18 de fevereiro de 1885, o *Jornal do Commercio* de 24 e 26 de fevereiro de 1887 (que publicam as estatísticas do movimento de bondes das diferentes companhias nos três dias de Carnaval, as quais transportaram um total de mais de 375 mil pessoas naquele ano) e *O Paiz* de 12 de fevereiro de 1881, entre outros.

109. A *Gazeta de Notícias* e *O Paiz* de 3 de março de 1889 publicam circular do chefe de polícia dirigida aos delegados, ordenando que fossem rigorosamente dissolvidos aglomerações ou grupos "estacionados" nos logradouros públicos durante o Carnaval.

110. Luiz Edmundo, op. cit., p. 301.

111. Ibidem, loc. cit. O emprego desses meios no policiamento da cidade no Carnaval é corroborado por muitas crônicas, como, por exemplo, "Microcosmo", de Carlos de Laet, publicada em *O Paiz* de 7 de março de 1889. Os conflitos eram comuns também entre soldados do Exército e da Marinha, ou de ambos contra os alferes da polícia, como ilustra, entre outros, episódio relatado em *O Paiz* de 18 de fevereiro de 1891.

112. Ver, a título de exemplo, *O Paiz* de 19 de fevereiro de 1898.

113. Licença para moradores da rua da Quitanda, pedido dirigido em 24 de fevereiro de 1881 ao presidente e demais vereadores da Câmara Municipal. Arquivo Geral da Cidade — Rio de Janeiro, códice 40-3-86. Índice Geral de Documentos, vol. 3, fls. 313-4 (Carnaval e entrudo).

114. Não era esse, entretanto, o único trecho da cidade a tomar tal iniciativa. Ao contrário, elas se generalizam, como mostram notícias publicadas na imprensa ao longo de todo o período. Ver, a título de exemplo, a *Gazeta de Notícias* de 27 de janeiro de 1881 e de 4 de fevereiro de 1882, que descrevem e identificam comissões de festejos da rua Uruguaiana e da Visconde de Inhaúma — o centro e a Cidade Nova, nesse caso.

115. *Gazeta de Notícias*, 13 de fevereiro de 1882.

116. Ver, por exemplo, a *Gazeta de Notícias* de 25 de fevereiro de 1884, que descreve a decoração instalada na maior parte das ruas centrais pelas comissões de festejos (São José, Sete de Setembro, Ouvidor, Rosário, Hospício, Alfândega, São Pedro, Theóphilo Ottoni, Pescadores, Direita, Quitanda, Ourives, Uruguaiana, Teatro e largo do Rocio). Esses enfeites, às vezes, traziam inconvenientes aos préstitos das sociedades, que eventualmente incluem entre seus apelos anuais à população o lembrete de que seus carros são altos e a decoração, por vezes, nem tanto... Cf. *Diário de Notícias*, 1º de março de 1886.

117. Eneida de Moraes, op. cit., pp. 171-2. Ver também *Ao Congresso Nacional. Alguns apontamentos sobre a história do Club dos Fenianos*, op. cit., sobre as relações entre as sociedades e os comerciantes.

118. Cf., por exemplo, *Gazeta de Notícias*, 13 de fevereiro de 1888.

119. Ver, por exemplo, a seção "A pedidos" da *Gazeta de Notícias* de 25 de fevereiro de 1879, em que a Comissão da rua dos Ourives reclama contra o abuso dos policiais que destruíram sua ornamentação por verem nela uma crítica às autoridades.

120. *Gazeta de Notícias*, 27 de janeiro de 1881. Ver também, entre outros exemplos, o mesmo jornal do dia 4 de fevereiro de 1894, quando se anuncia o tango carnavalesco "Recrutaram o zé-pereira", do pianista A. F. do Rego, "à venda no empório de pianos e música de Fontes & Cia.". Antes mesmo do advento da indústria fonográfica, grandes sucessos carnavalescos foram produzidos e amplamente cantados no Rio de Janeiro: é o caso do famoso "Vem cá, mulata", com versos de Bastos Tigre, de 1902 (cf. Luiz Edmundo, op. cit., p. 310). Quanto à difusão dessas canções, que poderia parecer problemática na caracterização de um processo de massificação já no final do século XIX, cabe assinalar que havia jornais dedicados exclusivamente à publicação de música e letra de lundus e outras modalidades de música popular. No *Jornal de Modinhas, Recitativos, Lundus e Poesias Diversas* (as quais, aliás, eram muitas vezes obscenas ou fortemente sugestivas) intitulado *O Sorriso*, do dia 11 de fevereiro de 1872, por exemplo, publica-se o lundu "A lavadeira". Uma semana depois, em 18 de fevereiro, o mesmo jornal publica a paródia do mesmo lundu, que provavelmente foi cantada nas ruas durante o Carnaval.

121. Raul Pompeia, crônica publicada no *Diário de Minas* em 14 de fevereiro de 1889, apud Flora Sussekind, op. cit., p. 219.

122. Cf., na *Gazeta de Notícias* do dia 12 de janeiro de 1876, anúncio em que se apela aos sócios para que completem a "meia-pataca" que ainda faltava, e do dia 20 de janeiro do mesmo ano, em que o apelo se estende ao "povo" em geral, às sociedades carnavalescas de maior porte e mesmo à imprensa.

123. Cf. Felipe, "Cartas de um caipira". *Jornal do Commercio*, 3 de março de 1881. Ver também Luiz de Andrade, *Quadros de ontem e de hoje*. Rio de Janeiro, Livraria Contemporânea, 1885, p. 235. Para as dificuldades financeiras dessas Grandes Sociedades no início do século XX, ver *Ao Congresso Nacional. Alguns apontamentos sobre a história do Club dos Fenianos*, op. cit.

124. Frank Vincent, op. cit., pp. 228-30.

125. Cf., por exemplo, a *Gazeta da Tarde* de 2 de março de 1881, quarta-feira de Cinzas, que comenta com declarada parcialidade pró-Tenentes do Diabo os préstitos da véspera.

126. Artur de Azevedo, *Teatro a vapor*. São Paulo, Cultrix, 1977, pp. 142-3.

127. Ver *Novidades*, 7 de março de 1887 e 5 de março de 1888, a título de exemplo. A prática se mantém, no entanto, por longo período, como demonstra a realização de concurso similar pela *Careta* para o Carnaval de 1909, por exemplo. Note-se, a título de curiosidade, que os Democráticos venceram invariavelmente esses concursos de voto direto, sendo provavelmente a agremiação mais popular da cidade nas últimas décadas do século XIX e primeiras do XX.

128. "Estudos de Rabeca", *O Paiz*, 8 de março de 1889. O texto refere-se a brigas de rua entre simpatizantes de Democráticos e Fenianos. O tema permanece na imprensa por um longo tempo. Ver, por exemplo, comentário muito semelhante a este no tom e no conteúdo, formulado por um cronista da *Gazeta de Notícias* em 27 de janeiro de 1915.

129. *O Paiz*, 12 de fevereiro de 1891. O incidente da estalagem, também relatado na mesma coluna, refere-se a uma "calorosa conferência" encerrada a canivetadas entre Leonardo José Pimenta, Claudina Maria da Conceição e um certo João Batista, sobre o "melhor meio de festejar o Carnaval".

130. Cf. Escragnolle Dória, "Evohé". *Revista da Semana*, 26 de fevereiro de 1927.

131. Ibidem.

132. *Gazeta de Notícias*, 4 de fevereiro de 1882 (anúncio do Club dos Democráticos). Esse didatismo, que é constante na perspectiva das Grandes Sociedades, faz com que os próprios Democráticos, em 1893, se autoproclamem em um *puff* como "a única diversão externa" digna do povo fluminense... Ver *O Paiz*, 14 de fevereiro de 1893.

133. *Gazetinha*, 7 de fevereiro de 1882. Ver também *O Binóculo*, 8 de fevereiro de 1882. Os Tenentes do Diabo repetem o gesto outras vezes, como em 1884 — quando, por subscrição dos sócios, libertam alguns escravos que são depois conduzidos sobre carros no préstito da terça-feira de Carnaval. Cf. *Jornal do Commercio*, 24 de fevereiro de 1884. Aliás, esse tipo de prática remonta às origens das sociedades carnavalescas: em 1864, por exemplo, os Tenentes deixaram de sair às ruas no Carnaval para utilizar o dinheiro do préstito na compra de alforrias. Cf. Jota Efegê, op. cit., p. 32. Segundo esse autor, os negros alforriados passavam a residir na sede da sociedade (e provavelmente — comentário meu — a prestar-lhes serviços). Eram exibidos ainda nos carros alegóricos da sociedade, como prova da "obra caridosa", até 1889 — quando a abolição deixou-os a pé...

134. Sobre os significados da alforria na década de 1880, ver Jefferson Cano, "Escravidão, alforria e projetos políticos na imprensa de Campinas, 1870-1889". Dissertação de mestrado em história. Campinas, IFCH-Unicamp, 1995, e Joseli Maria Nunes de Mendonça, *Entre a mão e os anéis. A Lei dos Sexagenários e os caminhos da abolição no Brasil*. Campinas, Cecult/Editora da Unicamp, 1999.

135. *Jornal do Commercio*, 26 de fevereiro de 1884. Os exemplos são muitos e envolvem também alguns grupos menos importantes — como o Club dos Políticos, em 1885. Cf. *Gazeta de Notícias*, 18 de fevereiro de 1885.

136. *Diário de Notícias*, 23 de janeiro de 1888. Sobre Obá, ver Eduardo Silva, op. cit.

137. Ofício da Confederação Abolicionista entregue aos Tenentes na terça-feira de Carnaval. Cf. *Gazeta da Tarde*, 27 de fevereiro de 1884. Pode-se lembrar que, sendo José do Patrocínio um devotado Tenente, a homenagem privilegiou sua sociedade predileta. Mas não é esse o único caso de homenagem: na década de 1880, negros cariocas de origem não identificada organizam a "Campanha da pataca" para arrecadar fundos para a confecção de uma estatueta representando um negro vestido com uma tanga vermelha e branca (as cores dos Fenianos) e envergando a "tocha da liberdade", que foi ofertada àquela sociedade em sinal de reconhecimento pela sua ação em prol da abolição. Cf. Jota Efegê, op. cit, pp. 71-2 e 94-5.

138. Cf. *Ao Congresso Nacional. Alguns apontamentos sobre a história do Club dos Fenianos*, op. cit. Segundo o relato do próprio clube, a crise política deveu-se ao fato de o imperador não ter autorizado que a guarda urbana investisse contra o préstito, contrariando ordens de membros de seu gabinete.

139. *Puff* dos Fenianos, *Gazeta de Notícias*, 1º de março de 1881. Segundo Jota Efegê (op. cit., p. 71), eram ainda mais ousados os versos publicados no jornal *O Facho da Civilização*, distribuído

pelos Fenianos durante o préstito: "[...] Eis o sota escravocrata!/ Do reinado da patota/ deste reino patarata,/ eis o sota escravocrata!/ Na sua nádega chata/ fotografou-se o idiota.../ Eis o sota escravocrata/ do reinado da patota".

140. Cf. *Revista Illustrada*, 20 de março de 1886. Esse mesmo carro está descrito em Frank Vincent, op. cit., p. 229. Ver também o *puff* relativo ao préstito desse ano, publicado em *O Paiz* de 9 de março de 1886.

141. *A Semana*, dirigida pelo próprio Valentim Magalhães, trata de publicar no dia 26 de fevereiro de 1887 o texto integral desse poema: "Sempre esta nódoa negra, esta miséria imensa/ a macular o alvor do nosso pavilhão! Quanto mais do progresso a grande luz intensa/ se adiante, mais nos tarda o sol da redenção [...]".

142. Cf. *Gazeta de Notícias*, 15 de fevereiro de 1888. Ver também a *Revista Illustrada* de 18 de fevereiro de 1888.

143. *Gazeta de Notícias*, 15 de fevereiro de 1888.

144. *Diário de Notícias*, 15 de fevereiro de 1888.

145. Ver, por exemplo, *Gazeta de Notícias* de 12 de fevereiro de 1880. A República, ao contrário, posicionou-se em face do Carnaval com uma atuação mais organizada e coerente — e por isso, mais eficiente: a proibição é generalizada e explícita em documentos oficiais amplamente divulgados, com ameaças que vão do código penal à retirada pura e simples da obrigatória banda marcial (do corpo de bombeiros, das Forças Armadas ou de corporações policiais) que animava todos os préstitos. Cf., por exemplo, *O Paiz* de 19 de fevereiro de 1897, que reproduz instruções do comandante da brigada policial a seus subordinados, e também os números dos dias 15 de fevereiro de 1896 e 19 de fevereiro de 1897; o *Jornal do Brasil* de 28 de janeiro de 1896 publica as ordens governamentais que proíbem terminantemente o uso, a fabricação ou a venda de máscaras com rostos de personalidades políticas.

146. *Gazeta de Notícias*, 22 e 23 de fevereiro de 1882.

147. *Gazeta de Notícias*, 9 de março de 1886.

148. A reforma eleitoral, que ocupou muito dos debates políticos no início de 1881 (matéria da lei de 9 de janeiro daquele ano), aparece no Carnaval sobretudo em alusões ao artigo 8º, relativo a critérios de alistamento eleitoral. O gabinete Saraiva propusera ao Parlamento um projeto de reforma eleitoral que não apenas limitava o poder do imperador, mas também estendia o sufrágio aos naturalizados, aos não católicos e aos libertos. Ver *puff* na *Gazeta de Notícias* de 1º de março de 1881 (p. 4), que enuncia: "Artigo oitavo — ou as dificuldades práticas da ideia-mãe. Bravo! Bravo! Bravo! Bravo!/ Viva! Viva o artigo oitavo./ Com essa panaceia eleitoral/ um político de custo e jeito,/ pode qualquer irmão universal/ ser eleitor ou eleito". Sobre a questão: Sandra Lauderdale Graham, "O motim do vintém e a cultura política no Rio de Janeiro em 1880". *Revista Brasileira de História*, vol. 10, nº 20, *Reforma e revolução*. São Paulo, Associação Nacional de História (Anpuh)/Marco Zero, mar.-ago. 1991; ver também Sérgio Buarque de Holanda (org.), *O Brasil monárquico: do Império à República*. São Paulo, Difel, 1972, t. 2, vol. 5, pp. 240-2. Quanto à expulsão dos jesuítas da França, representada como um "vomitório" purificador e terapêutico, alegoria que representava a liberdade, foi um episódio que suscitou intensa polêmica, particularmente a partir da reação do jornal católico *O Apóstolo* (ver, por exemplo, edições dos dias 2 e 9 de abril de 1880, 16 e 18 de fevereiro de 1881). O apoio dos Fenianos aos ideais franceses, enfrentando os riscos de fazê-lo em uma sociedade decididamente católica, é mais uma vez reafirmado

nos versos do *puff*: "De Thiers na livre terra/ lá onde grimpa a gambeta/ cortou-se a exótica planta/ não ficou nem um roupeta./ Que abençoada lembrança!/ Se um tal exemplo imitassem/ e os garis de outras nações/ igual limpeza ordenassem".

149. Sobre a Revolta do Vintém, ver Sandra Lauderdale Graham, op. cit., pp. 211-32. Segundo a autora, esse motim torna-se uma espécie de modelo de agitação também para o abolicionismo, tendo o próprio José do Patrocínio tomado parte em seus desdobramentos. O movimento, com características fortemente catalisadoras das insatisfações, configuraria o surgimento da noção de um "público" urbano politicamente engajado, visto como a possibilidade de um poder externo ao Parlamento e às instituições monárquicas — o qual se torna o principal alvo da agitação abolicionista daí em diante.

150. *Ao Congresso Nacional. Alguns apontamentos sobre a história do Club dos Fenianos*, op. cit.

151. Ver, a título de exemplo, a *Gazeta de Notícias* de 3 e 15 de fevereiro de 1881, ou de 11 de fevereiro de 1882, que relata reunião dos presidentes das Grandes Sociedades com o chefe de polícia. Ver também a *Gazeta da Tarde* de 7 de fevereiro de 1883: a polícia proíbe carros dos Tenentes, que são incentivados pela multidão a levá-los à rua apesar da presença de cinquenta praças "e diversos secretas armados com cacete"; a sociedade enfrenta a proibição e sai protegida pela multidão que se aglomerava na porta do Teatro São Pedro, provocando tensão. Sobre o mesmo episódio, ver *O Mequetrefe* de 10 de fevereiro de 1883. Para outros episódios igualmente exemplares, ver *Novidades* de 6 de março de 1889 e *O Paiz* de 6 de março de 1889, entre outras possibilidades.

152. Ver, por exemplo, o *Jornal do Commercio* de 22 de fevereiro de 1884, que publica queixa dos Fenianos sobre isso.

153. Escragnolle Dória, op. cit. Em várias ocasiões podem ser encontradas referências aos militares nos préstitos carnavalescos. Ver, por exemplo, a *Gazeta de Notícias* de 7 de fevereiro de 1883 (sátira ao ministro da Guerra), *O Paiz* de 10 de fevereiro de 1881 (carro dos Democráticos "A reconstrução da pátria", em homenagem ao Exército e à Armada) ou Jota Efegê, op. cit., pp. 94-5, sobre carro de crítica dos Fenianos alusivo à "cassação", pela Igreja católica, da procissão de são Jorge, padroeiro dos militares.

154. Cf. descrição de Ina von Binzer, op. cit., p. 71, sobre o Carnaval de 1882.

155. Ver, por exemplo, descrição do préstito dos Fenianos na *Revista Illustrada* de 20 de março de 1886; Eloy, o Herói (Artur de Azevedo), "De palanque". *Diário de Notícias* de 24 de fevereiro de 1887 — entre outros.

156. *Gazeta de Notícias*, 11 de fevereiro de 1877. O *puff* prossegue afirmando ser o Carnaval a oportunidade da desforra, de "pagar em vaias aos fartos", e encerra-se com nova quadrinha: "Seu sol é a luz celeste/ simboliza a liberdade/ os Fenianos são livres/ amam todos a igualdade".

157. Filindal (Filinto de Almeida), "História dos sete dias", em que descreve o préstito dos Democráticos. *A Semana*, 13 de março de 1886. Ver descrição desse carro no *puff* dos Democráticos publicado na *Gazeta de Notícias* de 9 de março de 1886. A mesma alegoria esteve presente em vários outros desfiles dessa e de outras sociedades carnavalescas. Ver, por exemplo, descrição do préstito dos Democráticos na *Gazeta de Notícias* de 2 de março de 1881.

158. Carlos de Laet, "Microcosmos". *Jornal do Commercio*, 14 de março de 1886.

159. Anúncio de baile dos Fenianos publicado no *Diário de Notícias* de 5 de janeiro de 1889,

intitulado nesse ano "Preleções repúblico-carnavalescas" (ver, por exemplo, a *Gazeta de Notícias* de 4 de janeiro de 1889). Vale a pena transcrever outras partes do longo poema: "Venho da mansão augusta/ onde habita a liberdade,/ dando as mãos à igualdade/ que fortalece as nações! [...] quero compor epopeias/ à luz das revoluções! [...]". Para outro exemplo bem semelhante, ver *puff* publicado em *O Paiz*, 14 de fevereiro de 1888.

160. Para um exemplo dessas críticas pontuais à República, ver *Gazeta de Notícias*, 18 de fevereiro de 1896, *puff* dos Fenianos.

161. *O Paiz*, 19 de fevereiro de 1890, préstito dos Fenianos. No ano seguinte, os Democráticos fazem desfilar um carro alegórico intitulado "República", muito semelhante: "Consistia em um grande globo com duas estrelas giratórias e uma larga fita com o dístico 'ordem e progresso'" (*Gazeta de Notícias*, 11 de fevereiro de 1891). Nesse mesmo ano, no entanto, um tema forte dos desfiles, nos carros de crítica, é a proposta de alguns deputados republicanos — que os Democráticos chamam de "espirituosos tribunos" — de permitir o sufrágio feminino. Ver *O Paiz*, 10 e 11 de fevereiro de 1891.

162. *Gazeta de Notícias*, 18 de fevereiro de 1896.

163. Sobre os impasses da primeira década republicana, Floriano Peixoto e os jacobinos, ver Lincoln de Abreu Pena, *O progresso da ordem. O florianismo e a construção da República*. Rio de Janeiro, Sette Letras, 1997; e José Murilo de Carvalho, *Os bestializados*. São Paulo, Companhia das Letras, 1987, e *A formação das almas*. São Paulo, Companhia das Letras, 1990.

164. *Ao Congresso Nacional. Alguns apontamentos sobre a história do Club dos Fenianos*, op. cit.

165. *Gazeta de Notícias*, 9 de fevereiro de 1895.

166. *Ao Congresso Nacional. Alguns apontamentos sobre a história do Club dos Fenianos*, op. cit. Ver também Eneida de Moraes, op. cit., p. 56.

167. *Ao Congresso Nacional. Alguns apontamentos sobre a história do Club dos Fenianos*, op. cit.

168. É o caso, por exemplo, do carro "Saneamento", dos Fenianos, com uma enorme cabeça cujos dentes representavam espeluncas, graveteiros, mendicância "e outros flagelos": era a capital federal, que, segundo os Fenianos, teria de ser saneada antes de tudo pelo chefe de polícia. Ver *Jornal do Brasil*, 12 de fevereiro de 1902. Sobre o "fechamento das portas" (que estipulou horários de funcionamento para o comércio), ver Fabiane Popinigis, "Trabalhadores e patuscos". Dissertação de mestrado em história. Campinas, IFCH-Unicamp, 1998.

169. *Correio da Manhã*, 16 de fevereiro de 1904. Ver também o mesmo jornal, do dia 27 de fevereiro de 1906, em que se descreve o carro dos Democráticos intitulado "O grande prefeito", e o dos Tenentes, intitulado "A avenida" — ambos laudatórios de Pereira Passos e suas reformas urbanas. O *Correio da Manhã* de 28 de fevereiro de 1906, por sua vez, descreve o carro "Avenida", dos Fenianos, que levava bustos do ministro da Viação, do chefe da Comissão da Avenida e, em plano mais elevado, de Rodrigues Alves — sendo coroados por uma figura que simbolizava a pátria. O jornal descreve o carro alegórico e conclui: "Carro muito bonito, esse, se não tratasse de um motivo tão político". Nesse mesmo ano, como nos informa Eneida de Moraes (op. cit., p. 77), mesmo agremiações menores, como os Pingas Carnavalescos, adotaram essa temática e levavam em seus carros bustos de Pereira Passos e Paulo de Frontin.

170. *Correio da Manhã*, 23 de fevereiro de 1903. Esse tipo de manifestação carnavalesca

quase não aparece nos jornais da grande imprensa — mas merece destaque nesse jornal, que era um ferrenho opositor do regime no período.

171. João Bigode, "Balas de estalo". *Gazeta de Notícias*, 16 de fevereiro de 1885. Ver outras descrições desse carro na *Gazeta de Notícias* de 18 de fevereiro de 1885 e *A Semana*, nº 8, de 21 de fevereiro de 1885.

172. *O Paiz*, 6 de março de 1889. Para outras referências, ver *Gazeta da Tarde*, *Diário de Notícias* e *Gazeta de Notícias*, de 6 de março de 1889.

173. Cf. *Correio da Manhã*, 6 de março de 1905.

174. *O Malho*, 11 de março de 1905.

175. *O Malho*, 4 de março de 1911. Para confirmar a avaliação do cronista, pode-se recorrer aos jornais que descrevem préstitos na década de 1900-10. O *Correio da Manhã*, por exemplo, descreve em 5 de março de 1905 os carros do Club dos Pródigos: "O reinado de Zéfiro" que incluía meninos fantasiados de borboletas e jarros de flores interligados por festões de flores; em 25 de fevereiro de 1906, o préstito dos Pepinos Carnavalescos trouxe carros sobre "O reino da flora" e as estações do ano. São apenas dois exemplos, entre muitos, que mostram inclusive que as pequenas sociedades seguem o padrão inaugurado pelas três grandes.

176. "A arte carnavalesca" (anônimo). *Fon-Fon*, 4 de março de 1911.

177. Picolino, "Carnaval". *A Semana*, 19 de fevereiro de 1887. Sobre a presença sistemática de prostitutas — aquelas que frequentavam os espaços mais requintados da cidade, famosas por suas habilidades de sedução —, ver, entre outros, o viajante português Lino de Assumpção, *Narrativas do Brasil*. Rio de Janeiro, Livraria Contemporânea, 1881, p. 64; Tirintim, crônica em *O Mequetrefe* de 10 de fevereiro de 1883, ou mesmo o interessantíssimo material em verso publicado durante os Carnavais pelas próprias sociedades — como *A Folha Novinha*, nº 6 (Club dos Democráticos), 24 de fevereiro de 1884, ou o *puff* dos Progressistas da Cidade Nova, publicado no *Diário de Notícias* de 20 de fevereiro de 1887. Ver também poema distribuído pelos Fenianos e republicado na capa da *Revista Illustrada* de 3 de março de 1895, juntamente com uma charge de Julião Machado. Os versos terminam com a seguinte referência mais que explícita: "Deslumbra a vista a alvura dos decotes/ e a evidência com que elas patenteiam/ túrgidos, nédios, amplos holofotes".

178. José do Egito (Valentim Magalhães), "História dos sete dias". *A semana*, 26 de fevereiro de 1887. Sobre o mal-estar que a presença dessas mulheres por vezes provoca em alguns intelectuais, o melhor exemplo são os inúmeros textos de Artur de Azevedo, severo crítico da apresentação pública das meretrizes. Ver *Diário de Notícias* de 11 e 12 de março de 1886; *O Mequetrefe* de 20 de março de 1886; *A vida moderna*, nº 32, de 12 de fevereiro de 1887, e nº 33, de 19 de fevereiro de 1887; *Novidades* de 25 de fevereiro de 1888; *O Paiz* de 24 de fevereiro de 1895; e Artur de Azevedo, "Sonho de moça", in *Teatro a vapor*, op. cit., pp. 69-70. Fazendo coro a Azevedo, podemos encontrar Carlos de Laet ("Microcosmo", *O Paiz* de 7 de março de 1889), e, ironizando-o profundamente por seu moralismo, Aranha Minor (Alcindo Guanabara) ("Teias de Aranha", *Novidades* de 27 de fevereiro de 1887). Sobre o assunto, ver Cristiana Schettini Pereira, op. cit.

179. Ver, por exemplo, o lamento de Olavo Bilac na coluna "O carrilhão da bruxa", em *A Bruxa*, 5 de março de 1897.

180. Mefistófeles, *Correio da Manhã*, 14 de janeiro de 1907.

181. A *Gazeta de Notícias*, na coluna "Carnaval" da edição de 5 de fevereiro de 1904, exigia

a ajuda dos poderes públicos, tendo em vista a necessidade de fazer, ao menos durante aqueles três dias, "o povo esquecer todas as suas amarguras". A ideia então consolidada, do Carnaval como uma válvula de escape necessária, tornava-o quase um serviço de utilidade pública a ser financiado pelo governo.

182. *Alguns apontamentos sobre o histórico do Club dos Fenianos*. Rio de Janeiro, Papelaria Vênus, 1925. Segundo esse documento, nos primeiros tempos chegou a haver entre os Fenianos subscrições individuais de até setenta contos de réis — algo em torno de 70% do custo total do préstito.

183. Ibidem, p. 14.

184. Já pediam antes, claro, mas não dependiam exclusivamente dos prefeitos... Poucos anos depois da inauguração da avenida Central, vamos encontrá-las esmolando junto aos poderes públicos. As três grandes conseguem obter pequenos subsídios — vinte contos de réis, entre o governo federal e a Prefeitura —, considerados insuficientes, e o tema passa a ocupar um grande destaque nas polêmicas sobre o Carnaval. Cf. *Alguns apontamentos sobre o histórico do Club dos Fenianos*, op. cit.

3. MANDIROBAS, PÉS ESPALHADOS E O AMENO CARNAVAL DOS RESEDÁS (pp. 150-239)

1. *Gazeta de Notícias*, 7 de fevereiro de 1904, coluna "Carnaval".

2. Cf. João Carlos Rodrigues (*João do Rio, uma biografia*. Rio de Janeiro, Topbooks, 1996, p. 64), que se apoia em referências do jurista Viveiros de Castro (*Atentados ao pudor*, 1894) e de Pires de Almeida (*Homossexualismo*, 1906). Do mesmo ano deste último é o comentário de Baptista Coelho (João Phoca) e Bastos Tigre (D. Xiquote), publicado em *O maxixe* (parte cantante). Rio de Janeiro, Typographia R. Braga, 1906, p. 24: "Este é o fresco largo do Rocio [...]/ O caso é que espanta/ com tal movimento:/ aqui sempre há fresco/ com vento ou sem vento" (coro nº 40).

3. *Gazeta de Notícias*, "O Carnaval de outrora", 10 de fevereiro de 1890.

4. Em 1893, por exemplo, a *Gazeta de Notícias* do dia 13 de fevereiro noticia a passagem das agremiações, evidenciando que as Grandes Sociedades tinham de dividir agora seu espaço com o antigo Triunfo dos Cucumbis, com o grupo de frevo dos Vassourinhas e com novos e temíveis cordões, como os Filhos das Chamas ou o Estrela Formosa. Quanto aos Vassourinhas, temos poucas informações, mas certamente esta forma se mantém até o século XX. O *Correio da Manhã* de 31 de janeiro de 1907, por exemplo, noticia a passagem do Vassourinha Club dos Chineses, constituído de "bravos pernambucanos", acompanhados de orquestra de frevo, e chega mesmo a transcrever a letra do frevo que entoavam naquele Carnaval.

5. Os valores das mensalidades cobradas nessas associações são variáveis nos números mas sempre inferiores aos estipulados nos estatutos das Grandes Sociedades. Sociedades carnavalescas "elegantes" — embora não tão poderosas —, como a Fantôme, o Club dos Travessos ou o Girassol Club (respectivamente do centro, da Gávea e de Botafogo), tinham anuidades que variavam de dez a vinte mil-réis de luvas e cinco de mensalidade, padrão compatível com as três grandes. Em ranchos e cordões, os valores variam em geral entre dois ou três (o padrão mais

comum) a sete mil-réis de joia e de um a dois mil-réis de mensalidade. Cf. Estatutos de agremiações carnavalescas. Arquivo Nacional, IJ6, maços 563 (1915) e 596 (1916), a título de exemplo.

6. Um conjunto documental importante para sustentar essa afirmação está na série "Visita aos cordões", publicada pela *Gazeta de Notícias* durante o mês de fevereiro de 1906. Essa série inclui descrição de visitas a cordões e a ranchos de diferentes partes da cidade, cujas características diferentes são claramente estabelecidas pelas reportagens, apesar do rótulo comum atribuído a essas agremiações do Carnaval.

7. Cf. *Gazeta de Notícias*, 14 de fevereiro de 1906, "A poesia nos cordões".

8. O significado da palavra *mandiroba* nesse contexto é duvidoso. No Norte do país, a palavra (utilizada ainda hoje) significa "tedioso", "desagradável" (agradeço a Aldrin Figueiredo pela informação de viva voz). Mas a palavra não consta nos dicionários do período editados no Centro-Sul. Quanto ao Pé Espalhado, nome de um cordão que aparece em registros da imprensa por volta do ano de 1906, é inequívoca a intencional associação de seu título à prática da capoeira, a cuja linguagem pertence a expressão "espalhar-se" e o uso óbvio dos pés. Câmara Cascudo (op. cit., pp. 593-4) redigiu um verbete para a palavra *pé* no qual se pode ler Pés de espalha-patrulha ou pés espalhados" como termos relacionados à prática da capoeira. Os demais termos utilizados referem-se a alguns padrões recorrentes na denominação dos cordões carnavalescos.

9. Cf. Mário Pederneiras, "Tradições". *Kosmos*, fevereiro de 1907.

10. Sobre a persistência dos padrões senhoriais na relação entre negros e ex-senhores no pós-abolição, ver Hebe Castro, "Laços de família e direitos no final da escravidão", in Luiz Felipe de Alencastro (org.), *História da vida privada no Brasil. Império: a Corte e a modernidade nacional*. São Paulo, Companhia das Letras, 1997 (vol. 2), pp. 337-83, em especial pp. 364-83.

11. *Careta*, 18 de março de 1922. Ver também Eneida de Moraes (op. cit., pp. 113 e passim), que menciona outros nomes de importância social e política que participavam como defensores ativos dos ranchos — como Nicanor do Nascimento no Mimosas Cravinas.

12. *Gazeta de Notícias*, 21 de fevereiro de 1906.

13. Pode-se verificar, por exemplo, que os estatutos dessas sociedades designadas como "cordões" sempre mantêm em sua diretoria um diretor "de pancadaria", encarregado de ensaiar a bateria. Ver, por exemplo, a diretoria dos Destemidos das Chamas, da Cidade Nova, identificada com seus cargos no *Correio da Manhã* de 17 de janeiro de 1907: além de presidente, vice-presidente, tesoureiro e fiscais, há ainda os mestres de pancadaria, de canto e um contra-mestre geral, para a organização dos desfiles. Versos cantados por cordões reforçam esse sentido: "Iaiá chega à janela/ venha ver, Maria/ É o Filhos da Noite/ com sua pancadaria" (*Gazeta de Notícias*, 16 de fevereiro de 1906).

14. Cf., por exemplo, *Gazeta de Notícias*, 4 de fevereiro de 1906: os cordões passaram a designar-se sociedades, grupos ou clubes, denominação "mais elegante e mais em harmonia com uma cidade que já possui avenidas", comenta o cronista. Apesar da nova etiqueta, arremata ele, a instituição dos cordões permanecia com suas velhas tradições derivadas dos cucumbis, danças de velhos, batuques africanos e zé-pereiras.

15. Ver, por exemplo, o cartão enviado pelo primeiro-secretário do cordão Teimosos da Gamboa à *Gazeta de Notícias*, no qual ele se assina "Lord Gastão", publicado na edição do dia 13 de fevereiro de 1906.

16. A imprensa está repleta de exemplos, para todo o período. Frequentemente noticiam, em pequenas notas, a composição de cargos das agremiações (fossem elas designadas ou não como "cordões") e seus respectivos ocupantes: Cf., por exemplo, nota sobre os Destemidos das Chamas, no *Correio da Manhã* de 17 de janeiro de 1907; são comuns também as notícias sobre a constituição de novos grupos ou de concessão de licença para ir às ruas, com detalhes interessantes para a reconstituição da natureza e do funcionamento desses grupos do Carnaval carioca.

17. Ver, por exemplo, estatutos da Triunfo da Lira de Santa Cruz (manuscrito, Arquivo Nacional, IJ6, maço 563 [1914]), entre outros.

18. Ver, por exemplo, estatutos da Príncipe Negro (Arquivo Nacional, IJ6, maço 596 [1916]).

19. Ver, por exemplo, estatutos do Mimosas Cravinas (Arquivo Nacional, IJ6, maço 563 [1915]), e do Guerreiro da Montanha (Arquivo Nacional, IJ6, maço 563 [1915]), entre muitos outros na mesma série.

20. Sobre a questão, ver Leonardo Affonso de Miranda Pereira, op. cit.

21. *Diário de Notícias*, 9 de fevereiro de 1891. Note-se que no período existiu efetivamente um grupo carnavalesco intitulado Grupo dos Novos, mas "clube dos capoeiras" e "sociedade dos malandros" apenas tentam classificar quem são os "novos" sujeitos do Carnaval de rua. O tom mal-humorado está presente mesmo em autores que, em face do entrudo, adotaram uma postura pelo menos dúbia e mais toletante, como Artur de Azevedo. Cf., por exemplo, "O dominó peitudo", *Correio da Manhã*, 22 de fevereiro de 1903.

22. Luiz Edmundo, *O Rio de Janeiro do meu tempo*, op. cit., pp. 311-8. Apesar da descrição detalhada do cronista, nunca encontrei na imprensa ou em outras fontes nenhuma referência a esse cordão de nome pitoresco, que é mencionado também pela folclorista Marisa Lira (*Calendário folclórico do Distrito Federal.* Rio de Janeiro, Prefeitura do DF/Organização Cultura e Vida, 1956, p. 71), que classifica o grupo como "bloco". Essa autora pode ter se baseado apenas em Luiz Edmundo, de modo que resta como possibilidade tratar-se de relato ficcional — o que não invalida (pelo esforço de criação de um arquétipo) o uso desse texto como uma fonte descritiva relevante. Note-se a semelhança dessa com outras descrições disponíveis de sedes de agremiações carnavalescas desse tipo. A título de exemplo, ver a *Gazeta de Notícias* de 4 de fevereiro de 1906, em que está descrito o salão social da S. C. Rainha do Mar, no bairro do Catete, com seus "escudos, flores e símbolos, tudo feito habilmente em papel, predominando as cores da sociedade, azul, branco e vermelho".

23. Sobre comendadores e sua imagem negativa junto ao público carioca, ver Fernando Mencarelli, op. cit.

24. Luiz Edmundo, op. cit., p. 313.

25. Carlos Eugênio Líbano Soares, op. cit., p. 296. Podem-se encontrar na imprensa e em outras fontes de época pelo menos quinze agremiações — cordões na grande maioria — com a palavra *Lira* no título: Choro, Flor, Prazer e Rainha da Lira, além das Brasileira, da República, de Ouro, de Prata, do Brasil, do Castelo, do Mar, do Méier, dos Operários, entre outras.

26. Trata-se de três famosos caricaturistas e desenhistas do período, com destacada presença na imprensa diária — particularmente Calixto Cordeiro, um dos nomes de maior expressão nessa modalidade, no período.

27. Martha de Abreu Esteves, *Meninas perdidas. Os populares e o cotidiano do amor no Rio de Janeiro.* Rio de Janeiro, Paz e Terra, 1989.

28. Lima Barreto reforça essa concepção tanto em *Feiras e mafuás* (São Paulo, Brasiliense,

1956), na crônica "Sobre o Carnaval" (1920), como ao referir-se aos bailes da Cidade Nova em *Numa e a ninfa* (São Paulo, Gráfica Editora Brasileira, 1950 [1ª ed.: 1915], pp. 62-3): "Há neles até excesso de vigilância materna e paterna, de preceitos, de regras costumeiras do grupo social inferior, que realiza a criação ou invenção de outro grupo. Como em todas as partes, em todas as épocas [...] os inferiores se apropriam e imitam as ademanes, a linguagem, o vestuário, as concepções de honra e família dos superiores". Luiz Edmundo (op. cit., p. 306) assim se refere aos salões dos cordões: "Culto a Terpsychore, mas, num ambiente puramente familiar, onde o próprio maxixe não se dansa, e é visto como expressão de maus costumes".

29. Eneida de Moraes (op. cit., pp. 103-4) informa que encontrou a palavra *cordão* pela primeira vez em 1886, em referência ao Estrela da Aurora. Evidentemente, embora ela não mencione, a palavra aparece bem antes, mas relacionada sempre aos tradicionais "cordões de velhos" do Carnaval carioca, não a agremiações organizadas como clubes ou sociedades. Em 1902, segundo a mesma autora, a polícia licenciou mais de duzentos grupos desse tipo, atestando a rapidez com que a forma proliferava no Rio de Janeiro. Os dados que obtive confirmam em linhas gerais a sugestão de Eneida, embora a palavra *cordão* já apareça com esse sentido desde 1880. Eram no entanto poucas as agremiações que mereciam essa classificação no início da década de 1880 — entre elas a Capricho da Mocidade, o Triunfo de São Lourenço e os Filhos do Inferno —, algo em torno de uma dúzia de referências até 1885. Talvez seja pertinente a lembrança de que a década de 1880 constitui um período particularmente tenso no que diz respeito aos conflitos de e contra os capoeiras.

30. Talvez seja interessante aqui apontar um possível nexo sugerido pela análise de Thomas Holloway, em *Policing Rio de Janeiro. Repression and resistance in a 19th century city*. Stanford, Stanford University Press, 1993, pp. 8-9: a capoeira só se torna ilegal com a República, coincidindo exatamente com a súbita proliferação dos cordões carnavalescos.

31. Ver, por exemplo, a *Gazeta de Notícias* de 18 de fevereiro de 1896: "Não saíram a passeio as sociedades carnavalescas [...]. Em compensação os grupos e cordões, infatigáveis, barulhentos, formidáveis no zabumba, nas cantigas e nas dançarolas, encarregaram-se de dar vida e rebuliço às ruas centrais da cidade".

32. A distribuição entre essas categorias dos grupos identificados deu-se com base em alguns elementos que devem ser explicitados aqui: 1) a forma como eram qualificados pela imprensa; 2) um conjunto de características que as aproximavam mais de um ou outro modelo; por exemplo, a presença de pastorinhas, coros femininos, música orquestral ou títulos florais, ou ainda a existência de figuras como diretores de harmonia ou de canto — que sugere a forma de desfile adotada pelos ranchos —, enquanto a presença de diretores de pancadaria, a quase ausência de instrumentos de sopro, a presença de índios fantasiados ou de figuras tradicionais do Carnaval, como velhos e caveiras ou diabinhos, indicam tratar-se de uma agremiação que seria qualificada facilmente como cordão.

33. J. Bocó, *O Malho*, nº 181, 3 de março de 1906.

34. João do Rio, "Elogio ao cordão". *Kosmos*, fevereiro de 1906. A estimativa é modesta: no ano seguinte a polícia relacionaria um total de 312 autorizações para sair às ruas, número ao qual se podem acrescentar mais de cem agremiações conhecidas que ou não obtiveram licença ou deixaram de desfilar naquele ano. Cf. "Relação dos clubes, sociedades, grêmios e grupos etc. que obtiveram licença da polícia para sair no Carnaval de 1907". Arquivo Nacional, GIFI — 6C — 210.

35. Carioca, "O meu domingo". *Fon-Fon*, nº 48, 7 de março de 1908.

36. Cf. Carlos Eugênio Líbano Soares, op. cit., p. 268. Segundo o autor, desertores e escravos concentraram-se nessa área no século XIX por tratar-se de uma região de bosques e morros, suficientemente perto do centro, no entanto, para permitir oportunidades de ganho e diversão.

37. Ver Roberto Moura, *Tia Ciata e a Pequena África no Rio de Janeiro*. Rio de Janeiro, Secretaria Municipal de Cultura, 1995.

38. Cordões Filhos do Castelo de Ouro, Terror do Castelo, Prazer do Castelo, Flor do Castelo e Filhos da Floresta, no morro do Castelo; na rua do Hospício, onde se concentravam os principais cucumbis no século XIX, os Destemidos do Inferno; Filhos da Lira dos 2 Diamantes, na rua dos Inválidos; e Pé Espalhado, na rua Senhor dos Passos. Sobre os morros cariocas, curiosamente, não há muitos textos conhecidos. Ver, de todo modo, Roberto Moura, op. cit., p. 60, com referências ao morro da Favela (Providência), o mais antigo, ocupado por soldados remanescentes da Guerra de Canudos, e os de São Carlos e da Mangueira, ocupados na virada do século XIX, entre outros.

39. Os dados sobre população e número de residências e prédios de cada freguesia, que sustentam essas observações, podem ser conferidos em *Brasil. Recenseamento do Rio de Janeiro (Distrito Federal), realizado em 20 de novembro de 1906*. Rio de Janeiro, Oficina de Estatística, 1907-8, 2 vols. Entre as freguesias dos grupos 1, 2 e 3 (excluídas, portanto, as suburbanas e as rurais, que interessam menos ao argumento), os dados do censo indicam o perfil diferenciado das regiões: o grupo 1 concentra 28,4% da população do conjunto e 26,2% das residências; o grupo 3 mantém uma relação semelhante: 45,3% da população corresponde a 42,9% das habitações; no grupo 2 (Glória e Lagoa), no entanto, a relação se inverte: 26,3% da população ocupa 30,9% das residências.

40. "O cordão desordeiro", *Gazeta de Notícias*, 6 de fevereiro de 1897. Segundo Carlos Eugênio Líbano Soares (op. cit.), essa elegante rua central havia sido objeto de preocupação das autoridades desde o século XIX, devido à presença desafiadora das maltas. Em 1887, os ajuntamentos chegam a ser proibidos nessa e em outras ruas centrais, por causa dos tumultos provocados por elas.

41. Sobre maltas de capoeiras, ver o excelente trabalho de Carlos Eugênio Líbano Soares, op. cit. As fontes utilizadas pelo autor descrevem esse padrão de comportamento, de desafio e valentia, adotado com frequência por grupos de capoeira na cidade, sobretudo após a Guerra do Paraguai e por um período relativamente longo da história do Rio de Janeiro.

42. Seguindo os passos dos comentaristas do período, a própria bibliografia especializada posterior tomou tais classificações como uma categorização aceitável e uma classificação adequada. A oposição entre cordões (ditos bárbaros, grosseiros e perigosos) e ranchos (ingênuos, agradáveis e pacíficos) cristalizou-se nas análises sobre a história do Carnaval carioca como um dado sobre o qual não parecia restar discussão possível. Essa é uma concepção quase generalizada na bibliografia sobre o tema, e em parte decorre de uma leitura pouco mediatizada das fontes, que termina por absorver seus próprios critérios de avaliação. Ela está presente em trabalhos clássicos da área, como em Eneida de Moraes (op. cit.), mas também em trabalhos recentes e importantes como o de Maria Isaura Pereira de Queiroz (op. cit.) ou, ainda mais recente, o de Rachel Soihet (*Subversão pelo riso. Estudos sobre o Carnaval carioca da belle époque ao tempo de Vargas*. Rio de Janeiro, Editora da FGV, 1998), que atribui como título às suas páginas sobre os

ranchos a expressão cunhada pelo folclorista Renato Almeida, que, em sua clássica *História da música brasileira* (2ª ed. revista e aumentada. Rio de Janeiro, F. Briguiet, 1942), contribui para consolidar o estereótipo ao afirmar que "os ranchos eram os cordões mais civilizados".

43. Sobre o cabeça de porco e sua destruição na última década do século XIX, ver Sidney Chalhoub, op. cit., em especial o primeiro capítulo, e Lilian F. Vaz, "Notas sobre o Cabeça de Porco". *Revista do Rio de Janeiro*, vol. 1, nº 2. Niterói, jan.-dez. 1986, pp. 29-35.

44. A *Gazeta de Notícias* de 8 de fevereiro de 1904, por exemplo, traz a relação das agremiações carnavalescas da 9ª Circunscrição Urbana, que corresponde aproximadamente a essa região, mencionando 27 grupos com existência fixa e legalizada.

45. A referência explícita ao milênio pode ser encontrada em Eduardo Silva, *As queixas do povo*. Rio de Janeiro, Paz e Terra, 1988, p. 81 — embora a ideia seja compartilhada pela maior parte dos autores. Mas não se trata de uma ideia nova — pois está claramente sugerida por João do Rio na crônica "O elogio do cordão" (*A alma encantadora das ruas*. Rio de Janeiro, Secretaria Municipal de Cultura, 1991, p. 94), que identifica na nomenclatura dos grupos carnavalescos a intenção de "maravilhar com ouro, prata, diamantes que infundem o respeito da riqueza".

46. Cf. Carlos Eugênio Líbano Soares, op. cit., p. 223.

47. Sobre o uso desse termo para designar lugares da cidade do Rio de Janeiro, como expressão eminentemente "malandra", ver Maria Ângela Borges Salvadori, "Capoeiras e malandros. Pedaços de uma sonora tradição popular, 1890-1950". Dissertação de mestrado. Campinas, IFCH-Unicamp, 1990 (mimeo.).

48. Mary Karasch, op. cit., especialmente o cap. 6, sobre os principais ofícios de escravos de ganho na cidade. Entre eles, os ofícios ligados ao mar (barqueiros, pescadores etc.) assumiam papel importante. Nesse caso, deve-se assinalar a frequência elevada de nomes de cordões e de ranchos que remetem a essas profissões e atividades: Barquinha, Sereia de Ouro, Filhos da Sereia, Estrela dos Navegantes, Filhos do Mar, Marinheiros Teimosos, Rainha do Mar, entre outros, são ranchos e cordões que utilizam essa forma de autoidentificação.

49. Respectivamente, cordões do Andaraí, Piedade e de local desconhecido, todos em ação no Carnaval de 1906 e dos anos seguintes.

50. Cf. "A psicologia dos cordões". *Gazeta de Notícias*, 4 de fevereiro de 1906.

51. Entre agremiações classificadas como ranchos, encontrei para o período 1900-10 apenas uma nesse padrão, intitulada Príncipe Negro, de Madureira.

52. "A psicologia dos cordões", op. cit.

53. Visitas aos cordões. Ibidem, 14 de fevereiro de 1906.

54. Carioca, "O meu domingo". *Fon-Fon*, nº 48, 7 de março de 1908.

55. *Correio da Manhã*, 10 de fevereiro de 1903, que se refere aos Teimosos das Chamas, da Cidade Nova.

56. Sobre as reformas urbanas no Rio de Janeiro, ver Jaime Larry Benchimol, op. cit.; Teresa Meade, *Civilizing Rio. Reform and resistence in a Brazilian city, 1889-1930*. Pensilvânia, Pennsylvania State University Press, 1997; Oswaldo Porto Rocha, op. cit.

57. Para os dados de população, ver Sandra Lauderdale Graham, *Proteção e obediência. Criadas e seus patrões no Rio de Janeiro (1860-1910)*. São Paulo, Companhia das Letras, 1992, p. 38. Sobre a Revolta da Vacina, ver Sidney Chalhoub, op. cit.; José Murilo de Carvalho, *Os bestializados. O Rio de Janeiro e a República que não foi*, op. cit.; Nicolau Sevcenko, *A Revolta da Vacina:*

mentes insanas em corpos rebeldes. São Paulo, Brasiliense, 1984. Sobre o movimento operário do Rio de Janeiro na Primeira República, ver Ângela Castro Gomes, *A invenção do trabalhismo*. Rio de Janeiro, Relume-Dumará, 1994; Cláudio Henrique de M. Batalha, "Le syndicalisme 'amarelo' à Rio de Janeiro (1906-1930)". Tese de doutorado. Université de Paris I, 1986 (mimeo.); Carlos Augusto Ador, *A insurreição anarquista no Rio de Janeiro*. Rio de Janeiro, Dois Pontos, 1986.

58. João do Rio, "Atrás da máscara". *Gazeta de Notícias*, 1º de março de 1908.

59. Américo Fluminense (Gonzaga Duque), "O Carnaval no Rio". *Kosmos*, fevereiro de 1907. Para outro exemplo de crônica assinada pelo mesmo autor, entre dúzias de possibilidades, ver também "Princeses e pierrots". *Kosmos*, março de 1906. Aqui, o linguajar se repete: "Choréa selvagem", "batuque melopeico", "banzo africano", "requebro capadócio" e por aí vai.

60. Sobre esse tipo de avaliação para o Carnaval da Bahia, enunciada por Nina Rodrigues e outros intelectuais, ver Peter Fry, S. Carrara & Ana Luísa M. Costa, op. cit., pp. 232-63.

61. As últimas referências que encontrei à presença de cucumbis no Carnaval carioca, na imprensa diária, datam de 1891. Depois dessa data, as fontes silenciam totalmente sobre esse tipo de desfile carnavalesco.

62. *Jornal do Brasil*, 23 de fevereiro de 1903.

63. *Jornal do Brasil*, 24 de fevereiro de 1903.

64. Cf. Luiz Edmundo, op. cit., p. 306.

65. Sobre essa mistura de tradições, ver Renato Almeida, op. cit.

66. João do Rio, "Elogio do cordão". *Kosmos*, fevereiro de 1906.

67. Cf., por exemplo, Emiliano Di Cavalcanti, *Viagem da minha vida*, Rio de Janeiro, Civilização Brasileira, 1955, pp. 23-44, referindo-se em particular aos Carnavais dos cordões de São Cristóvão no início do século. No *Jornal do Brasil* de 18 de fevereiro de 1901, para lançar mão de exemplo comum na imprensa do período, aparece a descrição da passagem pela rua da Carioca de um cordão não identificado, "tendo à frente o carão tradicional"da dança de velhos.

68. Coplas do cordão Cachinhos de Ouro, de Vila Isabel, no Carnaval de 1906. *Gazeta de Notícias*, 16 de fevereiro de 1906.

69. Gonzaga Duque, "Chrônica". *Kosmos*, fevereiro de 1909.

70. *Careta*, 13 de fevereiro de 1915.

71. Vinculados às irmandades religiosas do século XIX, os cucumbis parecem ter desaparecido com elas. Cf. Martha Campos Abreu, op. cit., especialmente o cap. 4. Ver também, a propósito, Mary G. Karasch, op. cit., pp. 247-9 e cap. 9.

72. *Correio da Manhã*, 24 de fevereiro de 1903.

73. Ver, a título de exemplo, o *Jornal do Brasil* de 27 de janeiro de 1902, em que a questão aparece formulada claramente: nos bairros da "Cidade Nova, Saúde, Gamboa e Saco do Alferes", segundo o jornal, "abundam as sedes de cordões" — ou pelo menos daqueles que pareciam concentrar a ira do jornalista. Na verdade, operação análoga é realizada depois pela bibliografia sobre o Carnaval, que construiu um outro mito: o de que os ranchos eram instituições da parte mais elegante da cidade. Cf., por exemplo, Jota Efegê, op. cit., p. 279: "Quase todos [...], a maioria dos ranchos tinham sede na Zona Sul (Botafogo, Catete, Laranjeiras e Gávea)"!

74. João do Rio, *Cinematógrafo*. Porto, Livraria Chardron, 1909, p. 34. Eram cerca de 30% apenas, nessa região (ver tabela 2).

75. Em parte, tal exclusividade deve ter sido atribuída pelo forte significado da praça 11 nos Carnavais do início do século XX — local onde se concentravam cordões e ranchos em animadas

exibições. Essa referência está presente em cronistas e memorialistas — como, por exemplo, Vivaldo Coaracy, op. cit., pp. 512-3; mas está reproduzida também na historiografia mais recente, como no trabalho de Roberto Moura, op. cit., pp. 60-1, entre muitos outros.

76. 1905: Flor da Floresta e Prazer do Castelo; 1907: além dos dois mencionados, Flor do Castelo e Filhos do Castelo; 1910: Prazer do Castelo, Filhos do Castelo de Ouro e Terror do Castelo.

77. Satanás, coluna "Momo". *Correio da Manhã*, 23 de fevereiro de 1903.

78. Cf. Carlos Eugênio Líbano Soares, op. cit. João da Baiana toca no assunto em entrevista ao jornal *A Noite* de 1º de agosto de 1950: "Aliás", diz ele, "seresteiro e capadócio era tudo a mesma coisa [...] Processar a gente por vadiagem não podia, porque nós todos trabalhávamos". João nasceu em 1886 ou 1887 na Cidade Nova, e era — além de seresteiro e capadócio — estivador.

79. Cf. *Gazeta de Notícias* de 7 de janeiro de 1907.

80. D. Picolino, "Zé-Pereira". *Fon-Fon*, 11 de janeiro de 1908.

81. Não localizei nenhum registro de um grupo chamado "Filhos das Trevas" nesse período — o que reforça a impressão de tratar-se de pura ficção (o que torna particularmente sugestivo o título atribuído ao cordão).

82. Lima Barreto, "A vingança (história de Carnaval)". Seção de Manuscritos da Biblioteca Nacional, I-6, 34, maço 869.

83. Informação dada por Carlos Eugênio Líbano Soares em conversa pessoal, pela qual agradeço.

84. António Moraes Silva (*Diccionário da língua portugueza recopilado dos vocabulários impressos até agora, e nesta segunda edição novamente emendado e muito accrescentado*. Lisboa, Typographia Lacerdina, 1813) assinala um antigo e sugestivo sentido do termo: "Cordão de cavalaria ou infantaria: os soldados que cercam algum lugar". Para a acepção ligada à forma de dançar em fileiras, ver João do Rio, "Afoché". *Gazeta de Notícias*, 2 de março de 1905.

85. José Murilo de Carvalho (op. cit., em especial o cap. 5) sugere que no Rio de Janeiro do início da República ocorreu um processo de politização do lazer e de outros espaços da vida cotidiana, em vista da ausência de canais institucionais de participação e organização popular. A sociedade civil se organizaria assim em torno de questões desse tipo, mobilizando-se e defendendo seus interesses nessa arena, mais que por intermédio dos (inexistentes) canais de representação política.

86. Cf. Jota Efegê, op. cit., pp. 210-1.

87. *Correio da Manhã*, 23 de fevereiro de 1903.

88. *Jornal do Brasil*, 23 de fevereiro de 1903. Na véspera, o mesmo diário havia noticiado o episódio como invasão da polícia à sede do Castelo de Ouro, com a prisão de vários de seus integrantes.

89. Poder-se-ia mesmo supor que a imprensa, de certa forma, preenchia o lugar ocupado pela Justiça e pela polícia como espaços de garantia individual, que integravam as práticas e concepções da liberdade entre escravos no Rio de Janeiro no século XIX. Cf. Sidney Chalhoub, *Visões da liberdade. Uma história das últimas décadas da escravidão na Corte*, op. cit.

90. Thomas Holloway, op. cit., p. 268, e Carlos Eugênio Líbano Soares, op. cit., pp. 220, 288 e passim, enfatizam a forte ligação entre policiais e capoeiras, em situação de verdadeira simbiose ao longo do século XIX. Os policiais eram recrutados entre estes últimos, e esses autores men-

cionam inclusive ocasiões em que grupos de policiais intervêm em brigas de maltas, posicionando-se a favor de uma delas. Exemplo interessantíssimo é mencionado por Carlos Eugênio Líbano Soares (op. cit., p. 269). Não é difícil imaginar que situações análogas acontecessem em relação às brigas de cordão.

91. *Jornal do Brasil*, 24 de fevereiro de 1903.

92. Cf. Eneida de Moraes, op. cit., p. 144.

93. *Gazeta de Notícias*, 28 de janeiro de 1908. O Heróis dos Navegantes era um cordão com sede em Piedade.

94. "Um criminoso". *Gazeta de Notícias*, 6 de janeiro de 1906.

95. Ibidem.

96. Em 1904, por exemplo, até meados de janeiro os jornais comentavam a ameaça de greve de cocheiros e marítimos, e em 17 e 18 de janeiro menciona-se a possibilidade de uma greve geral que coincida com o Carnaval. Bem perto dos dias gordos, os trabalhadores de bondes urbanos ameaçavam parar e inviabilizar a festa — e tudo isso colocava a polícia em polvorosa. Notícias desse tipo são comuns na imprensa ao longo de toda essa década, quando se aproxima o Carnaval.

97. "A arte nos cordões". *Gazeta de Notícias*, 13 de fevereiro de 1906.

98. Para exemplos correlatos nas agremiações esportivas, ver Leonardo Affonso de Miranda Pereira, *Footballmania. Uma história social do futebol no Rio de Janeiro (1902-1938)*. Rio de Janeiro, Nova Fronteira, 2000. Do mesmo autor, sobre clubes dançantes, "E o Rio dançou: identidades e tensões nos clubes recreativos cariocas (*1912-1922*)", in Maria Clementina Pereira Cunha (org.), op. cit.

99. Luiz Edmundo, op. cit., pp. 316-8.

100. Almirante, crônica em *A Manhã*, apud Eneida de Moraes, op. cit., p. 109.

101. Luiz Edmundo, op. cit., p. 317.

102. Ibidem, pp. 317-8.

103. Ibidem, p. 318.

104. *Código de posturas municipais*. Rio de Janeiro, 1889, título II, particularmente a seção IV, artigo 11º. Até 1878 havia no Rio de Janeiro — entre outras restrições a práticas culturais e de lazer dos pobres, como botequins, tavernas, casas de jogos — um toque de recolher às dez horas da noite, prática que prossegue, mesmo informalmente, após essa data, sujeitando os infratores a multas ou prisão. Cf. Sandra Lauderdale Graham, op. cit., p. 30.

105. Sobre os mecanismos de controle policial no período, ver Marcos Bretas, *A ordem na cidade. O exercício cotidiano da autoridade policial no Rio de Janeiro, 1907-1930*. Rio de Janeiro, Rocco, 1997; do mesmo autor, *A guerra das ruas. Povo e polícia na cidade do Rio de Janeiro*. Rio de Janeiro, Arquivo Nacional, 1995.

106. Vou utilizar aqui o conjunto documental relativo à polícia do Rio de Janeiro para o Carnaval de 1912 existente no Arquivo Nacional (Documentação de Polícia, pc. 423, cx. 5566). Trata-se da única amostra consistente localizada. Dele constam ofícios e editais da Chefia de Polícia, do Comando Superior da Guarda Nacional do DF, documentos internos concernentes aos contingentes da polícia, da guarda civil e da brigada policial designados para as ruas e para os bailes, e sua distribuição em cada ponto da festa, com mapas de policiamento e outros documentos avulsos. Agradeço a Leonardo Affonso de Miranda Pereira por ter localizado e trazido a mim essa documentação.

107. *Jornal do Brasil*, 3 de fevereiro de 1902.

108. *Jornal do Brasil*, 22 de fevereiro de 1903.

109. Cf. Inspetoria Geral da Guarda Civil do DF, ofício 870, de 28 de março de 1912 (Arquivo Nacional, Documentação de Polícia, pc. 423, cx. 5566). O número mencionado — 725 — aparece aumentado posteriormente em listagens e mapas de policiamento. Os números da brigada policial encontram-se em cópia de listagem existente na mesma documentação. Note-se que não há nada de especial no ano de 1912: a questão é que este é o único exemplo disponível para verificar a montagem do aparato policial para os dias de Carnaval.

110. Ibidem.

111. Ver, por exemplo, *Jornal do Brasil* de 20 de fevereiro de 1903.

112. *Correio da Manhã*, 9 de fevereiro de 1903.

113. Cf. *Jornal do Brasil*, 17 de fevereiro de 1903.

114. Cf. *Gazeta de Notícias*, 14 de fevereiro de 1904.

115. "Relação dos clubs, sociedades, grêmios, grupos etc. que tiveram licença da polícia para sair no Carnaval de 1907" (Arquivo Nacional, GIFI — 6C — 210). Constam do registro os seguintes elementos: nome do grupo ou da pessoa autorizada, endereço das sedes e dias de saída. Confrontando esses dados com os obtidos pela pesquisa na imprensa e demais fontes utilizadas, verifiquei que essa lista contém 117 registros que não constavam da relação de grupos cadastrados no banco de dados sobre as agremiações carnavalescas no período abrangido pela pesquisa, e cujo universo alcança o total de 716 referências. Entre esses 117, seis eram autorizações para indivíduos (e não grupos organizados), que desconsiderei no cômputo final. Acredito dessa forma que, agregando as informações dessa relação com aquelas coletadas em outras fontes e constantes do banco de dados (que registra casos de agremiações que saíram às ruas sem licença ou que, embora existentes, deixaram de sair naquele ano específico), podemos ter uma radiografia quase completa do Carnaval de 1907.

116. Barão de São Félix, nº 89, 95, 156 e 170; e Senador Pompeu nº 37, 60, 65 e 127.

117. Há outros casos na mesma região, como a rua da América, na Saúde, que sozinha tinha seis sedes de cordão, ou a também pequenina rua dos Cajueiros — onde ainda estava Tia Ciata com seu Rosa de Ouro —, que sediava três grupos diferentes naquele ano. A rua do Alcântara, para usar mais um exemplo, abrigava o terreiro do "feiticeiro" Ononenê (cf. João do Rio, *A alma encantadora das ruas*, op. cit., p. 30) e sediava também os cordões Amantes do Beija-Flor e Facho da Liberdade, nos primeiros anos do século XX.

118. Como sabemos, esse foi um dos principais redutos de sublevação na Revolta da Vacina. Ver Sidney Chalhoub, op. cit.

119. Grupos Heróis do Inferno, Serpente de Prata, Paladinos do Catete, Amantes das Morenas e Filhos da Estrela dos Dois Diamantes.

120. Mais raros são os exemplos de mudança de bairro — que nesse período provavelmente estaria associada ao próprio processo de bota-abaixo, que destruiu áreas inteiras (e intensamente povoadas) da cidade. Ainda assim, vários exemplos podem ser apontados — como o Cravo de Ouro, rancho da Saúde que se transfere para Realengo por volta de 1907, ou o Facho da Liberdade, que se muda para o Catumbi no final da década.

121. Para uma interessante e cômica descrição de uma dessas ocasiões no teatro de revista,

ver Artur de Azevedo, "O cordão", in *Teatro de Arthur Azevedo*. Rio de Janeiro, Instituto Nacional de Artes Cênicas (Inacen), 1995, t. VI, pp. 105-41.

122. *Gazeta de Notícias*, 8 de janeiro de 1907.

123. Para exemplos, ver Arquivo Nacional, IJ6, maços 564, 567, 594, 595, 597, 645, 649, 655 (pedidos de licença) — para 1915-8. Brasil Gerson (*História das ruas do Rio de Janeiro*. Rio de Janeiro, Editora Souza, 1954, p. 170) refere-se às sociedades "chamadas de 'mil e cem' (mil réis pela entrada e cem réis pelo chapéu)" do início do século XX, entre as quais inclui a célebre Kananga do Japão.

124. Circular do segundo delegado auxiliar aos delegados circunscricionais, transcrita na *Gazeta de Notícias* de 10 de janeiro de 1907. As tentativas de controle vão se tornar crescentemente eficazes, até chegar, em 1918, à proibição totalmente arbitrária, pelo chefe de polícia Aurelino Leal, da fundação de grupos similares. Cf. Jota Efegê, op. cit., p. 19.

125. Arquivo Nacional, IJ6, maço 563. Pedidos de licença da S. D. C. Flor do Abacate, G. C. Estrela do Paraíso e S. F. Club dos Mangueiras (1915).

126. Sobre o sindicato Resistência, ver Sheldon Leslie Maram, *Anarquistas, imigrantes e o movimento operário brasileiro, 1890-1920*. Rio de Janeiro, Paz e Terra, 1979, p. 69, nota 1.

127. O delegado não deixa de anotar que, fora os indivíduos antes mencionados, o restante do grupo é formado por indivíduos honestos e trabalhadores, mas não sabemos o desfecho do processo, cujo final foi extraviado, não constando da documentação consultada.

128. Ver, por exemplo, notícia publicada em *Meio Dia*, em 5 de fevereiro de 1884: "Às nove horas da noite foi intimado o presidente da Sociedade Carnavalesca Filhos do Inferno, sita à rua da Saúde nº 158, por consentir que jogassem à rua moedas para as crianças apanharem, desobedecendo assim às ordens do sr. chefe de polícia".

129. Exemplo de um episódio no qual a ação da polícia podia ser considerada excessiva está no *Correio da Manhã* de 16 de fevereiro de 1904: "Uma arbitrariedade policial: ontem, passava a S. C. Destemidos das Chamas pela rua do Carmo quando, a entrar na rua do Ouvidor, foi vítima do gênio arbitrário do suplente que ali policiava e que quase agride a bengaladas os sócios daquela agremiação".

130. *O Malho*, nº 23, fevereiro de 1903.

131. *Gazeta de Notícias*, 24 de fevereiro de 1903.

132. *Gazeta de Notícias*, 4 de fevereiro de 1906, p. 6.

133. Ibidem. É possível que a presença de João do Rio, como influência importante na redação do jornal, tenha algo a ver com isso...

134. *Gazeta de Notícias*, 21 de janeiro de 1907. O Iaiá Sacode, grupo do Catumbi, passou a chamar-se posteriormente Iaiá Formosa. Segundo Jota Efegê (op. cit., p. 117), surgira para rivalizar com outro grupo do bairro — o famoso Iaiá me Deixe. Aqui há novamente confusão interessante: o Iaiá era seguramente uma agremiação carnavalesca com formato de rancho, mas é nomeado pela fonte como cordão. Quanto aos Repentinos, trata-se de um típico cordão do bairro de Botafogo. Sobre o assunto, cf. Eneida de Moraes, op. cit., p. 177.

135. Cf. *Gazeta de Notícias*, 15 de janeiro de 1908.

136. Segundo Eneida de Moraes (op. cit., p. 107), desde que "bem policiados e completamente desarmados, responsabilizando-se mesmo seus diretores por alguma ocorrência desagradável".

137. Em 1918, no entanto, ainda era necessário insistir nessa proibição, evidenciando que os

foliões insistiam em manter suas brincadeiras tradicionais. Nesse ano, o grupo Espada de Ouro quase teve negada permissão para sair às ruas. As razões eram duas: a presença de um desertor do Exército na diretoria (que teve de ser devidamente expurgado) e a insistência do delegado em lembrá-los de que "estava terminantemente proibido sair de índio" (Arquivo Nacional, IJ6, maço 655 [pedido de licença]). Não é descabido lembrar que tais argumentos serviram muito antes para justificar a perseguição policial aos diabinhos avulsos (substituídos os tacapes por navalhas) que enchiam as ruas da cidade nas últimas décadas do século XIX.

138. Cf. Eneida de Moraes, op. cit., p. 179; Edigar de Alencar, op. cit., pp. 92-3; Luiz Edmundo, op. cit., p. 309. A canção original datava de 1904, quando era cantada com outra letra, igualmente alusiva aos cordões: "Eu vou beber, eu vou me embriagar/ eu vou fazer barulho pra polícia me pegar [...]".

139. *Fon-Fon*, 18 de fevereiro de 1909. Ver também a coluna assinada por Diego, no dia 6 de fevereiro de 1909.

140. *Gazeta de Notícias*, 16 de fevereiro de 1906. Também o *Jornal do Brasil* vai seguir nessa direção, instituindo em 1909 seu próprio concurso — mas já então explicitamente destinado aos ranchos. Cf. Eneida de Moraes, op. cit., p. 116.

141. *Gazeta de Notícias*, 1º de março de 1906.

142. Sobre a confiabilidade e o apreço pela imprensa diária no Rio, ver Eduardo Silva, op. cit.

143. Ver, por exemplo, *O Paiz* de 9 de fevereiro de 1891: "O grupo carnavalesco Flor da República Brasileira, com seu zé-pereira de pandeiros, veio receber em nosso escritório o seu novo estandarte". Cf. também, para exemplos de passagens de cortesia em outros jornais cariocas, a *Gazeta de Notícias* de 27 de fevereiro de 1895, o *Correio da* Manhã de 17 de novembro de 1903 — sobre a visita dos Destemidos das Chamas — e o *Jornal do Brasil* de 18 de fevereiro de 1901, entre outros. Luiz Edmundo (op. cit., pp. 816-7) menciona com detalhes, referindo explicitamente ao ano de 1901, essas relações de proximidade entre a imprensa e as agremiações do Carnaval popular, empreendendo aí uma significativa mistura de termos: para ele, os "cordões" se deslocam para a sede do *Jornal do Brasil* porque este faz em suas páginas internas "um registro perfeito e acurado dos ranchos cariocas", reproduzindo o nome de seus fundadores ou diretores...

144. Luiz Edmundo, op. cit., p. 308.

145. Cf. *Gazeta de Notícias*, 8 de janeiro de 1907.

146. *Gazeta de Notícias*, 7 de fevereiro de 1907.

147. Cf. Sandra Lauderdale Graham, "O motim do Vintém e a cultura política do Rio de Janeiro, 1880". *Revista Brasileira de História*, vol. 10, nº 20. São Paulo, Associação Nacional de História (Anpuh)/Marco Zero, mar.-ago. 1991, pp. 214-5.

148. Depoimento de Carmen Teixeira da Conceição, referente à segunda metade do século XIX. Apud Roberto Moura, op. cit., p. 43.

149. Cf. depoimento de Donga, in Pixinguinha, Donga & João da Bahiana, *As vozes desassombradas do Museu*. Rio de Janeiro, MIS, 1970, pp. 78-9. Em entrevista a *O Globo* de 19 de junho de 1961, o mesmo sambista volta a referir-se ao casal cujos nomes aparecem grafados como "seu" Miguel e tia Amélia Quindende. Note-se que esses depoimentos sugerem a presença também de muçulmanos nessa região, questão que requer estudos mais detalhados.

150. Segundo Roberto Moura (op. cit.), esses terreiros estavam localizados respectivamente na rua Barão de São Félix e na rua do Propósito. Donga, na entrevista citada anteriormente,

refere-se ao babalaô Bambochê, trazido por Miguel Pequeno para o Rio e que se estabelecera inicialmente na rua da Alfândega.

151. Donga, entrevista à *Tribuna da Imprensa*, em 27 de abril de 1963. Apesar da confusão quando se trata de datas — nesta e em outras entrevistas Donga situa todos os acontecimentos no final da década de 1890 —, a descrição é representativa para os primeiros ranchos da Saúde, até o final do século XIX.

152. Martha Campos Abreu, op. cit., pp. 178-92 e passim.

153. Entre os ranchos fundados por ele ou com sua participação destacam-se, entre outros, O Rei de Ouro, o Jardineira, o Filha das Jardineiras, o Rosa Branca, o Reino das Magnólias e o Iaiá me Deixe. Cf. Jota Efegê, op. cit., p. 89.

154. Cf. Vagalume, *Jornal do Brasil*, 8 de março de 1921.

155. Segundo Jota Efegê (op. cit., p. 89), já existiam nesse momento alguns ranchos baianos na cidade, voltados exclusivamente para a folia de reis — como o Cupido de Ouro, o Dragão de Ouro, a Serpente de Ouro e o Sereia de Ouro —, além, claro, do Dois de Ouro a que se refere Hilário Jovino.

156. Entrevista de Hilário Jovino ao *Jornal do Brasil*, em 18 de janeiro de 1913. Apud Roberto Moura, op. cit., pp. 58-9.

157. Em 1913, por exemplo, ao mencionar em entrevista ao *Jornal do Brasil* a fundação do Dois de Ouro, Hilário Jovino situa o episódio próximo à sua chegada ao Rio, em 1872. Em 1931, já bastante idoso, o mesmo fato aparece situado (talvez de forma equivocada, a julgar por outras informações disponíveis) em 1893. Falando ao *Diário Carioca* em 7 de fevereiro de 1931, Hilário menciona a visita do Rei de Ouro ao Palácio do Itamaraty, para apresentar-se a Floriano Peixoto em 1894. Se a informação for correta (pois não há referências ao episódio na imprensa daquele período), é provável que a década de 1890 seja a melhor aproximação, embora haja um lapso de mais de vinte anos entre a chegada de Hilário ao Rio e seu aparecimento nas atividades do Carnaval. Donga, por sua vez, em entrevistas à imprensa e em depoimento ao Museu da Imagem e do Som do Rio (ver Jota Efegê, *Ameno Resedá, o rancho que foi escola.* Rio de Janeiro, Editora Letras e Artes, 1965, pp. 78-9), insiste em datar o início das atividades de Hilário Jovino no Rio de Janeiro nesse mesmo período, citando os acontecimentos como uma testemunha ocular — embora, é claro, possa estar apenas elaborando como memória pessoal aquilo que ouviu contar quando menino sobre personagens lendárias de seu ambiente social e cultural. Assim, é muito difícil, sem pesquisas mais apuradas (e talvez infrutíferas), estabelecer com certeza essa datação.

158. Entrevista de Hilário Jovino ao *Diário Carioca*, 27 de fevereiro de 1931. Apud Roberto Moura, op. cit, p. 89.

159. Note-se que décadas mais tarde, nos processos de concessão de licença para funcionamento de agremiações carnavalescas, a polícia ainda estava atenta para a presença do "jogo ilegal" como uma das fontes de renda dessas agremiações (ou mesmo como sua atividade principal, o Carnaval funcionando, nesses casos, como fachada).

160. Trata-se aqui de um rancho humorístico, mais provavelmente de um "sujo" — forma sobre a qual falamos mais adiante. Segundo João do Rio ("Afoché", op. cit.), ele teria sido fundado na Pedra do Sal, nº 16, por João Câncio, Romão e Salu. Seu objetivo seria "debochar da religião" em um séquito comandado pelo Obá Emin Oiô, rei da terra de Oiô, seguido pelos pais de santo e por tambores sagrados em um ritual em que se podia zombar dos santos e dos outros chefes religiosos sem temer as consequências.

161. Vagalume, "História dos ranchos", *Jornal do Brasil* (1921). Apud Jota Efegê, op. cit., pp. 68-9.

162. João do Rio, "Afoché", op. cit.

163. Entrevista ao *Diário da Noite*, em 4 de fevereiro de 1930. Apud Jota Efegê, op. cit., p. 68. As referências indicam que esse grupo estava ativo em 1900, e nos anos em torno dessa data, pelo menos até 1905.

164. Cf. Vagalume, apud Jota Efegê, op. cit., pp. 68-9.

165. Sobre os significados do retrato fotográfico e a postura ativa do retratado na definição da pose, ver Cândido D. Grangeiro, "As artes de um negócio — A febre photographica". Dissertação de mestrado em história. Campinas, IFCH-Unicamp, 1994.

166. Cf. Roberto Moura, op. cit., p. 92. Em depoimento sobre a fundação do Dois de Ouro, Donga explicita algumas relações reveladoras: "Naquele tempo os sambas eram matéria proibida. Os delegados do tempo eram os coronéis da Guarda Nacional, e os camaradas não deixavam mesmo o furdunço. A colônia do Norte, que fazia *sambage* em casa, todo dia tomava corrida da polícia". Transcrito por Jota Efegê, op. cit., pp. 78-9. No mesmo volume (p. 89), pode-se ler ainda trecho de um depoimento de Hilário Jovino, informando que quem "se interessou" pela licença do Rei de Ouros foi "o velho Araújo, o escrivão da 4ª Pretoria", mencionando ainda outros amigos e aliados na polícia da região.

167. Quartel-General do Comando Superior da Guarda Nacional da Capital Federal, ofício nº 144, 4 de abril de 1912 (Arquivo Nacional, Documentação de Polícia, pc. 423, cx. 5566). Sobre a importância da Guarda Nacional e suas estreitas relações com o aparato policial da Corte, ver Thomas Holloway, op. cit., e Carlos Eugênio Líbano Soares, op. cit.

168. Depoimento de Bucy Moreira, in Roberto Moura, op. cit., p. 92.

169. Cf. depoimento de Donga, *As vozes desassombradas do Museu*, op. cit., p. 79. Segundo Donga, a pinimba ainda se acirraria depois, quando Ciata, já instalada na rua dos Cajueiros, teve sua filha Marquita seduzida por Hilário Jovino. A briga estende-se por um longo período, envolvendo inclusive curiosos charivaris carnavalescos entre os componentes dos respectivos ranchos, como veremos. Detalhe curioso: Ciata chamava-se na verdade Hilária Batista de Almeida, e, antes da briga, ela e Jovino tratavam-se mútua e carinhosamente como "xarás".

170. Cf. Jota Efegê, *Figuras e coisas do Carnaval carioca*. Rio de Janeiro, Funarte, 1982, p. 92: "Nos primeiros tempos os ranchos eram todos 'de ouro' [...]. Havia o Serpente de Ouro, o Sereia de Ouro, o Rosa de Ouro, o Rei de Ouros, o Dois de Ouros. [...]".

171. Cf. Roberto Moura, op. cit., pp. 96-7 e passim. A aproximação de Ciata com Venceslau Brás, note-se, foi intermediada por um certo sr. Bispo, policial que frequentava o terreiro de João Alabá e a casa de Ciata.

172. É preciso cuidado, no entanto, para não supervalorizar figuras como Ciata, atribuindo-lhes a capacidade de moldar padrões culturais e comandar a "resistência" popular. Mônica Pimenta Velloso (*As tradições populares na belle époque carioca*. Rio de Janeiro, Funarte, 1988, p. 16), por exemplo, incorre nesse exagero ao afirmar que Ciata assegurou "um espaço cultural de fundamental importância na história social do Rio de Janeiro", pois "é dessa comunidade negra que nasce o embrião da cultura popular carioca".

173. Acompanho nesse aspecto a análise de Roberto Moura (op. cit., p. 90).

174. João do Rio, "Afoché", op. cit.

175. Ibidem.

176. Entre eles, o famoso Adamastor, a Barquinha Sul América, Flor do Brasil, Rosa de Ouro, Paladinos do Catete, Caprichosos do Engenho de Dentro, Flor do Café e Iaiá me Deixe.

177. *Ameno Resedá*, número especial do Carnaval de 1911. Apud Jota Efegê, op. cit., p. 35. No Carnaval de 1912 o mesmo jornal publicou crônica assinada por "um admirador" que atribui ao Ameno o epíteto de "campeão deste renascimento triunfal do Carnaval", contra os cordões e batuques que o "desvirtuavam".

178. Cf. Jota Efegê, op. cit., pp. 28-33. Outra manifestação dessa dificuldade dos próprios carnavalescos envolvidos em diferenciar formas está na p. 77, transcrição de entrevista de Hilário Jovino: ao referir-se à passagem de uma Grande Sociedade no Carnaval de 1913, ele afirma ter gostado do "rancho dos Democráticos daquele ano".

179. Sobre a participação de Sinhô, ver Edigar de Alencar, *Nosso Sinhô do samba*. Rio de Janeiro, Funarte, 1981, p. 92. Segundo o autor, Sinhô chegou a ser diretor de harmonia do Ameno Resedá.

180. Jota Efegê, *Ameno Resedá, o rancho que foi escola*, op. cit., pp. 38-9.

181. Esta é a tônica da análise de, por exemplo, José Ramos Tinhorão, em várias de suas obras (ver bibliografia no final do volume). Especificamente sobre o Ameno Resedá, ver "Música de Carnaval", no *Jornal do Brasil* de 5 a 23 de fevereiro de 1960, mencionado por Jota Efegê (op. cit.). Mais recentemente, no entanto, esta tem sido uma explicação comum na tentativa de estabelecer as diferenças entre cordões e ranchos. Ver, por exemplo, Maria Isaura Pereira de Queiroz (op. cit., p. 57), para quem os ranchos seriam manifestações de trabalhadores assalariados, ao passo que os cordões trariam um perfil social mais próximo da população favelada da cidade, qualificada como "massa subempregada" e "delinquentes em potencial".

182. Jota Efegê (op. cit., p. 43) transcreve comovida carta de um antigo participante do Ameno Resedá, por ocasião do falecimento de Luiz da Hora, publicada na imprensa carioca.

183. Cf. Roberto Moura, op. cit., p. 79. Sobre bandas militares e sua importância no período, ver José Ramos Tinhorão, *História social da música popular brasileira*. Lisboa, Caminho, 1990, pp. 139 e ss.

184. Ibidem, pp. 40-2.

185. Jota Efegê (op. cit., pp. 104-5) menciona exibições da orquestra e do coro do Ameno Resedá em teatros cariocas, fora da época do Carnaval, bem como a participação de músicos eruditos da orquestra do Teatro Municipal na banda do rancho.

186. Sobre o assunto, ver Sérgio Cabral, *Pixinguinha, vida e obra*. Rio de Janeiro, Lumiar Editora, 1997.

187. Jota Efegê, op. cit., pp. 54-6.

188. Ibidem, p. 21.

189. Vagalume, *Jornal do Brasil*, 8 de março de 1921. Como em outras ocasiões, Hilário Jovino mostra-se enciumado de tal prestígio e trata de divulgar, em entrevista à imprensa, que antes do Ameno Resedá o Rei de Ouro havia se apresentado, em 1894, para Floriano Peixoto no Palácio do Itamaraty (*Diário Carioca*, 7 de fevereiro de 1931).

190. Cf. *Gazeta de Notícias*, 1º de março de 1908. Em 1911, em meio à corte de Belzebu, uma linda e angelical menina simbolizava no préstito a imprensa. Muitas ocasiões como esta são noticiadas na imprensa diária. Ver, por exemplo, o *Jornal do Brasil* de 28 de fevereiro de 1911 e 16

de janeiro de 1920 ou a *Gazeta de Notícias* de 2 de março de 1908 e 13 de janeiro de 1919, apenas para sentir o tom das ocasiões mais entusiásticas.

191. *Gazeta de Notícias*, 6 de fevereiro de 1910.

192. *Jornal do Brasil*, 28 de novembro de 1911.

193. Ver, entre outros exemplos, crônica publicada no *Jornal do Brasil* de 13 de fevereiro de 1923.

194. *Jornal do Brasil*, 18 de janeiro de 1913.

195. O desagrado de Hilário Jovino parece encontrar coro na opinião de Donga, em seu depoimento ao MIS do Rio de Janeiro (op. cit., p. 85). Para ele, os ranchos de Botafogo e Catete "eram muito metidos a besta". Na fala de João da Bahiana (p. 56), a oposição entre baianos e cariocas manifesta-se de outra forma: sendo o único carioca da família, quando brigava com os irmãos ameaçava: "Vou te escrever nas pontas dos pés". E prossegue: "Fazia umas letras, uns passos" (executando a coreografia tradicionalmente carioca dos velhos passistas) e com isso conseguia deixar as irmãs "malucas" de raiva...

196. *Jornal do Brasil*, 11 de janeiro de 1908.

197. Cf. Jota Efegê, *Meninos, eu vi*. Rio de Janeiro, Funarte, 1989, p. 46. Segundo a *Gazeta de Notícias* de 7 de fevereiro de 1910, a Papoula do Japão, em visita aos jornais, cantava versos em homenagem às "coirmãs", prática repetida em várias ocasiões, mesmo entre os mais ferrenhos competidores. A Flor do Abacate, por exemplo, dedicou ao Resedá toda uma marcha: "Sublime Resedá perfumado/ ameno e lindo de odor ideal/ teu perfume que suaviza o prado/ é um bálsamo santo, é um néctar divinal". Cf. *Gazeta de Notícias*, 6 de fevereiro de 1915. No mesmo ano, segundo Jota Efegê (*Figuras e coisas do Carnaval carioca*, op. cit., p. 155), os Netinhos do Vovô cantavam versos compostos por Sinhô em homenagem a Manacás e Resedás, seus rivais carnavalescos.

198. Cf. *Jornal do Brasil*, 2 de fevereiro de 1911.

199. *Jornal da Noite*, 12 de fevereiro de 1949, apud Jota Efegê, *Ameno Resedá, o rancho que foi escola*, op. cit., p. 87. Os carros alegóricos, no entanto, só estariam presentes na década de 1910. Assinale-se que um dos artistas que costumavam colaborar na feitura desses carros era precisamente Calixto Cordeiro — aquele que já encontramos em vestes de baiana, surpreendido por Luiz Edmundo ao visitar a sede do Tira o Dedo do Pudim. Cf. Jota Efegê, op. cit., p. 106.

200. Jota Efegê, *Figuras e coisas do Carnaval carioca*, op. cit., p. 144. A devoção talvez explique a insistência em utilizar a "cor do manto de Nossa Senhora" nos papéis de parede, como lembrou Luiz Edmundo (op. cit., pp. 311-2).

201. *Jornal do Brasil*, 14 de fevereiro de 1920, e Jota Efegê, op. cit., p. 138. Note-se que o Flor do Abacate disputava o prestígio de rancho mais importante da cidade com o Ameno Resedá. Entre seus enredos aparecem ainda a "Corte dos doges", em 1919, "O anel dos Nibelungen", em 1921, e "Salomão e a rainha de Sabá", em 1924.

202. Cf. Eneida de Moraes, op. cit., p. 116.

203. *O Carnaval*, nº 12, fevereiro de 1919.

204. Jota Efegê, op. cit., pp. 184-5.

205. *O Carnaval*, nº 12, fevereiro de 1919.

206. Jota Efegê, op. cit., pp. 242-3. Além desses, referidos à terra do sol nascente havia o Grêmio Japonês, o Paladinos Japoneses, o Japonês Club, o Mimosas Japonesas, o Crisântemo Japonês e outros, segundo o mesmo autor (p. 64).

207. Cf. Roberto Moura, op. cit., pp. 47-8.

208. Cf. Jota Efegê, op. cit., pp. 76-7 e 187-9.

209. Ibidem, pp. 194 e 279. Sobre os conflitos renhidos em torno da eleição no Resistência, ver Sheldon Maram, op. cit., pp. 31 e 69, e Cláudio H. M. Batalha, op. cit.

210. Como o Retiro da América, da rua do Livramento (Arquivo Nacional, IJ6, maço 655) e os Progressistas Suburbanos (Arquivo Nacional, IJ6, maço 595), entre outros.

211. Ver, entre outros, os documentos do Arquivo Nacional (IJ6, maços 597 e 655) relativos aos ranchos Congresso dos Tenentes (diretor com processo por roubos e furtos, com várias passagens pela Casa de Detenção), Flor do Ipê (presidente incurso no artigo 115 do código penal) e Rei de Ouro (havia mandado de captura para um de seus diretores, que, além de perder o cargo, ainda foi recolhido à prisão).

212. Ver, por exemplo, o Jardim dos Amores, do Castelo (Arquivo Nacional, IJ6, maço 645).

213. Foi o caso, por exemplo, do Guerreiro da Montanha, em 1915, investigado pela 18ª delegacia de polícia (Arquivo Nacional, IJ6, maço 564).

214. Jota Efegê, op. cit., p. 156.

215. Ibidem, p. 157 (marcha de 1915). Segundo o autor (p. 127), as rebuscadas marchas entoadas pelos ranchos não mantinham conexão com o enredo apresentado, mas referiam-se em geral ao nome da própria agremiação, que em seus desfiles recorria a construções e palavras difíceis — daí resultando muitas vezes versos totalmente sem sentido.

216. Jota Efegê, op. cit., pp. 207-8.

217. Ibidem, p. 118.

218. Cf. Jota Efegê, *Ameno Resedá, o rancho que foi escola*, op. cit., p. 86.

219. Cf. depoimentos de Donga e João da Bahiana, em *As vozes desassombradas do Museu*, op. cit. Ambos, quando adolescentes, desempenharam essa função.

220. *Gazeta de Notícias*, 10 de fevereiro de 1891.

221. *Diário Carioca*, 27 de fevereiro de 1931. Apud Roberto Moura, op. cit., p. 61.

222. Cf. Roberto Moura, op. cit., p. 69.

223. *O Globo*, 19 de junho de 1961 (ocasião da morte de Caninha, célebre sambista da Saúde). Cf. Jota Efegê, op. cit., p. 79.

224. Os versos, e a maior parte dos elementos desse relato, estão em Jota Efegê, *Figuras e coisas do Carnaval carioca*, op. cit., p. 212. Ver também matéria assinada por ele em *O Globo* de 15 de janeiro de 1974, p. 6, que contém entrevista de Lili, neta de Ciata e porta-estandarte do Macaco.

225. *Jornal do* Brasil de 16 de janeiro de 1916, citado também por Maria Paula Nascimento Araújo, "Um mundo ao avesso: um ensaio sobre cultura popular e condição feminina no Rio de Janeiro da virada do século, 1880-1920". Dissertação de mestrado. UFF-História, 1989, pp. 57-8. O termo *macaco*, como forma de designação racista dos negros, é frequente ao longo desse período. Já o encontramos na crônica de Lima Barreto sobre o diabinho e podemos encontrá-lo facilmente em outras ocasiões. Em 1912, o jornal *A Noite* publicou um editorial intitulado "Bela propaganda", no qual reclama contra um empresário que organizara uma "orquestra de negros e mulatos" para tocar e dançar tangos brasileiros e maxixes em Paris. Indignado, o jornal esbraveja contra a propaganda negativa do país no exterior e classifica os músicos e dançarinos como "macacos amestrados". Vale lembrar, a título de curiosidade, que o editorial provavelmente se refere aos famosos 8 Batutas, grupo instrumental formado por Pixinguinha, Donga e outros

grandes do "choro", cuja excursão à Europa, nessa época, foi financiada pelo milionário Jorge Guinle (admirador e contribuinte financeiro do Ameno Resedá e futuro presidente do Fluminense Football Club). Cf. depoimento de Pixinguinha (*As vozes desassombradas do Museu*, op. cit., p. 23).

226. Cf. Jota Efegê, op. cit., pp. 211-2, 279. Ver ainda Roberto Moura, op. cit., p. 68.

227. Jota Efegê, "A neta da Tia Assiata carregava o estandarte do 'Macaco é outro' ". *O Globo*, 15 de janeiro de 1974, p. 6.

4. A TRADUÇÃO DA TRADIÇÃO (pp. 240-303)

1. Cf. Jota Efegê, *Ameno Resedá, o rancho que foi escola*, op. cit., p. 48.

2. Ibidem, pp. 49-51.

3. Sobre a questão, ver Ângela Castro Gomes, "A 'cultura histórica' do Estado Novo". *Projeto História*, nº 16. São Paulo, Educ/PUC-São Paulo, fevereiro de 1998, pp. 121-42. No mesmo volume, um artigo de minha autoria, intitulado "Folcloristas e historiadores no Brasil: pontos para um debate" (pp. 167-76), comenta o texto de Ângela Castro Gomes, juntamente com o de Martha Campos Abreu ("Festas e cultura popular na formação do povo brasileiro", pp. 143-66). Esses textos foram originalmente apresentados em mesa-redonda apresentada em simpósio anual da Associação Nacional de História — Anpuh (Belo Horizonte, 1997), razão pela qual o volume ainda inclui, nas pp. 177-80, uma réplica daquela autora aos meus comentários. Útil também é a leitura do livro de Ângela Castro Gomes, *História e historiadores: política cultural no Estado Novo*. Rio de Janeiro, Editora da FGV, 1996.

4. Jota Efegê, op. cit., pp. 51-2.

5. Cf. Paulo Dantas, *Coelho Neto*. São Paulo, Melhoramentos, s. d., pp. 39-40.

6. Cf. Jota Efegê, op. cit., p. 47, que se apoia em referências colhidas no jornal interno da agremiação.

7. Para um período anterior, ver Leonardo Affonso de Miranda Pereira, *O Carnaval das letras*, op. cit., especialmente a introdução. Para a situação dos literatos nas décadas de 1890 e 1900, ver João Paulo C. de Souza Rodrigues, "A geração boêmia: vida literária em memórias, romances, biografias", in Sidney Chalhoub & Leonardo Affonso de Miranda Pereira (orgs.), op. cit., pp. 233-64, e também sua dissertação de mestrado em história social ("A dança das cadeiras". Campinas, IFCH-Unicamp, 1997, mimeo.), sobre os primeiros anos da Academia Brasileira de Letras.

8. *A Noite*, 23 de fevereiro de 1925. Apud Jota Efegê, *Figuras e coisas do Carnaval carioca*, op. cit., p. 38.

9. Mello Moraes Filho falecera em 1919 e Sílvio Romero em 1914.

10. Cf. Leonardo Affonso de Miranda Pereira, op. cit., p. 197. Nessa questão, acompanho de perto esse texto, que constitui, na minha opinião, a melhor análise já empreendida. Sobre a polêmica entre Artur de Azevedo e Coelho Neto, ver Fernando Antônio Mencarelli, op. cit.

11. *Gazeta de Notícias*, 9 de fevereiro de 1902.

12. Cf. Martha Campos Abreu, "Mello Moraes Filho: festas, tradições populares e identidade nacional", op. cit., pp. 171-94.

13. Mello Moraes Filho, "O entrudo — Rio de Janeiro (tradicionalismo)", op. cit.

14. *Correio da Manhã*, 12 de fevereiro de 1906.

15. *Gazeta de Notícias*, 16 de fevereiro de 1904.

16. Citado por Cláudia Neiva de Matos, *A poesia popular na República das Letras. Silvio Romero folclorista*. Rio de Janeiro, Editora da UFRJ/Funarte, 1994, p. 60. Ver ainda José de Alencar, *O nosso cancioneiro*. Rio de Janeiro, São José, 1962.

17. Sobretudo o Nordeste, para Romero; a Amazônia, para Sant'Anna Nery e outros; os sertões de Goiás e Mato Grosso, para Couto de Magalhães; o interior, para Afonso Arinos de Mello Franco — configurando várias possibilidades de buscar o "povo" em uma óptica acentuadamente regionalista. Ver, a propósito do perfil dos primeiros folcloristas brasileiros, os verbetes de Luís da Câmara Cascudo, op. cit.

18. Falar em termos de "geração" pode gerar mal-entendidos, obscurecendo as profundas diferenças internas no seio desse grupo de escritores. Autores contemporâneos a Coelho Neto, evidentemente, não pensavam todos da mesma forma. Um exemplo esclarecedor pode ser a intensa polêmica do escritor com Lima Barreto, precisamente em torno de situações como o Carnaval ou o futebol. Ver Leonardo Affonso de Miranda Pereira, "O jogo dos sentidos: os literatos e a popularização do futebol no Rio de Janeiro", in Sidney Chalhoub & Leonardo Affonso de Miranda Pereira (orgs.), op. cit., pp. 195-232. Sobre Lima Barreto, ver também Nicolau Sevcenko, *A literatura como missão*. São Paulo, Brasiliense, 1989.

19. Coelho Neto (op. cit.), em prefácio escrito em 1897 e dedicado aos seus "companheiros de letras", que designa como "Aos da caravana".

20. Ibidem, pp. 308-9.

21. Ibidem, p. 301.

22. Ver, a propósito, Cláudia Neiva de Matos, op. cit.; Roberto Ventura, *Estilo tropical*. São Paulo, Companhia das Letras, 1991.

23. Cf. Roberto Ventura, op. cit.; Cláudia Neiva de Mattos, op. cit.; e Renato Ortiz, *Românticos e folcloristas*. São Paulo, Olho d'Água, 1992.

24. Tomo as expressões de empréstimo a Lilia Schwarcz (*O espetáculo das raças*. São Paulo, Companhia das Letras, 1995).

25. "Deste imenso mestiçamento físico e moral, desta fusão de sangues e de almas é que tem saído diferenciado o brasileiro de hoje", escreveu Sílvio Romero (Sílvio Romero & João Ribeiro, *Compêndio de história da literatura brasileira*. Rio de Janeiro, Francisco Alves [1ª ed.: 1906]), apud Roberto Ventura, op. cit. p. 48). Ele acreditava, em sua busca pela identidade nacional, que "assim como há um espírito da época (*Zeilgeist*), que domina um momento dado da história, há um espírito comum (*Algeist*) que determina a corrente geral das opiniões de um povo" (ver Sílvio Romero, *História da literatura brasileira*, vol. 1. Rio de Janeiro, José Olympio, 1943, 3 vols., pp. 128-9 (1ª ed.: 1888). Nesse contexto havia que reconhecer a influência dos negros na formação desse "espírito", pois a presença deles — ao lado da dos índios (que Romero valorizava menos) — é que conferiria especificidade ao país.

26. Sílvio Romero, *Estudos sobre a poesia popular no Brasil*. Petrópolis, Vozes, 1977 (1ª ed.: 1888), p. 272. Suas concepções mantêm sempre a tensão entre a busca da especificidade nacional e a aguda noção da inferioridade racial dos negros. "É de justiça conquistar um lugar para o africano em nossa história; não é o domínio exclusivo do africanismo que peço: exijo apenas mais equidade na distribuição dos papéis em nossa luta de quatro séculos", escreve ele em *His-*

tória da literatura brasileira (Rio de Janeiro, Garnier, 1888, p. 101). Adiante, na p. 108 do mesmo livro: "O negro influenciou em toda a nossa vida íntima e muitos dos nossos costumes nos foram por ele transmitidos [...] Não foi provavelmente isso um grande bem; mas é um fato irrecusável".

27. Acompanho, nesses aspectos, as análises de Cláudia Neiva de Matos (op. cit.) e Roberto Ventura (op. cit.).

28. Cf. Renato Ortiz, op. cit.

29. Cf. Sílvio Romero, *Estudos sobre a poesia popular no Brasil*, op. cit., p. 45, e *História da literatura brasileira*, op. cit., 3ª ed., vol. 1, p. 163. Citados por Cláudia Neiva de Matos, op. cit., pp. 170-1.

30. Max Fleiuss, *Recordando... (casos e perfis)*. Rio de Janeiro, Serviço Gráfico do IBGE, 1943, vol. 2, pp. 121-2.

31. Artur de Azevedo, versos publicados na *Gazetinha*. Apud Raimundo Magalhães Júnior, *Arthur Azevedo e sua época*. Rio de Janeiro, Civilização Brasileira, 1966, p. 72.

32. *O Malho*, nº 24, 28 de fevereiro de 1903.

33. Rocha Pombo, "As nossas festas populares". *Correio da Manhã*, 11 de janeiro de 1904. A notícia mencionada antes está no mesmo jornal, na edição do dia 3 de janeiro de 1903. A notícia especifica o trajeto completo: primeiro a casa do negociante Lemos, onde havia um "belíssimo presepe"; depois da ceia, o Clube São Cristóvão — de frequência bastante seleta no período; depois, visitou-se o industrial Dias da Silva, onde tudo terminou em bumba meu boi. Nos dias seguintes, o grupo voltaria a reunir-se para homenagear o visconde de Ouro Preto por ocasião de seu aniversário de casamento.

34. Martha Campos Abreu, *O império do divino. Festas religiosas e cultura popular no Rio de Janeiro*, 1830-1900, op. cit.

35. Ibidem. Segundo a autora, o pai de Mello Moraes Filho — médico como ele — pertenceu à primeira geração do Instituto Histórico e Geográfico Brasileiro, impregnada pelo romantismo. Sobre o Instituto e seu papel no período, ver Lilia Schwarcz, op. cit.

36. Mello Moraes Filho, *Festas e tradições populares do Brasil*, op. cit.

37. Ibidem, pp. 111-5.

38. Pode-se encontrar tal concepção facilmente também nas páginas da imprensa e na crônica carnavalesca, que, ao mesmo tempo que reconhece a relação entre os cordões e a "alma" popular, procura desqualificá-los como expressão legítima: "O cordão é hoje em dia a expressão significativa da alegria do nosso povo, mas na sua feição singular há qualquer coisa de extremamente primitivo, como a rememoração do passado que devíamos atirar para o fundo esbatido do primitivo" (Carioca, "O meu domingo". *Fon-Fon*, nº 48, 7 de março de 1908).

39. Cf. Coelho Neto, op. cit., p. 310. No trecho, tal frase é atribuída pelo autor a Luis Moraes (Murat) e serve de entrada para a afirmação da importante missão pedagógica dos "brasileiros de espírito", que são, é claro, os literatos desse grupo que ficou conhecido como a "geração boêmia". Ver Leonardo Affonso de Miranda Pereira, *O Carnaval das letras*, op. cit.

40. *Careta*, 18 de março de 1922.

41. *Gazeta de Notícias*, 20 de fevereiro de 1906.

42. João do Rio, "Elogio ao cordão". *Kosmos*, fevereiro de 1906.

43. O que pode ser confirmado pela leitura da crônica "Afoché", mencionada em capítulo anterior (op. cit.).

44. *Gazeta de Notícias*, 27 de fevereiro de 1908. Os grupos do Carnaval popular, para esse mesmo jornal, eram os "conservadores do fogo sagrado do Carnaval" que animava a cidade. Ver edição do dia 12 de fevereiro de 1907.

45. Cf. Olavo Bilac, "Carnavalescos", in *Ironia e piedade*, op. cit., p. 125.

46. Essa ideia é desenvolvida por Leonardo Pereira, op. cit., especialmente no cap. I.

47. Felipe, "Cartas de um caipira". *Jornal do Commercio*, 3 de março de 1881.

48. A Serração da Velha era uma festa essencialmente portuguesa que se praticou no Brasil até meados do século XIX. Fortemente carnavalizada, consistia em encerrar gatos dentro de um barril ou outros recipientes, como sacos, para que provocassem um forte barulho — atribuído à "velha", que seria serrada ao final do desfile. Aproveitava-se a ocasião para beber, dançar e desenvolver verdadeiros charivaris contra pessoas malvistas ou de comportamento tido como questionável. Há descrições em Joaquim Manuel de Macedo (*Mulheres de mantilha*, op. cit.) e também em folcloristas portugueses, como Teóphilo Braga (na revista *A Tradição*, ano I, nº 3, março de 1899, pp. 45 e ss., e nº 4, abril de 1899, pp. 1 e ss.

49. Ver, a título de exemplo — pois são muito numerosos os textos jornalísticos que utilizam essa expressão: *Revista Illustrada*, 22 de fevereiro de 1890, e *Gazeta de Notícias*, 25 de fevereiro de 1906.

50. *Gazeta de Notícias*, 14 de fevereiro de 1893.

51. *Gazeta de Notícias*, 16 de fevereiro de 1890.

52. Cf. *O Paiz*, 14 de fevereiro de 1893, assinado sob o pseudônimo "Marcelo".

53. Raul Pompeia, *Obras*. Rio de Janeiro, Civilização Brasileira, 1981, vol. 7, p. 280. Crônica publicada originalmente no *Jornal do Commercio* de 23 de fevereiro de 1890.

54. *Gazeta de Notícias*, 7 de janeiro de 1907.

55. J. Bocó, *O Malho*, nº 387, 12 de fevereiro de 1910.

56. *Fon-Fon*, 26 de janeiro de 1913.

57. *Fon-Fon*, 13 de fevereiro de 1915.

58. *O Malho*, 9 de fevereiro de 1918. Grifos no original.

59. Nicolau Sevcenko, *Orfeu extático na metrópole*. São Paulo, Companhia das Letras, 1992. Para o Rio de Janeiro, numa outra perspectiva, ver Leonardo Affonso de Miranda Pereira, *Footballmania. Uma história social do futebol no Rio de Janeiro (1902-1938)*, op. cit.

60. João do Rio, "Músicas e danças brasileiras". *Correio Paulistano*, 14 de novembro de 1915. Sobre Bastos Tigre, ver Marcelo Balaban, "Musa travessa: Bastos Tigre e a literatura da belle époque carioca". Dissertação de mestrado em história. Rio de Janeiro, PUC-RJ, 2000.

61. *A Rua*, 26 de outubro de 1914. Apud João Carlos Rodrigues, op. cit., pp. 171-2.

62. A imprensa está repleta de descrições dessa ocasião. Ver como exemplo *O Malho*, nº 231, 16 de fevereiro de 1907.

63. *Jornal do Brasil*, 13 de fevereiro de 1923.

64. Apud Max Fleiuss, op. cit., vol. 3, pp. 109-10.

65. Ibidem, p. 111.

66. *Ameno Resedá*, nº 3, ano III, Carnaval de 1913. Apud Jota Efegê, *Ameno Resedá, o rancho que foi escola*, op. cit., pp. 71-2.

67. Cf. Martha Campos Abreu, op. cit.

68. *O Malho*, 11 de janeiro de 1919.

69. Christopher Columbus Andrews, op. cit., p. 41.

70. Mesmo entrando no século XX, a concepção mantém-se forte: "O Carnaval é de todos, festa que está entranhada na alma de toda a gente", diz a *Gazeta de Notícias* de 6 de fevereiro de 1906; "as classes se confundem, as posições se nivelam", reforçava o editorial de *Fon-Fon* anos depois, em 4 de março de 1911; "note-se que esta popularidade não se estende somente ao povinho barato e humilde — não é só a Cidade Nova, nem é só a Saúde e a Gamboa [...] A Gávea, Botafogo, Tijuca [...]e todos os outros locais que impam de conhecimentos elegantes, fraternizam nestes dias com a tresloucada alegria popular [...]. O Carnaval é o 13 de maio de nossas festas", exultava novamente a revista em 17 de fevereiro de 1913. São apenas alguns exemplos de um tipo de discurso que se torna quase chavão nos sucessivos Carnavais, antes que a festa "de todos" fosse transformada na festa nacional propriamente dita.

71. *Revista Illustrada*, ano 6, nº 241, 1881, pp. 4-5.

72. Já vimos alguns detalhes desse desenho, particularmente os carros de crítica, no cap. 2.

73. *Gazeta de Notícias*, 1º de março de 1881. Proibida definitivamente essa fantasia, nos primeiros anos da República, ainda encontraremos foliões entoando nas ruas a famosa trova desafiadora ao chefe de polícia Alfredo Pinto e alusiva à fantasia de índio. Ver *Correio da Manhã*, 6 de março de 1905.

74. *Gazeta de Notícias*, 15 de fevereiro de 1885. Para um interessante registro visual, ver fig. 7 (cap. 1).

75. Ver, por exemplo, *Gazeta de Notícias*, 16 de fevereiro de 1885. Sobre esses "tipos de rua", ver Mello Moraes Filho, op. cit.

76. Prática proibida após a República, como indicam avisos publicados nos jornais pelas próprias sociedades. Ver, por exemplo, anúncio do Club dos Democráticos em *O Paiz* de 9 de fevereiro de 1891, dirigido aos "máscaras avulsos".

77. Teóphilo Braga, op. cit. Ver também J. Leite de Vasconcelos, "Costumes e crenças de Portugal" e "Rimas infantis portuguesas", in *Archivio per lo studio delle tradizioni popolari*. Palermo, Luiggi Pedone Louriel Ed., 1882, vol. I, respectivamente pp. 272 e 573.

78. Ver, por exemplo, *Diário de Notícias* de 14 de fevereiro de 1893, coluna "Linhas por baixo": "Ao escrever estas linhas vejo um mascarado que passa melancolicamente, com a cabeça coberta por outra, de burro. Um pleonasmo?", pergunta o cronista, irritado com a permanência de tais velharias nas ruas durante os Carnavais. Referências a tal personagem podem ser encontradas ao longo de todo o século XIX, mesmo fora dos períodos carnavalescos. O jornal *O Evaristo*, por exemplo, de 12 de outubro de 1833, criticava o gabinete imperial, atribuindo apelidos aos seus membros, entre os quais aparece um "Cirurgião da Mula-Ruça".

79. Joaquim Manuel de Macedo, op. cit., pp. 72-3. Ver também pp. 20-1, em que é reproduzida uma "cantiga" ouvida de um velho, segundo o autor, divulgada no início de um entrudo no final do século XVIII: "Um dia o conde da Cunha/ em dois seu nome cortou:/ do primeiro se enjoou,/ o segundo nada impunha [...]". Sobre o sentido e as formas desse tipo de sátira, é imprescindível a leitura de João Hansen, op. cit.

80. O carro, do Club dos Democráticos, refere-se a um escândalo envolvendo os fornecedores de calçados para o Exército. Cf. *Gazeta de Notícias*, 9 de março de 1881, p. 4 (*puff*).

81. Marcos, "Coisas do Carnaval". *Diário de Notícias*, 21 de fevereiro de 1887. *Novidades* de 20 de fevereiro desse mesmo ano traz a descrição de um incidente no qual um indivíduo com máscara de ministro, do alto de um carro dos Tenentes, deu um tiro na cabeça de um português.

No dia seguinte, o jornal desmente que o agressor fizesse parte da sociedade: ele seria um capoeira, e o conflito nada teria a ver com os membros dos Tenentes. Sobre o tema, ver Carlos Eugênio Líbano Soares, op. cit. Assim, capoeiras não eram só velhos e diabinhos, embora as fontes indiquem preferência por essas fantasias como um código generalizado de reconhecimento da função. No caso do tal "ministro", provavelmente o capoeira estava lá porque esse tipo de alusão costumava gerar brigas entre diferentes grupos partidários, situação em que a ajuda de capoeiras contratados apenas reproduziria um padrão habitual na política do período.

82. Ver, sobre a questão, Cristiana Schettini Pereira, op. cit.

83. *Revista Illustrada*, 20 de março de 1886. Ver também Frank Vincent, op. cit.

84. *Gazeta de Notícias*, 12 de fevereiro de 1892.

85. *Puff* dos Democráticos para o Carnaval de 1881, publicado na *Gazeta de Notícias* de 1º de março de 1881.

86. *Fon-Fon*, 3 de março de 1917. O trecho faz parte do editorial da revista, intitulado "O Carnaval a sério".

87. Cf. Julio Caro Baroja (*Le carnaval*. Paris, Gallimard, 1979) desenvolveu uma longa e erudita discussão sobre esse tema, tornando-se um clássico da bibliografia especializada.

88. "A semana", *Gazeta de Notícias*, 3 de março de 1895.

89. *O Paiz*, 10 de fevereiro de 1891.

90. Sobre o florianismo e os significados do jacobinismo para a intelectualidade no Rio de Janeiro, ver José Murilo de Carvalho, op. cit., e Lincoln de Abreu Penna, op. cit.

91. Para os significados do termo, ver Eric Hobsbawm e Terence Ranger, *A invenção das tradições*. Rio de Janeiro, Paz e Terra, 1984.

92. Cf. Valéria de Marco, *A perda das ilusões*. Campinas, Editora da Unicamp, 1993. Ver também Renato Ortiz, op. cit.

93. Martha Campos Abreu, op. cit.

94. *Relação dos magníficos carros que se fizerão de arquitetura, prespetiva e fogos: os quais se executaram por ordem do ilust^mo^, e excel^mo^ senhor Luiz de Vasconcelos, capitão general de mar e terra, e vice-rei dos Estados do Brazil, nas festividades dos desposórios dos sereníssimos senhores infantes de Portugal. Nesta cidade capital do Rio de Janeiro, em 2 de fevereiro de* 1786 (Biblioteca Nacional, Seção de Iconografia). Ver comentários de Cecília Meireles, que corrobora Vieira Fazenda ao atribuir ao promotor da festa a invenção dos "carros de ideias", que se tornariam elementos centrais dos Carnavais no final do século XIX (*As artes plásticas no Brasil. Artes populares*. Rio de Janeiro, Tecnoprint, 1968 (1ª ed.: 1952), pp. 17-9. Agradeço a Margarida de Souza Neves pela indicação desses textos, incluídos entre as fontes de sua própria pesquisa.

95. Ibidem, p. 6.

96. As medidas são fornecidas em palmos (equivalentes a 22 cm).

97. Aliás, processo muito semelhante era experimentado em Portugal na segunda metade do século XIX: "As duas primeiras cidades do país têm este ano um Carnaval [...] *chic, commencement de siècle*, um Carnaval à *la Nice*", escrevia um correspondente em Lisboa para a *Gazeta de Notícias* de 21 de março de 1905. Sobre o assunto, ver Maria Isaura Pereira de Queiroz, op. cit., pp. 34-42.

98. Luiz Gonçalves dos Santos (Padre Perereca), *Memória para servir à história do reino do Brasil*. Belo Horizonte/São Paulo, Itatiaia/Edusp, 1981 (1ª ed.: 1825), p. 265.

99. Francisco Calmon, op. cit. Para uma análise inovadora dessas festas públicas, ver Silvia

Hunold Lara, "Significados cruzados: um reinado de Congos na Bahia setecentista", op. cit. Em outra perspectiva, ver ainda Mary del Priore, op. cit.

100. Francisco Calmon, op. cit., especialmente pp. 23-4.

101. John Luccock, *Notas sobre o Rio de Janeiro*. Belo Horizonte/São Paulo, Itatiaia/Edusp, 1975, p. 168. A festa descrita é de 1810.

102. Apenas a título de exemplo, ver a *Gazeta de Notícias* de 25 de fevereiro de 1881.

103. Originais na Biblioteca Nacional, Seção de Iconografia.

104. Basta recorrer à fantástica descrição das procissões feita por Manuel Antônio de Almeida, entre tantos exemplos disponíveis e bem conhecidos. Cf. Manuel Antônio de Almeida, *Memórias de um sargento de milícias*. São Paulo, Ática, 1991 (1ª ed.: 1854).

105. Sobre as embaixadas de congos, ver Silvia Hunold Lara, op. cit.

106. Luís da Câmara Cascudo, *Tradição: ciência do povo*. São Paulo, Perspectiva, 1967.

107. Cf. Carlo Ginzburg, *Mitos, emblemas e sinais. Morfologia e história*. São Paulo, Companhia das Letras, 1989 — particularmente "Raízes do paradigma indiciário".

108. Luiz Edmundo, op. cit., p. 306.

109. *Gazeta de Notícias*, 4 de fevereiro de 1906.

110. Para recorrer a um exemplo recente, ver Rachel Valença, *Carnaval*. Rio de Janeiro, Relume-Dumará, 1996, pp. 15-7. Nessa obra de divulgação pode-se ler que os zé-pereiras surgiram como alternativa para os que se cansaram da "brutalidade do entrudo", sendo substituídos cerca de vinte anos depois pelos cordões, "indubitavelmente uma evolução" dos primeiros; os cordões, para ela, "sobrevivem" no Carnaval até 1911, "quando o surgimento dos ranchos, manifestação carnavalesca organizada de origem popular", abala sua popularidade e toma conta da folia. Afirma ainda a autora: "São os ranchos carnavalescos, sem dúvida, a fonte a que recorreram nossas atuais escolas de samba [...]".

111. *Fon-Fon*, nº 48, 7 de março de 1908.

112. Cf. Joaquim Manuel de Macedo, op. cit., pp. 58-9. Ver ainda F. J. de Sant'Anna Nery, *Folclore brasileiro*. Recife, Fundação Joaquim Nabuco/Editora Massangana, 1992 (1ª ed.: Paris, 1889), pp. 57 e ss.

113. Cf. Mary Karasch, op. cit., pp. 247-9, e Martha Campos Abreu, op. cit.

114. Sobre a presença festiva dos caboclos em Salvador, Bahia, e seu significado nos ritos do candomblé, ver, respectivamente, Wlamyra Albuquerque, op. cit., e Jocélio Teles dos Santos, op. cit.

115. Como aquela da fig. 7 deste livro, do final da década de 1860, que vimos no cap. 1.

116. Ver fig. 44, no cap. 3.

117. Um bom exemplo pode ser encontrado em Sílvio Romero, *História da literatura brasileira*. Rio de Janeiro, Garnier, 1888, p. 103: convencido de que o samba, música genuinamente brasileira, tinha origem indígena, ele conclui: "Não os [os poetas populares] acho ridículos [...] são a música e a dança na infância, e a infância é ingênua, não ridícula".

118. Para os processos culturais dos negros de diversas procedências africanas sob escravidão no Brasil, ver Mary Karasch, op. cit.; Robert W. Slenes, "Malungu, ngoma vem! — África encoberta e descoberta no Brasil". *Cadernos do Museu da Escravatura*, nº 1. Luanda, Angola, 1995; do mesmo autor, "Water spirits leap the Atlantic: Central-African wellspring of slave identity in early Nineteenth-Century Rio de Janeiro", 1995 (mimeo.).

119. Cf. Mary Karasch, op. cit., p. 233: um documento comprova a prisão, em 1849, por exemplo (três anos antes da primeira sociedade sair à rua), de mais de duzentos negros de uma só vez, por estarem dançando em um batuque. Em 1889, ano da República, o Código de Posturas Municipais, em seu título 2º, proibia em um único artigo "vozerios nas ruas e praças, injúrias, obscenidades, atos contra a moral, tocatas e ajuntamentos, batuques e zungus" — proibição estendida também, pelo artigo 11º, ao recinto interno das casas e chácaras (título 2º, seção IV). Na Bahia, Nina Rodrigues transcreve (e apoia) carta publicada em jornal local em 1901 argumentando contra a permissão de "batuques e candomblés" no Carnaval, posto que eram proibidos durante os demais dias do ano. Cf. Nina Rodrigues, *Os africanos no Brasil*. São Paulo, Editora Nacional, 1977, pp. 157-8. Sobre a repressão a velhos e Jardineira, ver ainda Mary Karasch, op. cit., p. 243, e Martha Campos Abreu, op. cit. João José Reis, em artigo recente, discute o quanto eram diversas, para os próprios senhores, as atitudes em face dos batuques. Ver "Tambores e temores", in Maria Clementina Pereira Cunha (org.), op. cit.

120. Mary Karasch, op. cit., p. 233.

121. Apud Mary Karasch, op. cit., pp. 233-5.

122. Cf. José Ramos Tinhorão, *Os sons dos negros no Brasil*. São Paulo, Art Editora, 1988, e Mary Karasch, op. cit. Ver também Vieira Fazenda, "Antiqualhas e memórias do Rio de Janeiro", op. cit., pp. 75 e ss.

123. Mary Karasch, op. cit., cap. 6, notas 59-60. Para a autora (p. 238), "as ruas do Rio no século XIX eram realmente uma cacofonia de tradições musicais que acabaram se misturando em um estilo brasileiro harmonioso e peculiar [...]" (ed. brasileira: *Vida dos escravos no Rio de Janeiro [1808-1850]*. São Paulo, Companhia das Letras, 2000, p. 321).

124. A leitura de jornais do início do século XX pode evidenciar a intimidade de setores letrados da Corte com esse universo dito popular e tomado como radicalmente distinto do mundo dos brancos. *O Capadócio* (18 de agosto de 1835), por exemplo, é um jornal satírico e político todo escrito em linguagem de capoeira, cifrada por gírias e expressões próprias a esse mundo. Por exemplo: "[...] dou a minha cabeçada muito honradamente pelo vazio [...] porque nesse jogo de capoeira desafio ao mais pintado [...] que venha puxar fieira comigo: que verá como lhe vou arriba e lhe ponho a lata a uma banda com alguma bolacha de encomenda". O mesmo se pode dizer de uma matéria do jornal *A Máscara* (16 de março de 1899, p. 7), mais de sessenta anos mais tarde, a propósito de uma suposta briga em uma confeitaria. Trata-se do jornal do seleto clube carnavalesco Congresso dos Políticos: "O homem trastejou e quis fazer bonito. Não puxei, meti-lhe o andaime na caixa de comida [...] Não perdeu a cisma e veio feito. Aí levei a caveira de lado e fui buscar o maquinismo mastigante do poeta. [...] ganhou tento de novo, coçou-se e eu vi o brilho da sardinha. Aí tirei fora o corpo e levei a ferramenta por baixo, não fiz questão do preço da banha [...]". Ver, a propósito, Peter Burke & Roy Porter (orgs.), *Línguas e jargões. Contribuições para uma história social da linguagem*. São Paulo, Editora da Unesp/ Cambridge University Press, 1997.

125. Martha Campos Abreu (op. cit.) desenvolve argumento análogo quando analisa alguns elementos da festa do Divino no Rio de Janeiro da primeira metade do século XIX.

126. *Correio da Manhã*, 25 de fevereiro de 1906.

127. Cecília Meireles, op. cit., pp. 17-9 e 22.

128. João do Rio, *A alma encantadora das ruas*, op. cit., p. 177.

1. Sobre o assunto, ver Hermano Viana (org.), *Galeras cariocas. Territórios de conflitos e encontros culturais*. Rio de Janeiro, Editora da UFRJ, 1997.

2. A melhor crítica a essa noção ainda é a de Marilena Chaui, *Seminários — O nacional e o popular na cultura brasileira*. São Paulo, Brasiliense, 1983 — perspectiva desenvolvida em outras obras da autora e sobretudo em sua atuação como secretária municipal de Cultura na cidade de São Paulo, entre 1989 e 1992.

3. Ver, entre outros, Le Roy Ladurie, *Le Carnaval de Romans*. Paris, Gallimard, 1979; Jacques Heers, *Festas de loucos e Carnavais*. Lisboa, Publicações Dom Quixote, 1987; Julio Caro Baroja, *Le Carnaval*. Paris, Gallimard, 1979. O clássico de Mikhail Bakhtin (*A cultura popular na Idade Moderna e no Renascimento*. São Paulo/Brasília, Hucitec/Editora da UnB, 1987) constitui também uma leitura obrigatória para estudiosos do Carnaval. Para um competente balanço bibliográfico em um espectro mais amplo — o tema da "festa"—, ver Jaime de Almeida, "Todas as festas, a festa?", in Tania N. Swain (org.), *História no plural*. Brasília, Editora da UnB, 1994, pp. 153-87. Há ainda uma infinidade de artigos publicados nas principais revistas da área sobre Carnavais em várias partes do mundo, que é desnecessário (e quase impossível) arrolar aqui.

4. Entre as principais obras nessas áreas, ver Roberto Da Matta, *Carnavais, malandros e heróis. Para uma sociologia do dilema brasileiro*. Rio de Janeiro, Zahar, 1979. Uma retomada recente dessas concepções pelo mesmo autor está em "A mensagem das festas: reflexões em torno do sistema ritual e da identidade brasileira". *Sexta-Feira — Antropologia, Artes e Humanidades*, nº 2, ano 2, *Festas*. São Paulo, Pletora, abr. 1998, pp. 62-81. Igualmente importante é o livro de Maria Isaura Pereira de Queiroz (op. cit.), além de um amplo conjunto de artigos da autora sobre o tema. Ver também Maria Laura Viveiros de Castro, *Carnaval carioca: dos bastidores ao desfile*, Rio de Janeiro, Funarte/Editora da UFRJ, 1994; José S. Leopoldi, *Escola de samba: ritual e sociedade*. Petrópolis, Vozes, 1977; Ari Araújo & E. F. Herd, *As escolas de samba e O amigo da madrugada*. Petrópolis/Rio de Janeiro, Vozes/Secretaria Estadual de Educação e Cultura (SEEC), 1978; Maria Julia Goldwasser, *O palácio do samba*. Rio de Janeiro, Zahar, 1975. Ver ainda Maria Lúcia Montes, "O erudito e o que é popular ou Escolas de samba: a estética negra de um espetáculo de massas", e Maria Laura Viveiros de Castro Cavalcanti, "A cidade e o samba" — ambos na *Revista USP*, nº 32, *Dossiê Sociedade de Massa e Identidade*. Dez. 1996-fev. 1997, pp. 6-25 e 90-101, respectivamente. Para o caso específico de São Paulo, produzidos nas ciências sociais com um olhar eminentemente historiográfico, destacam-se os trabalhos inéditos de Olga von Simson, "A burguesia se diverte no reinado de Momo". Dissertação de mestrado. São Paulo, FFLCH-USP, 1984, e de Iêda Marques de Britto, *Samba na cidade de São Paulo (1900-1930): um exercício de resistência cultural*. São Paulo, FFLCH-USP, 1986 (Antropologia, 14).

5. Entre historiadores, a produção é bem reduzida, embora tenha se adensado nos últimos anos. Cabe mencionar em primeiro lugar o excelente livro de Leonardo Affonso de Miranda Pereira, *O Carnaval das letras*, op. cit. Alexandre Lazzari defendeu uma dissertação de mestrado intitulada "'Certas coisas não são para que o povo as faça' — Carnaval em Porto Alegre, 1870-1915". Dissertação de mestrado em história social. Campinas, IFCH-Unicamp, 1998; ver ainda Cristiana Schettini Pereira, op. cit. Embora os autores sejam antropólogos, é fundamentalmente historiográfica a abordagem do excelente artigo de Peter Fry, S. Carrara & Ana Luísa M. Costa, op. cit.;

entre os trabalhos de "divulgação", sem maiores pretensões interpretativas, ver José Carlos Sebe, *Carnaval, Carnavais*. São Paulo, Ática, 1986, e também Rachel Valença, *Carnaval*. Rio de Janeiro, Relume-Dumará, 1996. O livro de Rachel Soihet (*Subversão pelo riso — O Carnaval carioca da belle époque ao tempo de Vargas*. Rio de Janeiro, Editora da FGV, 1998) constitui uma das contribuições mais recentes ao tema, juntamente com uma parte substancial do último livro de Alcir Lenharo (*Cantores do rádio*. Campinas, Editora da Unicamp, 1995). Por fim, organizei uma coletânea com diferentes pesquisadores de Carnavais e ocasiões afins, que contém um conjunto significativo de textos sobre o tema: Maria Clementina Pereira Cunha (org.), op. cit.

6. Eneida de Moraes, op. cit.; Jota Efegê, *Figuras e coisas do Carnaval carioca*, op. cit., entre vários outros títulos; Edigar de Alencar, *O Carnaval carioca através da música*, op. cit.; Sérgio Cabral, *As escolas de samba do Rio de Janeiro*, Rio de Janeiro, Lumiar, 1997.

7. Preocupados em refutar alguns dos "mitos" que caracterizam a história da folia no Brasil, autores cuidadosos como Maria Isaura de Queiroz (op. cit.) mantiveram em suas análises essa forma evolucionista de periodizar, supondo uma espécie de paralelismo entre o Carnaval e a história política republicana. Nesse sentido, o entrudo seria coisa de "antecedentes" e "sobrevivências" coloniais e portuguesas — caricatura do Império brasileiro; as Grandes Sociedades representariam as práticas oligárquicas e excludentes da República Velha transcritas para a folia; os ranchos e cordões seriam expressões da emergência das classes populares ao cenário político; finalmente, as escolas de samba expressariam a incorporação das "massas" à política, consubstanciando a ideologia do regime e dando forma, enfim, a uma identidade nacional democraticamente compartilhada no Carnaval. A despeito das intenções e da disposição crítica da autora em relação a visões homogeneizadoras do Carnaval, não deixa de ser uma variante da mesma ideia que se apresenta aqui quando se busca uma história centrada no binômio *repressão* e *resistência*. Nessa história, a "cultura popular" (assim como o "povo" alijado da vida política) nasce, debate-se e depura-se até lograr reconhecimento e conquistar seu lugar na política e no Carnaval, ainda que dentro das regras do "populismo".

8. Embora sua análise seja mais rica do que essas linhas podem sugerir, o melhor exemplo é mesmo Roberto Da Matta, op. cit. Para a noção de *comunitas* utilizada por ele, ver Victor Turner, *O processo ritual*. Petrópolis, Vozes, 1974.

9. Embora não trate diretamente do Carnaval, o livro de Hermano Viana (*O mistério do samba*. Rio de Janeiro, Jorge Zahar, 1995) constitui referência obrigatória nesse elenco, dentro da perspectiva indicada.

10. Com matizes e inflexões diversas, ideia presente, por exemplo, em Sérgio Cabral, op. cit.; Rachel Soihet, op. cit.; e outros estudiosos da chamada cultura popular, entre eles José Ramos Tinhorão, com sua vasta obra, na qual se destaca, entre outros títulos, a *História social da música popular brasileira* (op. cit.).

11. E. P. Thompson, em *Costumes em comum. Estudos sobre a cultura popular tradicional* (op. cit., p. 22), nota que o termo *cultura*, tal como é usualmente empregado na história social, tende a nos "empurrar no sentido de uma noção holística" que vai na direção de "ocultar distinções que precisam ser feitas". Algumas páginas antes, ele adverte ainda: "Precisamos ter cuidado quanto a generalizações como 'cultura popular'. Esta pode sugerir, numa inflexão antropológica influente no âmbito dos historiadores sociais, uma perspectiva ultraconsensual [...] Na verdade o próprio termo *cultura*, com sua invocação confortável de um consenso, pode distrair nossa atenção [...] das fraturas e oposições existentes nesse conjunto" (p. 17).

12. Carlo Ginzburg, introdução a *Os queijos e os vermes. O cotidiano e as ideias de um moleiro perseguido pela Inquisição*. São Paulo, Companhia das Letras, 1987.

13. Cf. E. P. Thompson, "Rough music: le charivari anglais". *Annales*, vol. 27, nº 2, mar.-abr. 1972, e *Costumes em comum. Estudos sobre a cultura popular tradicional*, op. cit.; e Natalie Zemon Davis, "Razões do desgoverno", in *Culturas do povo*, op. cit.

14. Maria Isaura P. de Queiroz, op. cit., prólogo, especialmente pp. 20-2 e passim.

15. Cf. Robert Darnton, *O grande massacre de gatos*. Rio de Janeiro, Graal, 1986, p. xv.

Fontes e bibliografia

I. FONTES

a) Periódicos

A Bruxa (Rio de Janeiro)
A Semana (Rio de Janeiro)
A Tradição. Revista Mensal D'Ethonographia Portugueza (Lisboa)
A Vida Moderna (Rio de Janeiro)
Careta (Rio de Janeiro)
Comédia Popular (Rio de Janeiro)
Correio da Manhã (Rio de Janeiro)
Correio Mercantil (Rio de Janeiro)
D. Quixote (Rio de Janeiro)
Diário de Notícias (Rio de Janeiro)
Diário do Rio de Janeiro (Rio de Janeiro)
Fon-Fon (Rio de Janeiro)
Gazeta da Tarde (Rio de Janeiro)
Gazeta de Notícias (Rio de Janeiro)
Gazetinha (Rio de Janeiro)
Illustração do Brazil (Rio de Janeiro)
Jornal das Senhoras (Rio de Janeiro)
Jornal do Brasil (Rio de Janeiro)

Jornal do Commercio (Rio de Janeiro)
Kosmos (Rio de Janeiro)
Meio Dia (Rio de Janeiro)
Novidades (Rio de Janeiro)
O Apóstolo (Rio de Janeiro)
O Capadócio (Rio de Janeiro)
O Lobisomen (Rio de Janeiro)
O Malho (Rio de Janeiro)
O Mequetrefe (Rio de Janeiro)
O Monóculo (Rio de Janeiro)
O Paiz (Rio de Janeiro)
O Sorriso. Jornal de Modinhas, Recitativos, Lundus e Poesias Diversas (Rio de Janeiro)
Revista da Semana (Rio de Janeiro)
Revista Illustrada (Rio de Janeiro)

b) Periódicos carnavalescos

A Folha Novinha (Rio de Janeiro)
A Máscara (Rio de Janeiro)
O Carnaval (Rio de Janeiro)
O Demócrito (Rio de Janeiro)
O Diabo da Meia Noite (Rio de Janeiro)
O Facho da Civilização (Rio de Janeiro)
O Gato Preto (Rio de Janeiro)
O Martinho (Rio de Janeiro)
O Phantasma (Rio de Janeiro)
Ypisilon (Rio de Janeiro)

c) Viajantes

Christopher Columbus Andrews, *Brazil, its conditions and prospects*, Nova York, D. Appleton and Co., 1887.
François Dabadie, *A travers l'Amérique du Sud*. Paris, Ferdinand Sartorius Ed., 1858.
Frank Vincent, *Around and about South America.* Nova York, K. Appleton, 1890 (1ª ed.: 1885).
Ina von Binzer. *Os meus romanos. Alegrias e tristezas de uma educadora no Brasil.* Rio de Janeiro, Paz e Terra, 1980.
John Luccock, *Notas sobre o Rio de Janeiro*. Belo Horizonte/São Paulo, Itatiaia/Edusp, 1975.
Lino de Assumpção, *Narrativas do Brasil.* Rio de Janeiro, Liv. Contemporânea, 1881.
Moritz Lamberg, *O Brazil*. Rio de Janeiro, Edictor Lombaerts, 1896.
Thomas Ewbank, *Vida no Brasil*. São Paulo, Edusp, 1982.

d) Descrições de festas públicas

Francisco Calmon, *Relação das faustíssimas festas*. Rio de Janeiro, Funarte/Instituto Nacional do Folclore (INF), 1982 (1ª ed.: 1762).

Luiz Gonçalves dos Santos (Padre Perereca), *Memória para servir à história do Reino do Brasil* (1825). Belo Horizonte/São Paulo, Itatiaia/Edusp, 1981

Relação dos magníficos carros que se fizerão de arquitetura, prespetiva e fogos: os quais se executaram por ordem do Ilust.mo, e Excel.mo senhor Luiz de Vasconcelos, capitão general de mar e terra, e vice-rei dos Estados do Brazil, nas festividades dos desposórios dos sereníssimos senhores infantes de Portugal. Nesta cidade capital do Rio de Janeiro, em 2 de fevereiro de 1786.

e) Literatos, memorialistas e folcloristas

Afonso de Taunay, *No Rio de Janeiro de d. Pedro II*. Rio de Janeiro, Agir, 1947.

Artur de Azevedo, *Teatro de Arthur Azevedo*. Rio de Janeiro, Instituto Nacional de Artes Cênicas (Inacen), 1985, 7 tt.

_____ *Teatro a vapor*. São Paulo, Cultrix, 1977.

Bastos Tigre (D. Xiquote) e Baptista Coelho (João Phoca), *O maxixe*. Rio de Janeiro, Typographia R. Braga, 1906 (parte cantante).

Bastos Tigre, *Antologia poética*. Rio de Janeiro, Francisco Alves, 1982.

Coelho Neto, *A conquista*. Porto, Liv. Chardron, 1921 (1ª ed.: 1899).

Cyro de Azevedo, *Um ano de imprensa*. Rio de Janeiro, Typographia Montenegro, 1887.

Emiliano Di Cavalcanti, *Viagem da minha vida*. Rio de Janeiro, Civilização Brasileira, 1955.

F. J. de Sant'Anna Nery, *Folclore brasileiro*. Recife, Fundação Joaquim Nabuco/Editora Massangana, 1992 (1ª ed.: Paris, 1889).

J. J. de França Júnior, *Política e costumes. Folhetins esquecidos (1867-1868)*. Rio de Janeiro, Civilização Brasileira, 1957.

_____ *Teatro de França Junior*, t. I. Rio de Janeiro, Serviço Nacional de Teatro (SNT)/Funarte, 1980, 2 vols.

Joaquim Manuel de Macedo, *As mulheres de mantilha*. Rio de Janeiro, Secretaria Municipal de Cultura/Departamento Geral de Documentação e Informação Cultural (DGDIC), 1988.

_____ *Memórias da rua do Ouvidor*. Brasília, Editora da UnB, s. d.

José de Alencar, *Ao correr da pena*. 4ª ed. São Paulo, Melhoramentos, s. d.

_____ *O nosso cancioneiro*. Rio de Janeiro, São José, 1962.

Lima Barreto, *Diário íntimo*. São Paulo, Brasiliense, 1956.

_____ *Feiras e mafuás*. São Paulo, Brasiliense, 1956.

_____ *Numa e a ninfa*. São Paulo, Gráfica Editora Brasileira, 1950 (1ª ed.: 1915).

Luís de Andrade, *Quadros de ontem e de hoje*. Rio de Janeiro, Livraria Contemporânea, 1885.

Luiz Edmundo, *O Rio de Janeiro do meu tempo*. Rio de Janeiro, Xenon, 1987.

_____ *Recordações do Rio Antigo*. Rio de Janeiro, Biblioteca do Exército Editora, 1950.

M. Roussado, "O entrudo". *Branco e Negro*, nº 99. Lisboa, 1898.

Machado de Assis, *A Semana*, introd. e notas John Gledson. São Paulo, Hucitec, 1996.

Machado de Assis, *Balas de estalo*, org. Heloisa de Luca. São Paulo, Annablume, 1998.
_____ *Bons dias*, org. John Gledson. Campinas, Editora da Unicamp, 1990.
_____ *Crônicas*, vol. 4. Rio de Janeiro, W. M. Jackson, 1938.
_____ *Obra completa*, org. Afrânio Coutinho. Rio de Janeiro, Aguilar, 1959.
Manuel Antônio de Almeida, *Memórias de um sargento de milícias*. São Paulo, Ática, 1991 (1ª ed.: 1854).
Max Fleiuss, *Recordando... (casos e perfis)*. Rio de Janeiro, Serviço Gráfico do IBGE, 1943, 2 vols.
Mello Moraes Filho, *Festas e tradições populares no Brasil*. Belo Horizonte/São Paulo, Itatiaia/Edusp, 1979.
_____ *Quadros e crônicas*. Rio de Janeiro, Garnier, s. d.
Nina Rodrigues, *Os africanos no Brasil*. São Paulo, Nacional, 1977.
Olavo Bilac. *Ironia e piedade*. Rio de Janeiro, Francisco Alves, 1916.
Oswald de Andrade, "Manifesto da poesia pau-brasil". *Correio da Manhã*. Rio de Janeiro, 18 de março de 1924.
Paulo Barreto (João do Rio), *A alma encantadora das ruas*. Rio de Janeiro, Secretaria Municipal de Cultura, 1991 (1ª ed.: 1908; reed.: São Paulo, Companhia das Letras, 1997, col. Retratos do Brasil).
_____ *Cinematógrafo*. Porto, Livraria Chardron, 1909.
Pixinguinha, Donga & João da Bahiana, *As vozes desassombradas do Museu*. Rio de Janeiro, MIS, 1970.
Raul Pompeia, *Obras*. Rio de Janeiro, Civilização Brasileira, 1981.
Sílvio Romero, *Estudos sobre a poesia popular no Brasil*. Petrópolis, Vozes, 1977 (1ª ed.: 1888).
_____ *História da literatura brasileira*. Rio de Janeiro, Garnier, 1888 (1ª ed.), 2 vols.; Rio de Janeiro, Garnier, 1902-3 (2ª ed.), 2 vols.; Rio de Janeiro, José Olympio, 1943 (3ª ed.), 5 vols., org. Nelson Romero.
Vieira Fazenda, "Antiqualhas e memórias do Rio de Janeiro". *Revista do Instituto Histórico e Geográfico Brasileiro*. Rio de Janeiro, vol. 86, nº 140, 1919.
Vivaldo Coaracy, *Memórias da cidade do Rio de Janeiro*. Rio de Janeiro, José Olympio, 1965.
Wilson Louzada (org.), *Antologia de Carnaval*. Rio de Janeiro, O Cruzeiro, 1945.

f)Outros documentos impressos

Brasil. Recenseamento do Rio de Janeiro (Distrito Federal), realizado em 20 de novembro de 1906. Rio de Janeiro, Oficina de Estatística, 1907-8, 2 vols.
Club dos Fenianos, *Ao Congresso Nacional. Alguns apontamentos sobre a história do Club dos Fenianos*. Rio de Janeiro, Typographia da Gazeta de Noticias, 1921.
_____ *Alguns apontamentos sobre o histórico do Club dos Fenianos*. Rio de Janeiro, Papelaria Vênus, 1925.
Código de Posturas Municipais. Rio de Janeiro, 1889.
Estatuto do Club dos Democráticos. Rio de Janeiro, Typographia Perseverança, 1881.
Estatutos do Club dos Políticos (aprovados em 12 de abril de 1877). Rio de Janeiro, Typographia de Hyppólito José Pinto.

g) Manuscritos

Arquivo Geral da Cidade do Rio de Janeiro, códices 40-3-86, 40-3-90 (Índice Geral de Documentos, vol. 3, fls. 313-4 (Carnaval e entrudo).

Arquivo Nacional, Documentação de Polícia, pc. 423, cx. 5566.

Arquivo Nacional, GIFI — 6C — 210.

Arquivo Nacional, IJ⁶, maços 563, 564, 595, 596, 597, 645, 655.

h) Dicionários

António Moraes Silva, *Diccionário da língua portugueza recopilado dos vocabulários impressos até agora, e nessa segunda edição novamente emendado e muito accrescentado.* Lisboa, Typographia Lacerdina, 1813.

Raimundo de Menezes, *Dicionário literário brasileiro.* São Paulo, Saraiva, 1969.

The complete edition of the Oxford English dictionary. Oxford, Oxford University Press, vol. 1.

II. BIBLIOGRAFIA CITADA

Alcir Lenharo, *Cantores do rádio.* Campinas, Editora da Unicamp, 1995.

Alexandre Lazzari, " 'Certas coisas não são para que o povo as faça'. Carnaval em Porto Alegre, 1870-1915". Dissertação de mestrado em história social. IFCH-Unicamp, 1998 (mimeo.).

Ana Maria de Moraes Beluzzo, *Voltolino e as raízes do modernismo.* São Paulo, Marco Zero/Secretaria Estadual da Cultura/CNPq, 1992.

André Gardel, *O encontro entre Bandeira e Sinhô.* Rio de Janeiro, Secretaria Municipal de Cultura, 1996.

Ângela Castro Gomes, *A invenção do trabalhismo.* Rio de Janeiro, Relume-Dumará, 1994.

_____ "A 'cultura histórica' do Estado Novo". *Projeto História,* nº 16, Educ-PUC-SP, fevereiro de 1998, pp. 121-42.

_____ *História e historiadores: política cultural no Estado Novo.* Rio de Janeiro, FGV, 1996.

Ari Araújo & E. F. Herd, *As escolas de samba e O amigo da madrugada.* Petrópolis/Rio de Janeiro, Vozes/Secretaria Estadual de Educação e Cultura (SEEC), 1978.

Autrement, nº 6, março de 1991, série Mémoire, "Dublin, 1904-1924. Réveil culturel, révolte sociale, révolution politique: un patriotisme déchiré".

Brasil Gerson, *História das ruas do Rio de Janeiro.* Rio de Janeiro, Ed. Souza, 1954.

Cândido Grangeiro, *As artes de um negócio: A febre photographica. São Paulo: 1862-1886.* Campinas, Mercado de Letras, 2000.

Carlo Ginzburg, *Mitos, emblemas e sinais. Morfologia e História.* São Paulo, Companhia das Letras, 1989.

_____ *Os queijos e os vermes. O cotidiano e as ideias de um moleiro perseguido pela Inquisição.* São Paulo, Companhia das Letras, 1987.

Carlos A. Ador, *A insurreição anarquista no Rio de Janeiro.* Rio de Janeiro, Dois Pontos, 1986.

Carlos Eugênio Líbano Soares, *A negregada instituição*. Rio de Janeiro, Secretaria Municipal de Cultura, 1994.

Cláudia Neiva de Matos, *A poesia popular na República das Letras. Silvio Romero folclorista*. Rio de Janeiro, Editora da UFRJ/Funarte, 1994.

Cláudio Henrique de M. Batalha, "Le syndicalisme 'amarelo' à Rio de Janeiro (1906-1930)". Tese de doutorado. Université de Paris I, 1986 (mimeo.).

Cristiana Schettini Pereira, *Nas barbas de Momo. Os sentidos da presença feminina no Carnaval das Grandes Sociedades nas últimas décadas do século XIX*. Campinas, IFCH-Unicamp, série Monografias, ano 5, nº 4, 1995.

_____ "Um gênero alegre. Imprensa e pornografia no Rio de Janeiro (1898-1916)". Dissertação de mestrado em história. Campinas, IFCH-Unicamp, 1997.

Daniel Fabre, *Carnaval ou la fête à l'envers*. Paris, Gallimard, 1992.

Delso Renault, *O dia-a-dia do Rio de Janeiro segundo os jornais (1870-1889)*. Rio de Janeiro, Civilização Brasileira/INL-MEC, 1982.

_____ *O Rio de Janeiro: a vida da cidade refletida nos jornais (1850-1870)*. Rio de Janeiro, Civilização Brasileira/INL-MEC, 1982.

E. P. Thompson, "Rough music: le charivari anglais". *Annales*, vol. 27, nº 2 (março-abril de 1972), pp. 285-312.

_____ "Rough music reconsidered". *Folklore*, vol. 103, 1992, pp. 3-26.

_____ *Costumes em comum. Estudos sobre a cultura popular tradicional*. São Paulo, Companhia das Letras, 1998.

Edigar de Alencar, *Nosso Sinhô do samba*. Rio de Janeiro, Funarte, 1981.

_____ *O Carnaval carioca através da música*. Rio de Janeiro, Francisco Alves, 1985, 2 vols.

Eduardo Silva, *As queixas do povo*. Rio de Janeiro, Paz e Terra, 1988.

_____ *Dom Obá II d'África, o príncipe do povo. Vida, tempo e pensamento de um homem livre de cor*. São Paulo, Companhia das Letras, 1997.

Eduardo Tourinho, *Revelações do Rio de Janeiro*. Rio de Janeiro, Civilização Brasileira, 1964.

Eloy Pontes, *A vida exuberante de Olavo Bilac*. Rio de Janeiro, José Olympio, 1944.

Eneida de Moraes, *História do Carnaval carioca*. Rio de Janeiro, Record, 1987.

Eric Hobsbawm & Terence Ranger, *A invenção das tradições*. Rio de Janeiro, Paz e Terra, 1984.

Fabiane Popinigis, "Trabalhadores e patuscos: os caixeiros e o movimento pelo fechamento das portas no Rio de Janeiro (1850-1912)". Dissertação de mestrado em história. Campinas, IFCH-Unicamp, 1998.

Fernando A. Mencarelli, *Cena aberta. A absolvição de um bilontra e o teatro de revista de Arthur Azevedo*. Campinas, Cecult/Editora da Unicamp, 1999.

Flora Sussekind, *As revistas de ano e a invenção do Rio de Janeiro*. Rio de Janeiro, Nova Fronteira, 1986.

Hebe M. Mattos de Castro, "Laços de família e direitos no final da escravidão". In Luiz Felipe Alencastro (org.), *História da vida privada no Brasil: Império*. São Paulo, Companhia das Letras, 1997.

Henrique Luso, *O Carnaval*. Lisboa, Ferreira e Franco, 1934.

Hermano Viana (org.), *Galeras cariocas. Territórios de conflitos e encontros culturais*. Rio de Janeiro, Editora da UFRJ, 1997.

Hermano Viana (org.) *O mistério do samba*. Rio de Janeiro, Jorge Zahar Editor/Editora da UFRJ, 1995.

Iêda Marques de Britto, *Samba na cidade de São Paulo (1900-1930): um exercício de resistência cultural*. São Paulo, FFLCH-USP, 1986 (Antropologia, 14).

Jacques Heers, *Festas de loucos e Carnavais*. Lisboa, D. Quixote, 1987.

Jacques Le Goff & Jean-Claude Schmitt (orgs.), *Le charivari*. Paris, École des Hautes Études en Sciences Sociales/Mouton Éditeur, 1981.

Jacques Revel, *A invenção da sociedade*. Lisboa, Difel, 1989.

Jaime de Almeida, "Todas as festas, a festa?". In T. Swain (org.), *História no plural*. Brasília, Editora da UnB, 1994.

Jaime Larry Benchimol, *Pereira Passos: um Haussman tropical. A renovação urbana do Rio de Janeiro no início do século XX*. Rio de Janeiro, Secretaria Municipal de Cultura, 1992.

James N. Green, *Além do Carnaval. O homossexualismo masculino no Brasil do século XIX*. São Paulo, Editora da Unesp, 2000.

Jean Duvignaud. *Festas e civilizações*. Fortaleza/Rio de Janeiro, Edições UFC /Tempo Brasileiro, 1983.

Jefferson Cano, "Escravidão, alforria e projetos políticos na imprensa de Campinas, 1870-1889". Dissertação de mestrado em história. Campinas, IFCH-Unicamp, 1995.

Jeffrey D. Needell, *A belle époque tropical: sociedade e cultura de elite no Rio de Janeiro na virada do século*. São Paulo, Companhia das Letras, 1993.

João Carlos Rodrigues, *João do Rio, uma biografia*. Rio de Janeiro, Topbooks, 1996.

João Hansen, *A sátira e o engenho. Gregório de Matos e a Bahia do século XVII*. São Paulo, Companhia das Letras, 1990.

João José Reis (org.), *Escravidão & invenção da liberdade. Estudos sobre o negro no Brasil*. São Paulo, Brasiliense, 1988.

_____ *A morte é uma festa. Ritos fúnebres e revolta popular no Brasil do século XIX*. São Paulo, Companhia das Letras, 1991.

_____ "Quilombos e revoltas escravas no Brasil". *Revista USP*, nº 28, 1995-6.

_____ *Rebeliões escravas no Brasil*. São Paulo, Brasiliense, 1986.

João Paulo C. de Souza Rodrigues, "A dança das cadeiras. Literatura e política na Academia Brasileira de Letras". Dissertação de mestrado em história social. Campinas, IFCH-Unicamp, 1997 (mimeo.).

Jocélio Teles dos Santos, *O dono da terra — A presença dos caboclos nos candomblés*. Salvador, Sarah Letras, 1995.

Jorge Crespo, *A história do corpo*. Lisboa, Difel, 1990.

José Murilo de Carvalho, *A formação das almas. O imaginário da República no Brasil*. São Paulo, Companhia das Letras, 1990.

_____ *Os bestializados. O Rio de Janeiro e a República que não foi*. São Paulo, Companhia das Letras, 1987.

José Ramos Tinhorão, *História social da música popular brasileira*. Lisboa, Caminho, 1990.

_____ *Os sons dos negros no Brasil*. São Paulo, Art Editora, 1988.

_____ *As festas no Brasil colonial*. São Paulo, Editora 34, 2000.

_____ *A imprensa carnavalesca no Brasil. Um panorama da linguagem cômica*. São Paulo, Hedra, 2000.

José S. Leopoldi, *Escola de samba: ritual e sociedade*. Petrópolis, Vozes, 1977.

Joseli Maria Nunes de Mendonça, *Entre a mão e os anéis. A Lei dos Sexagenários e os caminhos da abolição no Brasil*. Campinas, Cecult/Editora da Unicamp, 1999.

Jota Efegê, *Ameno Resedá, o rancho que foi escola*. Rio de Janeiro, Letras e Artes, 1965.

_____ *Figuras e coisas do Carnaval carioca*. Rio de Janeiro, Funarte, 1982.

_____ *Meninos, eu vi*. Rio de Janeiro, Funarte, 1989.

Julio Caro Baroja. *Le Carnaval*. Paris, Gallimard, 1979.

Katia M. Queiroz Mattoso, *Ser escravo no Brasil*. São Paulo, Brasiliense, 1982.

Le Roy Ladurie, *Le Carnaval de Romans*. Paris, Gallimard, 1979.

Leonardo Affonso de Miranda Pereira, *Por trás das máscaras. Machado de Assis e os literatos cariocas no Carnaval da virada do século*. Campinas, IFCH-Unicamp, série Monografias, ano 2, nº 3, 1992.

_____ *O Carnaval das letras*. Rio de Janeiro, Secretaria Municipal de Cultura, 1994.

_____ *Footballmania. Uma história social do futebol no Rio de Janeiro (1902-1938)*. Rio de Janeiro, Nova Fronteira, 2000.

Lilian F. Vaz, "Notas sobre o Cabeça de Porco". *Revista do Rio de Janeiro*, vol. 1, nº 2. Niterói, jan.-dez. 1986, pp. 29-35.

Lilia M. Schwarcz, *O espetáculo das raças*. São Paulo, Companhia das Letras, 1995.

_____ *As barbas do imperador*. São Paulo, Companhia das Letras, 1998.

Lincoln de Abreu Pena, *O progresso da ordem. O florianismo e a construção da República*. Rio de Janeiro, Sette Letras, 1997.

Livio Sansone & Jocélio Teles dos Santos (orgs.), *Ritmos em trânsito. Sócio-antropologia da música baiana*. Salvador, Dynamis Editorial/Programa A Cor da Bahia/Projeto SAMBA, 1998.

Luís da Câmara Cascudo, *Tradição: ciência do povo*. São Paulo, Perspectiva, 1967.

_____ *Dicionário do folclore brasileiro*. Belo Horizonte/São Paulo, Itatiaia/Edusp, 1988.

Marcelo Balaban, "Musa travessa: Bastos Tigre e a literatura da *belle époque* carioca". Dissertação de mestrado em história. Rio de Janeiro, PUC-RJ, 2000.

Marcos Bretas, *A guerra das ruas. Povo e polícia na cidade do Rio de Janeiro*. Rio de Janeiro, Arquivo Nacional, 1995.

_____ *A ordem na cidade. O exercício cotidiano da autoridade policial no Rio de Janeiro, 1907-1930*. Rio de Janeiro, Rocco, 1997.

Maria Ângela Borges Salvadori, "Capoeiras e malandros. Pedaços de uma sonora tradição popular, 1890-1950". Dissertação de mestrado. Campinas, IFCH-Unicamp, 1990 (mimeo.).

Maria Clementina Pereira Cunha (org.), *Carnavais e outras frestas. Ensaios de história social*, 2000 (mimeo.).

_____ "Folcloristas e historiadores no Brasil: pontos para um debate". *Projeto História*, nº 16. São Paulo, PUC-SP/Educ, fevereiro de 1998, pp. 167-76.

Maria de Lourdes Monaco Janotti, *Os subversivos da República*. São Paulo, Brasiliense, 1986.

Maria Helena C. dos Santos (coord.), *A festa*. 2 vols. Lisboa, Universitária Editora, 1992.

Maria Helena P. T. Machado, *O plano e o pânico. Os movimentos sociais na década da abolição*. São Paulo, Edusp, 1994.

Maria Isaura Pereira de Queiroz, *Carnaval brasileiro, o vivido e o mito*. São Paulo, Brasiliense, 1992.

Maria Julia Goldwasser, *O palácio do samba*. Rio de Janeiro, Zahar, 1975.

Maria Laura Viveiros de Castro Cavalcanti, "A cidade e o samba". *Revista USP*, nº 32, *Dossiê Sociedade de Massa e Identidade*. Dez. 1996-fev. 1997, pp. 90-101.

_____ *Carnaval carioca. Dos bastidores ao desfile*. 2ª ed. Rio de Janeiro, Editora da UFRJ/Funarte, 1995.

Maria Lúcia Montes. "O erudito e o que é popular ou Escolas de samba: a estética negra de um espetáculo de massas". *Revista USP*, nº 32, *Dossiê Sociedade de Massa e Identidade*. Dez. 1996-fev. 1997, pp. 6-25.

Maria Paula Nascimento Araújo, "Um mundo ao avesso: um ensaio sobre cultura popular e condição feminina no Rio de Janeiro da virada do século, 1880-1920". Dissertação de mestrado. UFF-História, 1989.

Marilena Chaui, *Seminários — O nacional e o popular na cultura brasileira*. São Paulo, Brasiliense, 1983.

Marisa Lira, *Calendário folclórico do Distrito Federal*. Rio de Janeiro, Prefeitura do DF/Organização Cultura e Vida, 1956.

Martha Campos Abreu, *O império do divino. Festas religiosas e cultura popular no Rio de Janeiro, 1830-1900*. Rio de Janeiro, Nova Fronteira, 1999.

_____ "Festas e cultura popular na formação do povo brasileiro". *Projeto História*, nº 16. São Paulo, PUC-SP/Educ, fevereiro de 1998, pp. 143-6.

Martha de Abreu Esteves, *Meninas perdidas. Os populares e o cotidiano do amor no Rio de Janeiro*. Rio de Janeiro, Paz e Terra, 1989.

Mary del Priore, *Festas e utopias no Brasil colonial*. São Paulo, Brasiliense, 1994.

Mary Karasch, *Slave Life in Rio de Janeiro, 1808-1850*. Princeton, Princeton University Press, 1987 (ed. brasileira: *Vida dos escravos no Rio de Janeiro [1808-1850]*. São Paulo, Companhia das Letras, 2000).

Michel Vovelle, *Ideologias e mentalidades*. São Paulo, Brasiliense, 1986.

Mikhail Bakhtin, *A cultura popular na Idade Moderna e no Renascimento*. São Paulo/Brasília, Hucitec/Editora da UnB, 1987.

Milita Alfaro, *Carnaval. Una historia social de Montevidéo desde la perspectiva de la fiesta* (*Primera parte: el Carnaval heroico — 1800-1872*). Montevidéu, Ediciones Trilce, 1991.

Mona Ozouf, "A festa sob a Revolução Francesa". In: *História: novos objetos*. Rio de Janeiro, Francisco Alves, 1988.

Mônica Pimenta Velloso, *As tradições populares na belle époque carioca*. Rio de Janeiro, Funarte, 1988.

Monique Augras, *O Brasil do samba enredo*. Rio de Janeiro, Editora da FGV, 1998.

Muniz Sodré, *Samba, o dono do corpo*. Rio de Janeiro, Mauad, 1998.

Natalie Zemon-Davis, "Razões do desgoverno". In: *Culturas do povo*. Rio de Janeiro, Paz e Terra, 1990, pp. 87-106.

Neide Veneziano, *O teatro de revista no Brasil*. Campinas, Pontes/Editora da Unicamp, 1991.

Nicolau Sevcenko, *Orfeu extático na metrópole. São Paulo, sociedade e cultura nos frementes anos 20*. São Paulo, Companhia das Letras, 1992.

_____ *A literatura como missão*. São Paulo, Brasiliense, 1989.

_____ *A Revolta da Vacina: mentes insanas em corpos rebeldes*. São Paulo, Brasiliense, 1984.

Olga de Moraes von Simson, "A burguesia se diverte no reinado de Momo". Dissertação de mestrado. São Paulo, FFLCH-USP, 1984 (mimeo.).

Oswaldo Porto Rocha, *A era das demolições. Cidade do Rio de Janeiro, 1870-1920*. Rio de Janeiro, Secretaria Municipal de Cultura, 1986.

Paulo Dantas, *Coelho Neto*. São Paulo, Melhoramentos, s. d.

Peter Burke & Roy Porter (orgs.). *História social da linguagem*. São Paulo, Editora da Unesp/ Cambridge University Press, 1997.

_____ *Línguas e jargões. Contribuições para uma história social da linguagem*. São Paulo, Editora da Unesp, 1996.

Peter Burke, *Cultura popular na Idade Moderna*. São Paulo, Companhia das Letras, 1989.

_____ *Historical anthropology of early Modern Europe*. Cambridge, Cambridge University Press, 1987.

Peter Fry, S. Carrara & Ana Luísa M. Costa, "Negros e brancos no Carnaval da Velha República". In: João José Reis (org.), *Escravidão & invenção da liberdade*. São Paulo, Brasiliense, 1988.

Procópio Ferreira, *O ator Vasques*. Rio de Janeiro, Serviço Nacional do Teatro (SNT)/Funarte, 1979.

Rachel Soihet, *Subversão pelo riso. Estudos sobre o Carnaval carioca da belle époque ao tempo de Vargas*. Rio de Janeiro, Editora da FGV, 1998.

Rachel Valença, *Carnaval*. Rio de Janeiro, Relume-Dumará, 1996.

Raimundo de Menezes, *Bastos Tigre e a belle époque*. São Paulo, Edart, 1966.

Raimundo Magalhães Júnior, *Arthur Azevedo e sua época*. Rio de Janeiro, Civilização Brasileira, 1966.

Raymundo Magalhães Jr., *Olavo Bilac e sua época*. Rio de Janeiro, Companhia Editora Nacional, 1974.

Rebecca Baird Bergstreser, "The movement for the abolition of slavery in Rio de Janeiro, Brazil, 1880-1889". Stanford, Stanford University, 1973.

Reid Mitchell, *All on a Mardi Gras day. Episodes in the history of New Orleans Carnival*. Cambridge, Harvard University Press, 1995.

Renato Almeida, *História da música brasileira*. 2ª ed. revista e aumentada. Rio de Janeiro, F. Briguiet, 1942.

Renato Ortiz, *Românticos e folcloristas*. São Paulo, Olho d'Água, 1992.

_____ *Cultura brasileira e identidade nacional*. São Paulo, Brasiliense, 1985.

Robert Darnton, *O grande massacre de gatos e outros episódios da história cultural francesa*. Rio de Janeiro, Graal, 1986.

Robert W. Slenes, "Malungu, ngoma vem! — África encoberta e descoberta no Brasil". *Cadernos do Museu da Escravatura*, nº 1. Luanda, Angola, 1995.

_____ "Water spirits leap the Atlantic: Central-African wellspring of slave identity in early Nineteenth-Century Rio de Janeiro", 1995 (mimeo.).

_____ *Na senzala uma flor*. Rio de Janeiro, Nova Fronteira, 1999.

Roberto Da Matta, "A mensagem das festas: reflexões em torno do sistema ritual e da identidade nacional". *Sexta-Feira — Antropologia, Artes e Humanidades*, nº 2, ano 2, *Festas*. São Paulo, Pletora, abr. 1998.

_____ *Carnavais, malandros e heróis*. Rio de Janeiro, Zahar, 1978.

Roberto Moura, *Tia Ciata e a Pequena África no Rio de Janeiro.* Rio de Janeiro, Secretaria Municipal de Cultura, 1995.

Roberto Ventura, *Estilo tropical.* São Paulo, Companhia das Letras, 1991.

Sandra Lauderdale Graham, *Proteção e obediência. Criadas e seus patrões no Rio de Janeiro (1860-1910).* São Paulo, Companhia das Letras, 1992.

_____ "O motim do vintém e a cultura política no Rio de Janeiro em 1880". *Revista Brasileira de História,* vol. 10, nº 20, *Reforma e Revolução.* São Paulo, Associação Nacional de História (Anpuh)/Marco Zero, mar.-ago. 1991, pp. 211-32.

Sérgio Buarque de Holanda (org.), *O Brasil monárquico: do Império à República.* São Paulo, Difel, 1972, t. 2, vol. 5.

Sérgio Cabral, *Pixinguinha, vida e obra.* Rio de Janeiro, Lumiar, 1997.

_____ *As escolas de samba do Rio de Janeiro.* Rio de Janeiro, Lumiar, 1996.

Sheldon Leslie Maram, *Anarquistas, imigrantes e o movimento operário brasileiro, 1890-1920.* Rio de Janeiro, Paz e Terra, 1979.

Sidney Chalhoub & Leonardo Affonso de Miranda Pereira (orgs.), *A história contada. Capítulos de história social da literatura no Brasil.* Rio de Janeiro, Nova Fronteira, 1998.

Sidney Chalhoub, Martha A. Esteves & Gladys S. Ribeiro, "Trabalho escravo e trabalho livre na cidade do Rio: vivências de libertos, galegos e mulheres pobres". *Revista Brasileira de História,* nº 8-9, *Cultura e Cidades,* setembro de 1984-abril de 1985, pp. 85-116.

Sidney Chalhoub, *Cidade febril. Cortiços e epidemias na corte imperial.* São Paulo, Companhia das Letras, 1996.

_____ *Visões da liberdade: uma história dos últimos anos da escravidão na Corte.* São Paulo, Companhia das Letras, 1990.

Silvia Hunold Lara, *Campos da violência. Escravos e senhores na capitania do Rio de Janeiro, 1750-1808.* São Paulo, Paz e Terra, 1988.

_____ *Legislação sobre escravos africanos na América portuguesa.* Madri, Fundação Mapfré América-España, 1999.

Tania R. Costa Serra, *Joaquim Manoel de Macedo ou Os dois Macedos. A luneta mágica do II reinado.* Rio de Janeiro, Fundação Biblioteca Nacional, 1994.

Teresa Meade, *Civilizing Rio de Janeiro. Reform and resistence in a Brazilian city, 1889-1930.* Pensilvânia, The Pennsylvania State University Press, 1997.

Thomas Holloway, *Policing Rio de Janeiro. Repression and resistance in a 19th Century city.* Stanford/Califórnia, Stanford University Press, 1993.

Umberto Eco, V. V. Ivanov & Monica Rector, *Carnaval!* México, Fondo de Cultura Económica, 1989.

Valéria de Marco, *A perda das ilusões.* Campinas, Editora da Unicamp, 1993.

Victor Turner, *O processo ritual.* Petrópolis, Vozes, 1974.

Vivaldo Coaracy, *Memórias da cidade do Rio de Janeiro.* Rio de Janeiro, José Olympio, 1965.

Wlamyra Albuquerque, *Algazarra nas ruas. Comemorações da Independência na Bahia, 1889-1923.* Campinas, Cecult/Editora da Unicamp, 1999.

Yves-Marie Bercé, *Fête et révolte. Des mentalités populaires du XVIIème au XVIIIème siècles.* Paris, Hachette, 1976.

Créditos das ilustrações

Todos os esforços foram feitos para determinar a origem das fotos usadas neste livro. Nem sempre isso foi possível. Teremos prazer em creditar as fontes caso se manifestem.

1. *O Mequetrefe*, n. 402, ano 12, 1886.
2. *Carnaval de Malta*. Foto: Augusto Malta. Acervo: MIS/RJ.
3. *O Mequetrefe*, n. 201, ano 6, 1880.
4. *O Mequetrefe*, n. 300, ano 9, 1883.
5. *D. Quixote*, n. 52, 1896.
6. *O Mequetrefe*, n. 401, ano 12, 1886.
7. H. L. Hoffenberg, *Nineteenth-Century South America in Photographs*, Nova York, Dover Publications, 1982, prancha 153.
8. *Revista Illustrada*, n. 373, ano 9, 1884.
9. *Revista Illustrada*, n. 373, ano 9, 1884.
10. *O Mequetrefe*, n. 300, ano 9, 1883.
11. *Comédia Popular*, n. 26, 1878.
12. *O Mequetrefe*, n. 201, ano 6, 1880.
13. *Revista Illustrada*, n. 238, ano 6, 1881.
14. *Revista Illustrada*, n. 332, ano 8, 1883.
15. *Jornal do Brasil*, 8 fev. 1901.
16. *Revista Illustrada*, n. 373, ano 9, 1884.
17. *D. Quixote*, n. 52, 1896.
18. *llustração do Brazil*, n. 39, 31 maio 1877.

19. *O Malho*, 18 fev. 1907.
20. *Revista Illustrada*, n. 241, ano 6, 1881.
21. *O Mequetrefe*, n. 302, ano 9, 1883.
22. *O Mequetrefe*, n. 300, ano 9, 1883.
23. *Revista Illustrada*, n. 241, ano 6, 1881.
24. *Revista Illustrada*, n. 241, ano 6, 1881.
25. *Revista Illustrada*, n. 241, ano 6, 1881.
26. *Revista Illustrada*, n. 241, ano 6, 1881.
27. *Revista Illustrada*, n. 241, ano 6, 1881.
28. *O Mequetrefe*, n. 201, ano 6, 1880.
29. *Careta*, n. 202, 13 abr. 1912.
30. *O Lobisomen*, n. 14, mar. 1871.
31. *O Mequetrefe*, n. 303, ano 9, 1883.
32. *Careta*, n. 202, 13 abr. 1912.
33. *Revista Illustrada*, n. 369, ano 9, 1884.
34. Foto: Augusto Malta. Acervo: MIS/RJ.
35. *O Malho*, n. 442, 4 mar. 1911.
36. *Careta*, 25 fev. 1911.
37. *Careta*, 25 fev. 1911.
38. *O Mequetrefe*, n. 208, ano 6, 28 abr. 1880.
39. *O Malho*, n. 130, 11 mar. 1905.
40. Foto: Luiz Martins Corrêa. *O Malho*, n. 232, 23 mar. 1907.
41. *Careta*, 20 fev. 1909.
42. Acervo: Funarte.
43. Acervo: Sérgio Cabral. Fonte: Sérgio Cabral, *As escolas de samba no Rio de Janeiro*, Rio de Janeiro, Lumiar, 1996, p. 58.
44. Agência O Globo.
45. Foto: Augusto Malta. Acervo: Iconographia.
46. *Careta*, 4 mar. 1911.
47. *Fon-Fon*, 1º fev. 1913. Acervo: Biblioteca Mario de Andrade, Seção de Obras Raras.
48. Foto: Augusto Malta. Acervo: MIS/RJ.
49. Agência O Globo.
50. *Revista Illustrada*, n. 241, ano 6, 1881.
51. *Revista Illustrada*, n. 241, ano 6, 1881.
52. *Revista Illustrada*, n. 241, ano 6, 1881.
53. *Revista Illustrada*, n. 241, ano 6, 1881.
54. *Revista Illustrada*, n. 241, ano 6, 1881.
55. *Revista Illustrada*, n. 241, ano 6, 1881.
56. *Revista Illustrada*, n. 241, ano 6, 1881.
57. *Revista Illustrada*, n. 369, ano 9, 1884.
58. *Revista Illustrada*, n. 241, ano 6, 1881.
59. *Revista Illustrada*, n. 241, ano 6, 1881.
60. *Relação dos magníficos carros que se fizerão de arquitetura, prespetiva e fogos: os*

quais se executaram por ordem do Ilust.mo, e Excel.mo senhor Luiz de Vasconcelos, capitão general de mar e terra, e vice-rei dos Estados do Brazil, nas festividades dos desposórios dos sereníssimos senhores infantes de Portugal. Nesta cidade capital do Rio de Janeiro, em 2 de fevereiro de 1786. Acervo: Biblioteca Nacional, Seção de Obras Raras.

61. *Relação dos magníficos carros que se fizerão de arquitetura, prespetiva e fogos: os quais se executaram por ordem do Ilust.mo, e Excel.mo senhor Luiz de Vasconcelos, capitão general de mar e terra, e vice-rei dos Estados do Brazil, nas festividades dos desposórios dos sereníssimos senhores infantes de Portugal. Nesta cidade capital do Rio de Janeiro, em 2 de fevereiro de 1786.* Acervo: Biblioteca Nacional, Seção de Obras Raras.
62. *Relação dos magníficos carros que se fizerão de arquitetura, prespetiva e fogos: os quais se executaram por ordem do Ilust.mo, e Excel.mo senhor Luiz de Vasconcelos, capitão general de mar e terra, e vice-rei dos Estados do Brazil, nas festividades dos desposórios dos sereníssimos senhores infantes de Portugal. Nesta cidade capital do Rio de Janeiro, em 2 de fevereiro de 1786.* Acervo: Biblioteca Nacional, Seção de Obras Raras.
63. *Relação dos magníficos carros que se fizerão de arquitetura, prespetiva e fogos: os quais se executaram por ordem do Ilust.mo, e Excel.mo senhor Luiz de Vasconcelos, capitão general de mar e terra, e vice-rei dos Estados do Brazil, nas festividades dos desposórios dos sereníssimos senhores infantes de Portugal. Nesta cidade capital do Rio de Janeiro, em 2 de fevereiro de 1786.* Acervo: Biblioteca Nacional, Seção de Obras Raras.
64. Foto: Augusto Malta. Acervo: MIS/RJ.
65. Foto: Augusto Malta. Acervo: MIS/RJ.
66. *Revista Illustrada*, n. 241, ano 6, 1881.
67. *Revista Illustrada*, n. 241, ano 6, 1881.
68. *Revista Illustrada*, n. 241, ano 6, 1881.
69. Acervo: Biblioteca Nacional, Seção de Iconografia.

CADERNO DE FOTOS

1. *Escravos brasileiros no século XIX — a fotografia de Christiano Jr.* São Paulo, Ex-Libris, 1988, prancha 73. Copyright © Serviço do Patrimônio Histórico e Artístico Nacional.
2. *Escravos brasileiros no século XIX — a fotografia de Christiano Jr.* São Paulo, Ex-Libris, 1988, prancha 74. Copyright © Serviço do Patrimônio Histórico e Artístico Nacional.
3. Jean Baptiste Debret, *Entrudo*, 1823. Aquarela s/ papel, 18 x 23 cm. Acervo: Museus Castro Maya/IBPC, Rio de Janeiro.
4. Frederico Guilherme Briggs, *O jogo do entrudo*, 1840. Litografia, 23 x 36,5 cm.
5. Frederico Guilherme Briggs, *O resultado do entrudo*, 1840.

6. Augustus Earle, *Games at Rio during Carnival*, *c.* 1822-23. Aquarela, 21,6 x 34 cm. Acervo: National Library of Australia.
7. Augustus Earle, *Negro Fandango Scene*, *c.* 1822. Aquarela, 21 x 34 cm. Acervo : National Library of Australia.
8. Ludwigg and Briggs, *Begging for the Holy Ghost*, 1845. Fonte: *Lembranças do Brasil*, Rio de Janeiro, Biblioteca Nacional, 1970.
9. *O Malho*, 4 mar. 1905.
10. *O Malho*, 29 fev. 1908.
11. *O Malho*, 24 fev. 1906.
12. *Careta*, 27 fev. 1909.
13. *Careta*, 25 fev. 1911.
14. *O Malho*, 9 fev. 1907.
15. *O Malho*, 20 fev. 1909.
16. *Careta*, 20 fev. 1909.
17. *Careta*, 20 fev. 1909.
18. *Careta*, 17 fev. 1909.
19. 17 de fevereiro de 1917.
20. *Careta*, 4 de março de 1916.
21. *Fon-Fon*, 18 de fevereiro de 1909.
22. *Zé-pereira*, cartão-postal, 1948.
23. *Fon-Fon*, 28 de fevereiro de 1914. Acervo: Biblioteca Mario de Andrade, Seção de Obras Raras.
24. *Fon-Fon*, 25 de fevereiro de 1922.
25. *O Malho*, 4 de março de 1911.
26. *O Malho*, 11 de março de 1905.
27. *O Malho*, 4 de março de 1905.
28. *O Malho*, 21 de fevereiro de 1903.
29. *O Malho*, 21 de fevereiro de 1903.
30. *O Malho*, 13 de fevereiro de 1904.
31. *Fon-Fon*, 1º de fevereiro de 1913. Acervo: Biblioteca Mario de Andrade, Seção de Obras Raras.
32. *Fon-Fon*, 22 de fevereiro de 1919
33. *Fon-Fon*, 1º de março de 1924.
34. Mapa: Sergio Seiei Myashiro.

Índice remissivo

ESTA OBRA FOI COMPOSTA PELO ESTÚDIO O.L.M. EM MINION PRO E IMPRESSA EM PROCESSO SOB DEMANDA PELA UM LIVRO SOBRE PAPEL OFFWHITE PARA A EDITORA SCHWARCZ A PARTIR DE 2025

FSC
www.fsc.org
MISTO
Apoiando o manejo florestal responsável
FSC® C128038

A marca FSC® é a garantia de que a madeira utilizada na fabricação do papel deste livro provém de florestas de origem controlada e que foram gerenciadas de maneira ambientalmente correta, socialmente justa e economicamente viável.